Michael Iwanowski

Wüsten, Pads und Elefanten

Reise-Handbuch
Namibia

W0057110

Aktuelle Informationen und Reisetips für bekannte und unbekannte Gebiete zwischen Namib und Kalahari

Für Andrele

**Bitte beachten Sie
unsere
aktuellen
blauen
Telex-Seiten!**

➜ Rote Seiten: Iwanowski's Highlight's, Supertips und Warnungen 1994
➜ Grüne Seiten: Das kostet Sie Namibia 1994!

1. Auflage 1983 – 2. veränderte Auflage 1983
3. veränderte Auflage 1984 – 4. Auflage 1984
5. veränderte Auflage 1985
6. veränderte, neu gestaltete Auflage 1987/88
7. veränderte Auflage 1988/89 – 8. neu gestaltete Auflage 1990/91
9. aktualisierte Auflage 1991/92 – 10. aktualisierte Auflage 1992/93
11. aktualisierte Auflage 1993/94
12. aktualisierte Auflage 1994/95

© Vertrieb und Service, Reisebuchverlag, Reisevermittlung,
Im- und Export Iwanowski GmbH
Raiffeisenstraße 21 · D 41540 Dormagen
Telefon 02133/61919 · Fax 02133/63130
Telex 8517396 vsd d
Umschlagbild: Michael Iwanowski
Alle Farb- und Schwarzweißbilder: Michael Iwanowski
Chefredaktionelle Betreuung der Buchreihe: Michael Iwanowski
Zeichnungen, graphische Gestaltung, Lasersatz und Layout:
Art Design Ursula Iwanowski
Gesamtherstellung: F. X. Stückle, 77955 Ettenheim
Printed in W.-Germany

ISBN 3-923975-19-8

INHALTSVERZEICHNIS

7

VORWORT ZUR 12. AUFLAGE

Namibia, jenes urweltlich anmutende Land zwischen den Wüsten der Namib und Kalahari und zwischen Kunene und Oranje, gehört zu den am dünnsten besiedelsten Gebieten der Erde. Eine stürmische See liegt vor seinen Küsten, die kalten Wasser des Benguela-Stroms sorgen für niedrige Temperaturen und Nebel in Meeresnähe. Nur verborgen offenbart sich das Leben in den Jahrmillionen alten Dünen und Steinwüsten der Namib. Im Landesinnern herrscht die meiste Zeit des Jahres ein extrem trockenes, heißes Klima. Deshalb sind die weiten Savannenflächen nur extensiv nutzbar.

Seit Tausenden von Jahren wurden Menschen hier nicht so recht seßhaft; sie fanden sich stets auf der Suche nach besseren Lebensbedingungen und durchstreiften dieses Land als Nomaden.

Erst in den letzten Jahrhunderten begann im regenreicheren Norden eine dauerhafte Besiedlung. Rivalisierende Stämme, motiviert durch das Bestreben nach Sicherung besserer Jagd- und Weidegründe, sorgten weiter südlich für bewegte Stammesfehden. Weiße haben diesen relativ abgelegenen Landstrich erst zur Zeit des Kolumbus entdeckt. Doch erschien ihnen der Platz zum Verbleiben nicht attraktiv.

Nur 100 Jahre sind seit der Inbesitznahme kleinerer Areale durch Lüderitz sowie seit der Proklamierung der Schutzrechte durch das deutsche Reich vergangen. Begann damals die Kolonialzeit des Deutsch-Südwestafrika, unterstützt durch Regimenter der "Schutztruppler", so fanden sich 50 deutsche im Dienste der UNITAG stehende Soldaten, die während der Wahlen zur langersehnten Unabhängigkeit auf Fairneß und Frieden achteten.

Lange wurde um Namibia gerangelt, zu lange dauerte der Prozeß bis zum Tage der Unabhängigkeit, zu viel Blut wurde sinnlos vergossen. Keiner der beteiligten Gegner - sei es die Befreiungsorganisation SWAPO oder die südafrikanische Administration - konnte auf militärischem Wege einen Sieg erringen. Entschieden wurde in vorbildlich demokratischen Wahlen, der Sieg der SWAPO war beeindruckend (s. blaue Telex Seiten).

Im Zuge der politischen Umstrukturierung gab es auch eine Reihe von Veränderungen, die den Tourismus betrafen.

Als Reisender werden Sie Namibia als ein phaszinierendes Land erleben. Schwarze, Farbige und Weiße heißen den Besucher willkommen, jeder auf seine Art, doch für den Gast spürbar. Und sicherlich wird so manches Gespräch bald bei der Politik landen. Hierbei die Rolle des Zuhörers einzunehmen dürfte für den Gast nicht nur klüger, sondern auch informativer sein, erfährt er doch dadurch die unterschiedlichen Standpunkte. Namibia in diesem Sinne ist nicht nur ein Land beinahe unbegrenzter Weite, es ist vor allem auch ein Land der unbegrenzten Erfahrungsmöglichkeiten.

Nutzen Sie für sich die Chance, das neue Namibia kennenzulernen, zu verstehen und zu erleben. Dazu möchte ich Ihnen "gute Pad" wünschen.

Dormagen, April 1994

 **Iwanowski's** Highlights Supertips Warnungen

☛ Highlights

- **Kanufahrten** auf dem Oranje (Telex S. 17)

- **Wildbeobachtung** sowie **Geparden - Streicheln** auf der Gästefarm Okonjima (Telex S. 18)

- **Ballon-Fahrten** über der Namib (Telex S. 18)

☛ Supertips

- **Flugverbindung**

Am besten mit Air Namibia, da Frankfurt - Windhoek nonstop in weniger als 10 Stunden geflogen wird. Alle anderen Verbindungen sind Umsteigeverbindungen (meist Johannesburg in Südafrika).

- **Hotels**

Windhoek:	Safari Hotel und Fürstenhof (Buch S. 156)
Swakopmund:	Hansa Hotel und Pension Rapmund (Buch S. 246)
beim **Etosha** **Nationalpark:**	Am Ausgang von Namutoni (Etosha Park): Mokuti Lodge (Buch S. 301)

- **Einkaufen**

Andenken:	African Curiotique, Gustav Voigts Centre, Windhoek
	Bushman Art, Independence Ave. 107, Windhoek
	Cheetah Souvenirs, Independence Ave. 242, Windhoek
Bücher:	Bücherkeller, Windhoek
	Swakopmunder Buchhandlung Swakopmund
Felle:	Rogl Karakul Export, Stübelstr. 145, Windhoek
	Swakopmund Tannery, Leutweinstr. 7, Swakopmund
Mineralien:	Rocks and Gems, Independence Ave., SWABOU-Gebäude, Windhoek
	Langner (an der Durchgangsstraße), Outjo

Pelze: Pelzhaus Huber, Independence Ave. Ecke Göringstr., Windhoek

Safarikleidung: Ernst Holtz, Independence Ave. 129, Gustav Voigt Centre, Windhoek

Schmuck: Adrian Jewellers, Levinson Arcade, Windhoek
Herrle & Herma, Independence Ave., Eingang zum Sam-Iam-Gebäude, Windhoek
Knop Jeweller, Kaiserkrone Centre, Postmall Arcade, Windhoek
Leitner, Gustav Voigts Centre, Windhoek
African Art Jewellers, Swakopmund
Böhlcke Goldschmiede, Swakopmund

● Gästefarmen

bei Windhoek: Gästefarm Elisenheim (Buch S. 156) sowie Sundown Lodge und Gästefarm Finkenstein (Buch S. 129)

Im Süden: Gästefarm Sinclair (Tiras - Berge, Buch S. 214)
Gästefarm Namib Ruscamp (in der Nähe vom Sossusvlei, Buch S. 223)
Gästefarm Swartfontein (bei Solitaire, Buch S. 223)
Gästefarm Ababais (bei Maltahöhe, Buch S. 127)
Gästefarm Namtib (am Rande der Namib, Buch S. 214)
Anib Lodge (bei Mariental, Buch S. 128)

In der Landes-mitte: Gästefarm Ameib (Buch S. 273)
Gästefarm Okonjima (Telex S. 18)
Gästefarm Immenhof (Buch S. 128)

Im Norden: Gästefarm Bambatsi (Buch S. 288)
Palmwag Lodge (Buch S. 296)

 Gästefarm-Führer Namibia mit Detailinformationen zu 47 Gästefarmen; Reisebuch-Verlag Iwanowski GmbH, Raiffeisenstr. 21, D 41540 Dormagen, Tel.: 02133/61919, Fax: 02133 / 63130

● Restaurants

Windhoek: Gourmet's Inn
Restaurant des Fürstenhof

Swakopmund: Kücki's Pub (Buch S. 247)
Restaurant des Europa Hofs (Buch S. 246)
Restaurant des Hansa - Hotels (Buch S. 246)

beim Etosha Nationalpark: Restaurant der Mokuti - Lodge (Buch S. 301)

● Sehenswürdigkeiten

Landschaften:
*   Fish River Canyon (Buch S. 184 ff)

* Sossusvlei (Buch S. 224 ff)
* Etosha National Park (Buch S. 300 ff)
* Skelettküste (Buch S. 265 ff)
* Mudumu N.P. (= Namibias "Okavango-Delta", Telex S. 20)

Pflanzenwelt:
* Köcherbaumwald bei Keetmanshoop (Buch S. 177 ff)
* Welwitschias, Lithops und Euphorbien (Buch S. 260ff)

Städte/Orte:
* Lüderitz (Buch S. 198ff)
* Kolmanskuppe, der verlassene Diamantenfundort (Buch S. 215 ff)
* Swakopmund (Buch S. 246 ff)

Prähistorische Fundstätten:
* Felsgravuren bei Twyfelfontein (Buch S. 290 ff)
* Felsmalereien auf Ameib (Buch S. 273 ff), Etemba (Buch S. 276f) und am Brandberg (Buch S. 281 ff).

● **Safaris**

* Tagesausflug mit dem Landrover zu den höchsten Dünen der Welt ins **Sossusvlei** (organisiert durch die Gästefarmen Namib Ruscamp, Swartfontein sowie Hotel Maltahöhe)
* Tagesausflug von Swakopmund in die **umliegende Wüste** (botanisch - geologisch orientierte Führung, mit Landrover) durch die Firmen DAS und Charly's Desert Tours in Swakopmund

● **Wanderungen**

* Fish River Canyon (Buch S. 187 ff, 3 - 5 Tage)
* Ugab Rivier (Buch S. 267f, 3 Tage)
* Waterberg (Buch S. 340, 1 - 4 Tage)

☞ Warnungen

● **Kriminalität**

In den vergangenen Jahren hat die Kleinkriminalität vor allem in Windhoek und Swakopmund zugenommen. Vorsicht ist geboten beim Parken von vollgepackten Fahrzeugen, bei Rundgängen (nie auffällig mit Schmuck, Uhren und Kameras behangen herumgehen) sowie bei Übernachtungen (Wertsachen bitte nicht im Zimmer lassen, sondern in einem Safe lagern).

● **Entfernungen**

Bei der Festlegung von Tagesetappen sollte man in besonderer Weise auf die enormen Entfernungen sowie auf die Straßenzustände achten (jeweils im Reiseteil dieses Reise - Handbuchs beschrieben, bitte aber auch die aktuellen Bemerkungen im blauen Telex - Teil beachten).

● **Politische Diskussionen**

Hören Sie lieber zu und mischen Sie sich vor allem dann nicht ein, wenn die Teilnehmer extreme Standpunkte vertreten.

● **Frühes Vorausbuchen**

In den Ferien- und Hochsaisonmonaten wie März/April sowie Juni/Juli/ August sollten vor allem in Etosha, Ai Ais (Fish River Canyon), Terrace Bay (Skelettküste), Khorixas (Twyfelfontein) sowie Waterberg vorausgebucht werden. Ebenfalls sind in dieser Zeit die beliebtesten Gästefarmen schnell belegt.

● **Autofahrten**

Keine mitteleuropäischen Maßstäbe anlegen! Sie sollten insbesondere auf den nicht - geteerten Straßen äußerst vorsichtig fahren und unsere Fahrhinweise strikt beachten (Telex S. 30)

● **Keine Off- Road - Fahrten**

Wegen des Naturschutzes verboten und insbesondere in der Namib und im Sossusvlei kontrolliert (Telex S. 34).

● **Öffentliche Verkehrssysteme**

Eisenbahnverbindungen sind rar, und nur im Schneckentempo kommt man vorwärts; Busverbindungen nur zwischen den großen Orten, vor allem Windhoek - Swakopmund sowie Keetmanshoop (und weiter nach Südafrika, d.h. Kapstadt und Johannesburg. Ohne einen Mietwagen ist ein individuelles Bereisen des Landes schwer möglich!

Die Auswahl von Hotels, Restaurants und Gästefarmen hebt aufgrund der Erfahrungen der letzten Saison (ohne Wissen wurden die entsprechenden Stellen von uns aufgesucht!) bestimmte Unternehmen hervor. Damit verbunden ist allerdings nicht die Redaktionsmeinung, daß alle anderen Leistungsträger unakzeptabel sind.

EINLEITUNG

Mittlerweile schreiben wir das Jahr 4 nach der Unabhängigkeit. Und ich hoffe, daß Sie zu den Neugierigen gehören, die das junge, alte Land kennenlernen möchten!

Nachdem im Unabhängigkeitsjahr der Tourismus stark zurückging, nahm er 1991 zu, und 1992 war ein Rekordjahr. Was hat sich seit der Unabhängigkeit für den Reisenden geändert? Die **schlechten Nachrichten** vorweg: Sicherlich sind die Mietauto- und Übernachtungskosten sowie Safari - Preise erheblich gestiegen, und doch ist das Preisniveau - verglichen mit den mitteleuropäischen Verhältnissen - eher niedrig. Sicherlich ist auch die Klein - Kriminalität vor allem in den Städten wie Windhoek und Swakopmund gestiegen - und doch letztlich auf ein so minimales Maß beschränkt, von dem wir in unseren Großstädten eher träumen können.

Und nun die **guten Nachrichten**: Die erfreulichste Veränderung für den Reisenden ist die Tatsache, daß man nun nach der Unabhängigkeit und dem Ende des Befreiungskrieges uneingeschränkt (von den Auflagen der Naturschutzregionen einmal abgesehen) reisen kann. Vom Kunene zum Oranje, von der Namib bis zur Kalahari ist nun unbeschwertes Fahren und Erleben möglich. Grenzüberschreitendes Reisen nach Botswana und Zimbabwe, interessante Routen durch den Caprivi oder Fahrten nach Südafrika sind problemlos möglich. Die nach wie vor erstklassige touristische Infrastruktur des Landes machen das Reisen zum Vergnügen.

Bei der **Aktualisierung des Reise - Handbuchs** – mittlerweile in der 12. Auflage – habe ich alle verfügbaren neuen Informationen verarbeitet. Beachten Sie insbesondere die blauen **Telex-Seiten** hinter dem gelben Teil, wo wichtige und interessante Veränderungen dargestellt werden, sowie die grünen Seiten (aktuelle Preisinformationen) und die roten Seiten (Iwanowski´s Highlights, Supertips und Warnungen).

Im **allgemeinen Teil** werden Sie teilweise auf recht altes statistisches Zahlenmaterial stoßen. Namibia verfügt noch nicht über eigene Erhebungen, die zuverlässig gesellschaftliche und soziale Aspekte quantifiziert haben. Und in der Zeit der südafrikanischen Mandatsverwaltung wurden Statistiken entweder geheimgehalten, manipuliert oder geschönt.

Ich wünsche Ihnen eine intensive Vorbereitungszeit und eine erlebnisreiche Reise in dieses unglaublich facettenreiche Land.

Dormagen, im April 1994

Berge auf der Wanderschaft.

Berge, die vom Wind täglich neu geformt werden. Die Hünen unter den Dünen. Und doch eine Wüste voller Leben, deren Lee- und Luvseite eine unterschiedliche und einmalige Flora und Fauna hervorbringt. Was für ein Land! Ein Ozean voller Wüste, eine Savanne voller Leben, ein Urwald am Okawango. Wilde Pferde. Fremde Völker. Das größte Wildschutzgebiet der Erde. Und dann plötzlich ein Städtchen wie mitten in Deutschland. Willkommen Zuhause. Hier spricht man Deutsch, neben Englisch und Afrikaans.

Ein Schauspiel. In Deutsch.

 NAMIBIA

NAMIBIA AUF EINEN BLICK

Fläche:	824292 qkm einschließlich Walvis Bay
Einwohner:	Schätzung 1991: ca. 1.549 Millionen

Bevölkerung:

Ovambos	641 000	Namas	62 000
Kavangos	120 000	Coloureds	52 000
Damaras	97 000	Caprivianer	48 000
Hereros	89 000	Buschmänner	37 000
Weiße	82 000	Basters	32 000
(deutsch-		Andere	12 000
stämmig:	25 000)	Tswanas	8 000
		(Schätzung 1991)	

Bevölkerungs-zunahme / Jahr:	3,2 %
Sprachen:	Englisch ist Amtsprache; 60 % der Weißen sprechen Afrikaans, 25 %, Deutsch, 15 % Englisch. Die Coloureds u. Rehobother Baster sprechen meist Afrikaans, die verschiedenen Stämme z.T. eigene Sprachen.
Religionen:	90 % Christen (davon 80 % Protestanten); ferner Anhänger von Naturreligionen
Ausfuhr:	Diamanten, Uranerze, Blei, Kupfer, Zink, Fleisch, Fisch, Karakulfelle
Handelspartner:	vor allem Republik Südafrika, Japan, Deutschland, EG - Länder, USA
Inflation:	20,4 % (Schätzung März 1992)
Arbeitslosigkeit:	ca. 30 - 40 % (1993)
Nationalfeiertag:	21.03.
Staatsoberhaupt:	Dr. Sam Nujoma
Klima:	subtropisch-kontinental mit starken tages- und jahreszeitlichen Schwankungen; stark schwankende Regenfälle, die von Südwesten nach Nordosten zunehmen (0 - max. 600 mm)
Höhe:	Binnenhochland ca. 1 400 - 1 800 m ü NN, höchste Erhebung 2 610 m
Landwirtschaft:	im Süden Karakulschafe, nach Nordosten hin zunehmend Rinderzucht. Ackerbau nur im äußersten Norden möglich (1 % der Fläche eignet sich zum Ackerbau)
Verkehr:	relativ gut erschlossen, ca. 10 % der Straßen sind asphaltiert, Eisenbahnverbindungen mit der Republik Südafrika, Bahnlinien von Windhoek nach Tsumeb, Swakopmund, Lüderitz, Gobabis. Internationaler Flughafen ist Windhoek.
Städte:	Windhoek (Hauptstadt, 120 000 EW.), Swakopmund (15 500 EW.), Tsumeb (18 000 EW.), Rehoboth (15 000 EW), Keetmanshoop (14 000 EW),
Währung:	1 Namibia Dollar = 0,51 DM (Stand März 1994)

11

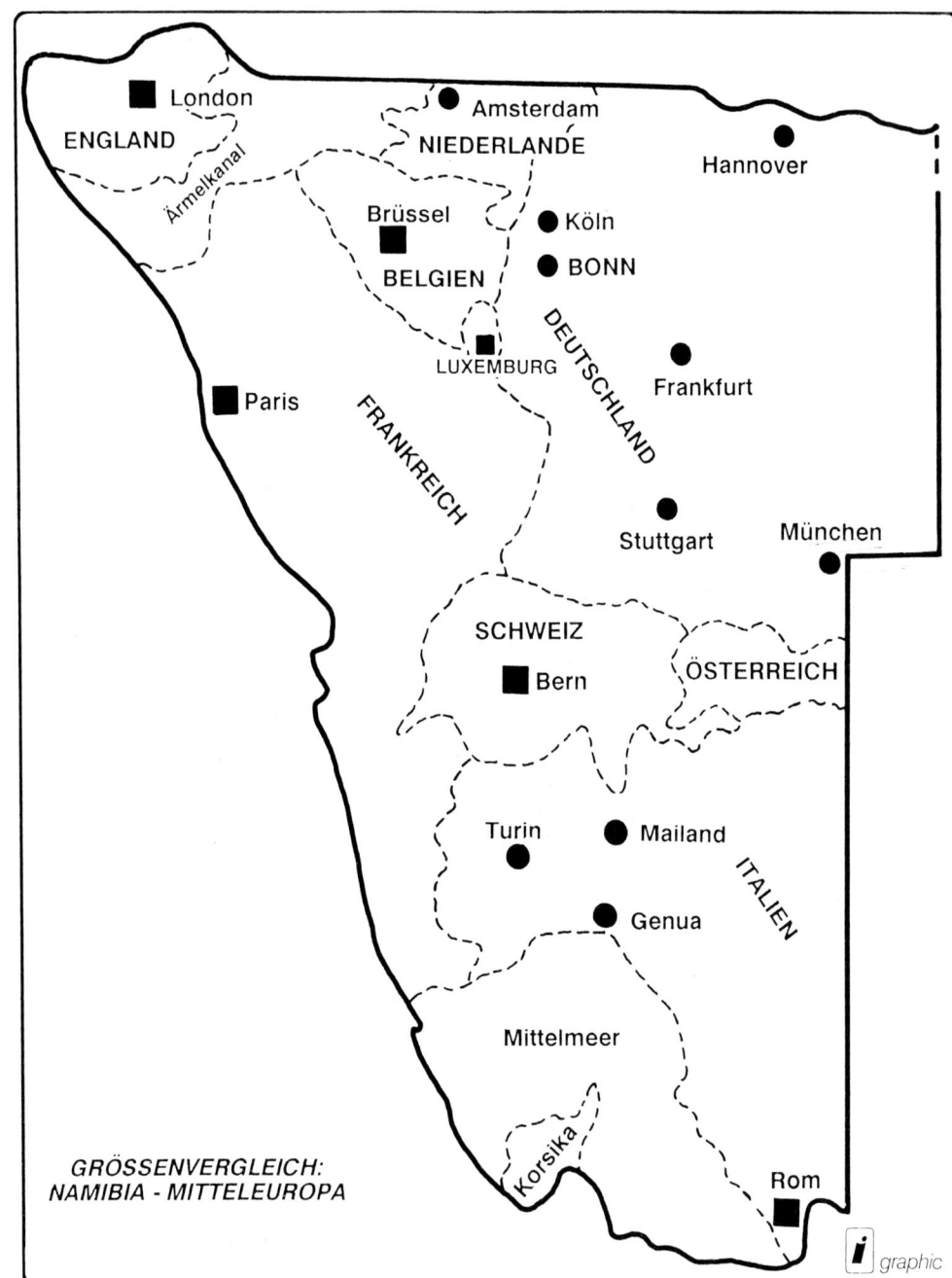

GRÖSSENVERGLEICH:
NAMIBIA - MITTELEUROPA

1. GESCHICHTLICHER ÜBERBLICK

1.1 VORKOLONIALE ZEIT

Die Erforschung der afrikanischen Küsten wurde im Mittelalter zu einer vordringlichen Aufgabe. Die Handelswege zwischen Orient, Kleinasien, dem Mittelmeergebiet und Europa waren gefährdet. Der Streit zwischen dem Christentum und dem Islam zwang zur Suche nach neuen Handelswegen.

Die Portugiesen waren im 15. Jahrhundert eine der führenden Handelsnationen und auch bestrebt, das Christentum zu verbreiten. Infante Dom Henrique ("Heinrich der Seefahrer") baute die Seeflotte aus. Bis zu seinem Tode gelangten Schiffe bis zum Golf von Guinea.

Ab Mitte des 15. Jahrhunderts gelangte der Vordere Orient unter türkische Herrschaft, der blühende Handel zwischen Europa und dem Osten wurde unterbrochen. Bei den Entdeckungsfahrten traten

Portugiesische Karawelle des 15. Jahrhunderts

nun wirtschaftliche Motive an die Stelle der "christlichen".

1483 erreichte Diego Cao die Kongo-Mündung. Drei Jahre später gelangte er an die Küste des Kaoko-Veldes. Am Kreuzkap errichtete er ein "padro", ein Kreuz aus Kalkstein.

1488 gelang es Bartholomeu Diaz, das Kap der Guten Hoffnung zu umsegeln. Zuvor erreichte er am 25. Dezember 1487 Lüderitz-Bucht.
1498 konnte Vasco da Gama diese Forschungsfahrten weiterführen und gelangte nach Indien.

Langsam entstanden europäische Ansiedlungen auf dem afrikanischen Kontinent. Im 16. Jahrhundert siedelten die Portugiesen bereits in An-

13

gola. 1652 wurden die Holländer am Kap ansässig. Die unwirtliche Küste von Südwestafrika/ Namibia wurde gemieden; die Küste sowie das wüstenhafte Hinterland erscheinen feindlich. Nach der Gründung einer Schiffsversorgungsstelle durch die Holländer am Kap (1652) kamen neue Impulse: Aufträge zur Erforschung der südwestafrikanischen Küste wurden vergeben. So fanden 1670 unter Muys und 1677 unter Womba Entdeckungsfahrten statt. Doch man fand lediglich einen öden, nebelverhüllten Sandstrand und sehr mißtrauische Eingeborene vor. So verzichtete die Holländisch-Ostindische-Kompanie auf weitere Entdeckungsfahrten. Trotzdem gilt es festzuhalten, daß die südwestafrikanische Küste zwischen Kunene und Oranje zu jener Zeit nicht gänzlich unbewohnt war.

Schätzungen zufolge waren die ersten Menschen, die südwestafrikanisches Gebiet durchstreiften, Buschmänner. Eventuell schon 1300 v. Chr. nutzten sie dieses Gebiet als Jäger und Sammler. Zeugnisse aus jener Zeit sind alte Symbolzeichen, die in Felsen geritzt bzw. aufgemalt wurden (die vielleicht zur Abgrenzung von Jagdgebieten benutzt wurden?).

Aus dem ostafrikanischen Raum kamen anschließend Vorläufer der heutigen Hottentotten. Diese waren bereits damals stammesmäßig organisiert und lebten als Viehzüchter. Sie waren mit den Buschmännern verfeindet, was durch die unterschiedliche Lebensweise begründet war: die Buschmänner wurden von den Hottentotten als Menschen ohne Land betrachtet, diese wiederum meinten, daß das Vieh innerhalb ihrer Jagdgrenzen ihr Eigentum sei. Bis 1500 beherrschten die Hottentotten Südwestafrika bis an die Nordgrenze der Etosha-Pfanne.

Um 1600 sind die Besiedlungsanfänge durch die Herero zu datieren, die vom Sambesi kamen und zunächst im Nordwesten des Landes siedelten. Sie stießen mit den nach Norden ziehenden Hottentotten zusammen, die ja ursprünglich aus Gebieten südlich des Oranje kamen. Die Hottentotten bevorzugten auf der Suche nach besseren Weidegründen vor allem den Süden und den mittleren Teil von Südwestafrika.

Die Herero boten ihnen - viel mehr als die Buschmänner - ersten und erfolgreichen Widerstand. Als Rinderzüchter mit großen Herden war vor allem ihr Selbstwertgefühl stark ausgeprägt, begleitet von einem besonders herrischen Auftreten (Wahlspruch der Häuptlinge: "Wo unsere Rinder gegrast haben, ist Herero-Land!"). Wegen Streitigkeiten um Weidegründe und Wasserstellen kam es bald zu ersten Konflikten zwischen den Hottentotten und den ebenfalls viehzüchtenden Herero. Ihrem Expansionsdrang mußten sowohl die Buschmänner, Hottentotten als auch die Bergdama weichen (die Herkunft der Dama ist nicht geklärt, vielleicht stammen sie von Negervölkern des alten westlichen Sudan ab; Nama sind zurückgebliebene Hottentottenstämme).

Bei diesen Auseinandersetzungen spielten die den Nama verwandten Orlam - Stämme eine Rolle, die nach 1800 von Süden her kommend den

Oranje überschritten und sich im Gebiet Gobabis-Bethanien niederließen. Da sie zum Teil europäisiert waren und Feuerwaffen besaßen, verhinderten sie die drohende Ausrottung der Nama-Stämme und drängten die Herero in die Defensive, die erst wieder gegen 1880 unter Maharero erstarkten.

Der Stamm der Ovambo hatte seine Heimat beiderseits des Kunene und Okavango. Wie die Herero zählen sie zur Völker- und Sprachenfamilie der Bantu. Im Gegensatz zu diesen und zu den Nama/Bergdama sind sie als Ackerbauern tätig, da sie ja in klimatisch günstigeren Gegenden siedelten (regelmäßige Niederschläge).

1.2   DIE ERSTEN WEISSEN

Die ersten auf die Initiative der Holländer zurückgehenden Erkundungsfahrten zwischen Kunene und Oranje brachten nicht die gewünschten Ergebnisse. Erst um ca. 1750 - als auch englische, amerikanische und französische Schiffe vor der südwestafrikanischen Küste kreuzten - stellte die Kapregierung Lüderitz-Bucht und die Walfisch-Bucht unter den Schutz der holländischen Krone. Als 1795 die Engländer die Macht am Kap übernahmen, ergriffen sie auch Besitz von diesen Buchten an der südwestafrikanischen Küste.

In der Walfischbucht gab es zu jener Zeit Walfänger. 1843, als reiche Guano-Lager entdeckt wurden, gab es nördlich von Lüderitz-Bucht auf der Insel Ichaboe ca. 6 000 Arbeiter.

In der Folgezeit kamen die ersten Händler nach Südwestafrika. Im Norden entwickelte sich der Rinderhandel, im Süden wurde Kupfer gefunden, der auch Prospektoren anzog. Aber auch die ersten Forschungsreisenden durchquerten das Land. Zu jener Zeit wurde Südwestafrika von zwei Stellen aus erkundet:
* vom Süden her und
* von Walfischbucht aus.

Um 1805 begannen die Missionare ihr Werk. Die ersten waren Abraham und Christian Albrecht, die bei den Nama nördlich des Oranje seßhaft wurden. 1811 gründete Schmelen Bethanien. Weitere Missionsstationen folgten: z.B. in Windhoek (1842), Okahandja (1844), Rehoboth (1845), Gobabis (1851), Keetmanshoop (1866) und Omaruru (1867).

Die Arbeit der Missionare beschränkte sich nicht auf die Seelsorge, sondern galt auch der Erziehung, Bildung, Wissenschaft und Diplomatie.

1867 annektierte Großbritannien die wertvollen Guano-Inseln, und es schien gewillt zu sein, das Gebiet zwischen Oranje und Kunene der Kapkolonie anzugliedern. 1876 stellte eine Herero-Versammlung an den Gouverneur der Kapkolonie den Antrag, Schutz zu gewähren. Wegen finanzieller Erwägungen gab man dieser Bitte nicht nach. Stattdessen wurden 1878 Walfischbucht und das Land im Umkreis von 15 englischen Meilen annektiert.

1880 brach der zehnjährige Krieg zwischen den Hottentotten und den Herero aus, doch als die Missionare der Rheinischen Mission Großbritannien baten, für Ordnung in Südwestafrika zu sorgen, lehnte es die Verantwortung ab und bezeichnete den Oranje als Nordgrenze der Kapkolonie.

1.3 DIE KOLONIALZEIT

In der Regel folgten den Entdeckern Missionare und Händler. Im letzten Drittel des vergangenen Jahrhunderts setzte unter den europäischen Großmächten ein Run auf überseeische Kolonien aus wirtschaftlichen Erwägungen ein. Die Kolonialisierung lief in vielen Fällen nach folgendem Muster ab:

Zunächst gründete ein Unternehmen in einem noch unerschlossenen Gebiet eine Niederlassung. Um sich in der Folgezeit vor der Konkurrenz anderer Nationen zu schützen, forderte es von der eigenen Regierung Schutz.

Unter Bismarck wurde eine solche Politik zunächst nicht betrieben. Er wollte den territorialen Bestand des Deutschen Reiches nicht durch Streitigkeiten mit anderen europäischen Mächten gefährden.

Die territoriale Ausdifferenzierung des Raumes Südwestafrika spielte sich im Interessenrahmen zwischen dem Deutschen Reich und Großbritannien ab. Großbritannien war am Kap engagiert, wo sich die burischen Siedler mit hottentottischen Viehzüchtern das Leben schwer machten. Die Entdeckung von Bodenschätzen, besonders in Kimberley (Diamanten), zwang Großbritannien zu einem stärkeren Engagement. So wurde zwischen 1884 und 1890 das Betschuanaland besetzt, um einen durchgehenden Landblock zwischen Ost- und Südafrika zu haben, der zwischen den traditionell portugiesischen Besitzungen in Mocambique und Angola und den aufstrebenden kolonialen Interessen der Deutschen in Ostafrika und Südwestafrika liegen sollte.

Was Südwestafrika betrifft, so muß festgestellt werden, daß bis 1884 lediglich der Küstensaum zwischen Cape Frio und dem Oranje deutsch war, mit Ausnahme der britischen Niederlassung Walfischbucht.

Es war die zunehmend private Initiative des Bremer Kaufmanns Lüderitz, der nach ersten Handelsbeziehungen zu den Eingeborenen ab 1882 Land aufkaufte. Er erwarb Lüderitzbucht mit 5 Meilen Landes im Umkreis für 100 Pfund Sterling und 200 Gewehre. Da Lüderitz von Seiten Großbritanniens eine Intervention befürchtete, bat er um den Schutz seiner Landerwerbungen.

Bismarck war nur schwer für diesen Gedanken zu erwärmen. Seiner Konzeption nach sollten Protektorate Wirtschaftsgebiete von Kaufleuten und Unternehmen sein, die auch das Land erschließen sollten. Einzige staatliche Aufgaben: Verwaltung, Ausübung von Recht und Schutz gegenüber anderen Mächten.

Im April 1885 waren die finanziellen Mittel von Lüderitz endgültig erschöpft, zu viele private Forschungsreisen hatten seine Mittel aufgebraucht. So wurde die Deutsche Kolonialgesellschaft für Südwestafrika gegründet, die von Lüderitz das Land bis auf wenige Ausnahmen erstand und sich an die Erschließung begab. Nach einigen erfolglosen Expeditionen waren auch ihre geldlichen Mittel erschöpft, und sie begnügte sich nun damit, Schürfscheine zu vergeben und Land an die wenigen Siedlungswilligen zu verkaufen.

Die sehr moderate deutsche Kolonialpolitik jener Zeit drückt sich auch in der Zahl der Beamten aus: von 1885 bis 1890 bestand die Verwaltung aus drei (!) Beamten.

Im Gefolge der Berliner Kongo-Konferenz 1884 wurden im Inneren des südafrikanischen Subkontinents verschiedene Grenzziehungen vorgenommen. So legte Portugal 1886 seine Südgrenze in Angola fest (identisch mit dem Kunene), und 1890 wurde vom Deutschen Reich und von

Herero-Häuptling Samuel Maharero

Großbritannien die Grenze zwischen Betschuanaland und Deutsch-Südwestafrika gezogen. Die Südgrenze von Südwest war schon von Lüderitz festgelegt worden: Sie war identisch mit dem Oranje. Damit existierte ein klar umrissenes Territorium, das sich in seinen Grenzen bis heute nicht verändert hat.

Curt von Francois

Die Kolonialgesellschaft war nicht in der Lage, das Land infrastrukturell zu entwickeln oder Bergbau im großen Stil zu betreiben. Den Privatsoldaten der Gesellschaft gelang es auch nicht, im Lande Ordnung zu halten. Sie wurden daher 1889 durch die Soldaten der Deutschen Schutztruppe abgelöst. Anlaß waren Streitigkeiten mit dem Herero-Häuptling Maharero aus Okahandja. So wurde eine kleine, aus 23 Mann bestehende Truppe unter Leitung von Hauptmann von Francois nach Deutsch-Südwestafrika verlegt, der neben der militärischen Schutzfunktion auch ab 1890 die Leitung der Verwaltung übernahm. Unter ihm erfolgte dann allmählich ein militärisches Fußfassen im Sinne der Ordnungsvorstellungen des Deutschen Reiches, nachdem die Schutztruppe immer weiter ausgebaut worden war. Um nicht durch die Streitigkeiten mit Maharero aufgerieben zu werden, suchte von Francois eine Stelle zwischen den Stammesgebieten der Herero und der Hottentotten. An eben dieser Stelle gründete er Windhoek, das Sitz der Schutztruppe sowie der obersten Zivilverwaltung wurde.

Trotz dieser demonstrativen administrativen Maßnahmen waren die Deutschen als Herren des Landes noch längst nicht anerkannt. So zerrten Viehdiebstähle und Kleinkriege immer wieder an den Nerven der Weißen. Besonders widerspenstig trat der Hottentotten-Führer Witbooi hervor, der weit davon entfernt war, die Schutzherrschaft der Deutschen anzuerkennen.

Ermuntert durch die Schutzfunktion der Truppe, verstärkten sich nun auch deutsche Wirtschaftsaktivitäten in Südwestafrika. Die in Berlin gegründete Siedlungsgesellschaft plante die Besiedlung und Inwertsetzung der Region Windhoek, und bereits 1892 wurden die ersten Häuser an

Hendrik Witbooi (1896)

55 Siedler übergeben. So trat mit diesen Schritten die Kolonialisierung Südwestafrikas insofern in eine neue Ära, als daß Südwestafrika für Siedler attraktiv gemacht wurde. Zum gleichen Zeitpunkt wurde Südwestafrika wieder für diverse Minengesellschaften interessant.

Für eine planmäßige Erschließung des Landes mußten jedoch die kriegerischen Auseinandersetzungen zwischen Neusiedlern und Eingeborenen aufhören. Der Grund für diese Auseinandersetzungen lag vor allem in der Einschränkung der Lebensmöglichkeit der Schwarzen, die als Nomaden auf große Weidegebiete angewiesen waren. Ihre Unterwerfung erst sollte die Voraussetzung schaffen, das Land mit deutschen und burischen Farmern zu besiedeln. Bei den wichtigsten kriegerischen Auseinandersetzungen spielte Leutwein, der ab 1894 Gouverneur in Deutsch-Südwestafrika war, eine entscheidende Rolle.

Von Francois hatte arge Schwierigkeiten mit dem Hottentottenführer Witbooi und erklärte diesem offen den Kampf. Mit zwei Kompanien wollte er ihn in die Knie zwingen. Als sich Witbooi in der Festung Hornkranz festgesetzt hatte, konnte von Francois keine Entscheidung herbeiführen. Erst zusammen mit Leutwein gelang es ihm und 300 Soldaten, die Hottentotten zur Aufgabe zu zwingen. Notgedrungen erkannten diese die Schutzmacht an. Ein Jahr später mußte sich Witbooi gar verpflichten, im Kriegsfalle der Deutschen Schutztruppe mit seinen Mannen auszuhelfen.

Bis 1898 gab es weitere zahlreiche Auseinandersetzungen mit anderen Eingeborenen-Stämmen, deren Führer wegen Aufruhr zum Teil ermordet wurden. Letztlich siegte so die strategische und waffenmäßige Überlegenheit der Weißen.

Von 1894 - 1903 (ein Jahr vor dem großen Aufstand der Herero und Hottentotten) stieg die weiße Bevölkerung von 800 auf 3.700 Personen an. Leutwein grenzte Stammesgebiete durch Verträge ein, kaufte Ländereien auf oder zog sie von Aufständischen einfach ein, die er dann zu besonders günstigen Konditionen an weiße Siedler verkaufte. In diese Zeit fällt auch der Bau der Eisenbahnverbindung von Windhoek nach Swakopmund.

Major Theodor Leutwein

Neben den Landverkäufen durch Leutwein gab es aber für Weiße noch eine andere Möglichkeit, Land zu erwerben. Viele von ihnen kamen als Händler nach Deutsch-Südwestafrika und verkauften Schwarzen solange Waren auf Kredit, bis die Eingeborenen stark verschuldet waren. Um diese Schulden zu tilgen, erschien vielen Häuptlingen die Abgabe von Land das beste Mittel zu sein. Besonders die Herero haben auf diese Weise viel gutes Weideland verloren.

Dadurch schmälerte sich der Landbesitz der Eingeborenen kontinuierlich. Dieser Prozeß mußte zwangsläufig dazu führen, daß sie ihre althergebrachte Lebens- und Wirtschaftsweise aufgeben mußten.

So wuchs allmählich die Unzufriedenheit unter den Schwarzen, und in den Jahren 1904 - 1906 kam es zum großen Aufstand der Herero und Hottentotten. Die Angriffe kamen für die Weißen überraschend. Leutwein zog nach Süden, um dort Auseinandersetzungen mit den rebellierenden Bondelswarts zu beenden. Seine Abwesenheit nutzten die Herero aus, um viele weiße Farmer und Siedlungen zu überfallen. Nur die größeren Ansiedlungen und Militärposten konnten sie nicht in ihre Gewalt bringen. In Eilmärschen kam Leutwein mit seinen Truppen zurück, konnte aber die Aufständischen durch Kleinkriege lediglich binden. Einige Wochen später kamen frische Truppen aus Deutschland zur Verstärkung, und am Waterberg kam es zur großen Entscheidungsschlacht. Hier hatten die Herero ihre Männer, Frauen und Kinder sowie ihr gesamtes Vieh zusammengezogen. Sie mußten aber schließlich der Übermacht der Deutschen unterliegen. Wenigen gelang die Flucht in die Kalahari. Die Deutschen aber besetzten in diesem ariden Gebiet die lebensnotwendigen Wasserlöcher, so daß die Geflüchteten keine Überlebenschance hatten. Nur ein Rest der Herero - ca. 20.000 - konnte überleben.

Kamelreiter der Schutztruppe

Witbooi, der inzwischen ein Greis war und sich 1895 zwingen lassen mußte, die deutsche Schutzherrschaft anzuerkennen, unternahm einen letzten Versuch, sich zur Wehr zu setzen. Kämpften die Witboois - laut Vertrag - gegen die Herero auf der Seite der Deutschen, so wendete sich nach der Schlacht am Waterberg das Blatt. Im Oktober 1904 überfielen sie zahlreiche weiße Farmer im Namaland, und nach Anfangserfolgen schlossen sich viele Hottentottenstämme den Aufständischen an. Bis 1906 dauerten die Auseinandersetzungen, bis schließlich auch die letzten Stämme sich ergeben hatten.

Das **Ergebnis dieser Aufstände war für die Schwarzen** mehr als deprimierend:

* Ihre **Anzahl** war durch die Kämpfe **stark vermindert** worden;
* sie **verloren** ihre alte **Stammesstruktur**, die ihnen zuvor Sicherheit und Geborgenheit gegeben hatte;
* sie **verloren** ihre gesamten **Stammesgebiete**.

21

Die Inbesitznahme des Landes konnte so nun ohne größere Schwierig-
keiten weitergehen. Vielen Schutztruppen-Angehörigen gefiel Südwest,
so daß sie sich entschlossen, für immer hier zu bleiben. Das gesamte
Hochland wurde durch Farmen besiedelt, und die Bevölkerung der
Weißen stieg auf über 12.000 im Jahre 1913 an.
Noch bevor die Kampfhandlungen 1906 zu Ende gingen, hatte das
Deutsche Reich alle Stammesgebiete der Hottentotten und Herero zu
Eigentum der Krone erklärt. Ihnen wurde verboten, Großvieh zu halten.
Nichts anderes blieb ihnen übrig, als Arbeit auf den Farmen, in den Mi-
nen und auf den Diamantenfeldern zu übernehmen. In dieser Zeit ent-
standen auch die ersten "locations" in der Nähe der Farmen oder
Werften als größere Siedlungen. Hier lebten fortan die Schwarzen ohne
stammesmäßige Gliederung.

Nur wenigen Stämmen gelang es, ihre Struktur aufrechtzuerhalten.
Dazu gehören u. a. die Rehobother Baster, die Bergdama und die
Ovambo.

In der Zeit bis zum 1. Weltkrieg wurde Deutsch-Südwestafrika infra-
strukturell stark entwickelt. Ein Ausdruck davon ist z. B. der damalige
Ausbau des Verkehrsnetzes, die Ausweitung des Farmlandes und die
Entdeckung neuer Bodenschätze.

Diese Entwicklung wurde mit Ausbruch des 1. Weltkrieges unterbrochen. Die Südafrikanische Union wurde unter dem Einfluß von
Großbritannien gezwungen, Deutsch-Südwestafrika zu besetzen, obwohl
die burische Bevölkerung damit nichts im Sinne hatte. Ihrer zahlenmäßig stark überlegenen Streitmacht gelang es im Oktober 1914, die
deutschen Schutztruppen allmählich nach Norden abzudrängen, um sie
schließlich 1915 im Juli bei Khorab endgültig zur Kapitulation zu zwingen. Die aktiven Angehörigen der Schutztruppe wurden interniert.

1.4 NAMIBIA UNTER DEM MANDAT SÜDAFRI-KAS

Am 17. Dezember 1920 wurde die Südafrikanische Union beauftragt,
das Mandat über Südwestafrika zu übernehmen. Sie erhielt ein soge-
nanntes C-Mandat, was bedeutete, daß sie Südwestafrika von nun an als
einen Bestandteil ihres Landes ansehen konnte, weil eben jenes Gebiet
wegen seiner geringen Bevölkerung, des kleinen Umfanges und des
geographischen Zusammenhanges als ein Teil der Union angesehen
werden konnte.

Der deutschen Bevölkerung ging es unter dem südafrikanischen Mandat
schlecht. Unter den südafrikanischen Regierungschefs Botha und Smuts

wurden ca. 4 000 Deutsche ausgewiesen. An ihre Stelle traten Buren. Ca. 9 000 deutsche Händler und Farmer verblieben in Südwestafrika, wurden nun aber in eine deutliche Minderheitsrolle gedrängt. 1913 betrug der Deutschenanteil an der weißen Bevölkerung noch 83 %, wogegen er 1926 nur noch 37 % erreichte. Von den 1981 gezählten 7 % Weißen (ca. 75 600) sind 16,6 % deutschsprachig (ca. 12 500). Quelle: Namibia Nachrichten v. 20.10.84.

Die zahlenmäßig relativ geringe Ausweisung der Deutschen hatte natürlich einen praktischen Grund: Ihre Wirtschaftskraft konnte nicht so leicht ersetzt werden.

In der Folgezeit bis zum 2. Weltkrieg wurde die Farmwirtschaft weiter ausgebaut. Das in den Anfängen schon zu deutscher Zeit bestehende Reservat-System wurde ausdifferenziert; alle Eingeborenen durften wieder Großvieh halten. Ca. 25 % der Eingeborenen ließen sich in diesen Reservaten nieder; doch ihre Mehrzahl blieb weiterhin bei den Weißen als Arbeiter beschäftigt und somit auch von ihnen abhängig. Hierbei muß darauf hingewiesen werden, daß die Qualität der Reservate eine intensive landwirtschaftliche Inwertsetzung nicht gestattete: es handelte sich ausschließlich um semiaride Gebiete am Rande des weißen Farmlandes.

Ähnlich wie heute noch in der Republik Südafrika entstand ein Flickenteppich von Reservaten. Im Zuge der Homeland-Politik Südafrikas, die eine stammesmäßige Isolierung der schwarzen Bevölkerung vorsieht, wurde die Odendaal-Kommission gegründet, die einen Plan zur Neuordnung der Reservate vorlegen sollte.

Ab 1963 wurden dann für die verschiedenen Stammesgruppierungen Homelands geschaffen, die heute 40 % der Fläche Namibias einnehmen. Mit Hilfe staatlicher Kredite sollten diese Homelands wirtschaftlich und sozial soweit entwickelt werden, bis sie in eine begrenzte politische Unabhängigkeit entlassen werden konnten.

Trotzdem muß klar festgestellt werden: Den meisten dieser Gebiete ist es unmöglich, ihre Bevölkerung selbständig zu ernähren und ihr Arbeitsplätze zu beschaffen. So bemerkt Leser (Namibia, 1982, S. 53): "Diese Pro-Kopf-Flächen sind eindeutig zu klein, gemessen am begrenzten natürlichen Potential eines semiariden Landes und der notwendigen extensiven Wirtschaftsweise." Daher müssen die Männer im erwerbstätigen Alter als Vertragsarbeiter bei weißen Farmern oder anderen Arbeitgebern (Bergwerksgesellschaften etc.) ihren Lebensunterhalt verdienen. Die Trennung weißer und nicht-weißer Bevölkerungsteile ist heute weitgehend abgeschlossen.
Außerdem ist die **Aufteilung des Landes gemäß dem Odendaal-Plan** eindeutig zugunsten der Weißen erfolgt:

Farmgebiet der Weißen	46,7 %
Heimatländer	39,6 %
Diamantensperrgebiet	6,7 %
Wild- und Nationalparks	5,3 %
Regierungsland	1,1 %
Siedlungs- und Verkehrsflächen	0,6 %

(Quelle: Leser, Namibia, 1982, S. 57)

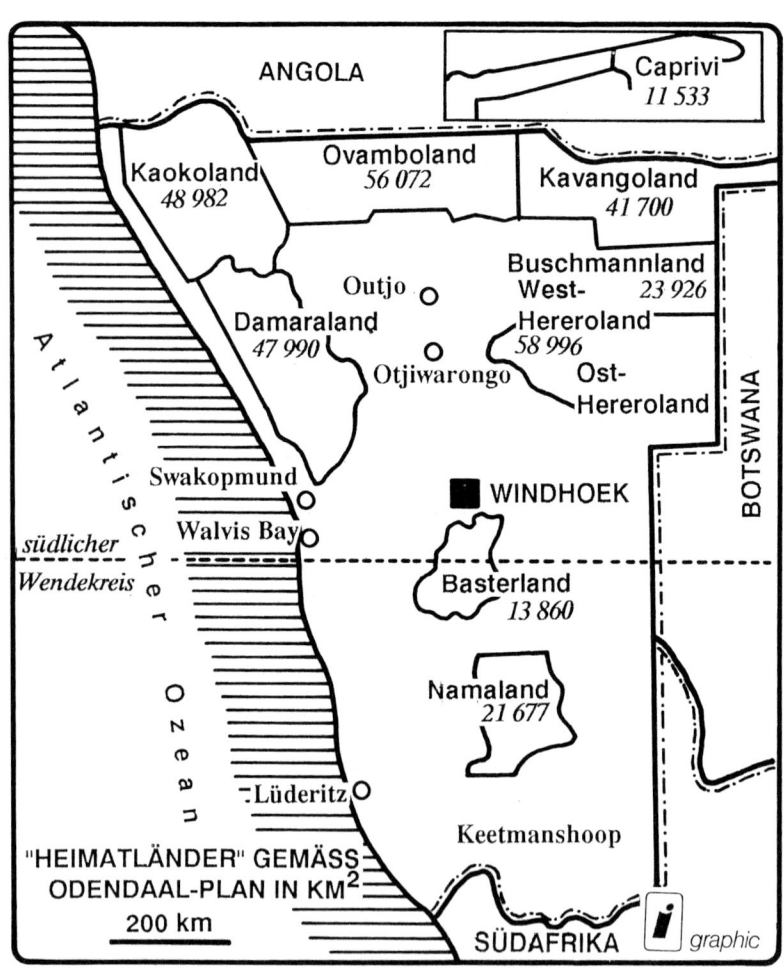

Die rund 75 000 Weißen mit einem gesamten Bevölkerungsanteil von 7,5 % haben einen Landanteil von 46,7 %, während die Schwarzen und Farbigen mit einer Bevölkerungszahl von 933 700 über 39,7 % des Landes verfügen.

1.5 SÜDWESTAFRIKAS WEG ZUM KÜNFTIGEN NAMIBIA

Es ist nicht zu leugnen, daß Namibia auf Druck der UN seit den 60er Jahren unter der südafrikanischen Mandatsverwaltung infrastrukturell große Fortschritte gemacht hat. Nach dem 2. Weltkrieg weigerte sich die südafrikanische Regierung, mit der neuen Weltorganisation der UNO einen Treuhandvertrag abzuschließen. So mußte der Internationale Gerichtshof in Den Haag vermitteln, und er entschied 1950, 1955 und 1956, daß das südafrikanische Mandat über Namibia auch ohne Treuhandvertrag weiter fortbestehen sollte. Pretoria wurde verpflichtet, der UNO über die Verwaltung des Gebietes Rechenschaft abzulegen.

Zwischen 1960 und 1970 hatte die UNO Südafrika mehrfach aufgefordert, das Mandat über Namibia zu beenden. 1971 befand der Internationale Gerichtshof, daß die Mandatsherrschaft über Namibia illegal sei.

1972 erklärte sich die südafrikanische Regierung bereit, Südwestafrika nach einer Übergangsperiode in die Unabhängigkeit zu entlassen. 1974 wurde in Windhoek eine Verfassungskonferenz abgehalten, die von diesem Zeitpunkt an nach ihrem Tagungsort als "Turnhallen-Konferenz" in die politische Szene einging. In ihr waren alle 11 Bevölkerungsgruppen vertreten. Ausgeschlossen blieben alle in Opposition stehenden Unabhängigkeitsbewegungen, von denen die South West Africa People's Organisation = SWAPO 1973 durch die UNO voreilig das Alleinvertretungsrecht über Namibia zuerkannt bekam.

Die SWAPO wird massiv von den Sowjets unterstützt und beansprucht aufgrund des UNO Beschlusses das Alleinvertretungsrecht für Namibia. Gerade das wollten die Südafrikaner mit allen Kräften verhindern, da sie auf keinen Fall ein möglicherweise unter sowjetischem Einfluß stehendes Namibia als unmittelbaren Nachbarn dulden werden. So kam es der südafrikanischen Regierung sehr gelegen, daß die gemäßigten Kräfte der Turnhallen-Allianz die Unabhängigkeit Namibias bis zum 31.Dezember 1978 verwirklichen wollten. Anfang Dezember 1978 wurde eine Volksabstimmung abgehalten, woran die SWAPO sowie UNO-Beobachter nicht teilnahmen. Auf Druck des Weltsicherheitsrates hin erklärte sich Pretoria bereit, 1979 eine verfassungsgebende Versammlung mit Beteiligung der SWAPO sowie unter UNO-Aufsicht wählen zu lassen. Dieses Zugeständnis fiel den Südafrikanern nicht allzu schwer, weil sie, wie sich zeigte, zu Recht davon überzeugt waren, daß die auf dem Alleinvertretungsanspruch beharrende SWAPO diese Forderung ablehnen würde.

1.6 DIE HEUTIGEN POLITISCHEN GRUPPIE-RUNGEN IN NAMIBIA
(von Wolfgang Reith)

Die politische Landschaft Namibias ist ebenso vielfältig wie seine geographische und ethnische Beschaffenheit. Manche Beobachter schätzen, daß es an die 100 Parteien und parteiähnliche Sammlungsbewegungen gibt.
Bei einer Bevölkerung von rund einer Million, die sich aus 11 ethnischen Gruppierungen zusammensetzt, kommt dies auf den ersten Blick einem Chaos gleich. Allerdings existiert eine überaus große Zahl von Parteien nur auf dem Papier, und viele verschwinden so schnell, wie sie gegründet wurden oder gehen in anderen Parteien mit ähnlicher Zielsetzung auf.

Eine ernsthafte Bedeutung kann heute höchstens 25 politischen Gruppen beigemessen werden, wobei die Wirksamkeit der meisten sich wiederum im wesentlichen auf eine Volksgruppe beschränkt.

1.6.1 DIE PARTEIEN DER NATIONALVERSAMM-LUNG

Da sind zunächst einmal die 5 Parteien bzw. Parteienbündnisse, die an der internen Wahl zur verfassungsgebenden Versammlung - der späteren Nationalversammlung - vom Dezember 1978 teilnahmen (siehe dazu auch Kapitel 1.7):

Demokratische Turnhallen-Allianz / DTA
Zusammenschluß von 11 selbständigen Parteien, die alle 11 Völker des Landes repräsentieren. Entstanden im Oktober 1977 als Ergebnis aus den Verfassungsgesprächen in der Windhoeker Turnhalle, ist die DTA seither die wichtigste politische Kraft aller gemäßigten Demokraten. Sie gewann die Wahl vom Dezember 1978 mit über 82 % aller abgegebenen Stimmen (bei einer Wahlbeteiligung von 80 %) und stellte von 1980 - 1983 die Interimsregierung Namibias.

Aktionsfront zur Erhaltung der Turnhallen-Prinzipien/AKTUR
Parteienallianz, die hauptsächlich von der alten Nationalen Partei/NP der Weißen getragen wird und somit rechts von der DTA steht. Dane-

ben haben sich einige unbedeutende Splittergruppen von Farbigen und Schwarzen dem Bündnis angeschlossen. Die politischen Zielvorstellungen der AKTUR für ein unabhängiges Namibia orientieren sich am Vorbild der Republik Südafrika (Homeland-Politik).

Herstigte Nationale Party / HNP
Rechtsextreme, rein weiße Partei, die für die bedingungslose Rassentrennung sowie den Anschluß Namibias als fünfte Provinz an die Republik Südafrika eintritt.

Liberation Front / LF
Sie besteht fast ausschließlich aus Rehobother Bastern.

Namibia Christlich-Demokratische Partei / NCDP
Multirassische Partei für ein friedliches Zusammenleben aller Bevölkerungsgruppen auf der Grundlage des Christentums.

1.6.2 ANDERE DEMOKRATISCHE GRUPPIERUNGEN

Von den Parteien und Parteiallianzen, die sich nicht an der internen Wahl von 1978 beteiligten und daher auch nicht in der verfassungsgebenden Versammlung bzw. seit 1979 in der Nationalversammlung vertreten waren, verdienen Beachtung:

Namibia National Front / NNF
Gemischtrassiges Bündnis aus einer Partei der Farbigen sowie einigen Parteien schwarzer Völker. Wichtigste Stütze ist die heute vornehmlich von Herero und den ihnen verwandten Mbanderu getragene South West African National Union / SWANU, die älteste Unabhängigkeitsbewegung schwarzer Bewohner des Landes. Einige Jahre lang galt die NNF, die eine Koalition aus Linksliberalen und freiheitlichen Sozialisten darstellt, als dritte politische Kraft zwischen der rechtskonservativen DTA und der kommunistischen SWAPO.
Seit jedoch die Förderale Partei / FP, eine liberale Partei, die zwar allen Rassen offensteht, sich aber fast ausnahmslos aus Weißen zusammensetzt und ihren Rückhalt im wesentlichen bei der englischsprachigen Bevölkerungsgruppe findet, wieder aus der NNF ausgeschieden ist, hat die Parteienallianz ihre frühere Bedeutung verloren. 1982 trennte sich auch noch die nach dem Ausscheiden der FP wichtigste Gruppierung, der Damara-Rat, von der NNF.
Eine Beteiligung an der Wahl von 1978 lehnte die NNF einmal wegen der fehlenden internationalen Überwachung ab, zum anderen aber auch deshalb, weil sie nicht über die nötigen finanziellen Mittel zur Bestreitung eines erfolgversprechenden Wahlkampfes verfügte.

South West African People's Organisation - Demokraten / SWAPO-D

Abspaltung von der SWAPO; letztere wird zur Unterscheidung seitdem auch SWAPO-N (N steht für Nujoma, den Führer der Auslands-SWAPO) bezeichnet. Im Gegensatz zur SWAPO, die für den Einparteienstaat östlicher Prägung kämpft, strebt die SWAPO-D einen demokratischen Sozialismus an und bekennt sich zum Mehrparteiensystem. Die tatsächliche Bedeutung der Partei läßt sich schwer abschätzen, doch würde sie in einem unabhängigen Namibia vermutlich ein Koalitionspartner für die NNF sein, mit der sie heute schon mancherlei Aktionseinheiten bildet. An der Wahl von 1978 beteiligte sich die SWAPO-D vor allem deshalb nicht, weil sie erst kurz zuvor gegründet worden war und sich organisatorisch daher erst im Aufbau befand.

Christlich-Demokratische Aktion für Soziale Gerechtigkeit / CDA

Anfang 1982 trat der Präsident der DTA, Peter Kalangula, von diesem Amt zurück und zog mit seiner Delegation der National Democratic

Party / NDP - der Ovambo-Partei innerhalb der DTA - sowohl aus der Parteienallianz als auch der Nationalversammlung aus. Der Hauptstreitpunkt lag wohl darin, daß Kalangula das Parteienbündnis der DTA gerne in eine einzige Partei umgewandelt sehen wollte, dabei jedoch auf den Widerstand der meisten anderen Volksgruppen stieß, die hierin eine allmähliche Ovambo-Hegemonie befürchteten. Da Kalangula zugleich Ministerpräsident des Ovambolandes war und damit praktisch die Hälfte der Gesamtbevölkerung Namibias repräsentierte, bedeutete sein Schritt eine erhebliche Schwächung der DTA. Kurze Zeit später

Ovambo-Führer Peter Kalangula

ließ er dann die NDP in der neugegründeten, nun jedoch gemischtrassigen CDA aufgehen. Die politische Gruppierung versteht sich selbst als Partei der Mitte, lehnt die Einrichtung von 11 ethnischen Regierungen - die sogenannte Zweite Ebene - ab und tritt stattdessen für eine starke, aus allen Rassen sich zusammensetzende Zentralregierung ein. Die Verwaltungsgliederung des Landes soll in 5 wirtschaftlichen und nicht nach ethnischen Gesichtspunkten abgegrenzten Provinzen erfolgen. Zum besseren Verständnis der einzelnen Bevölkerungsgruppen untereinander ist die Errichtung eines Ministeriums für kulturelle Zusammenarbeit vorgesehen. Sollte es der CDA auf Dauer gelingen, sich im Ovamboland als ernsthafte politische Alternative zur SWAPO zu etablieren, so würde hier - auf die Zukunft gesehen - ein möglicher bedeutsamer Koalitionspartner für die DTA erwachsen.

Interessengemeinschaft Deutschsprachiger Südwester / IG

Zahlenmäßig fällt diese Gruppierung, die im politischen Sinne keine echte Partei ist, kaum ins Gewicht, da sie überdies nur einen Teil der etwa 30.000 deutschsprachigen Südwester vertritt. Ihre Bedeutung besteht aber darin, daß sie der Republikanischen Partei/RP assoziiert und in deren Vorstand stark repräsentiert ist, womit sie einen nicht unerheblichen Einfluß auf die Politik der RP und damit auch DTA ausübt.

1.6.3   SOUTH WEST AFRICAN PEOPLE'S ORGANISATION/SWAPO

Als zweitälteste, schwarze Unabhängigkeitsbewegung wurde die SWAPO, deren Anhänger in der Hauptsache unter den Ovambo zu finden sind, bereits 1973 auf Drängen der OAU (Organisation für afrikanische Einheit) von der UNO als "einzig legitime Repräsentantin des namibischen Volkes" anerkannt. Die Partei besteht praktisch aus **zwei Flügeln:**
* der **Inlands-SWAPO**, die innerhalb Namibias agiert und dort auch offiziell zugelassen ist,

SWAPO-Chef Sam Nujoma

* der **Auslands - SWAPO**, dem radikalen Teil, der vom Exil aus Angola, Sambia und Tansania seit 1965 einen Guerillakrieg gegen die südafrikanische Verwaltung in Namibia, in den letzten Jahren aber zugleich gegen die gewählten Vertreter der Bevölkerung führt.

Während beim Inlandsflügel eher die nationalistischen Komponenten überwiegen, betrachtet sich die Exil-SWAPO inzwischen als eindeutig marxistische Kaderpartei. Mit Hilfe ihrer "Volksbefreiungsarmee" (People's Liberation Army of Namibia/PLAN) versucht sie, den revolutionären Kampf nach Namibia hineinzutragen und nach einer Machtergreifung getreu sowjetischem Vorbild eine Einheitsparteiendiktatur auf der Grundlage des sogenannten demokratischen Sozialismus zu errichten. Dementsprechend wird die Organisation seit Jahren finanziell, vor allem auch materiell, d.h. mit Waffen, vom Ostblock unterstützt.

Über welchen Rückhalt die SWAPO bei der Bevölkerung Namibias wirklich verfügt, ist schwierig zu beurteilen, da sie sich stets geweigert hat, an den Wahlen innerhalb des Landes (für die einzelnen Volksgruppenvertretungen) teilzunehmen. Auch ihre indirekte Aufforderung zum Boykott der Wahl zur verfassungsgebenden Versammlung im Dezember 1978 blieb so gut wie ohne Erfolg. Dennoch darf die offene oder versteckte Sympathie eines großen Teil der Ovambo-Jugend für die SWAPO keinesfalls unterschätzt werden, und so wird die Organisation bei künftigen Wahlen für ein unabhängiges Namibia einen unberechenbaren Faktor bilden.

1.7   DIE ENTWICKLUNGEN VON 1978 BIS 1984
(von Wolfgang Reith)

Trotz der Tatsache, daß die Anfang 1978 intern durchgeführte Wahl zu einer verfassungsgebenden Versammlung international nicht anerkannt wurde, weil die von der UNO favorisierte SWAPO es abgelehnt hatte, daran teilzunehmen, bildete das Ereignis immerhin einen bedeutsamen Schritt in der politischen Entwicklung Namibias: Zum ersten Mal in der Geschichte des Landes konnten alle Einwohner - gleich welcher Rasse und Hautfarbe - nach dem Prinzip "Ein Mensch - eine Stimme" mitwählen. Von einer geschätzten Wählerzahl von 443 441 hatten sich 412 448 registrieren lassen. Bei 326 264 abgegebenen gültigen Stimmen entfielen dann:

268 130	auf die DTA	9 073	auf die NCDP
38 716	auf die AKTUR	5 781	auf die HNP
		4 564	auf die LF

Damit setzte sich die 50-köpfige verfassungsgebende Versammlung aus 41 Abgeordneten der DTA, 6 der AKTUR und je einem der drei kleinen Parteien zusammen. Zum Präsidenten dieses Parlamentes wurde der Damara J. Skrywer gewählt.

Nach Gesprächen mit dem südafrikanischen Premierminister P.W. Botha sowie Außenminister R. Botha, bei denen man übereinkam, daß

Wahlen unter UNO-Aufsicht unbedingte Priorität genössen und spätestens bis September 1979 abgehalten werden sollten, um die internationale Anerkennung eines unabhängigen Namibia zu erreichen, verzichtete dann die verfassungsgebende Versammlung bei ihrem ersten Zusammentritt am 21. Dezember 1978 darauf, eine Verfassung auszuarbeiten, sondern stattdessen auf eine möglichst rasche Verwirklichung der UN-Resolution 435, in der das Prozedere auf dem Weg zur Selbstständigkeit im einzelnen festgelegt wurde, hinzuarbeiten und alle damit im Zusammenhang stehenden Maßnahmen zu unterstützen.

Im Januar 1979 besuchte der UN-Sonderbeauftragte für Namibia, der Finne Martii Ahtisaari, Südafrika und Namibia. In mehr als einwöchigen Konsultationen versuchte er, seine Gesprächspartner in Pretoria und Windhoek davon zu überzeugen, daß man eine interne Lösung und damit eine einseitige, von Südafrika in die Wege geleitete Unabhängigkeit des Territoriums auf keinen Fall akzeptieren werde. Beide Seiten kamen sich in ihren Standpunkten zwar näher und bezeichneten die Gespräche als einen Teilerfolg, doch konnte man sich in den entscheidenden Fragen noch nicht einigen. So drängten die Südafrikaner auf baldiges Handeln und eine international kontrollierte Wahl möglichst vor Oktober 1979, während Ahtisaari sich nicht auf ein Wahldatum festlegen, sondern dafür lieber den Beginn der ganzen sich über sieben Monate hinziehenden Operation fixiert sehen wollte. Außerdem blieb es bei Differenzen in der Frage der Zusammensetzung des Truppen-Kontingentes der Vereinigten Nationen, das den gesamten Prozess überwachen sollte.

Die Veröffentlichung des Namibia-Berichts des UN-Generalsekretärs vom 26. Februar 1979 brachte dann die Verhandlungen nicht nur zum vorläufigen Stillstand, sondern vereitelte in den kommenden Monaten auch eine schnelle Lösung des UNO-Plans. Kurt Waldheim hatte einmal die Zusammenziehung sowohl der verbleibenden südafrikanischen Truppen als auch der SWAPO-Kämpfer in bestimmten Lagern auf namibischem Boden vorgeschlagen, es jedoch gleichzeitig abgelehnt, daneben die SWAPO-Basen in Angola, Sambia und Botswana durch UN-Kräfte überwachen zu lassen. Da die SWAPO zu diesem Zeitpunkt gar keine Stützpunkte in Namibia selbst besaß, hätten diese Ausführungsbestimmungen ihr eindeutige Vorteile verschafft, was Südafrika als kampflose Aufgabe einer bisher gehaltenen Position und somit als Risikofaktor betrachtete. Eine Ende März in New York abgehaltene Konferenz, an der Vertreter der 5 Westmächte (USA, Kanada, Großbritannien, Frankreich, Bundesrepublik Deutschland), der südafrikanische Außenminister Botha sowie Abgesandte der Frontlinienstaaten (Angola, Botswana, Sambia, Mocambique, Tansania), der SWAPO und der internen Parteien Namibias teilnahmen und auf der die neue Situation eingehend erörtert wurde, brachte kaum eine Annäherung der Standpunkte.

RESOLUTIONEN UND BESCHLÜSSE DES SICHERHEITSRATS

RESOLUTION 431 (1978) VOM 27. JULI 1978

Der Sicherheitsrat

1. ersucht den Generalsekretär, einen Sonderbeauftragten für Namibia zu benennen, um die baldige Unabhängigkeit Namibias durch freie Wahlen unter der Aufsicht und Kontrolle der Vereinten Nationen zu gewährleisten;

2. ersucht den Generalsekretär ferner, zum frühestmöglichen Zeitpunkt einen Bericht mit seinen Empfehlungen für die Durchführung des Vorschlags für eine Regelung der Lage in Namibia gemäß Sicherheitsratsresolution 385 (1976) vorzulegen;

3. bittet alle betroffenen Seiten eindringlich, alles in ihren Kräften Stehende zu tun, damit Namibia so bald wie möglich seine Unabhängigkeit erlangt.

RESOLUTION 432 (1978) VOM 27. JULI 1978

Der Sicherheitsrat

1. erklärt, daß die territoriale Integrität und Einheit Namibias durch die Wiedereingliederung der Walvis Bay in sein Territorium gesichert werden muß;

2. beschließt, der Einleitung der notwendigen Schritte zur Sicherstellung der baldigen Wiedereingliederung der Walvis Bay in das Territorium von Namibia seine volle Unterstützung zu geben;

3. erklärt, daß Südafrika bis zur Erreichung dieses Ziels die Walvis Bay in keiner Weise nutzen darf, die die Unabhängigkeit Namibias oder die Lebensfähigkeit seiner Wirtschaft beeinträchtigt;

4. beschließt, mit dieser Angelegenheit befaßt zu bleiben, bis die Walvis Bay wieder voll in das Territorium Namibias eingegliedert ist.

RESOLUTION 435 (1978) VOM 29. SEPTEMBER 1978

Der Sicherheitsrat

1. billigt den Bericht des Generalsekretärs zur Durchführung des Vorschlags für eine Regelung der Lage in Namibia 64/ sowie seine erläuternde Erklärung;

2. wiederholt erneut, daß es sein Ziel ist, den Rückzug der widerrechtlichen südafrikanischen Verwaltung aus Namibia und die Übertragung der Macht auf das Volk von Namibia mit Unterstützung der Vereinten Nationen und in Übereinstimmung mit Sicherheitsratsresolution 385 (1976) zu erreichen;

3. beschließt, unter seiner Autorität und in Übereinstimmung mit dem oben genannten Bericht des Generalsekretärs eine Unterstützungseinheit der Vereinten Nationen für die Übergangszeit (United Nations Transition Assistance Group, UNTAG) für einen Zeitraum von maximal 12 Monaten zu schaffen, die den Sonderbeauftragten des Generalsekretärs bei der Erfüllung des ihm mit Ziffer 1 von Sicherheitsratsresolution 431 (1978) erteilten Auftrags unterstützt, d.h. der Gewährleistung der baldigen Unabhängigkeit Namibias durch freie Wahlen unter der Aufsicht und Kontrolle der Vereinten Nationen;

4. begrüßt die Bereitschaft der SWAPO zur Mitwirkung an der Durchführung des Berichts des Generalsekretärs, insbesondere ihre im Schreiben des Präsidenten der SWAPO vom 8. September 1978 bekundete ausdrückliche Bereitschaft zur Unterzeichnung und Einhaltung der Bestimmungen über die Feuereinstellungen;

5. fordert Südafrika auf, den Generalsekretär unverzüglich bei der Durchführung dieser Resolution zu unterstützen;

6. erklärt, daß alle unter Verstoß gegen die Sicherheitsratsresolution 385 (1976), 431 (1978) und gegen diese Resolution getroffenen einseitigen Maßnahmen der widerrechtlichen Verwaltung in Namibia im Zusammenhang mit dem Wahlvorgang, einschließlich einer einseitigen Wählerregistrierung oder einer Übertragung der Macht null und nichtig sind;

7. ersucht den Generalsekretär, dem Sicherheitsrat spätestens am 23. Oktober 1978 über die Durchführung dieser Resolution zu berichten.

Als Folge der zunächst unüberbrückbaren Meinungsverschiedenheiten, die sich aus der Veränderung bzw. Abweichung von der ursprünglichen UN-Resolution 435 ergeben hatten, wurde die innenpolitische Entwicklung Namibias hin zu einer größeren Selbständigkeit forciert. Durch eine Proklamation des Generaladministrators erfolgte am 21. Mai 1979 die Umwandlung der verfassungsgebenden Versammlung in eine Nationalversammlung mit legislativen Befugnissen. Außerdem sollte dieses Parlament von 50 auf 65 Abgeordnete erweitert werden, wobei man die zusätzlichen Sitze für andere interne, bisher noch nicht in der Versammlung vertretene Parteien zu reservieren gedachte. Daneben wurde der Generaladministrator-Rat geschaffen, eine Art Kabinett mit beratender Funktion, das dem Generaladministrator zur Seite stand. Ebenso führte man einen eigenen südwestafrikanischen/ namibischen Staatsdienst ein.

Eine der Hauptmaßnahmen, die die neue gesetzgebende Nationalversammlung ergriff, war die Einbringung des "Antidiskriminierungsgesetzes", das die Abschaffung jeglicher Benachteiligung aufgrund der Hautfarbe beinhaltete und alle Wohngebiete, Hotels, Restaurants, Kinos, Wild- und Naturparks für Angehörige aller Rassen zugänglich machte. Die Verabschiedung des Gesetzes am 11. Juli führte zu teilweise erheblichem Widerstand bei den erzkonservativen und reaktionären Weißen, die dadurch alte Privilegien schwinden sahen. Zur Schlichtung des daraus entstehenden Streites unter den Weißen wurde der als sehr liberal geltende und zu den Befürwortern des Abbaus der Rassenschranken zählende Generaladministrator, Richter Martinus T. Steyn, der seit dem 1.9.1977 als erster dieses Amt bekleidet hatte, abberufen und am 2.8.1979 durch Dr. Gerrit van N. Viljoen ersetzt; dieser galt zwar ebenfalls als gemäßigt, doch traute man ihm aufgrund seiner gleichzeitig guten Beziehungen zu konservativen Burenkreisen eher eine ausgewogene Haltung zwischen den sich befehdenden Parteien zu.

Da die Verhandlungen über die Zukunft Namibias um die Mitte des Jahres 1979 festgefahren schienen, wurde im August der Brite Sir James Murray als Sonderbotschafter und Wortführer der fünf Westmächte zu Gesprächen mit der südafrikanischen Regierung nach Pretoria geschickt. Das Ergebnis seiner Bemühungen spiegelte sich in dem am 1. Oktober von der Kontaktgruppe der fünf westlichen Staaten Südafrika unterbreiteten Vorschlag wider, der eine entmilitarisierte Zone (EMZ) von je 50 km Breite auf beiden Seiten der namibischen Nordgrenze vorsah, welcher vor und während der international beaufsichtigten Wahlen von UNO-Streitkräften überwacht werden sollte. Eine erneute, Anfang November vom Generalsekretär der Vereinten Nationen nach Genf einberufene Namibia-Konferenz, zu der die Regierungen Südafrikas, der fünf westlichen Vermittlernationen, der Frontlinienstaaten sowie Vertreter der SWAPO und - nach Protesten Südafrikas - auch der internen Parteien Namibias eingeladen wurden, konnte schließlich die Zweifel Pretorias an dem EMZ-Vorschlag weitgehend ausräumen und führte dazu, daß Anfang Dezember die Regierung Botha diesem zustimmte.

Im Februar 1980 traf dann der erst einen Monat zuvor als Nachfolger des österreichischen Generalmajors Hannes Phillip zum Befehlshaber des vorgesehenen Namibia-Kontingents der UNO-Truppen ernannte indische Generalleutnant Chem Prand in Namibia ein, um sich im Lande umzuschauen und Einzelaspekte der geplanten entmilitarisierten Zone zu besprechen. Die diesbezüglichen politischen Sachfragen sollten einen Monat später in Kapstadt erörtert werden. Doch zu einer Annäherung der gegensätzlichen Standpunkte kam es vorerst nicht. Im Gegenteil: Das Klima des Mißtrauens zwischen Südafrika und der UNO blieb, und so geschah wieder einmal nichts, was die internationalen Verhandlungen zu einem erfolgreichen Abschluß hätte bringen können.

Diese Phase nutzten die Südafrikaner dazu, die innere Selbstverwaltung Namibias weiter auszubauen. Am 1. Juli 1980 wurde in Windhoek ein zwölfköpfiger Ministerrat ernannt und vereidigt, womit das Land erstmals eine eigene Regierung erhielt. Sie bestand aus dem Vorsitzenden, Dirk Mudge, der zugleich Vorsitzender der DTA und Führer der Republikanischen Partei war, sowie elf Ministern - je ein Angehöriger der elf verschiedenen ethnischen Gruppierungen des Territoriums. Einen Monat später wurden dieser Regierung auch alle in Namibia rekrutierten militärischen Einheiten unterstellt, was praktisch die offizielle Errichtung der bereits im Aufbau befindlichen Territorialstreitkräfte bedeutete. Die für September desselben Jahres vorgesehene Gründung einer landeseigenen Polizei verzögerte sich noch bis April 1981. Auch in der Person des Generaladministrators trat ein Wechsel ein: am 3.9.1980 wurde Dr. Viljoen durch Daniel J. Hough ersetzt.

Um die stagnierende Situation hinsichtlich einer internationalen Verhandlungslösung wieder in Gang zu setzen, reiste im Oktober 1980 eine aus acht Personen bestehende Delegation unter Leitung des stellvertretenden UN-Generalsekretärs Brian Urquhart zu Gesprächen mit der südafrikanischen Regierung nach Pretoria. Dabei ging es vor allem darum, den von Südafrika erhobenen Vorwurf der einseitigen Parteinahme der Vereinigten Nationen zugunsten der SWAPO zu entkräften. Aber schon nach einer Woche trennte man sich ohne konkrete Ergebnisse. So lief dann auch das Jahr 1980 ab, ohne daß die offenkundig unüberwindbaren Differenzen zwischen den beiden Hauptkontrahenten - der UNO und der tatsächlich in Namibia herrschenden Verwaltungsmacht Südafrikas - hätten beseitigt werden können.

Zur Angleichung der unterschiedlichen Standpunkte und zur Rettung der nach wie vor von allen akzeptierten UN-Resolution 435 aus dem Jahre 1978 wurde Anfang 1981 der bisher letzte große Versuch unternommen, doch noch zu einer international anerkannten Unabhängigkeit des Territoriums zu gelangen. Vom 7. bis 14. Januar fand unter Aufsicht der UNO in Genf eine Allparteien-Konferenz statt, die jedoch vornehmlich deshalb scheiterte, weil nach Ansicht Südafrikas die einseitige Unterstützung der SWAPO durch die Vereinigten Nationen ungeklärt blieb. Außerdem brachte Generaladministrator Hough zum Ausdruck, daß man die Zeit für einen Waffenstillstand noch nicht für reif halte.

Wenngleich das Mißlingen der Konferenz, in die die Beteiligten große Hoffnungen gesetzt hatten, den meisten Beobachtern als ein vorläufiges Ende der friedlichen Bemühungen um die Zukunft Namibias erschien, so hatte es doch am Rande etliche Kontakte gegeben, in denen immer wieder der Wille zur Fortsetzung der Konsultationen zum Ausdruck kam.

Der Amtsantritt Präsident Reagans Ende Januar 1981 schaffte dann gänzlich neue Fakten. Die im Gegensatz zur abgelösten Regierung Carter betont freundlichere Haltung, die Washington jetzt gegenüber Südafrika einnahm und die natürlich nicht ohne Wirkung auf die Lösung der Namibia-Frage bleiben konnte, ließ manch einen vermuten, daß hier der eigentliche Grund lag, weshalb Pretoria bewußt das Scheitern der kurz vor dem Machtwechsel stattgefundenen Genfer Namibia-Konferenz in Kauf genommen hatte. Nach ersten Gesprächen zwischen den Außenministern Botha (Südafrika) und Haig (USA) tauchten plötzlich neue Vorschläge auf, so z. B. die Ausarbeitung einer Verfassung mit eingebauten Garantien für die weiße Minderheit noch vor allgemeinen Wahlen und den Abzug der südafrikanischen Truppen - eine Lehre, die man aus dem Unabhängigkeitsprozeß Rhodesiens/Zimbabwes gezogen hatte. Auch ließen die Amerikaner erkennen, daß sie das Namibia-Problem an einen schrittweisen Abzug aller kubanischen Streitkräfte aus Angola zu koppeln gedächten. Der Leiter der Afrika-Abteilung im US-Außenministerium, Unterstaatssekretär Chester Crocker und der stellvertretende amerikanische Außenminister Clark stellten bei Informationsreisen durch das südliche Afrika ein diesbezüglich ausgearbeitetes Konzept vor, dem allerdings keinerlei konkrete Schritte folgten.

Weitere Gespräche zwischen Delegationen der USA unter Chester Crocker und Südafrikas unter dem Staatssekretär im Außenministerium, Brand Fourie, in Zürich im September 1981 führten dazu, daß die Gruppe der fünf westlichen Kontaktstaaten einen Monat später einen Dreiphasenplan auf den Tisch legte, der UNO-überwachte Wahlen für 1982 und die Unabhängigkeit Namibias zum 1. Januar 1983 vorsah. In der ersten Phase sollte eine Einigung über die zukünftige Verfassung erzielt werden, die beiden folgenden Phasen hätten dann nach der UN-Resolution 435 durchgeführt werden können, wobei zunächst ein Waffenstillstand zwischen Südafrika und der SWAPO sowie die Zusammensetzung des Truppenkontingentes der Vereinigten Nationen vereinbart worden wäre und anschließend die eigentlichen Wahlen stattgefunden hätten.

Die Entwicklungen im Laufe des Jahres 1981 machten allerdings auch deutlich, daß die Initiative zur Lösung der Namibia-Frage sich immer mehr verschob. Während sie bisher weitgehend bei der UNO und den fünf Westmächten gelegen hatte, verlagerten sich die Verhandlungen nunmehr im wesentlichen auf die Ebene von Abmachungen zwischen den USA und der Republik Südafrika. Spätestens seit August 1982 waren sich die beiden Regierungen endgültig darüber einig, daß der Abzug der Kubaner aus Angola unabdingbare Voraussetzung für die Einleitung des Unabhängigkeitsprozesses sei. An dieser Position hat sich bis heute nichts geändert, da Washington über das Namibia-Problem hinaus einer Globallösung für das südliche Afrika Vorrang einräumt, wobei natürlich strategische Gründe eine nicht unwesentliche Rolle spielen.

Parallel zu den amerikanisch-südafrikanischen Verhandlungen fanden seit der zweiten Hälfte des Jahres 1982 außerdem Gespräche zwischen den Regierungen der USA und Angola und kurz vor dem Jahreswechsel 1982/83 auf den Kapverdischen Inseln sogar zwischen Südafrika und Angola direkt statt. Damit scheint das Schicksal eines künftigen unabhängigen Namibias immer mehr in einer Art Geheimdiplomatie ausgehandelt zu werden.

Im Lande selbst vollzogen sich seit Beginn der achtziger Jahre ebenfalls bedeutsame politische Veränderungen. Am 14. September 1981 erhielt der Ministerrat in Windhoek außer auf den Gebieten der auswärtigen und der Verteidigungspolitik sowie Fragen der Verfassung, für die weiterhin Südafrika zuständig blieb, alle Kompetenzen einer Exekutive übertragen. Außerdem wurde der Ministerrat um drei auf 15 Mitglieder vergrößert, ebenso die Nationalversammlung um 22 auf 72 Abgeordnete.

Doch schon ein Jahr später, im September 1982, verärgerte Südafrika die in Windhoek herrschende DTA mit der Forderung nach einer effektiveren und repräsentativeren Übergangsregierung. Nach den Vorstellungen Pretorias sollte das DTA-Kabinett durch gewählte Vertreter der jeweiligen Mehrheit der einzelnen Volksgruppenregierungen ersetzt werden. Damit, so die Argumentation, würde die Regierung auf eine breitere Basis gestellt und überdies bei künftigen international kontrollierten Wahlen ein stärkeres Gegengewicht zur SWAPO geschaffen.

Inzwischen war nämlich durch den Anfang 1982 erfolgten Rücktritt des DTA-Präsidenten Peter Kalangula und die Folgen, die dieser spektakuläre Schritt in der Parteien-Allianz hinterlassen hatte - Spaltung der DTA-Vertretung der Ovambos als der größten und wichtigsten ethnischen Gruppierung des Landes - die Position der DTA tatsächlich geschwächt worden. Daneben waren innerhalb der vorangegangenen beiden Jahre aus den Wahlen für die Volksregierungen ("Zweite Ebene") bei den Weißen, den Damaras, den Bastern und den Mischlingen nicht in der DTA vertretene Parteien als Sieger hervorgegangen, so daß von den elf Völkern jetzt nur noch sechs von einer DTA-Regierung geführt wurden.

Am 21. November 1982 lief die Legislaturperiode der Nationalversammlung aus. Trotz ursprünglich anderslautender Gerüchte entschied sich der südafrikanische Premierminister Botha schließlich doch, das Mandat um zunächst drei Monate zu verlängern. Wenn bis dahin keine international anerkannte Regelung der Namibia-Frage gefunden wäre, so wollte man neue interne Wahlen ausschreiben. Ende Februar 1983 sollte eine endgültige Entscheidung getroffen werden.

Aber das einmal angeschlagene Vertrauen zwischen den Regierungen in Pretoria und Windhoek sowie die wachsende Ungeduld der DTA über die ohne ihre Bestellung geführten Alleinverhandlungen Südafrikas und den USA, welche die Unabhängigkeit in nicht absehbare Ferne rücken ließen, führten zu immer längeren Auseinandersetzungen. Hinzu kamen unüberwindliche Meinungsverschiedenheiten über den innenpolitischen Kurs zwischen dem Generaladministrator als Repräsentanten der de facto noch bestehenden Verwaltungsmacht Südafrika und dem aus der Landesvertretung hervorgegangenen Ministerratsvorsitzenden. Dies hatte schließlich am 18. Januar 1983 den Rücktritt von Dirk Mudge und seiner Regierung zur Folge. Einen Tag später löste der Generaladministrator die Nationalversammlung auf und übernahm wieder alle Regierungsfunktionen. Ihm zur Seite wurde als höchster Beamter mit Exekutivgewalt Jan F. Greebe gestellt. Mit dem 1. Februar 1983 trat im übrigen als Nachfolger von Daniel Hough der schon im Vorjahr dafür bestimmte vierte Generaladministrator, Dr. Willem A. van Niekerk, sein Amt an.

Im Verlaufe der Namibia Gespräche im UNO-Sicherheitsrat (25.1.-1.6.1983) erklärte SWAPO-Chef Sam Nujoma, daß die Kontaktgruppe kein ehrlicher Makler mehr sei. In einem Beschluß wurde Generalsekretär Javier Perez de Cuellar einstimmig gebeten, mit der Republik Südafrika und der SWAPO über eine Waffenruhe und die Umsetzung der UNO-Resolution 435 zu verhandeln. Generaladministrator van Niekerk proklamierte u. a. gegen den Widerstand der DTA Mitte Juli 1983 die Gründung eines Staatsrats.

Ende August sondierte UN-Generalsekretär Perez de Cuellar im Auftrag des Weltsicherheitsrats in der Republik Südafrika, Namibia und Angola, da Südafrika mit Unterstützung der USA am Junktim festhielt, erst die ca. 25.000 Mann kubanischer Truppen abziehen zu lassen, bevor eine Waffenruhe mit der SWAPO geschlossen wird. Erst dann wäre auch eine Entlassung Namibias in die Unabhängigkeit auf der Basis der UNO-Resolution 435 möglich. Gleichzeitig forderte Angola, daß Südafrika seine Soldaten aus Südangola zurückziehe und der UNITA keine Hilfe mehr gewähre.

Am 8.12.1983 gab der französische Außenminister Claude Cheysson bekannt, daß sich Frankreich aus der westlichen Kontaktgruppe zurückziehe (USA, Kanada, Frankreich, Großbritanien und BRD). Im März 1984 wurde nach 16-jähriger Haft der SWAPO-Gründer Hermann Toivo ja Toivo entlassen. Das politische Hin und Her ging aber weiter. Am 11.3.1984 erklärte sich die südafrikanische Regierung bereit, an einer Allparteienkonferenz zur Unabhängigkeit Namibias teilzunehmen, wobei sie mit der Beteiligung der SWAPO einverstanden war. Angola lehnte jedoch diesen Vorschlag ab. Am 11.5.1984 begannen in Lusaka erste offizielle Verhandlungen zwischen der SWAPO und den internen Parteien Namibias.

Im Juni 1984 wurde Deutsch 3. offizielle Landessprache (siehe Kapitel über Sprachenvielfalt).

Auf den Kapverdischen Inseln führten Südafrika und die SWAPO erste direkte Verhandlungen über die Einstellung der militärischen Aktionen, doch man gelangte hier zu keinem Ergebnis. In den letzten 17 Jahren Buschkrieg waren Schätzungen zufolge über 10.000 Menschen umgekommen.

1.8 DIE JÜNGSTE POLITISCHE ENTWICKLUNG NAMIBIAS
(von Klaus A. Heß,
Präsident der Deutsch-Namibischen Gesellschaft e.V.)

Schon seit etwa 20 Jahren gab es im Grunde zwei parallel verlaufende Stränge der politischen Entwicklung im Zusammenhang mit Namibia. Dabei möge unberücksichtigt bleiben, daß das Erleben und die Bewertungen bei den verschiedenen Bevölkerungsgruppen im Lande außerdem höchst unterschiedlich gewesen sein dürften.

Zu unterscheiden sind die internationalen Bemühungen und Aktivitäten einerseits, Namibia einer international anerkannten Unabhängigkeit nach den Plänen der UNO zuzuführen, sowie die gleichzeitigen Versuche durch die faktische Verwaltungsmacht, die Republik Südafrika andererseits, in Namibia Verwaltungs- und Regierungsstrukturen nach eigener Vorstellung zu etablieren.

Im Ergebnis - das läßt sich vorausschicken - haben sich die UNO bzw. die internationale Staatengemeinschaft durchgesetzt und ist Südafrika "gescheitert", wobei letzteres noch etwas näher beleuchtet werden muß.

Oft ist in den letzten Jahren gefragt worden - allerdings fast nur von Teilen der weißen namibischen Bevölkerung und diesen nahestehenden Kreisen außerhalb des Landes - , weshalb sich die UNO denn in Namibia "einmische", weshalb sie sich um dieses Territorium überhaupt kümmere, woher sie das Recht nehme, Lösungspläne für den Unabhängigkeitsprozeß vorzuschreiben und die faktische Verwaltung des Landes durch die Republik Südafrika als "illegal" zu erklären. Dabei stand dann meist die Antwort schon fest, daß dies die UNO nämlich nichts angehe und sie sich doch heraushalten möge, dann werde sich schon alles regeln. Leider hat sich kaum jemand der Fragesteller um ernsthafte Untersuchung und Beantwortung bemüht.

So war es ein völkerrechtlicher Streit zwischen der UNO und Südafrika, ob die UNO sozusagen "Erbe" des Völkerbundes sei und damit der Eigentümer des Territoriums, das von Südafrika im Rahmen eines Mandates verwaltet wurde. Das Mandat beinhaltete ja keine Eigentums-, sondern nur Verwaltungsrechte, wenn auch im vorliegenden Falle "wie eine eigene Provinz". Der Weltgerichtshof als weltweit anerkannte höchste und letzte Instanz für solche Rechtsstreitigkeiten hatte die Position der UNO Anfang der 70er Jahre bestätigt, so daß es der Weltorganisation als Eigentümer Namibias zustand, das vom Völkerbund verliehene Mandat zurückzunehmen und über das Territorium und seine weitere politische Konstitution nach eigenem Willen zu bestimmen. Dieser Rechtsstatus wurde von allen Staaten der Welt anerkannt und demzufolge die weiter andauernde Präsenz Südafrikas in Namibia als "illegal" erklärt, nachdem die UNO Südafrika zum Rückzug aufgefordert und das Mandat für beendet erklärt hatte.

Dies ist auch der Hintergrund dafür, daß die verschiedenen, von Südafrika eingesetzten oder gebilligten regierungsähnlichen Institutionen in Namibia in den zurückliegenden Jahren rund um die Welt keinerlei Anerkennung gefunden haben und mit dem Wortlaut der UNO regelmäßig als "null und nichtig" erklärt wurden. Der deswegen oft gescholtene bundesdeutsche Außenminister hatte sich damit stets nur an die geltenden völkerrechtlich anerkannten Regelungen gehalten, wie alle anderen Regierungen der Welt auch.

Daß die verschiedenen internen Bemühungen, in Namibia regierungsähnliche Gebilde zu etablieren und ihnen internationale Geltung zu verschaffen, letztlich alle als gescheitert anzusehen sind, liegt jedoch nicht allein an der genannten Ablehnung durch die Außenwelt. Wohl jedesmal hatte auch Südafrika einen deutlichen Anteil daran, daß die - zunächst sicherlich erwünschten - Erfolge ausgeblieben sind. Der "Ministerrat" unter Dirk Mudge, hervorgegangen aus der internen Dezember-Wahl 1978 und zunächst mit einigem Wohlwollen auch international begleitet, trat 1983 zurück, nachdem der südafrikanische Generaladministrator als oberste Instanz ein Gesetz über die Neuregelung namibischer

Feiertage nicht unterschreiben und damit gelten lassen wollte - dies war ein für sich nur geringfügiger Anlaß, der viel tiefere Ursachen hatte. Denn die politische Integration zwischen kooperationsbereiten Schwarzen und Weißen in Namibia und die mögliche Beispielhaftigkeit für Südafrika selbst ging so zügig voran, daß die Regierung in Pretoria angesichts der erstarkenden Konservativen im eigenen Land das mögliche "Modell" Namibia abbremsen mußte - das nebensächliche "Feiertags-Gesetz" war der Bremsklotz.

Spätestens dadurch wurde wohl allen politisch mitdenkenden Schwarzen und Farbigen in Namibia - und das wurden immer mehr - klar, daß sich im Lande nichts nennenswert politisch artikulieren oder gar entfalten und eine Rolle spielen könne, was nicht letztlich in Pretorias Sinne wäre - und von dieser Herrschaft wollte man einfach loskommen. So bekamen alle internen Bemühungen mehr oder weniger deutlich den Stempel "Marionetten" aufgedrückt, und allein die SWAPO stand in dem Ansehen, überzeugend eine Alternative zum Status quo herbeiführen zu können, denn sie hatte all diese Bemühungen stets abgelehnt und den bewaffneten Kampf seit vielen Jahren gegen die Herrschaft Südafrika geführt. (Daß dieser Buschkrieg auch sehr zu Lasten der Zivilbevölkerung ging - tags kamen die einen und drangsalierten zur Beschaffung von Informationen, nachts die anderen zur Verpflegung und Rekrutierung und ebenfalls wegen Informationen, dazu eine Vielzahl von Landminen, Bombenattentaten usw. - soll nicht unerwähnt bleiben. Schätzungsweise 10 000 Zivilisten verloren in den 22 Jahren ihr Leben, noch mehr ihre Gesundheit. Und es bleiben weitere Narben in der Gemeinschaft, die nicht so schnell verheilen).
Immerhin hatte schon 1985 ein hoher südafrikanischer Diplomat - gewiß nicht ohne Billigung "von oben" - in einem veröffentlichten Aufsatz ("Facing Reality") festgestellt, daß es unter den Schwarzen viele SWAPO-Sympathisanten im Lande gebe, die keineswegs Marxisten oder Kommunisten seien, sondern für die die SWAPO ein Synonym darstelle für Wandel des Status quo, für das, was sie sich unter Befreiung vorstellen.

So war es auch nicht weiter verwunderlich, daß einerseits zunächst 1984 mit Billigung von Südafrika eine "Vielparteien-Konferenz in Windhoek tagte, aus der dann per Dekret des südafrikanischen Präsidenten 1985 eine "Interims-Regierung" hervorging (also ohne jede demokratische Wahl-Legitimierung), diese andererseits von einer deutlichen Mehrheit in der gesamten Bevölkerung nicht akzeptiert wurde aus obigen Gründen und daher auch keine besonderen Erfolge zeitigen konnte. Dazu kam, daß immer noch - seit 1980 - die Proklamation AG 8 in Kraft war, die Namibia eine z.T. unsinnige Verwaltungsstruktur mit drei Ebenen gab, davon die zweite ohne echten Regionalbezug auf ethnischer Basis, was natürlich wie die Fortsetzung der Apartheid mit anderen Mitteln aussehen mußte. Die "Interimsregierung" redete zwar immer von der

Abschaffung der AG 8, erreichte es jedoch nie in über drei Jahren. Schließlich lehnte Pretoria einen Verfassungsentwurf wegen "ungenügendem Minderheitenschutz" ab, den eine Verfassungskonferenz aus Namibiern - mit dem südafrikanischen Richter Hiemstra an der Spitze - für sich selbst erarbeitet hatte. Damit hatte Südafrika im April 1988 auch den Bemühungen der - von ihr selbst eingesetzten - Interimsregierung und sog. "Nationalversammlung" um Glaubwürdigkeit und Einfluß auf die Politik im Lande den Todesstoß versetzt. Beide Organe lösten sich im Februar 1989 auf, als die Durchführung der UNO-Resolution 435 begann.

(Mehr am Rande sei hier noch notiert, daß sich zwischendurch auch noch bei anderen Anlässen die Abhängigkeit von Südafrika zeigte, z.B. in den Untersuchungen des südafrikanischen Richters Thirion über Unregelmäßigkeiten in verschiedenen Bereichen der Verwaltung und der Wirtschaft zu Lasten des namibischen Haushaltes - wirksame Gegenmaßnahmen konnten hinterher nur sehr begrenzt unternommen werden.)

Letztlich maßgeblich blieb das, was aufgrund des Verfügungsrechtes der UNO von dieser bzw. den 1978 im Sicherheitsrat vertretenen fünf Westmächten USA, Großbritannien, Kanada, Frankreich und Bundesrepublik Deutschland als Weg in die Unabhängigkeit vorgegeben und von allen Beteiligten - einschließlich Südafrika und SWAPO - akzeptiert worden war, nämlich die Durchführung der Resolution 435 mit weiteren "Durchführungsbestimmungen".

Dieser internationale Strang der politischen Geschichte Namibias verlief ebenfalls recht wechselhaft. So hatten die fünf Westmächte die Resolution 435 mit Mühen etabliert, um die weitere Lösung des Namibia-Problems von der UNO und dortigen Einflüssen etwas abzukoppeln und die Weichen im eigenen Interesse stellen zu können. Der Plan wurde auch mit einigen Zusatzerklärungen dann 1981 von allen Beteiligten einschließlich SWAPO und Südafrika akzeptiert. Im wesentlichen geht es dabei um die Modalitäten und Rahmenbedingungen für eine Wahl, aus der sich eine Verfassunggebende Versammlung bildet, die wiederum eine Verfassung verabschiedet, auf deren Grundlage eine Regierung gebildet wird. Dieser dann wird die UNO die Souveränität über das Land übertragen (genauer Ablaufplan weiter unten.)

Doch über lange Jahre gelang es den Westmächten und der UNO nicht, "435" auch tatsächlich durchzuführen, weil insbesondere Südafrika immer wieder Vorbehalte geltend machte (z.B. Kubanerabzug aus Angola und Zweifel an der Unparteilichkeit der UNO wegen Unterstützung der SWAPO) oder durch die schon genannten internen Maßnahmen Hürden schaffte. Aus heutiger Sicht kann man wohl feststellen, daß es Südafrika dabei primär um Zeitgewinn ging und um das Ziel, für die

Zustimmung von 435 politische Gegenleistung herauszuhandeln. Insofern sind die internen Bemühungen, die als solche zwar immer gescheitert waren, in gewissem Sinne für Südafrika doch "erfolgreich" gewesen - ob das alles für Namibia gut war, ist eine zweite Frage.

Wesentlichste Vorbedingung Südafrikas war die - allerdings zuvor von den USA ins Spiel gebrachte - sog. "cuban linkage", also die Verknüpfung von 435 mit dem Abzug der kubanischen Truppen aus Angola. Da diese primär dem Schutz der Regierung in Luanda vor der eigenen Rebellenbewegung UNITA dienten, die wiederum von Südafrika unterstützt wurde, hatte Pretoria den Schlüssel für den Beginn von 435 in der Hand. Damit komplizierte sich jede Lösungsmöglichkeit erheblich, denn es mußten auch Lösungen für Angola gefunden werden, und schließlich standen noch die Supermächte hinter dem Stellvertreter-Krieg in Angola.

Der Knoten schien fast unentwirrbar, so daß immer häufiger die Parole ausgegeben wurde, 435 sei tot oder sei so wie geplant nicht durchführbar und müsse neu verhandelt werden usw.. Letztlich waren dies aber reine Propaganda-Bemühungen, denn tatsächlich hatte sich Südafrika nie von 435 losgesagt, und jeder konnte das feststellen, der etwas tiefer in die Materie schaute.

Es war dann der große Verdienst unendlich zäher Verhandlungsbemühungen von Chester Crocker, bis Anfang 1989 Afrika-Staatssekretär in Washington, daß ab dem 1.4.1989 nun tatsächlich Namibia gemäß den Vorstellungen der UNO in die Unabhängigkeit überführt wird. Es kam ihm sicherlich entgegen, daß es für Südafrika immer schwieriger wurde, der UNITA in Südangola zu helfen und dort selbst militärisch präsent zu sein - ohnehin ein problematisches Vorgehen. Denn Südafrika verlor seine praktische Lufthoheit über Angola und geriet auch am Boden zunehmend in große Bedrängnis, dazu verschlechterte sich die Moral der Truppe, und es wurde immer schwieriger, den Eltern weißer Söhne und der Öffentlichkeit in Südafrika zu erklären, wofür ihre Kinder in Angola sterben mußten. Die bald nicht mehr tragbare Kostenbelastung des Staatshaushaltes durch den Kampf in Angola und die militärische Präsenz in Namibia taten ein übriges. So liefen dann nach langjährigen schleppenden Gesprächen, die in der Sache fast nichts bewegten, im Jahre 1988 plötzlich intensive Verhandlungsrunden zwischen den USA, Südafrika, Angola und Kuba, und die Sowjets waren am Rande auch fast immer dabei. Förderlich war das neue Verständnis zwischen den Supermächten, Regionalkonflikte abzubauen, da insbesondere die Sowjetunion Entlastungen nötig hat. Es wurde sehr ernsthaft verhandelt, und erste greifbare Ergebnisse waren ein Katalog von 14 "Grundprinzipien", die es ermöglichten, eine Lösung zu erreichen, ohne daß einer der Beteiligten als "Verlierer" dasteht. Er beinhaltete u.a.:

* Verwirklichung der UN-Resolution 435;
* Verlegung kubanischer Truppen in den Norden Angolas und schrittweise völliger Abzug;
* Achtung der territorialen Souveränität der einzelnen Staaten und Unverletzlichkeit ihrer Grenzen;
* Nichteinmischung in innere Angelegenheiten;
* gegenseitige Überwachung und Beobachtung der Einhaltung der Pflichten;
* Anerkennung der Vermittlerrolle der USA.

Damit war eine Grundlage geschaffen, um in einem abgestimmten gleichzeitigen Verhalten den Knoten zu lösen. Ein erstes Ergebnis war der Waffenstillstand zwischen Angola und Südafrika per 1.9.1988 und Abzug aller südafrikanischer Soldaten.
Im weiteren wurde dann ein genauer Zeitplan für den Rück- und Abzug der Kubaner sowie für die Durchführung von 435 verhandelt. Das abschließende Abkommen darüber konnte dann endlich am 22. Dezember 1988 in New York unterzeichnet werden. Demzufolge ziehen die Kubaner binnen drei Jahren aus Angola ab. Gleichzeitig wurde per 1.4.1989 die Durchführung von 435 in Namibia festgelegt. Bei all diesen Verhandlungen waren keine Namibier mit am Tisch, weder von der SWAPO noch von den anderen politischen Kräften im Lande.

Die Durchführung der Resolution 435

Zunächst wurde vor Beginn die ursprünglich festgelegte Stärke der UNO-Überwachungstruppe für Namibia (UNTAG) von 7 500 auf 4 750 Mann aus Kostengründen herabgesetzt (die Gesamtkosten des ganzen Unabhängigkeitsprozesses werden auf ca. US$ 700 Millionen geschätzt, z.T. sogar noch höher).

* Mitte Februar 1989 trifft die Vorhut der UNTAG in Namibia ein.

* Am 1.4. übernimmt formell der UN-Sonderbeauftragte für Namibia, der Finne Ahtisaari, zusammen mit dem südafrikanischen Generaladministrator, Pienaar, die Herrschaft im Lande. Der größte Teil des Zivil- und Militärpersonals und der Zivilpolizei der UNTAG treffen ab 1.4. bis Ende Mai in Namibia ein.

* Ebenfalls am 1.4. beginnt formal die Waffenruhe zwischen der SWAPO und den von Südafrika geführten Truppen in Namibia. (Wohl unstreitig entgegen den getroffenen Vereinbarungen sickern am 1.4. jedoch fast 2 000 SWAPO-Kämpfer bewaffnet in den Norden Namibias ein, so daß der Buschkrieg noch einmal für zwei Wochen sehr blutig aufflammt - auch zum Schrecken vieler im Lande, die schon bereit sind, sich mit einer wahrscheinlichen künftigen SWAPO-Regierung konstruktiv zu arrangieren.)

* Bis Mitte Mai beginnt die Rückkehr von politischen Flüchtlingen; die südafrikanischen Truppen werden auf 12 000 Mann reduziert.

* Bis Anfang Juni werden die südafrikanischen Truppen auf 8 000 Mann reduziert. Die Freilassung politischer Gefangener wird abgeschlossen (dabei stellte sich heraus, daß es auch bei der SWAPO erhebliche Verstöße gegen die Menschenrechte gegeben hatte, was stets abgestritten worden war).

* Bis zum 1.7. werden die südafrikanischen Truppen auf 1 500 Mann reduziert.

* Ab 1.7. beginnt die Wählerregistrierung - ein zunächst kompliziertes Unterfangen, da es für einen großen Teil der Bevölkerung keine Einwohnermeldeämter o.ä. gibt. Bis zum Abschluß der Wählerregistrierung am 15.9. haben sich weit über 90 % der zuvor geschätzten Zahl von ca. 670 000 Wählern registrieren lassen. Der Wahlkampf beginnt (über die Parteien s. weiter unten).

* Anfang Oktober trifft der größte Teil der Wahlbeobachter ein und verteilt sich.

* In der ersten November-Woche dann findet landesweit die Wahl zur Verfassungsgebenden Versammlung statt. Die Wahl wird vom UNTAG-Stab überwacht, der UN-Sonderbeauftragte muß die Ergebnisse bestätigen.

Bis Mitte November sollen dann die restlichen 1 500 südafrikanischen Soldaten abziehen. Die Verfassungsgebende Versammlung soll zusammentreten. Die UNTAG-Aktivitäten werden fortgesetzt, viele UN-Mitarbeiter werden das Land aber wieder verlassen.
Noch unbestimmt ist dann der Zeitpunkt, an dem die Verfassungsgebende Versammlung ihr abschließendes Ergebnis vorlegt und alle weiteren Maßnahmen vor der Einsetzung einer neuen Regierung durchgeführt werden können.
Daran schließt sich die Festlegung eines Unabhängigkeitsdatums an. Hierfür wurde bereits der 1. April 1990 vorgeschlagen, dieses Datum ist aber noch nicht verbindlich.

Soweit das normale Prozedere mit einigen ergänzenden Anmerkungen dazu.
Bis zum Stichtag 12.9. für die Parteien-Zulassung zur Wahl haben 11 Parteien ihre Registrierung beantragt:

* SWAPO (Volksbewegung von Südwestafrika),
* DTA (Demokratische Turnhallen-Allianz),
* SWAPO-D (SWAPO-Demokraten),

* NPF (Nationale Patriotische Front),
* NCDP (Namibia Christlich Demokratische Partei),
* ACN (Aktion Christlich National),
* FKN (Föderale Konvention von Namibia),
* NNF (Namibia National Front),
* UDF (United Democratic Front),
* CDA (Christlich Demokratische Aktion für soziale Gerechtigkeit)
* NNDP (Namibia Nationale Demokratische Partei).

Zwischen diesen Parteien wird also voraussichtlich der Wahlentscheid stattfinden. Nach dem Stand vom September 1989 ist es unmöglich, mit einiger Sicherheit ein Ergebnis der Wahl vorhersagen zu können. Viele Beobachter erwarten einen Sieg der SWAPO und lassen offen, ob es über 50 % oder gar über 67 % der Stimmen werden; letzteres brächte des SWAPO die alleinige Macht, die künftige Verfassung zu schreiben. Manche andere meinen, daß die bekannt gewordenen Menschenrechtsverletzungen der SWAPO ihre Wahlchancen mindere und die DTA als wohl wichtigste Gegenpartei gute Chancen hätte, wenigstens ein etwa gleichgewichtiges Ergebnis zu erzielen, so daß es dann auf Koalitionen und Kompromisse herauslaufe. Man muß es einfach abwarten.

Eines steht jedenfalls fest: Alle Beteiligten einschließlich Südafrika sind fest gewillt, 435 nach Plan ohne Verzögerungen durchzuführen und das Ergebnis zu akzeptieren. Südafrika hat sich als politischen Vorteil herausgehandelt, daß die Kubaner aus Angola abziehen und damit die Militärkosten sinken, daß es ein neues Verhältnis zu den Nachbarstaaten aufbauen kann, daß es in Afrika wieder als Gesprächspartner akzeptiert wurde und - wenigstens für ein Weile - mit den Supermächten USA und UDSSR an gemeinsamen Konferenztischen sitzt, also aus dem diplomatischen Abseits herauskam.

Für die Menschen in Namibia, deren Schicksal bislang über ihre Köpfe hinweg verhandelt wurde, steht ein neuer Abschnitt bevor, dessen Gestalt noch offen ist. Jedenfalls können sie künftig für sich selbst bestimmen, und das ist auf jeden Fall ein Fortschritt.

2. GEOGRAPHISCHE STRUKTUR NAMIBIAS

Wenn man ein Land besser verstehen, die Lebensweise seiner Bewohner wirklich begreifen möchte, so ist eine Beschäftigung mit der Landesnatur unumgänglich. Vielen Kritikern gerade Namibias muß vorgeworfen werden, daß sie sich mit den natürlichen Gegebenheiten dieses Landes oft nur oberflächlich beschäftigt haben. Gerade dieser Gesichtspunkt ist bei einem wirklichen Verstehen-Wollen und bei einer Meinungsbildung unerläßlich. In diesem Kapitel wollen wir uns deshalb ausführlich mit Klima, geologischer Vergangenheit, Bodenverhältnissen, Bodenschätzen, der Landwirtschaft und der Industrie beschäftigen.

2.1 KLIMA

Wie anders sind die klimatischen Gegebenheiten von Namibia, wenn man sie mit unseren Verhältnissen vergleicht! So sind zunächst einmal wegen der Lage auf der südlichen Halbkugel die Jahreszeiten vertauscht. Trotzdem kann man nicht einfach sagen, wenn bei uns Sommer ist, sei in Namibia "Winter". Denn mit diesem Begriff verbinden wir etwas anderes als ein Südwester/Namibier, der damit die kühlere Trockenzeit meint, die sich durch hohe Temperaturdifferenzen und ständigen Sonnenschein auszeichnet. So können nachts die Temperaturen auf bis zu -7° C fallen, tagsüber erwärmt die Sonne das Land wieder auf 25° C und noch mehr! Nur im Südwester Sommer fallen die Niederschläge, aber wochenlanger, grauverhangener Himmel ist auch in dieser Jahreszeit unbekannt.

Der Geograph bezeichnet Namibia als einen **ariden Raum**. "Arid" bedeutet, daß die Niederschlagsmenge geringer ist als die Verdunstungsmenge. Ein konkretes Beispiel hierzu: Im Westen der Etosha-Pfanne (Okaukuejo) fallen durchschnittlich 420 mm Niederschlag im Jahr, tatsächlich beträgt die Verdunstungsmenge 2 600 mm!

Allgemein kann man sagen, daß die **Niederschlagsmenge von Südwesten nach Nordosten zunimmt**. Trotzdem gehören mehr als zwei Drittel des Landes zum niederschlagsarmen Teil. Die Niederschlagsverteilung und der zeitliche Eintritt des so lebensnotwendigen Regens hängen von großräumigen Klimaprozessen ab. Maßgeblichen Einfluß hat dabei der sog. subtropische Hochdruckgürtel. Ausläufer der tropischen Wetterzone erreichen nur den äußersten Norden/Nordosten, während die südlichen Landesteile von der subtropischen Winterregenzone gestreift werden. Die ziemlich regelmäßigen Regenfälle im Gebiet der Landesmitte bis zum Norden hängen mit der Südwärts-Wanderung der innertropischen Konvergenzzone zusammen, die im Sommer stattfindet. Im

Winter dagegen rückt diese niederschlagsbringende Zone weit nach Norden, so daß praktisch ganz Namibia unter dem Einfluß des Subtropen-Hochs liegt.

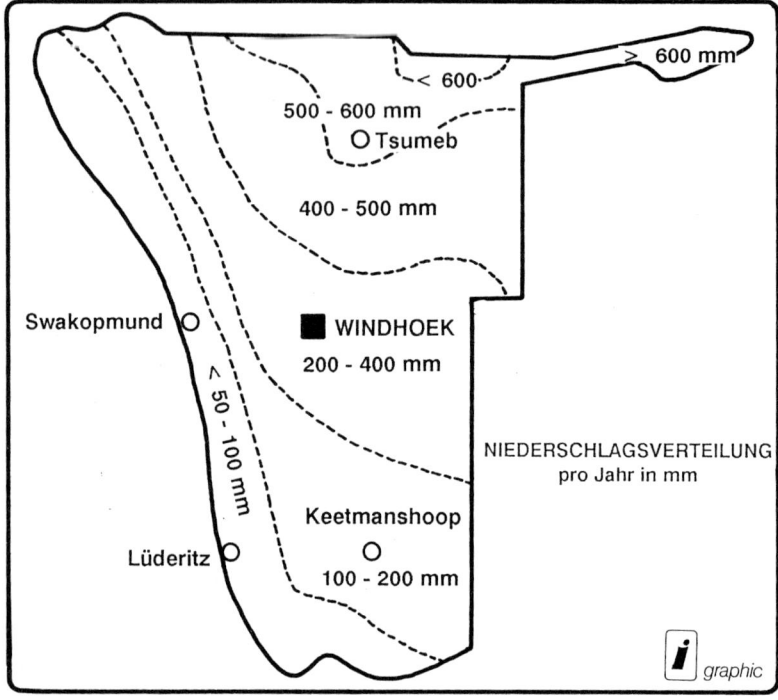

Den Besucher überraschen immer wieder die **kühlen Temperaturen an der namibischen Küste.** Auf vergleichbaren Breitengraden liegen auf der Nordhalbkugel doch gerade Badeparadiese wie die Kanarischen Inseln, Südflorida oder Hawaii! Die Erklärung ist im kalten Benguela-Meeresstrom zu suchen, der hier an der Küste vorbeifließt. Seine Wassermassen wurden in der Antarktis-Region abgekühlt. Die Luftmassen über dieser kalten Trift werden sehr stark abgekühlt, so daß sie nur noch eine sehr geringe Feuchtigkeit enthalten. Sobald diese Luftmassen das Land erreichen, erwärmen sie sich und verlieren noch mehr an Wasser. Deshalb kommt es zu den typischen Nebeln der Namib-Wüste, denn für Regenfälle ist die Luft hier viel zu trocken.

Auch die vom Osten her kommenden Passate, die ihren Ursprung im Gebiet des Indischen Ozeans haben, bringen dem Lande kaum Niederschläge. Diese Luftmassen werden schon von den hohen Gebirgsketten Südafrikas "angezapft". Je weiter sie nach Westen getrieben werden, desto trockener werden sie. Sowohl wegen des kalten Benguela-Stroms als auch wegen dieser trockenen Ostwinde sind die Küstenregion und ihr Hinterland wüstenhaft.

Die Temperaturen sind im Sommer z. T. sehr hoch und können bis zu 35° C und mehr betragen. Die winterliche Trockenzeit ist die Zeit der hohen Temperaturunterschiede: wie schon erwähnt, kann das Thermometer nachts weit unter den Gefrierpunkt sinken und tagsüber Werte von über 25° C anzeigen!

Unter dem Gesichtspunkt der **Einteilung des Landes in Klimalandschaften** kann man folgende Einteilung treffen:

* **Nördliche Landesteile (Jenseits der Etosha-Pfanne):**
  die Niederschläge erreichen durchschnittlich Werte von 500 mm und fallen in der Zeit zwischen Oktober und April. Die Flüsse führen nur in dieser Zeit Wasser (periodische Flüsse). Der Kunene und Okavango sind eine Ausnahme: beide sind sog. Fremdlingsflüsse, die ihr Wasser aus dem angolanischen Bergland beziehen und ganzjährig fließen.

* **Mittlerer Landesteil:**
  Die Flüsse fließen hier nicht zu jeder Regenzeit, sondern nur, wenn diese ergiebig genug war (episodische Flüsse). Da dieses Gebiet z. T. weit über 1.000 m über dem Meeresspiegel liegt, treten besonders in der Winterzeit Fröste auf.

* **Küstenbereich, Namib und der Süden:**
  In der Namib erreichen Niederschläge (in Form von Nebel) selten mehr als 50 mm im Jahr, die südlichen Regionen sind sog. Wüstensteppengebiete (z.B. Keetmanshoop).

Für den Besucher Namibia ist das Wetter nahezu ideal: er kann praktisch in jeder Jahreszeit mit strahlendblauem Himmel rechnen. Auch die Temperaturen werden ihm (selbst während der Trockenzeit) sehr angenehm erscheinen. Die Luftfeuchtigkeit ist wegen des Hochlandcharakters weiter Landesteile sehr gering, und nur an wenigen Tagen des Jahres kann man über unerträgliche Schwüle klagen.

Die Farmer des Landes klagen besonders in den letzten Jahren über die nachlassende Ergiebigkeit von Brunnen und Bohrlöchern sowie über das z. T. mehrjährige Ausbleiben ergiebiger Niederschläge. Daß die Grundwasservorräte kleiner werden, liegt zweifelsohne nicht an veränderten Niederschlägen als vielmehr daran, daß die Farmwirtschaft und die wachsende Bevölkerung immer mehr Wasser benötigen. Seit etwa 100 Jahren wird das Klima in Namibia systematisch erfaßt, und diese Registrierung widerlegt die Behauptung, die Niederschläge hätten abgenommen. Zwar gibt es mehrjährige Trockenperioden, die dann wieder zum Segen der Farmer durch feuchtere Zeiten abgelöst werden; doch die Gesamtregenmenge ist - über Jahrzehnte hin betrachtet - die gleiche geblieben. Klimatologisch sind solche Niederschlagsschwankungen in einem Trockenland durchaus normal.

---

i *Informationen zum Wasserversorgungsprojekt "Eastern National Water Carrier" (ENWC)*

Dieses Mammut-Projekt sieht vor, daß in der Stufe des Endausbaus Wasser aus dem Okavango - Gebiet in das Inland transportiert wird. Insbesondere die Region Okahandja - Windhoek benötigt in Zukunft immer mehr Wasser. Da es sich um ein sehr kostspieliges Projekt handelt, ist der Ausbau nur allmählich möglich. Man teilte ihn deshalb in 4 Phasen auf:

Phase 1:   *Von Bach - Damm, Swakoppoort Damm - Pumpleitung nach Windhoek (bereits 1978 fertiggestellt);*

Phase 2:   *Omatako Damm und Pumpsystem zum Von - Bach - Damm (1981 fertiggestellt);*

Phase 3:   *Grootfontein - Omatako Kanal - Karstland-Bohrsystem: dieser Abschnitt befindet sich z. Zt. im Endausbau:*

Phase 4:   *Grootfontein - Okavango: der letzte Abschnitt soll erst gegen Ende dieses Jahrhunderts fertiggestellt werden.*

Doch bei der Planung dieses Mammutprojekts sind große Fehler gemacht worden. Ebenso sind verschiedene ökologische Gefahrenmomente noch nicht richtig abgeschätzt:

* *Der als "Killerkanal" bezeichnete etwa 200 km lange Kanal Omatako - Grootfontein wurde zur Falle Tausender von Tieren. Man hat festgestellt, daß in einer Periode von 15 Monaten über 7 200 Tiere ertrunken sind. Wenn der Kanal voll fließt, ist für die meisten Tiere ein Entrinnen unmöglich.*

* *Aus dem Karstveld sollen jährlich 20 Millionen Kubikmeter Wasser gepumpt und in das Kanalsystem eingespeist werden. Das unterirdische Wasserreservoir, so eine Berechnung, beträgt ca. 80 Millionen Kubikmeter. Die Entnahme, so ergaben Berechnungen, würde im Durchschnitt durch die Niederschläge des Gebietes ausgeglichen werden. Ob der Grundwasserspiegel tatsächlich konstant bleibt und nicht weiter sinkt, müssen sorgfältige Beobachtungen ergeben. Bislang sind an der Vegetation keine Auswirkungen zu erkennen.*

Der geplante Entzug von Wasser aus dem Okavango - 100 Millionen Kubikmeter pro Jahr sind geplant - entspricht ca. 1 - 2 % der durch-

---

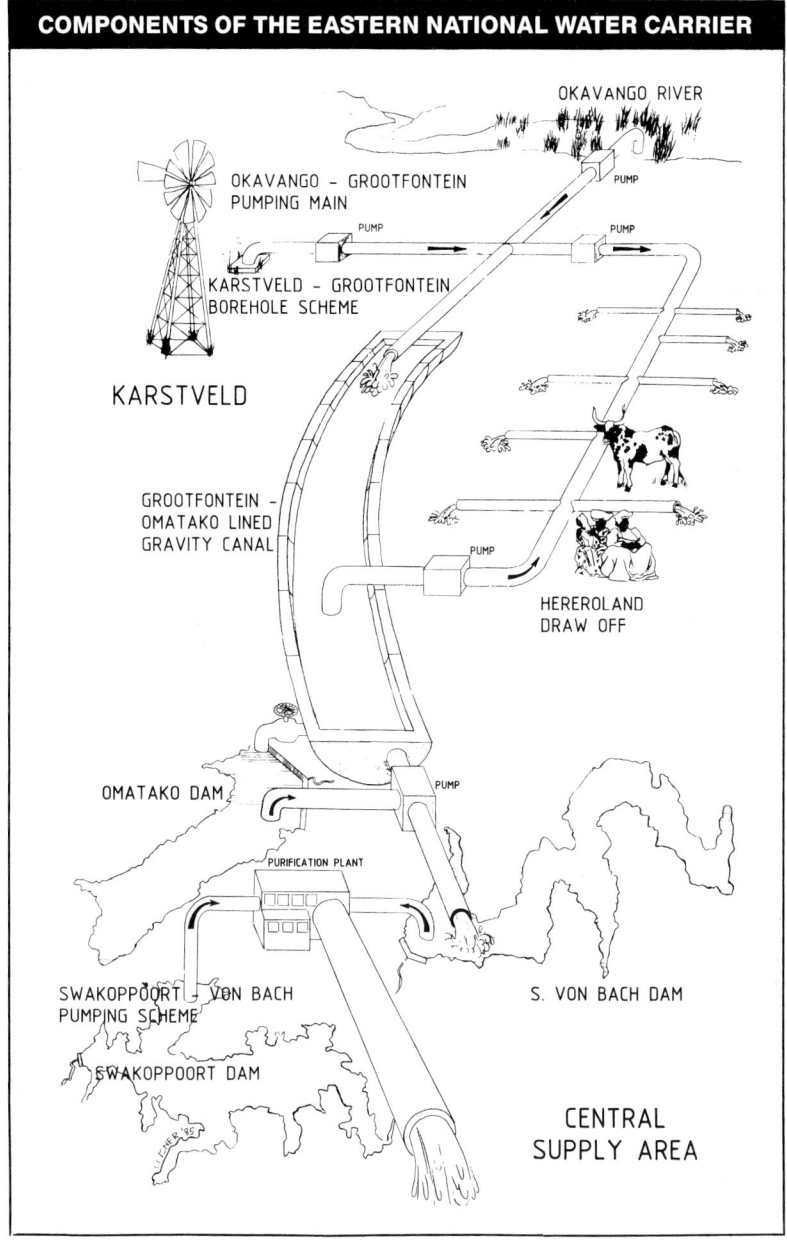

COMPONENTS OF THE EASTERN NATIONAL WATER CARRIER

OKAVANGO RIVER

OKAVANGO - GROOTFONTEIN
PUMPING MAIN

PUMP

KARSTVELD - GROOTFONTEIN
BOREHOLE SCHEME

KARSTVELD

GROOTFONTEIN -
OMATAKO LINED
GRAVITY CANAL

HEREROLAND
DRAW OFF

OMATAKO DAM

PUMP

PURIFICATION PLANT

SWAKOPPOORT - VON BACH
PUMPING SCHEME

S. VON BACH DAM

SWAKOPPOORT DAM

CENTRAL
SUPPLY AREA

schnittlichen Wasserführung des Flusses. Ob diese Abnahme dem Ökologiesystem des Okavango-Deltas schadet, ist nicht endgültig geklärt. Man befürchtet außerdem, daß aus dem Okavango-System Bilharzia-tragende Schnecken und damit Rinderkrankheiten nach Namibia gelangen könnten. Um das zu verhindern, müßten besondere Vorsichtsmaßnahmen getroffen werden.

(Informationen aus: Naturschutz und Jagd, Nr. 1/1987, S.8 und 9,
Annual SWA 1985 ,S. 12

2.2 GROSSLANDSCHAFTEN UND IHRE GEO-LOGISCHE ENTWICKLUNG

Einige der Hauptmotive von Touristen, nach Namibia zu reisen, stellen die Eigenart, Schönheit und Weite der unterschiedlichen Landschaften dar. In der Tat kann sich das Land rühmen, unvergleichliche Naturszenerien zu besitzen.

Das Erlebnis wechselnder Landschaftsbilder stellt sich besonders bei einer Fahrt von der Atlantikküste zu den östlichen Regionen ein. Der Küstensaum, der von Norden nach Süden immer breiter wird, ist von einzelnen Restbergen überragt. Danach steigt das Land bis zur sog. Randschwelle (Great Escarpment) an. Davor aber breitet sich die grandiose Landschaft der Namib aus. Die Randschwelle selbst kann als ein von Norden nach Süden laufendes Gebirge angesehen werden, das z. T. von atemberaubender Schönheit ist. Man denke hierbei nur an das Brandberg-Massiv, das Erongo-Gebirge oder an die Naukluft! Weiter nach Osten gehen die Berge in eine Hochplateau-Landschaft über, die langsam Richtung Kalahari abflacht. Diese weiten Ebenen werden nur ab und zu von Tafelbergen und Restfelsen überragt. Bestehen die Gebirge aus massiven, "anstehenden" Gesteinen (z. B. Graniten), so sind die Hochflächen mit dem Verwitterungsschutt längst vergangener Erdepochen ausgefüllt. So kann man insgesamt feststellen, daß **Namibia drei Großlandschaften** aufweist:
* die **Küstenabdachung** (Hier die Flächen-, Nebel-, Berg- und Dünen-Namib);
* den **Randschwellenbereich** (Kaokoveld-Bergland, Damara-Bergland, Khomas-Hochland und Nama-Bergland);
* den **Zentralen Beckenbereich** (Hochflächen des Kalahari-Beckens, Fluß-Kalahari, Mittlere Kalahari, Zentrale Kalahari, Dünen-Kalahari).

Die Küstenabdachungen sind, wie bereits erwähnt, unterschiedlich breit. Im Bereich des Kunene reicht das stark zerklüftete Bergland des

Kaokovelds bis zum Atlantik, während auf der Höhe von Lüderitz die Entfernung zur Randschwelle besonders groß ist.

Erdgeschichtlich betrachtet ist Namibia Teil einer sehr alten Region. Im Mittelalter (Mesozoikum, einer Erdperiode, die den Zeitraum vor 60-200 Millionen Jahren bezeichnet) fand die Trennung von Afrika und Südamerika statt. Im Zuge dieser Kontinentalverschiebung entstand westlich von Namibia ein Trennungsgraben. Je mehr beide Kontinente auseinander "drifteten" , desto größer wurde ein entstehender Ozean, der allmählich eine Verbindung mit dem Ur-Atlantik einging. Für die Trennung der beiden Erdteile liefert der sog. Mittelatlantische Rücken Beweismaterial: Hier an der Linie des Auseinanderbrechens drang Basaltgestein nach oben und bildet heute ein Gebirge unter dem Atlantik. Im Zentralbereich dieses Gebirges, wo noch immer Basalte hochdringen, sind die Gesteine jung, an den westlichen und östlichen Rändern dagegen zunehmend älter.

Die Grundgesteine Namibias weisen auf ein wesentlich älteres Datum als das des Erdmittelalters hin. Das Damara-Massiv, das nach Süden und Südosten langsam in das Nama-Bergland übergeht, besteht z. T. aus Gesteinen (Graniten), die ein Alter von über zwei Milliarden Jahren haben. Diese "Uralt-Massen" werden aber z. T. von jüngeren Ablagerungen (Sedimenten) zugedeckt: so z. B. von der Dünen-Namib (in der Gegend zwischen Kuiseb-Canyon, Randstufe und Lüderitz) und von den Ablagerungen der Kalahari.

In den vergangenen 100 Jahren wurde das Gebiet Namibia mehrfach angehoben. Dadurch kam es zu Rissen im Gesteinsmantel, durch die die Magmamassen in Form von Vulkanen die Erdoberfläche erreichen konnten. Jeder dieser Hebungsvorgänge hatte aber auch zur Folge, daß die Erosionstätigkeit der Flüsse größer wurde. Auch der Meeresspiegel hatte nicht immer das gleiche Niveau. Beweise dafür liefern verschiedene maritime Terrassen. Überflüssig zu erwähnen, daß ebenso die klimatischen Bedingungen wechselten. Der Wechsel von regenreichen Perioden (Pluvialzeiten) mit solchen von relativer Trockenheit bewirkte eine unterschiedliche Wasserführung der Flüsse, so daß auch verschiedene Flußterrassen entstehen konnten (so z. B. die Ugab- Terrassen).

Wenn man durch das Land reist, fallen beinahe überall die **Tafelberge** auf, die "inselhaft" herausragen. Was ist hier geschehen? In langen Zeiträumen haben Flüsse die ehemalige Landoberfläche sozusagen leergeräumt und nur Halt gemacht vor relativ widerstandsfähigen Gesteinsmassen.

Die schon erwähnte mehrfache Anhebung der Landoberfläche verursachte auch die **Buchten-Armut der Küste**. Daraus ergibt sich der oft beklagte Mangel an günstigen Plätzen für Häfen. Ausnahmen sind hier lediglich: Walvisbaai, Lüderitz-Bucht und die als Hafen (noch?) nicht ausgebaute Möwebucht.

Natürlich hat die geologische Vergangenheit Einfluß auf die Gegenwart. Man denke nur an den Straßenbau! So mußten überall dort, wo die alten Gebirgsmassen liegen, windungsreiche Straßen und Wege an gelegt werden (z. B. der Gamsberg-Paß). Aber auch der Bahnbau mußte eine schmale Schienenbreite wählen, damit die Steilanstiege der Randstufe erklommen werden konnten (Kap-Schmalspur).

Für den Straßenbau gibt es Versorgungsschwierigkeiten mit Kies bzw. Schotter, weil größere Vorkommen dieses Materials oft fehlen. Besonders in den östlichen Landesteilen ist das ein großes Problem, da es hier tiefgründigen Sand gibt. Für die Oberflächen von "Natur-Pads" benutzt man deshalb häufig Sedimente aus den Kalkpfannen, die naß gewalzt werden und brauchbare Fahrbahndecken ergeben. Im Bereich der Küsten werden die Straßenbeläge aus einer Mischung von Sanden, Tonnen und Salz hergestellt. Nach dem Auswalzen gibt es dann asphaltglatte, "schnelle" Wege. Und da wir gerade beim Straßenbau sind: Viele Brücken über die Trockentäler, die sog. "Riviere", müssen so stabil und solide angelegt sein wie in den feuchten Breiten Europas. Denn wenn einmal ein Fluß "abkommt", entfaltet er eine unvorstellbare Gewalt, die leichte Konstruktionen sehr rasch zerstören würde.

Wer sich für die grandiosen Zeugnisse der geologischen Vergangenheit interessiert, der darf vor allem nicht die folgenden **herausragenden Landschaften und Besonderheiten** versäumen:

* die **Dünenlandschaften der Namib**, insbesondere am Sossusvlei,
* den **Fish River Canyon**, der sein Gegenstück nur im Grand Canyon/ Arizona hat,
* die **Naukluft-Landschaft** mit ihren herrlichen Bergen und Tä-lern,
* das **Erongo-Gebirge** mit seinen phantastischen Erosionsformen, (Bull's Party/Farm Ameib),
* das majestätische **Brandberg-Massiv**,
* die Ausräumungslandschaften der **Ugab-Terrassen**,
* das **Waterberg-Plateau**.

2.3 BODENVERHÄLTNISSE UND BODENQUALITÄTEN

Als Böden werden normalerweise die lockeren Bestandteile der obersten Schicht der Erdkruste bezeichnet. Außer ihrer mehr oder minder vorhandenen Feinkörnigkeit enthalten sie Elemente pflanzlichen und tierischen Lebens. Doch nach dieser fast klassischen Definition würden große Teile des Landes keine Böden besitzen. Deshalb spricht man im erweiterten Sinne auch dann von Böden, wenn Pflanzen Lebensbedingungen finden. Überall in Namibia können wir auf Lockersedimentschichten wie Sanden und Lehm, aber auch auf zerklüfteten Felsregionen Zeugnisse von Vegetation - oft in primitiver Form - finden.

Es gibt eine Vielzahl sog. bodenbildender Faktoren. So sind das Klima, die Art des Ausgangsgesteins, die Oberflächenbeschaffenheit (Relief), das Vorhandensein von Wasser, die Existenz von Pflanzen, die stampfenden Hufe von Tieren Ursachen der Entstehung bestimmter Bodenqualitäten.

In erster Linie aber ist der Boden und seine Bildung nichts anderes als **Verwitterung** massiver Gesteine. Diese Verwitterung ist in Namibia durch besondere Klimaumstände bestimmt:

* durch **geringen Niederschlag,**
* durch **hohe Temperaturschwankungen,** die das Mineraliengefüge von Gesteinen allmählich lockern,
* durch **extreme Minimaltemperaturen,**
* durch sehr **hohe Verdunstung.**

Diese besondere Art des Verwitterungsvorgangs bewirkt wiederum besondere Prozesse, und zwar

* **Krustenbildung,**
* **Salzausblühung** und
* **Schuttbildung.**

Die wohl typischen Merkmale der Böden im Lande lassen sich auf **drei Grundtypen** beschränken:

* Es gibt Gegenden mit **Kalkkrusten,** die ein Zeugnis hoher Verdunstung sind.
* Die Böden haben zumeist einen **geringen Humusgehalt,** was mit der geringen pflanzlichen "Produktion" zusammenhängt, die ihrerseits niederschlagsbedingt ist.
* Die Böden sind **flachgründig,** d. h. nicht tief.

Haben wir uns bisher mit den bodenbildenden Faktoren der Natur beschäftigt, so dürfen wir nicht außer acht lassen, daß gerade der Mensch bodenzerstörend wirksam ist. In vielen Teilen Namibias sehen wir leider vielfältige Formen der **Bodenzerstörung:** So beobachtet man beispielsweise tiefe Erosionsrinnen an fast kahlgefressenen Weidenhängen oder grobflächige, kahle Ebenen, von denen der Wind die fruchtbarsten Bodenteile fortgeblasen hat. Die Ursache ist in beiden Fällen die gleiche: Überweidung. Die erosionshemmende Pflanzendecke wurde zum großen Teil weggefressen, der freiliegende Boden durch Viehtritt zusätzlich aufgelockert. Ein leichtes Spiel nun für die Kräfte des Wassers und des Windes, zerstörend wirksam zu werden. Die beste Möglichkeit der Bodenschonung ist deshalb eine vorsichtige Beweidung der Flächen, was am besten durch die Reduzierung des Viehstocks und das System der Umtriebsweide zu erreichen ist.

Ein anderes Problem stellt die **Bodenversalzung** dar, die oft auftritt, wenn man bewässert. Diese Erscheinung kann man teilweise in den Bewässerungsgebieten der südlichen Landesteile (Fischfluß) und im Norden (Ovamboland, Kavango) beobachten. Beim Versalzungsvorgang spielt die Menge des Bewässerungswassers eine entscheidende Rolle. Je mehr nämlich bewässert wird, desto höher steigt naturgemäß der Grundwasserspiegel und desto höher ist die Verdunstung auf der Oberfläche des bewässerten Landes. Man muß sich vergegenwärtigen, daß das Bewässerungswasser zunächst in den Boden eindringt und so den Pflanzen nützt, dann aber - angereichert mit gelösten Bodensalzen - nach oben dringt. Die Folge sind dann Salzausblühungen, die einen weiteren Anbau nicht mehr ermöglichen. Man kann dem Problem Abhilfe schaffen, indem das Grundwasser ständig abgepumpt wird oder durch tiefere Kanäle wegfließen kann. Ein Schaubild soll diesen Vorgang verdeutlichen:

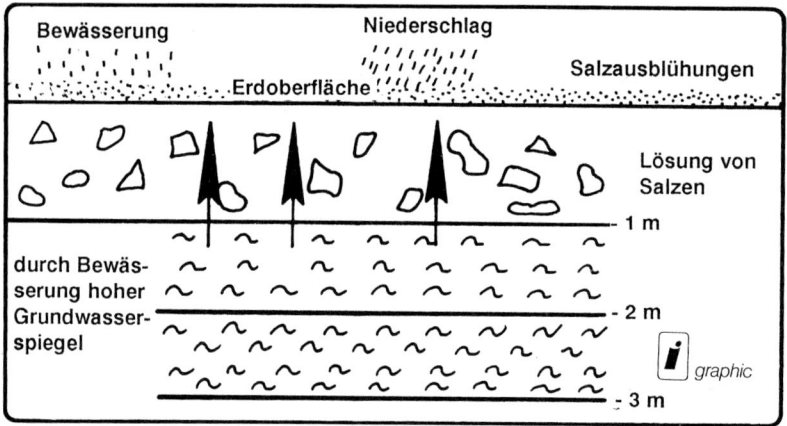

Insgesamt betrachtet kann man die Böden Namibias durchaus als mineralienreich bezeichnen, wenngleich wichtige Spurenelemente fehlen. Eben mit diesen Substanzen müßten die Naturweiden gedüngt werden, denn viele Viehkrankheiten lassen sich auf diesen Mangel zurückführen.

In einem so trockenen Lande wie Namibia kann man es sich kaum vorstellen, daß Flüsse und Bäche manchmal sehr reißend sein können.

Eine wichtige bodenerhaltende Maßnahme ist in diesem Zusammenhang die Verbauung der Oberläufe, damit der Abfluß gebremst wird. Dadurch erzielt man auch ein intensiveres Einsickern des Wassers in den Boden, so daß das kostbare Naß als gespeichertes Boden- und Grundwasser der Pflanzenwelt zur Verfügung steht.

2.4 WIRTSCHAFT

Es gibt eine Vielzahl wirtschaftshemmender Faktoren, bedenkt man alleine die Größe des Landes, die geringen Niederschläge und die dünne Besiedlung. Der Mangel an genügend qualifizierten Kräften trägt ein übriges dazu bei. Die Wirtschaftsstruktur von Namibia muß man insgesamt als dualistisch bezeichnen: Auf der einen Seite gibt es hochmoderne Produktionsmethoden in Bergbau, Industrie und Landwirtschaft, auf der anderen Seite stehen traditionelle Wirtschaftspraktiken der so verschiedenen ethnischen Gruppen.

Trotz all dieser Erschwernisse betrug die reale Wachstumsrate der Wirtschaft 3 - 4 % (bezogen auf die Jahre 1970 bis 1977). Sie ist demzufolge höher als der Bevölkerungszuwachs. Obwohl die globalen Wirtschaftsspekulativen eher zurückhaltend beurteilt werden, erscheint Optimismus für die ökonomische Zukunft des Landes durchaus angebracht: Die im Lande geförderten und gefragten Mineralien sowie die Produktion landwirtschaftlicher Erzeugnisse verheißen Wohlstand.

Diese **günstige Startposition in die künftige Unabhängigkeit** ist im wesentlichen drei Umständen zu verdanken:

* **Die Landwirtschaft wurde hoch entwickelt.** Besonders in den Gebieten der verschiedenen ethnologischen Gruppierungen hat man beispielhafte Arbeit geleistet, die sich erst in naher Zukunft bezahlt machen wird.

* **Der Bergbau wurde modernisiert und intensiviert.** Parallel dazu laufen Prospektierungsprojekte auf Hochtouren.

* **Die soziale und technische Infrastruktur wurde stetig verbessert.** Der Ausbau des Schulwesens vor allem für die farbigen Bevölkerungsteile, die Verbesserung der medizinischen Versorgung sowie die Weiterentwicklung der Verkehrswege erfolgt noch immer sehr zügig.

Die Außenhandelsbilanz Namibias ist positiv. Während vor allem Mineralien und landwirtschaftliche Produkte ausgeführt werden, müssen viele Verbrauchsgüter eingeführt werden. Die folgende Tabelle soll eine

eine Übersicht der verschiedenen Wirtschaftsteile darstellen, indem ihre **Anteile am Bruttoinlandsprodukte** genannt werden:

Rang	Wirtschaftszweig	Millionen (Rand)
1.	Bergbau	275
2.	Forst-, Landwirtschaft, Fischerei	145
3.	Handel, Hotel- und Gaststättengewerbe	96
4.	Verarbeitende Industrie	70
5.	Transport, Lagerung, Verkehrswesen	70
6.	Behörden	68
7.	Finanzen, Versicherungen	65
8.	Bausektor	41
9.	Verschiedene Produzenten	27
10.	Gemeinschafts-, soziale u. persönliche Dienste	13
11.	Elektrizität, Gas, Wasser	9
	Wert der Inlandsproduktion insgesamt	879

2.4.1 LANDWIRTSCHAFT

Vielen fremden Besuchern fällt bei Fahrten durch Namibia auf, daß faktisch das gesamte Land (abgesehen von Nationalparks und Wüstenregionen) eingezäunt ist. Diese "Verdrahtung" der namibischen Landschaft ist ein Beweis dafür, daß alle nur irgendwie landwirtschaftlich nutzbaren Flächen "inwertgesetzt" sind. Die Landwirtschaft erarbeitet insgesamt ca. 17 % des Bruttoinlandproduktes, bindet dagegen aber mehr als 50 % der Arbeitskräfte. Vor allem in den Stammesgebieten ist sie oft der einzige Wirtschaftsfaktor von Rang. Gegenüber dem Bergbau, der wertmäßig mehr erwirtschaftet, bleiben die Gewinne der landwirtschaftlichen Produktion fast vollständig im Lande selbst.

Das schon erwähnte "dualistische" Gesicht namibischen Wirtschaftslebens zeigt sich ganz besonders in diesem Bereich: Etwa 4 000 Farmer (zumeist Weiße) erwirtschaften mit 50 000 Arbeitskräften ungefähr 80 % der gesamten landwirtschaftlichen Produktion, während traditionelle (fast gänzlich farbige Bauern) mit 100 000 Arbeitskräften nur 20 % der Güter produzieren. Die Ursachen für diesen so krassen Unterschied liegen in mangelnder Kapitalbildung, ungenügendem Know-how, einer anders gearteten Gesamtmotivation und dem kulturellen Hintergrund bei den farbigen Bevölkerungsgruppen.

Aufgrund der klimatischen Bedingungen ist die Landwirtschaft Namibias **vornehmlich Viehwirtschaft**, denn nur etwa 1 % des Landes ist für ackerbauliche Zwecke nutzbar. Sie steht in direkter Abhängigkeit vom "Veldzustand", der seinerseits mit der Niederschlagsmenge zusammenhängt. Der Wechsel von regenreichen und regenarmen Perioden erschwert zusätzlich eine gleichmäßige Produktion, die für den Markt wichtig ist. Doch auch das Management einer Farm muß auf diese naturgemäßen trockeneren und feuchteren Perioden reagieren: Selbst in regenreicheren Zeiten sollte der Viehstock zwecks Schonung der Weideflächen angemessen niedrig gehalten werden. Nur so kann die ökologisch so notwendige Regenerierung des Graswuchses stattfinden.

Die immer wieder eintretenden **Dürreperioden** (z.B. von 1978 bis 1983) legen die Anlage von farmeigenen Futterreserven in "guten" Jahren nahe. Sind aber in schlechten Zeiten diese Vorräte aufgebraucht, muß man Viehnahrung zukaufen. Doch dies ist nur für eine relativ kurze Zeit praktikabel, da dafür nur die angesparten Mittel eingesetzt werden. Große Mengen dieses Zusatzfutters kommen aus der Republik Südafrika und sind aufgrund der weiten Transportwege und besonders in Zeiten großer Nachfrage - z.B. bei landesweiter Dürre - sehr teuer. Zufüttern setzt darüber hinaus voraus, daß noch trockenes Veldfutter als Heu oder am Halm vorhanden ist, um das Vieh mit den notwendigen Ballaststoffen zu versorgen, während die nährenden Kalorien aus dem Zusatzfutter stammen. Ist der Veldzustand besonders schlecht, kann dieses Zusatzfutter schnell zur einzigen Nahrungsquelle werden, und das kann sich auch der gesündeste Betrieb nicht lange leisten. Der einzige Ausweg besteht dann nur noch in der Reduzierung des Viehstockes oder im Extremfall sogar in der zeitweiligen Aufgabe der Viehhaltung.

In der deutschen Kolonialzeit konnte man solchen Schwierigkeiten durch das Ausweichen auf Notweidegebiete begegnen, da ja noch nicht das ganze Land verteilt war. Auch heute gibt es noch Notweidezonen, allerdings nur noch in geringem Umfange und für die große Anzahl der jetzigen Farmer nicht mehr ausreichend (solche Gebiete liegen im Diamanten-Sperrgebiet, Mangetti-Block, Rietfontein-Block). Aufgrund der großen Entfernungen zu diesen Gebieten ist das Ausweichen von bedrängten Farmern hierher ökonomisch nur wenig sinnvoll.

Wie schlimm eine Dürreperiode sein kann, welche existentiellen Schwierigkeiten sie hervorruft, mag die große Trockenheit um 1970 verdeutlichen. Am Ende der "Regenzeit" standen damals zwei Drittel aller Weiden ohne Vieh. Bei der Hälfte der Rinder mußte zugefüttert werden, der Rest wurde notgeschlachtet. Das bereitgestellte Notweidegebiet konnte nur 40 000 Rinder aufnehmen, während über eine halbe Million Tiere futterlos waren. Diese Zahlen sollen verdeutlichen, daß auch die Viehwirtschaft in Namibia nur mit äußerster Umsicht betrieben werden kann und daß die Mär vom "reichen, faulen Farmer" eine falsche Verallgemeinerung ist. So halten Agrarexperten eine weitere Steigerung der Viehbestockung für unrealistisch.

Entsprechend zu den Niederschlags- und Vegetationsverhältnissen gibt es in Namibia eine bestimmte **Verteilung der Viehzuchtsysteme.** Verallgemeinernd kann man folgende Feststellungen treffen:

* **Die Farmgrößen nehmen von Norden nach Süden zu.** Während in dem niederschlagsreichen nördlichen Gebiet um Grootfontein die Farmen eine Durchschnittsgröße von unter 6 000 ha aufweisen, beträgt ihr Ausmaß in der Landesmitte 6 000 bis 8 000 ha, am Namib-Rand bis zu 20 000 ha und in der südlichen Gegend um Keetmanshoop ungefähr 8 000 bis 20 000 ha.

* **Der Rinderanteil auf den Farmen nimmt von Norden nach Süden ab.** Die einzige Ausnahme hierbei bildet das im Norden gelegene Outjo, das zwar ausreichende Niederschläge erhält, aber wegen des kalkigen, wasserdurchlässigen Untergrundes trocken ist.

Rinder an der Tränke

* **Der Schafsanteil an der Viehhaltung** (meist Karakule) **nimmt** damit **von Norden nach Süden zu,** wo man fast ausschließlich Schafshaltung antrifft.

Farmmanagement in Namibia erfordert ein differenziertes agrartechnisches und ökologisches Wissen sowie genügend Kapital, denn es gibt eine Vielzahl von täglichen, mittel- und langfristigen Problemen, die bewältigt werden müssen. Davon soll im folgenden berichtet werden.

Um den Weidedruck besser steuern zu können, ist man in den letzten Jahrzehnten zum **System der Umtriebsweide** übergegangen.

Was bedeutet das?

Dabei unterteilt man das gesamte Farmgelände mit Hilfe von Zäunen in kleinere Areale, in sog. "camps". Eine Voraussetzung hierfür ist natürlich die Sicherstellung der Wasserversorgung der Tiere. Es ist offensichtlich, daß diese Maßnahmen sehr viel Geld erfordern. Man muß kilometerlange Zäune erstellen, nach neuem Wasser bohren, Windmotoren installieren und lange Wasserleitungen (meist aus Plastikrohren) anlegen. Gerade durch die Anlage vieler neuer Bohrstellen ist in den letzten Jahren der Grundwasserspiegel erheblich gesunken. Die Niederschläge reichen nicht aus, um das entnommene Wasser zu ersetzen. In Gebieten mit Tiefenbohrungen ist die Situation besser, wobei man hier aber Wasser entnimmt, das vom gespeicherten Niederschlag längst vergangener Zeiten stammt.

Eine Skizze mag die Unterteilung in "camps" verdeutlichen:

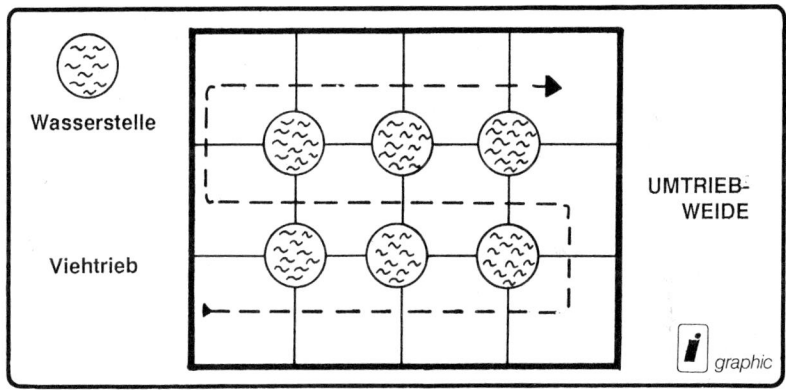

Auch die Größe der Farmen stellt z. T. ein Problem dar. Durch Erbteilungen, Verkäufe und Landverpachtungen hat sich die Besitzstruktur sehr verändert. Vor allem im mittleren Teil von Namibia, der schon seit Beginn der Kolonialzeit besiedelt ist ("Altsiedelland") sind viele Betriebe aufgrund einer zu geringen Größe nicht mehr lebensfähig. Hierzu auf der folgenden Seite eine Statistik, die diese Aussage untermauert.

Aus der statistischen Übersicht geht hervor, daß sich die Zahl der Farmen bis etwa 1965 stetig erhöhte, ihre durchschnittliche Größe jedoch abnahm. Diese Verkleinerung war wirtschaftlich gefährlich für den einzelnen Farmer, denn in schlechten (regenarmen) Jahren mußte er sei-

Jahr	Zahl der Farmen	Farmfläche insgesamt in Hektar	Durchschnitts-größe der Farm
1912	1 250	11 093 100	8 874 ha
1946	3 980	34 358 764	8 633 ha
1960	5 215	39 010 127	7 479 ha
1965	8 803	39 784 900	4 519 ha
1978	4 000 (gesch)	39 800 000 (geschätzt)	9 950 ha (gesch)

Ein schwarzer Farmarbeiter erhält seine Wochenration Lebensmittel als Zusatz-Lohn.

nen Viehstock sehr schnell abbauen. Es war ihm in der Regel nicht möglich, seine Tiere auf nicht genutzte Grasflächen zu treiben. In diesen Jahren nahm auch die Überstockung der Farmen zu, mit allen ökologischen Folgeschäden. In den Jahren 1965 bis 1978 nahm die Anzahl der Farmbetriebe rapide ab, gleichzeitig verdoppelte sich die Fläche der Einzelfarm.

Kapitalkräftige Einzelfarmer (und in den letzten Jahren auch viele ausländische Investoren) kauften Betriebe in verschiedenen Landesteilen auf. Somit ist es einigen gelungen, Viehumstellungen innerhalb des eigenen Besitzes vorzunehmen, mögliche Risiken sind besser gestreut.

Natürlich interessiert den Leser in diesem Zusammenhang die Frage, **wieviel eine Farm kostet.** Eine generelle Beantwortung der Frage ist kaum möglich, doch als Anhaltspunkte können Werte um 25 bis 35 Rand/Hektar gelten. Diese Preise sind sehr stark abhängig von einer Reihe Faktoren. Eine besondere Rolle spielen beim Preisniveau die Bezäunung, die Zahl der Wasserstellen, die Unterteilung in "camps", die Bodenqualität, die Art der Naturgräser, der Veldzustand, die Niederschlagsmenge und -sicherheit und die Nähe zu größeren Orten. Zum reinen Landpreis kommt noch der erhebliche Kostenanteil des Viehs. Die Finanzierung muß zu einem Drittel aus Eigenkapital bestehen, der Rest wird als Darlehen mit einer Laufzeit von 20 bis 30 Jahren zu einem Zinssatz von ca. 4 % erteilt. Auch der Vieh-Grundstock wird finanziert, wobei hier die Darlehen nur eine Laufzeit von 10 Jahren haben.

Die benötigte Farmfläche hängt vor allem von der Tragfähigkeit des Landes ab (diese wird vor allem von der Niederschlagsmenge und -sicherheit bestimmt). So braucht ein Rind auf Farmen nördlich von Windhoek ca. 10 ha, ein Schaf 3 bis 4 ha Fläche.

Eine weitere grundlegende Frage ist das Vorhandensein von Wasser. Relativ leicht erreichbares Grundwasser wird mit Hilfe von Windmotoren gefördert. Heute gibt es etwa 20 000 Bohrlöcher in Namibia, denen auf diese Weise das kostbare Naß abgerungen wird. Wenn während der Regenzeit die Riviere abkommen, versucht man, ihr Wasser mit Hilfe von Staudämmen aufzufangen. Jedoch ist dieses Wasser nur von relativer Bedeutung, da die Verdunstung sehr hoch ist. Eine Abhilfe schaffen hierbei eventuell sog. Sanddämme. Eine weite, durch Ton oder Kunststoffe abgedichtete Mulde wird mit Sand bzw. Kies aufgefüllt. Hier läßt man Wasser einsickern, das je nach Bedarf hochgepumpt wird. Die Sandmassen verhindern dabei die Verdunstung.

Ein sehr ernstes Problem stellt in den letzten Jahren die zunehmende **Verbuschung** dar. Viele Farmen wurden in der Vergangenheit durch zu großen Weidedruck in ihrer pflanzlichen Substanz erheblich gestört. Normalerweise herrscht in der Natur ein annäherndes Gleichgewicht zwischen den verschiedenen flachwurzelnden Gräsern und den tiefwurzelnden Hartholzgewächsen. Dieser Ausgleich wird maßgeblich von der Bodenqualität und vor allem von der Bodenfeuchtigkeit bestimmt. Wenn nun zu viele Tiere die Gräser abfressen, kommt es zu einer Vermehrung der Holzgewächse. Die obere Grasdecke, die bislang das Wasser verbraucht hat, fehlt nun. Das Wasser sickert in den Boden ein und gelangt an die tieferliegenden Wurzeln der Holzgewächse. Besonders stark können sich dann die Dorngewächse entwickeln, weil sie von den Tieren gemieden werden.

In der jüngsten Zeit macht man sich deshalb Gedanken, wie man verbuschtes Land wieder zurückgewinnen könnte. In einem Übersichtsartikel (Allgemeine Zeitung vom 28.5.1982) beschreiben Feddersen und Kühne die sog. "mechanische Entbuschung".

Beide Autoren führen an, daß mittlerweile 5 Millionen Hektar Farmland (= 12,5 % der gesamten Farmfläche) sehr stark verbuscht seien. Die Folge ist, daß der Ertrag einiger Farmen auf ca. 15 % der ursprünglichen Ertragskraft gesunken sein dürfte. Heute unterscheidet man vor allem **zwei Entbuschungs-Technologien:**

* **Chemische Entbuschung:**
  1982 gab es staatlich subventionierte Projekte, wobei mit vom Flugzeug aus versprühten Herbiziden entbuscht werden sollte. Diese Entbuschungsmethode impliziert vor allem **zwei Nachteile:**
  - Durch die "chemische Keule" werden auch nützliche Pflanzen geschädigt.
  - Diese Methode ist kostenintensiv (44 Rand/ha).

* **Mechanische Entbuschung:**
  Hierbei wird die Pflanzengemeinschaft nicht geschädigt, sondern sogar die Verwendung der anfallenden Biomasse ermöglicht. Dazu ist jedoch zunächst einiger technischer Aufwand nötig: Bulldozer, die parallel fahren und zwischen sich eine Ankerkette führen, reißen die Büsche mitsamt den Wurzeln aus. Bei einer wirkungsvollen Entbuschungsaktion muß nämlich gerade der Wurzelstock herausgerissen werden. In dem oben erwähnten Artikel wird von den Experimentier-Ergebnissen auf der Farm Krumneck berichtet. Hier werden 25 % der anfallenden Biomasse zu einer Silage verarbeitet, die von den Rindern angenommen wird. Weitere 50 % der anfallenden Pflanzenteile werden als Brennmaterial verwendet. Durch dessen Verkauf können die Kosten für den benötigten Maschinen-Treibstoff kompensiert werden. Man erwägt sogar die Möglichkeit, mit Hilfe von Pressen die als Futtermittel geeigneten Pflanzenteile zu brikettieren. Diese "Freßbriketts" könnten lange Zeit gelagert werden, und man hätte dadurch eine Futterreserve für Dürrezeiten. Auch auf der ökonomischen Seite böte diese Methode nur Vorteile: Man würde nicht nur **öffentliche Gelder** für die subventionierte chemische Entbuschung sparen, sondern auch **Devisen** (für Energie und Ersatzfutter) **einsparen.**

Ein großes Problem stellt die **Vermarktung des Viehs** dar. Diese ist bislang einseitig auf die Republik Südafrika ausgerichtet. Südafrika legt von sich aus Importquoten fest, die von der Situation des eigenen Binnenmarktes abhängen. So werden die Schlachthöfe von Johannesburg und Kapstadt beliefert, und Namibia trägt dazu bei, ungefähr 13 % des Fleischbedarfes des reichen Nachbarn zu decken. Der Export beschränkt sich vornehmlich auf die Monate April bis September, und diese Zeit deckt sich mit der Hauptsaison der südafrikanischen Rinderproduktion. Eine über das Jahr gleichmäßige Produktion marktreifer Tiere ist sehr schwer möglich, da dem der jahreszeitlich und somit vom

Niederschlag abhängige Veldzustand einen Strich durch die Rechnung macht. Es gibt Schlachthöfe in Windhoek, Okahandja und Otavi, doch werden hier sehr unterschiedliche Stückzahlen an Vieh geschlachtet, so daß man mehr als Lückenbüßer in Zeiten von Markt- und Transportproblemen fungiert.

Die **Milch- bzw. Milchproduktherstellung** verliert in den letzten Jahren ständig an Bedeutung. Molkereien gibt es in Windhoek, Okahandja, Gobabis, Outjo, Rietfontein und Omaruru. Es kommt aber in niederschlagsarmen Jahren vor, daß diese Molkereien nicht produzieren. Kein Wunder, daß zwar nur etwa 12 % des Milchbedarfs importiert werden müssen, dagegen aber 4/5 aller Milchprodukte (Käse, Butter) aus dem Ausland stammen.

Die **Karakulzucht** begann 1919, und der Anteil dieser Schafe stieg ständig zuungunsten der Fleischschafe. So dienen von 100 Schafen heute nur noch 5 der Fleischproduktion. Die Karakulfelle werden vor allem in London vermarktet. Zwar gehören die Karakulfarmer oft zu den reichsten im Lande, doch sind Absatz und Preis der Felle sehr schwankend und konjunkturabhängig. Gibt es in den Hauptabnehmerländern USA, Großbritannien, der Bundesrepublik, Italien und Frankreich wirtschaftlich schlechtere Zeiten, so ist der Absatz gering. Karakulzucht erfordert ein hohes Maß an Know-how, so daß in manchen Gebieten, die klimatisch dazu geeignet wären (Damara-Land), diese Art der Viehhaltung bei den Schwarzen kaum anzutreffen ist. Im Rehoboth-Gebiet und im Namaland dagegen sind schon einige schwarze Farmer erfolgreich mit der Aufzucht von Karakulschafen beschäftigt.

Eine verstärkte Rolle spielt in den letzten Jahren die **Wildfarmerei** (game farming). Jeder, der einmal in Namibia war, weiß, daß das Land reich an natürlichem Wild ist, das zudem sehr gutes Fleisch liefert. Kudu- und Oryxbraten zählen seit jeher zu den Favoriten der namibischen Speisekarte. Wieso sollte man also nicht Wild regelrecht auf einer Farm halten, um dann das Fleisch zu verkaufen?

Viele **Vorteile der Wildfarmerei** lassen sich nicht wegdiskutieren:

* Das Wild benötigt keine Wartung und **keine Aufsicht**.
* Im Gegensatz zum Rind **übersteht** es auch **gut Trockenjahre** und liefert selbst dann noch gutes Fleisch.
* Seine Lebensweise verhilft dazu, das **Grasveld zu schonen** und der drohenden Verbuschung durch Verbiß Einhalt zu gebieten.

Allerdings erfordert diese Art des Farmens eine **hohe Investitionsleistung**: Man muß hohe Zäune anlegen, damit die Tiere auch im eigenen Farmgebiet bleiben. So kann das Wildhalten durchaus eine ergänzende

Alternative zur herkömmlichen Rinderhaltung darstellen, und es gibt schon eine Reihe von Farmen, die zwischen 10 000 und 20 000 Rand pro Jahr an Erlös für Springböcke, Oryxantilopen und Kudus erwirtschaften.

In den letzten Jahren sind viele Farmer dazu übergegangen, Gäste aufzunehmen. Der Beweggrund dürfte hierfür in den meisten Fällen der Wunsch nach mehr wirtschaftlicher Absicherung gewesen sein, denn durch einen touristischen Nebenerwerb hat man auch Einkünfte während Dürreperioden. Gerade Reisende aus Übersee sind sehr daran interessiert, einen Farmbetrieb kennenzulernen und einige geruhsame Tage in der Stille und Weite des Landes zu verbringen. Viele **Gästefarmen** liegen landschaftlich außerordentlich reizvoll. Mit der Bewirtung der Gäste gibt man sich viel Mühe. Oft bietet man zusätzlich zur Unterkunft und Verpflegung auch Safaris durch das Land an. Einige dieser Gästefarmen sind als **Jagdfarmen** spezialisiert und bieten Trophäenjägern die Möglichkeit, ihrem Hobby nachzugehen. Natürlich liegen auch in der Schaffung einer Gästefarm Probleme: wenn sich der Farmer und seine Familie zu stark auf dieses touristische "Zubrot" konzentrieren, bleibt keine Zeit mehr, den landwirtschaftlichen Betrieb sinnvoll zu betreiben.

Der **Ackerbau** spielt in Namibia nur eine untergeordnete Rolle, denn nur etwa 1 % der Landesfläche eignen sich dazu. Regenfeldanbau kann nur im äußersten Norden und Nordosten betrieben werden. Es handelt sich dabei um die Regionen des Ovambo-Landes am Kunene, das Kavango- und Caprivi-Gebiet am Okavango sowie um den Raum Tsumeb-Otavi und Grootfontein. Die Regenfeld-Anbaugrenze schwankt naturgemäß von Jahr zu Jahr, wobei die südlichen Gebiete als die risikoreichsten anzusehen sind. Im Grenzgebiet des Regenfeldanbaus wird zumeist Futter angebaut, vornehmlich Mais und Gerste.

In den Eingeborenen-Gebieten des Kavango-Landes versucht man erfolgreich, größere Ackerbauflächen anzulegen. Mittlerweile wurden schon erste Ernten an Erdnüssen und sogar Baumwolle eingebracht! Kunstdünger werden jedoch äußerst sparsam eingesetzt, da sie aufgrund des langen Transportweges aus der Republik Südafrika sehr teuer sind.

Der **Bewässerungsanbau** wird nur in wenigen Gebieten erfolgreich praktiziert, da es bekanntlich im "Durstlande" an Wasser mangelt. Manchmal ist dieses Wasser auch zu salzhaltig, so daß es im Falle der Bewässerung den Boden verkrusten würde. Kleinere Bewässerungsgebiete liegen im Ovambo-Land, im Gebiet um Otavi, im Kavango-Gebiet und Caprivi-Streifen, am Swakop- und Fisch-Fluß. Besonders wichtig ist die Luzerne, die man hier als Viehfutter anbaut. Gelegentlich gelingt aber auch der Anbau von Zitrusfrüchten.

Die **Vermarktung von ackerbaulichen Produkten** im Lande stößt auf gewisse Grenzen. Zwar ist durchaus ein aufnahmefähiger Binnenmarkt vorhanden, da die meisten Farmer nicht mehr autark leben, doch es fehlt die Möglichkeit, gleichmäßige Mengen preiswert zu produzieren, so daß es wenigstens zur Zeit billiger ist, Obst und Gemüse aus der Republik Südafrika zu beziehen. Dort kann großflächiger und somit günstiger angebaut werden. Im umgekehrten Falle ist die vielleicht später mögliche Ausfuhr von namibischen Felderzeugnissen nach Südafrika eher skeptisch zu beurteilen, weil die Anbaukosten zu hoch sind.

Zusammenfassend betrachtet lassen sich aus den gegenwärtigen Problemen des landwirtschaftlichen Sektors eine Reihe von Notwendigkeiten ableiten, die insbesondere in einem unabhängigen Namibia wichtig werden:

* Die Farmbetriebe müssen zu **größeren Betriebseinheiten** entwickelt werden, um sich gegen die Risiken von Trockenperioden abzusichern.

* **Die Bestockung mit Vieh muß reduziert werden**, damit das ökologische Gleichgewicht erhalten bleibt und der Verwüstung in den einzelnen Landesteilen Einhalt geboten werden kann.

* Aus den oben genannten Gesichtspunkten geht hervor, daß demgemäß auch das **System der Umtriebsweide** verbessert und ausgebaut werden muß.

* Die **mechanische Entbuschung** mit ihren ökologischen und ökonomischen Vorteilen sollte im großen Stil durchgeführt werden.

* Die **Wildfarmerei** kann eine zusätzliche Einnahmequelle bedeuten, vor allem in Dürrezeiten, da sich Wild in solchen Perioden naturgemäß besser "durchschlagen" kann.

* Das einseitig auf Südafrika ausgerichtete **Vermarktungssystem** insbesondere für Rinder muß zugunsten des Exportes in andere afrikanische, aber auch überseeische Staaten **ausgeweitet werden**.

* Die **Vermittlung von** agrarwissenschaftlichem und agrartechnischem **Know-how an die schwarze Bevölkerung** bedarf weiterer Intensivierungen.

2.4.2   FISCHEREI

Namibia besitzt eine über 2 000 km lange Küstenlinie, die vom meeres-
biologisch so wichtigen Benguela-Strom umspült wird. Diese kalte Mee-
restrift hat ihren Ursprung in der Antarktis und ist äußerst nährstoff-
und sauerstoffreich. Durch häufige ablandige Winde und auch eine diesem Meeresstrom eigene ablandige Bewegung kommt es dazu, daß
Tiefenwasser aus 200 bis 400 m Tiefe an die Oberfläche dringt. Sauer-
stoff, Nährstoff und Licht geben beste Voraussetzungen für das
Wachstum von Plankton, der wichtigsten Nahrungsgrundlage für Fische.
Dieser **Fischreichtum** wurde aber in der Vergangenheit von vielen Fi-
scherei-Nationen genutzt: so von Südafrika, der UDSSR, den USA und
einigen europäischen Staaten. Es kam zur Überfischung der namibischen Gewässer, so daß sich die Administration gezwungen sah, Fangquoten festzulegen.

Aufgrund der buchtenarmen Küste konnte sich die Fischerei-Industrie
nur auf wenige Orte verteilen: Walvisbaai und Lüderitz.

In der südafrikanischen Enklave Walvisbaai wird seit 1948 der Pilchard,
eine Sardinenart, verarbeitet. In den ersten Jahren produzierte man nur
Fischmehl und Fischöl, wozu man große Mengen Fisch benötigte:
Knappe 4 Tonnen Fisch ergeben eine Tonne Fischmehl, während aus
einer Tonne Fisch nur 60 l Fischöl gewonnen werden können. 1951
wurde der erste Fischkonservenbetrieb gebaut, und mittlerweile sind
acht Betriebe mit der Fischverarbeitung beschäftigt. Allerdings steht die
Produktion von Fischmehl noch immer an erster Stelle.
Allmählich haben die Fangerträge erheblich nachgelassen, denn die
Gewässer sind **überfischt**. Das gilt insbesondere für die küstennahen
Regionen. Nachdem die Flotte auf seetüchtigere Schiffe umgerüstet
worden war, konnten genügende Erträge gesichert werden. Die starken
Schwankungen in Fangmengen sowie im Ausstoß an Fertigprodukten
mag folgende Tabelle wiedergeben:

Ware	1969	1975	1979
Gesamtfang (1 000 t)	858	759	324
Pilchard	676	545	28
Anchovis (Sardelle)	180	194	259
Fischmehl	203	147	79
Dosenfisch (in Tausend Kartons zu je 18 kg)	4395	10779	920

Quelle: Namibia/SWA prospectus Africa Institute of South Africa
(1980), S. 56

In der Fischerei-Industrie arbeiten heute ungefähr 4 500 Menschen, wobei ihre Zahl saisonal schwankt.

Mit der Zeit siedelten sich eine Reihe von Zuliefererbetrieben an (Verpackungsunternehmen, Dosenhersteller). Die einseitige Fixierung auf den Pilchard ist zugunsten der Anchovis, einer Sardellenart, zurückgegangen.

In Lüderitz selbst arbeitet zur Zeit nur noch eine Fischfabrik, die vor allem Langusten für den Export vorbereitet. 1981 wurde hier sogar eine Fischfabrik demontiert und nach Südamerika transportiert!

Vor der namibischen Küste gibt es große Schwärme des schmackhaften Weißfisches, der jedoch noch nicht in vollem Umfange von der Fischindustrie verarbeitet wird.

Der Binnenmarkt für Fisch ist wenig entwickelt. So gehören Meeresfrüchte keineswegs zu den gängigen Angeboten auf der namibischen Speisekarte, selbst in den Küstenorten nicht. Die Schwarzen essen nur sehr vereinzelt Fisch. Die Ursachen liegen - was das Binnenland betrifft - in der Schwierigkeit der Versorgung eines so weiten Landes.

2.4.3   BERGBAU

Namibia ist **sehr reich an unterschiedlichen Mineralien.** Kein Wunder, daß der Bergbau der wichtigste Wirtschaftszweig des Landes ist. Die Fülle an Bodenschätzen hängt mit der geologischen Grundstruktur zusammen. Archaische Grundgesteine wurden im Verlaufe der Erdepochen von Magmamassen durchdrungen. Einige dieser Rohstoffvorkommen sind wirtschaftlich nicht nutzbar, da entweder die Menge nicht ausreicht oder die Lagerungsverhältnisse ungünstig sind (verursacht durch Faltung oder Brüche in der Erdkruste). Die Republik Südafrika hat dabei mehr Glück, denn hier sind gleichartige und gleich alte Lagerstätten besser erreichbar.

Trotzdem weist das Land eine Vielzahl ökonomisch gut nutzbarer Bodenschätze auf. **Wirtschaftlich am lukrativsten sind vor allem folgende Lagerstätten:**

* **Diamanten,** die besonders im Gebiet der Südnamib bis zum Oranje gewonnen werden;
* **Uran,** das in großen Mengen bei Rössing vorhanden ist;
* **Kupfer,** welches bei Tsumeb, im Kaokoveld und in Mittel-Namibia abgebaut wird;
* **Eisen,** das man im nördlichen Kaokoveld findet.

Die **Bedeutung des Bergbaus** spiegelt sich vor allem in zwei Zahlen wider:

* Knapp 50 % des Bruttoinlandproduktes stammen aus bergbaulichen Ak-tivitäten (17 % aus der Landwirtschaft);
* 80 % des Exportwertes entstammen der Ausfuhr von Rohstoffen, wobei Diamanten, Kupfererz und Blei besonders wichtig sind.

Da der Bergbau stark mechanisiert ist, arbeiten in diesem Zweig nur 8 % der Beschäftigten (zum Vergleich: in der Landwirtschaft arbeiten knapp 50 %).

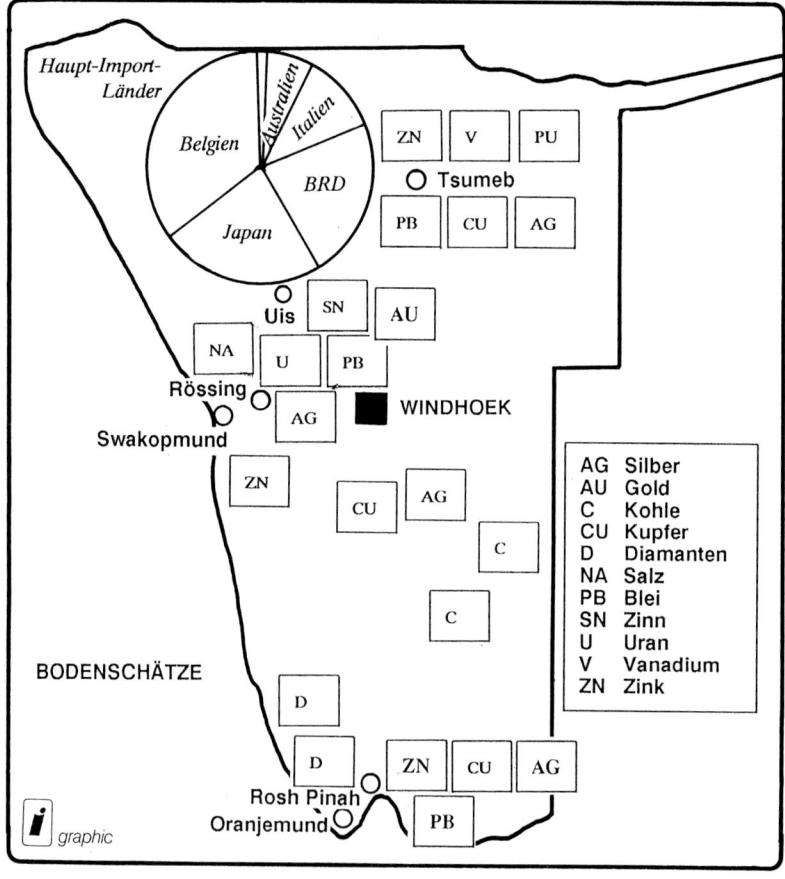

Die Prospektierung nach Bodenschätzen begann bereits vor der deutschen Kolonialzeit und setzte sich verstärkt durch, als Weiße im Lande seßhaft wurden. Ein wahrer Boom brach aber erst nach dem 2. Weltkrieg aus. Ausländische Gesellschaften, allen voran südafrikanische und amerikanische, erwarben Lizenzen und suchten verstärkt in den 60er Jahren nach Buntmetallen und Uran. Leider konnte man aber bislang keine Erdöl- und Kohlevorkommen aufspüren, die als Energieträger wichtig wären.

Von großer Bedeutung sind die **Diamantenvorkommen**, die sich auf den Küstensaum konzentrieren und in sog. marinen Terrassen vorkommen, die durch Dünen abgedeckt sind. Dabei handelt es sich um sekundäre Lagerstätten, wobei die Herkunft der Edelsteine nicht gänzlich geklärt ist. Wahrscheinlich handelt es sich um Ablagerungen des Oranje und anderer Flüsse aus dem Binnenland, die als "Diamantenlieferanten" angesehen werden können.
Die ersten Diamanten wurden bereits 1908 bei Lüderitz entdeckt, und bald entstand hier das Zentrum des Diamantenabbaus. Später erst wurden die ergiebigeren, aber schwieriger abzubauenden Lagerstätten nördlich der Oranje-Mündung entdeckt. Während nach dem 2. Weltkrieg die Förderung bei Lüderitz aufgegeben wurde, entstand im Süden Oranjemund. Der wachsende Wohlstand in den Industrieländern und ein hoher Bedarf an Industriediamanten ließen die Förderung schnell ansteigen. Heute erfolgt der Diamantenabbau großmaschinell, denn aus 100 t umgewälzten Materials werden nur 14,5 Karat Diamanten gewonnen (1 Karat = 0,2 g).

In der Zwischenzeit wurden im Norden Namibias neue Diamantenlager entdeckt, so daß man weitere 50 Jahre den begehrten Edelstein fördern kann. Mittlerweile wird sogar untermeerische Diamantgewinnung betrieben. Die Stellung unter den **Diamantproduzenten der Welt** gibt folgende Tabelle wieder:

Land	in 1 000 Karat Industriediamanten	in 1 000 Karat Schmuckdiamanten
Namibia	48	915
Zaire	8 266	3 172
UDSSR	7 000	3 700
Südafrika	5 757	4 554
Botswana	5 902	2 420
Welt	29 145	16 675

Diese angegebenen Zahlen stammen aus dem Jahre 1983.
Quelle: Fischer Weltalmanach 1989

Das wichtigste Bergbauzentrum im Norden ist der Raum **Tsumeb-Grootfontein-Otavi**. Seit der Kolonialzeit werden hier Kupfer-, Zink-

und Bleierze abgebaut. Man begann zunächst im Tagebau, mußte aber bald zum Untertagebau übergehen. Zur Zeit erreichen die Schächte Tiefen bis zu 1 200 m, und die Erzvorräte dürften für weitere 30 Jahre reichen. In dem bei Tsumeb geförderten Erz findet man 20 % metallische Bestandteile: 12 % Blei, 5 % Kupfer und 3 % Zink sowie Anteile an Silber, Cadmium und Germanium. In einer Aufbereitungsanlage wird ein Erzkonzentrat hergestellt, das dann 25 % Blei, 16 % Kupfer sowie 280 g Silber/Tonne enthält. In einer seit 1963 arbeitenden Schmelze wird 95 %iges Kupfer hergestellt. Für die Zukunft ist ein weiterer Ausbau der Hüttenanlagen geplant.

Seit 1978 werden bei **Rössing** (östlich von Swakopmund) Uranerze abgebaut. Die Vorkommen an dem wichtigen Grundstoff für Atommeiler sollen so groß sein, daß sie eines Tages wertmäßig gar die Diamantenausbeute übertreffen könnten.

In den letzten Jahren wurde in der Nähe von Karibib auf der Navachab-Farm **Gold** entdeckt. Zu dem Gemeinschaftsunternehmen, das die Förderung betreibt, gehören:

* die Erongo Mining and Exploration Company (70 %),
* die kanadische Metal Mining Company (20 %),
* die Rand Mines Windhoek Exploration Ltd. (10 %).

Die Produktion soll im Oktober/November 1989 beginnen. Man nimmt an, hier etwa 13 Jahre lang Gold fördern zu können und geht von einer Jahresmenge von 1 900 kg aus. Das Gold soll im Tagebau aus einer Masse von 750 000 Tonnen gewonnen werden. Dazu werden 100 Mitarbeiter benötigt.

Natürlich gibt man sich mit den bereits gefundenen Bodenschätzen nicht zufrieden. So läuft seit 1978 ein 5 Millionen Rand teures Prospektierungsunternehmen, das von der Consolidated Diamond Mines geleitet wird. In diesem Rahmen erforscht man mehrere 100 000 qkm und hofft, neue mineralische Vorkommen zu finden. Trotzdem hat der Bergbau Namibias mit einigen Schwierigkeiten zu kämpfen, auf die kurz eingegangen werden soll.

Da müssen zunächst die **Verkehrsprobleme** genannt werden. In dem insgesamt wenig besiedelten Land befinden sich die Minen oft nur in extrem einsamen Gebieten mit unzureichender Verkehrserschließung. Auch das wichtige Bergbauzentrum Tsumeb liegt sehr weit von der Küste entfernt. Die Erze müssen bis zur Küste tief ins Binnenland transportiert werden. Eine schon in der Kolonialzeit angelegte Eisenbahn führt von Swakopmund über Karibib nach Tsumeb, allerdings mit der Kap-Schmalspur. Und diese Eingleisstrecke hat eine sehr geringe Kapazität.

Auch die **Wasserversorgung** bereitet Schwierigkeiten, denn für die Aufbereitung von Erzen sind große Wassermengen nötig. Der Wasserbedarf kann auf verschiedenen Wegen gedeckt werden:

* durch **Tiefenbohrungen**,
* durch **Wiederaufbereitung** von Wasser,
* durch **Heranführen** des kostbaren Nasses zur Mine, falls keine örtlichen Vorkommen vorhanden sind.

Ein weiteres Handicap des Bergbaus ist der **hohe Holzbedarf**. Gerade der Grubenbergbau bei Tsumeb benötigt große Mengen Stützhölzer. Im fast waldlosen Namibia gibt es davon zu wenig. Holz wird deshalb aus Südafrika eingeführt - und ist entsprechend teuer. Man versucht, diese Schwierigkeit durch die Anpflanzung von Eukalypten zu umgehen, die dank Bewässerung in etwa 15 Jahren schlagreif sind.

Großer **Mangel** herrscht darüber hinaus sowohl **an qualifizierten wie auch angelernten Arbeitskräften**, von denen die meisten aus dem Ovamboland stammen. Sie leben in sog. "locations" mit entsprechenden infrastrukturellen Einrichtungen. Die gesamte Politik ist auf ein Seßhaftwerden in den Homelands ausgelegt, und da auch hier der Bedarf an Arbeitskräften steigt, dürften diese in den alten Wirtschaftszentren des Landes in Zukunft eher noch rarer werden.

Die zukünftige Entwicklung wäre dann am günstigsten, wenn es gelänge, zur rohstoffgewinnenden Industrie einen rohstoffverarbeitenden Sektor zu entwickeln. Bereits die Herstellung von Erzkonzentraten ist ein guter Schritt in diese Richtung, doch die Produktion von Reinmetallen verspräche noch mehr Gewinn.

2.2.4 TOURISMUS

Namibia ist touristisch ein äußerst attraktives Land. Die Unberührtheit weiter Landstriche fasziniert wohl jeden Besucher, vor allem den, der aus den Ballungszentren der Zivilisation kommt, sei es aus Europa, Amerika oder den städtischen Siedlungen Südafrikas. Das touristische Potential sind:

* die herausragenden **Landschaften der Namib**, insbesondere der Dünennamib (Sossusvlei);

* die grandiosen **Erosionslandschaften** wie der Fish River Canyon und die Ugab Terrassen mit der Fingerklippe;

* die beeindruckenden **Gebirgslandschaften** der Naukluft, des Erongogebirges, der Spitzkoppe und des Brandbergmassivs;

73

* die einmalige **Pflanzenwelt**, repräsentiert vor allem durch Sukkulenten (z.B. die Köcherbäume) oder die urweltliche Pflanze Welwitschia;

* die grandiose **Tierwelt**, die der Besucher vor allem im Etosha Nationalpark beobachten kann;

* die Reminiszenzen an die deutsche Kolonialzeit, verkörpert durch die insbesondere in Lüderitz und Swakopmund anzutreffende **Kolonialarchitektur**;

* die **wilde, einsame Küste**, deren Höhepunkt sicherlich der sturmumtoste nördliche Teil, die Skelettküste, ist;

* die vielen prähistorischen Zeugnisse vergangener Besiedelung, so die **Felsmalereien** (Höhepunkt: die Weiße Dame vom Brandberg) oder die **Felsgravuren** (vor allem in Twyfelfontein).

Die **touristische Infrastruktur**, wenn auch Gott sei Dank nicht auf Massentourismus ausgerichtet, ist insgesamt als sehr gut zu bezeichnen:

* **Das Straßennetz besteht z.T. aus asphaltierten Straßen, z.T. aus Kies- und Schotterpisten, die sehr gut gepflegt sind.** Der Tourist kann alle interessanten Orte und Landschaften aufsuchen, und dazu benötigt er lediglich einen normalen PKW. Die extrem abgelegenen Landschaften wie die Skelettküste oder das Kaokoveld sind aufgrund der Unwegsamkeit nur mit erfahrenen Safariunternehmen erreichbar.

* **Überall stehen gute, wenn auch z.T. einfache Übernachtungsmöglichkeiten zur Verfügung.** Die Hotels sind nach einem Sterne-System klassifiziert und werden staatlich überwacht. Das gleiche gilt für die Gästefarmen. Viele Farmer haben den Gästebetrieb als 2. Standbein entdeckt, was vor allem während Dürrezeiten eine wirtschaftliche Absicherung bringt. Viele Gästefarmen liegen landschaftlich unwahrscheinlich idyllisch, die Betreuung der Gäste ist beispielhaft, und oft bietet der Farmer auch Rundfahrten durch das Land an. Ebenso haben sich in den letzten Jahren eine Anzahl von Jagdfarmen etabliert. Die Gefahr solcher Misch - Betriebe (Landwirtschaft einerseits, Gästebetreuung andererseits) liegt darin, daß manchmal die Farmer bei gutem touristischem Ertrag die landwirtschaftliche Seite ihres Betriebes vernachlässigen. Das Preisniveau, vor allem in den Camps der Naturschutzparks, ist sehr niedrig. Es gibt praktisch keine Klagen von Touristen hinsichtlich der Sauberkeit und des Komforts.

* **Ebenso stehen dem Tourismus keine gesundheitlichen Probleme im**

Wege. Lediglich für den Etosha Nationalpark ist in bestimmten Zeiten des Jahres eine Malaria-Prophylaxe ratsam. Sonst ist alles hygienisch, Wasser kann überall bedenkenlos getrunken werden, auf Salat braucht man nicht, wie in manchen asiatischen und anderen afrikanischen Ländern, zu verzichten.

* **Der Tourist kann zwischen einer Vielzahl von Safari-Unternehmen wählen,** die z. T. deutschsprachige Rundreisen durch das ganze Land anbieten. Ebenso gibt es von den großen Autovermietern PKWs zu mieten. Spezialunternehmen bieten 4-Rad-angetriebene Fahrzeuge an, ebenso Camper.

Der Direktor für Handel und Tourismus, Peter McDonald, sieht als vorrangiges Ziel der staatlichen Tourismusförderung, das Land touristisch etwas unterentwickelt zu lassen. So strebt man nicht an, 5-Sterne-Hotels und Luxuscamps in der Wildnis entstehen zu lassen. Das wirkliche touristische Potential, die Ruhe, Weite, Unberührtheit und Urtümlichkeit sollen erhalten bleiben. Ein sicherlich begrüßenswertes Vorhaben.

Es gibt keine genauen Besucherzahlen. Ein großer Teil der Touristen reist über die südafrikanische nicht kontrollierte Grenze ein. Dabei handelt es sich nicht nur um Südafrikaner, sondern um Übersee - Besucher, die Namibia in ihr südafrikanisches Besuchsprogramm einschließen. Man schätzt, daß ca. 70 000 Besucher jährlich ins Land kommen, die meisten sind südafrikanische Staatsbürger. Aus der Bundesrepublik dürfte es jährlich ca. 15 000 Touristen geben. Das ist in der Tat keine sehr hohe Zahl, aber man muß berücksichtigen, daß Namibia auch nur eine relativ geringe Bevölkerung hat.

In den vergangenen Jahren ist aufgrund des Randverfalls der Besucherstrom aus Südafrika angewachsen. Der überseeische Besucher reagiert sensibel auf die aktuelle Sicherheitslage, die sich jedoch in den vergangenen Jahren stetig stabilisierte.

Insgesamt kann man feststellen, daß der Tourismus ein wichtiges Standbein der namibischen Wirtschaft ist und, wenn auch vorsichtig, weiterentwickelt wird.

Im Zuge der Unabhängigkeit ist zu erwarten, daß eine Anzahl europäischer Luftfahrtgesellschaften - u.a. auch die Lufthansa - Namibia direkt anfliegen wird. Wenn die Sicherheitslage positiv bleibt und die touristische Infrastruktur ihre Qualität halten kann, so ist ein wachsender Tourismus nach Namibia zu erwarten. Viele Touristen, die bislang wegen der südafrikanischen Militärpräsenz das Land mieden, werden dann gerne Namibia auf ihren Reiseplan schreiben.

2.4.5 WIRTSCHAFTLICHE PERSPEKTIVEN

Wie schon erwähnt, hat Namibia ein hohes Bevölkerungswachstum. Die derzeitige Einwohnerzahl von 1 Million dürfte bis zum Jahre 2 000 auf 1,5 bis 1,7 Millionen ansteigen.

Das **Bruttosozialprodukt** betrug 1985 (je Einwohner in US $):	
Republik Südafrika 2 588 Namibia 755	Sambia 326 Angola (1984) 772

Quelle: Fischer Weltalmanach 1989

Solche Durchschnittszahlen sagen allerdings nicht viel aus, wenn man keine Aufsplitterung nach Schwarzen und Weißen vornimmt. Und danach sieht es folgendermaßen in Namibia aus:

1970 betrug der Durchschnittsverdienst 4 250 Rand/Einwohner, der der Schwarzen allerdings nur 468 Rand/Einwohner.

Man muß annehmen, obwohl mir keine anderen und aktuellen Zahlen vorliegen, daß sich die Entwicklung stark zugunsten der schwarzen Bevölkerung ausgewirkt hat. Professor Thomas, ein ausgezeichneter Kenner der politisch-ökonomischen Szene, hat eine Reihe von Fakten und Entwicklungslinien aufgezeigt, die in unserem Zusammenhang von besonderer Wichtigkeit sind.

Demnach ist eine Hauptschwierigkeit der Ökonomie Namibias die ungleiche Verteilung von Einkommen, Besitz und Beschäftigung. Außer dem enormen Einfluß der politisch instabilen Lage und der nicht voraussehbaren politischen Zukunft werden die wirtschaftlichen Wachstumshemmnisse durch die strukturelle Unausgewogenheit von Produktion, Export und Beschäftigung verstärkt. Eine Tabelle möge das verdeutlichen:

Sektor	Export- anteil	Bruttosozial- produktanteil	Beschäftigten- anteil
Bergbau	65 %	27 %	5,9 %
Landwirtschaft und Fischerei	25 %	16 %	51,0 %
Industrie	7 %	17 %	8,7 %
Tertiärsektor	3 %	40 %	22,0 %

1975 gab es 295 000 Arbeitsfähige bei einer Arbeitslosigkeit von 11 bis 12 %. Pro Jahr aber drängen immer mehr Arbeitssuchende auf den Arbeitsmarkt, der allerdings kaum expandiert. So wird das Arbeitslosen-Problem zu einem immer wichtigeren politischen Faktor!

Das Entwicklungspotential des Landes liegt vor allem auf dem Gebiet der Mineralvorkommen, der Landwirtschaft (insbesondere ist hier eine Aktivierung in den regenreicheren Nordregionen angezeigt), der Verbesserung der Infrastruktur und dem Ausbau des Finanz- und Dienstleistungssektors (Schulen!). Man darf aber nicht außer acht lassen, daß es **viele Hemmnisse für den schnellen Ausbau des Bergbaus** sowie den lebensnotwendigen Aufbau einer rohstoffverarbeitenden Industrie gibt:

* Problem des Wassermangels,
* Problem der fehlenden Energie-Ressourcen (verwertbare Erdöl- und Kohlevorkommen),
* Problem der hohen Transportkosten,
* Problem der geringen Bevölkerung als mögliche Konsumenten,
* Problem der wenigen Unternehmer,
* Problem der nicht genügend vorhandenen Fachkräfte,
* Problem der aktuellen, ungeklärten politischen Zukunft.

Die schwarzen Bevölkerungsgruppierungen haben im Laufe der Zeit sicherlich eine Reihe verständlicher Haltungen gegen die Weißen und die Republik Südafrika angenommen, die man inhaltlich wie folgt zusammenfassen kann:

* Man kritisiert den "**Landraub**" der fruchtbaren Landesteile.
* Man wendet sich gegen die **Ausbeutung der Rohstoffvorkommen** durch ausländische Minengesellschaften.
* Man kritisiert die **Einschränkung der Mobilität** durch das System der Wanderarbeiter und der zeitbegrenzten Arbeitsverträge.

Was sollte entwickelt werden?

Bergbau

Professor Thomas schlägt eine Enteignung der Minengesellschaft ausländischen Charakters vor, gleichzeitig sollten aber privatwirtschaftliche Prinzipien gewahrt bleiben. Vielleicht wäre auch die Gründung einer staatlichen Minengesellschaft wünschenswert. So könnten der langfristige Abbau und die Vermarktung der Mineralien besser geplant werden. Wichtig ist vor allem die Förderung der Weiterverarbeitung der Rohstoffe. Damit könnte auch die Beschäftigungsquote gesteigert werden.

Bodenreform

Man spricht in diesem Zusammenhang auch von den "latifundia" der Weißen und von den "minifundia" der Schwarzen. Nötig wäre:
* eine Differenzierung der Produktpalette,
* eine industrielle Weiterverarbeitung der argrarischen Rohstoffe,
* ein Farm-Management-Training der Schwarzen,
* eine allmähliche Loslösung der Fixierung auf die Republik Südafrika,
* vor allem müßte das Potential in den nördlichen, regenreicheren und dichtbesiedelten Regionen aktiviert werden.

In diesem Zusammenhang möchte ich erwähnen, daß ich auf meinen Reisen z. B. durch den Caprivi-Streifen sehr gute und erfolgversprechende landwirtschaftliche Experimente gesehen habe. Es darf nicht unerwähnt bleiben, daß viele dieser Versuche unter der Anleitung und mit Unterstützung der Republik Südafrika durchgeführt werden.

Fischerei

Ziel sollte hier vor allem der Schutz der Fischbestände sein und ebenso die Beibehaltung der Zusammenarbeit mit der Republik Südafrika.

Infrastruktur

Der Ausbau des Verkehrs- und Kommunikationswesens muß weiter betrieben werden. Die Wasser- und Elektrizitätsversorgung kann allgemein als gut bezeichnet werden. Natürlich gibt es hierbei starke regionale Unterschiede, die mit der Rassentrennung im Zusammenhang stehen. Ziel sollte die Nutzung der Infrastruktur durch alle Bevölkerungsschichten sein.

Sozialentwicklung

Das Schul- und Ausbildungswesen liegt trotz Anstrengungen in den letzten Jahren noch immer im Argen. Zur Zeit sind nur 2 % der Schwarzen im Erwachsenenalter professionell und technisch voll ausgebildet. Von 5 300 voll ausgebildeten Schwarzen (1975) wurden 3 700 Lehrer und 1 600 Krankenschwester. Außer diesen beiden Berufskategorien gibt es praktisch keine weiteren schwarzen Fachkräfte.

Verarbeitende Industrie

Grenzen werden ihr durch die geringe Bevölkerungsdichte, die unregelmäßige Bevölkerungsverteilung sowie die geringe Kaufkraft der Schwarzen gesetzt. Ziele könnten hier sein:
* die Produktion einfacher Verbrauchsgüter und
* die teilweise Verarbeitung von Ausfuhrprodukten.

Zahlungsbilanz

Seit 1967 gibt es hierzu keine detaillierten Angaben mehr. Wahrscheinlich ist ein stetig zunehmender Zahlungsbilanz-Überschuß. Ratsam wäre in diesem Kontext ein rascher Abbau der Wirtschaftskontakte zur Republik Südafrika und ein Ausbau der Kontakte zu anderen Ländern (insbesondere afrikanischen).
Daß Südafrika durch die Kürzung der Barzuschüsse für Namibia die Daumenschrauben anzieht, wird vor allem dadurch deutlich, daß im Bereich der Verkehrsinfrastruktur durch eine 1985 vom Generaladministrator ins Leben gerufene Transportkommission fragwürdige Vorschläge unterbreitet werden:

* **Drei Eisenbahnlinien sollen geschlossen werden**, und zwar wahrscheinlich ab 01.07. 1987: Aus - Lüderitz, Strijdom - Flughafen - Gobabis und Otjiwarongo - Outjo.
* **Der Personenverkehr der Bahn**, der 1984/85 Verluste von 15,5 Millionen Rand einbrachte, **wird aufgegeben**. Inwiefern private Unternehmen diese Lücke (z. B. durch bessere Busverbindungen) füllen werden, ist noch fraglich. Die o. a. Bahnlinien sollen aber nicht nur stillgelegt, sondern auch total abgebaut werden: Schienen sollen demontiert, das Land an die Farmer zurückgegeben werden.
* Ebenso ist geplant, **bestimmte Teerstraßen nicht weiter zu erneuern und sie wieder zu Kiesdecken-Straßen umzugestalten**. Unangetastet davon wird das Teerstraßen-Projekt Rundu - Katima Mulilo weitergeführt, allerdings nicht entlang des Okavango - Flusses, wo die Bevölkerung lebt, sondern ca. 10 km südlicher, was strategisch notwendig erscheint...

Wer sich für Wirtschaftsfragen interessiert, kann bei der Deutsch-Namibischen Gesellschaft e.V. die aktuellen Wirtschaftsberichte anfordern.

2.4.6 WIRTSCHAFTLICHE ÜBERLEGUNGEN ZU BEGINN DER UNABHÄNGIGKEIT

Die wirtschaftliche Zukunft Namibias wird entscheidend davon abhängen, ob die künftige Regierung ideologie-gerichtet Wirtschaftspolitik betreiben wird oder ob im Zuge der Einsicht in die Erfahrungen anderer afrikanischer Staaten "Professionals" zum Zuge kommen.

Die Vorstellungen hinsichtlich der Rolle des Bergbaus hat die SWAPO in einer allgemeinen Zielvorstellung formuliert: Die Gewinne sowie die Deviseneinnahmen aus der namibischen Bergbauindustrie sollen vorrangig zum Wiederaufbau und zur Umstrukturierung der Wirtschaft verwendet werden. Gedacht wird in diesem Zusammenhang an eine

Weiterverarbeitung der Rohstoffe im eigenen Lande. Allerdings muß man bei diesen Vorhaben bedenken, daß der namibische Binnenmarkt sehr klein ist und ein Export z.B. von Fertigprodukten u.a. durch hohe Transportkosten nicht rentabel sein dürfte.

Die SWAPO befürwortet die Übereignung großer Ländereien an die vielen landlosen Namibier. Insbesondere hat man Farmen im Auge, die sich im ausländischen Besitz befinden; man denkt aber auch an Großfarmer, die mehrere Farmen ihr eigen nennen. Dabei sprechen die SWAPO-Politiker nicht von Enteignung, sondern von Aufkauf der Farmen. Das Geld dazu sollte aus den Erträgen des Bergbaus kommen. Daß allerdings die Umverteilung von Farmland nicht gleichbedeutend mit wirtschaftlicher Besserstellung der neuen Besitzer einhergeht, zeigen z.T. die Erfahrungen im Damaraland: Neben der Quantität an Agrarraum muß der künftige Eigentümer auch die Qualität fachgerechten Umgangs sicherstellen. Unter dem Begriff "Agroindustrien" versteht die SWAPO Betriebe, welche die agrarischen Rohstoffe weiterverarbeiten (Speiseölfabriken, Sägewerke, Getränkeherstellung, Lebensmittelbetriebe etc.).

Die SWAPO kritisiert zu Recht die bisherige Fischereipolitik. Die jetzige 12-Meilen-Zone sollte nach der Unabhängigkeit rasch zu einer 200-Meilen-Zone erweitert werden. Alle in- und ausländischen Fischereiunternehmen müßten dann angemessene Abgaben zahlen.

Künftige Regierungen werden auch der Realität Südafrika ins Auge sehen müssen. Einige Wirtschaftsexperten - darunter Prof. Fanuel Tjingaete von der Windhoeker Akademie - befürworten allerdings zunächst die Gründung einer eigenen Zentralbank sowie die Einführung einer eigenen Währung, um die Geld- und Währungspolitik in den Dienst der Entwicklung der namibischen Wirtschaft zu stellen. Die SWAPO betont die Abkehr von der engen wirtschaftlichen Verflechtung mit Südafrika. Sie läßt bislang die Frage offen, ob Namibia aus der Zollunion des südlichen Afrika (Südafrika, Malawi, Swaziland, Lesotho und Namibia) ausscheren sollte.

Ein großes wirtschaftliches Problem stellt die voraussichtliche Bevölkerungsentwicklung dar. Bis zum Jahre 2 000 wird erwartet, daß etwa 250 00 Menschen zusätzlich Arbeit suchen werden. Im Bergbau, der Landwirtschaft und der Fischerei werden kaum noch mehr Arbeitsplätze geschaffen werden können. Die touristische Infrastruktur dürfte auch bei weiterer Expansion nicht mehr allzuviele zusätzliche Arbeitsplätze schaffen. Die einzige Chance zur Lösung dieses Problems wird von Professor Tjingaete in der Etablierung von Kleinbetrieben gesehen.

2.5   SCHULWESEN

Am Beispiel des Schulwesens lassen sich wichtige Fakten für die gegenwärtige und zukünftige Sozialentwicklung ablesen. Gerade in einem afrikanischen Land, das die Unabhängigkeit anstrebt, ist das entwickelte Bildungspotential von heute der wichtigste Kredit für die Zukunft.

Versäumnisse der Vergangenheit und die Schwierigkeiten, in einem großen Anlauf die Ausbildung der Schwarzen sofort in voller Breite und hoher Intensität voranzutreiben, beschreiben das aktuelle schulpolitische Problem. Denn in den staatlichen Führungskreisen weiß man sehr wohl, daß nur eine breite, zumindest der Kulturtechniken kundige Bevölkerungsschicht die angestrebten Entwicklungen in einem unabhängigen Namibia autark und effektiv - ohne Fremdeinflüsse, welcher politischen Natur auch immer! - tragen kann. Gerade dem Bildungssektor muß deshalb eine besondere Priorität eingeräumt werden. Dies schlägt sich in dem **kontinuierlichen Ausbau des Schulwesens** nieder:

Schulen für Schwarze, Braune und Weiße:						
1970	1975	1976	1977	1978	1979	1980
Schwarze und						
Buschmänner 422	571	611	641	711	743	786
Mischlinge 105	100	101	102	102	103	107
Weiße 80	80	80	79	75	74	72
Gesamt 607	751	792	822	888	920	965

Quelle: Länderbericht Namibia 1986, Statistisches Bundesamt

Schulpflicht besteht für alle Kinder des Landes. 1979 gab es: 173 433 schwarze Schüler, 29 405 braune und 22 023 weiße Schüler.

Einen wichtigen Überblick gibt auch die Verteilung von schwarzen, braunen und weißen Schülern auf die Primar- und Sekundarschulen wieder:

		Schüler in der Primarstufe				
1970	1975	1976	1977	1978	1979	1980
Schwarze/						
Buschm. 90282	129927	133085	143139	152031	160786	173702
Mischl. 17785	22187	22907	23715	23665	24408	26502
Weiße 15043	14633	14797	14824	13467	12883	12534
Gesamt 123110	166747	170789	181678	189163	198077	212738

Quelle: Länderbericht Namibia 1986, Statistisches Bundesamt

			Schüler in der Sekundarstufe				
	1970	1975	1976	1977	1978	1979	1980
Schwarze u. Buschmänner	1943	3654	6517	8388	10605	11609	12301
Mischlinge	1195	3520	3791	4186	4488	4659	5103
Weiße	6651	7388	7550	'/412	6972	6618	6342
Gesamt	9789	14562	17858	19986	22065	22886	23746

Quelle: Länderbericht Namibia 1986, Statistisches Bundesamt

Das Gesamtbildungsniveau der Schwarzen ist ziemlich niedrig: 1970 erreichten 75 % nur den Standard 5. Die Endprüfungen sind landesweit für alle Schüler gleich. 1975 gab es 47 000 schwarze Schulanfänger (2 337 weiße). Nur 210 schwarze Schüler erreichten im gleichen Jahr die 12. Klasse (1 200 weiße), nur 148 schwarze Absolventen machten das Abitur (Matrik) (1 100 weiße). Die Anzahl der schwarzen Schulabsolventen mit gutem Endabschluß reicht also bei weitem nicht aus, um den Lehrerbedarf zu decken. Etwa 10 % der Schüler erreichten 1979 die Sekundarstufe. Auch gibt es, wie die obige Tabelle zeigt, einen überproportionalen Anteil an weißen Schülern.

*Dieses Mädchen lernt für eine bessere Zukunft
auf der Missionsschule in Otjiwarongo.*

Die Ausgaben für die Ausbildung sind außerdem sehr unterschiedlich hoch: Während für weiße Schüler ein Betrag von 700 Rand/Jahr zur

Verfügung stand, wurde die Ausbildung für braune Schüler mit 250 Rand/Jahr und für schwarze mit 120 Rand/Jahr bedacht. Bei der Interpretation dieser Zahlen muß man bedenken, daß die Klassen der schwarzen und braunen Schüler größer sind als die der weißen. Da in den Ausgaben auch die Personalkosten enthalten sind, werden diese im Falle der schwarzen und braunen Schüler überproportional aufgeteilt.

Bei der Ausbildung der Schwarzen gibt es große Finanzierungsprobleme. Die Summe für ihre Ausbildungskosten soll pro Jahr um 15 % steigen. Daneben existiert ein großer Lehrermangel für schwarze und braune Kinder.

Teachers' Training Colleges gibt es in Windhoek/Khomasdal und bei Ongwediva/Ovamboland. Die Ausbildung für schwarze Lehrer ist völlig kostenlos; der Staat bezahlt auch den notwendigen Heimaufenthalt. Das Ausbildungsniveau der schwarzen Lehrer ist insgesamt erheblich schlechter als das der weißen Kollegen. 1985 verfügten nur 26 % der Lehrer über eine höher qualifizierte Ausbildung; die meisten Lehrer haben selbst nur eine geringe Ausbildung. Das Interesse der Schwarzen am Lehrerberuf ist relativ gering.

		Entwicklung der Lehrerzahlen					
	1970	1975	1976	1977	1978	1979	1980
Schwarze u. Buschmänner	2042	3142	3473	3829	4265	4596	5066
Mischlinge	679	890	924	977	988	1039	1123
Weiße	1178	1237	1207	1233	1176	1152	1206
Gesamt	3899	5269	5604	6039	6429	6787	7395

Quelle: Länderbericht Namibia 1986, Statistisches Bundesamt

Ein besonderes Problem bilden die **Deutschen Privatschulen**, die Christiane Berger im afrikanischen Kalender 1983 vorstellt und an deren Informationen ich mich im folgenden orientiere (S. 117 - 125).

Die erst deutsche Schule wurde 1894 in Klein-Windhoek gegründet. Bis 1907 erfolgte dann die Gründung deutscher Schulen in Karibib, Keetmanshoop, Swakopmund, Grootfontein und Gibeon.
Schon immer waren die Eltern in einem besonderen Maße an der schulischen Arbeit interessiert, was sich in der Entwicklung von Schulvereinen und Schulvorständen niederschlug.

Als 1919 Südwestafrika Mandatsgebiet der Südafrikanischen Union wurde, war das Schicksal der Deutschen Regierungsschulen unklar. Von deutscher Seite wurde empfohlen, diese Schulen als Privatschulen weiterzuführen, die Finanzierung hätte dann allein in den Händen der

Schulvereine gelegen. 1920 wurden alle deutschen Schulen in Südwestafrika als Regierungsschulen durch die südafrikanische Mandatsregierung übernommen.

Der Landesverband der deutschen Schulvereine konnte jedoch durch-
setzen, daß deutsche Schulen weitergeführt werden durften, allerdings
ohne südafrikanische Gelder. In den Regierungsschulen wurden deutsche Abteilungen errichtet, in denen bis zum Standard 7 Deutsch als
Unterrichtssprache benutzt werden konnte. Dafür wollte die Mandatsregierung auch die Kosten übernehmen. 12 deutsche Schulvereine haben damals aufgrund mangelnder Finanzierungsmöglichkeiten diesem
Gesetzentwurf zugestimmt. Ausnahme bildeten die Schulen in Lüderitzbucht, Tsumeb, Karibib und Swakopmund sowie die Realschulen in
Windhoek und Swakopmund, weiterhin zwei Realschulklassen in Lüderitzbucht.

1926 wurde juristisch festgelegt, daß ein Recht auf Unterricht in der
deutschen Sprache bestand. Dieses Gesetz wurde jedoch 1946 zurück-
genommen; Deutsch durfte fortan nicht mehr als Unterrichtssprache in
den Regierungsschulen benutzt werden. Die dortigen Abteilungen wurden aufgelöst. So blieben nur die deutschen Privatschulen übrig, wo
Sprache und Kultur gepflegt werden konnten. Durch Petition der Evan-
gelischen Synode an die Mandatsregierung wurde jedoch 1951 eine
Wiedereinführung der deutschen Abteilung an den Regierungsschulen
erreicht. Im März 1958 wurde die deutsche Sprache als 3. Landessprache offiziell wieder anerkannt. An den Privatschulen wurde Deutsch bis
zum Standard 8 zugelassen; das Matrik an der Höheren Privatschule in
Windhoek mußte jedoch in Englisch und Afrikaans abgelegt werden.
Ab 1962 konnte dann an der DHPS das deutsche Abitur als erweiterte
Ergänzungsprüfung abgelegt werden.

Durch Finanzierungsschwierigkeiten, aber auch durch schwindende
Schülerzahlen mußten die ehemals deutschen Privatschulen in Lüderitzbucht (1908 - 1972), Swakopmund (1909 - 1929) und Tsumeb (1915 -
1931) geschlossen werden. Diese Privatschulen wurden deshalb zu Regierungsschulen.

Derzeit existieren nur noch die DHPS (Deutsche Höhere Privatschule)
in Windhoek und das Convent of the Holy Cross mit einer deutschen
Abteilung. Im folgenden sollen diese Schulen kurz vorgestellt werden:

* Deutsche Höhere Privatschule in Windhoek
Sie ist aus der 1909 gegründeten Kaiserlichen Realschule
hervorgegangen. Der 1949 gegründete Deutsche Schulverein Windhoek ist Träger der heutigen DHPS. 1962 wurde hier das Abitur als
"erweiterte Ergänzungsprüfung" wiedereingeführt; dazu müssen die
Schüler ein freiwilliges 13. Schuljahr absolvieren. Seit 1978 ist die

Schule auch für nichtweiße Schüler geöffnet, wobei diese jedoch die Beherrschung der deutschen Sprache nachweisen müssen. 1982 gab es hier 680 Schüler, davon 8 Nichtweiße. 1982 unterrichteten hier insgesamt 50 Lehrer: 27 davon waren "Südwester", 22 kamen aus der BRD, ebenso der Schulleiter.
Bis zum Standard 7 sowie im 13. Schuljahr ist Deutsch Unterrichtssprache. 1982 besuchten 27 Schüler das 13. Schuljahr.

* **Convent of the Holy Cross**
  1946 ist das Gründungsjahr der heutigen Schule "Convent of the Holy Cross". Während in den 50er Jahren eine deutsche Abteilung bis zum Standard 4 bestand, gibt es diese heute nur noch bis zu Standard 2.

Der besondere Vorteil dieser Schulen liegt darin, daß ein Teil der Lehrer aus der BRD kommt und somit auch das gegenwärtige Deutschland repräsentieren kann. Frau Berger schreibt in ihrem Artikel (a.a.O., S. 124):

"Die Aktualität wird noch durch das moderne deutsche Lehrmaterial, das von diesen Lehrern häufig benutzt wird, unterstrichen... Der Bezug zur südwester Heimat des Schülers ist an der Privatschule einerseits durch die Zusammenarbeit von vermittelten und südwester Lehrern gegeben."

2.6 SPRACHENVIELFALT

Dem Völkergemisch Namibias entspricht eine Vielfalt von Sprachen. Nach amtlichen Erhebungen sprechen 68 % der Bevölkerung Afrikaans, 25 % Deutsch und 7 % Englisch.
Neben **Afrikaans** und **Englisch** wurde 1984 **Deutsch** als dritte Amtssprache eingeführt. Damit ist erstmals seit dem 1. Weltkrieg Deutsch wieder als Amtssprache außerhalb Europas anerkannt worden. Unter dem Druck der "Interessengemeinschaft Deutschsprachiger Südwester" und eines Arbeitsvereins "Deutsche Sprache und Kultur" wurde dies möglich. Die deutsche Sprache wird insbesondere durch Schulen, Kirchen und eine deutsche Tageszeitung gepflegt. Mehr als 100 Stunden Rundfunksendungen pro Woche werden in deutscher Sprache ausgestrahlt. In einigen Privatschulen sowie in mehreren Staatsschulen oder deutschsprachigen Abteilungen von Regierungsschulen ist Deutsch Unterrichtssprache.
Allerdings sprach sich die SWAPO bereits vor 3 Jahren dafür aus, allein Englisch als Amtssprache zu tolerieren. Deutsch und Afrikaans würden der Auffassung dieser Unabhängigkeitsbewegung zufolge im Lande mit "Unterdrückung und Ungerechtigkeiten" assoziiert werden.

Trotz der aktuellen politischen Wertschätzung der deutschen Sprache als Amtssprache bleibt sie gefährdet:

* durch **Auswanderung** und **Bevölkerungsschwund** als Folge politischer Ungewißheit,
* durch **Sprachvermengung** (s.a. Ende des Kapitels), denn Deutsch bildet im südlichen Afrika eine Sprachinsel; auf benachbarte Sprachgebiete kann nicht zurückgegriffen werden,
* durch **"Privatisierung" der Sprache**, was allerdings durch die Erhebung zur Amtssprache nicht mehr in dem Maße gegeben ist. Lange Zeit befürchtete man, daß Deutsch nur in isolierten Bezirken wie Schule, Familie, Kirche, Freundeskreis oder Vereinen gesprochen wird, aber nur wenig im Bereich des öffentlichen Lebens.

Darüber hinaus existieren aber noch etwa **29 andere Sprachen**. Zwar sprechen die meisten schwarzen und braunen Bewohner Afrikaans bzw. Englisch (manchmal auch beides), zwischen Schwarzen bzw. Braunen jedoch bedient man sich der eigenen Völkersprache.

---

i   *Informationen zur Afrikaans-Sprache*

*In diesem Zusammenhang sei ein kleiner **Exkurs zur Afrikaans-Sprache** gestattet, wird sie doch heute von den meisten Bewohnern sowohl in Namibia als auch in der Republik Südafrika gesprochen.*

*Eine wesentliche Rolle bei der Etablierung der Afrikaans- Sprache hatte **Arnoldus Pannevis**, der klassische Sprachen am Gymnasium von Paarl (Südafrika) lehrte. Ihm fiel auf, daß die eigentliche holländische (niederländische) Sprache von den meisten Menschen seiner Zeit nicht mehr verstanden wurde. Durch die geographische Isolierung hatten die Menschen hier im südlichen Afrika die Beziehung zum Hoch-Niederländisch verloren, so daß allmählich eine Sprachwandlung eintrat, die im strengen Sinne auch nicht mehr den Charakter eines Dialekts hatte.*

Arnoldus Pannevis diskutierte daher diese Beobachtung mit seinen Kollegen. Am 14. August 1875 wurde bei einer Zusammenkunft im Hause von Gideon Malherbe das Institute of true Afrikaaners gegründet. Innerhalb dieser Institution forderte man die Etablierung des "Afrikaans" als eigene geschriebene und gesprochene Sprache. Pannevis erarbeitete mit seinen Kollegen die Grammatik und den Wortschatz. Am 15. Januar 1876 kam die erste afrikaanse Zeitung heraus. 1925 wurde Afrikaans endlich neben Englisch als Amtssprache in der Republik Südafrika anerkannt.

Bei den afrikanischen Sprachen, die im Gebiet Namibia beheimatet sind, unterscheidet man zwei Gruppen:
* die **Bantu-Sprachen** (z. B. Wambo und Herero),
* die **Khoesan-Sprachen** (z. B. Buschmänner und Nama).
Sprachgeschichtlich gibt es zwischen diesen beiden Hauptgruppen keinerlei Beziehungen. Die Damara und Nama sprechen heute allerdings die gleiche Sprache (Nama), obwohl zwischen beiden keine ethnologischen Beziehungen bestehen. Die Himba, Tjimba und Herero sprechen alle Herero. Im Ovambo-Land werden 7 Dialekte gesprochen, die miteinander verwandt sind. Die zwei am meisten verbreiteten (Ndonga und Kwanyama) gelten als offizielle Sprachen.

Wenn man den gesamten Raum Namibias ohne jede geographische, soziale und wirtschaftliche Trennung entwickeln möchte, so wäre es nötig, daß möglichst eine Sprache von allen Bevölkerungsteilen gesprochen werden könnte. Die heutige Sprachenvielfalt ist kulturell wertvoll, aber für die Entwicklung des Gesamtraumes und die Mobilität seiner Bewohner ein Hemmnis.
Außerdem existieren eine Reihe von **landestypischen Bezeichnungen** und Wörtern, die dem Reisenden immer wieder begegnen. Ich habe im folgenden die besonders häufig vorkommenden zusammengestellt:

Baas	- Herr	Kost -	Essen
Beester	- Vieh (Rind)	lecker -	gut, schön
Bokki	- Ziege	lellek -	häßlich, unsauber
Deutschländer	- Besucher aus der BRD	moi -	gut, schön
		Orlog -	Krieg
Donkikarre	- Eselswagen	Pad -	Weg, Straße
finach	- schnell	Pontok -	Hütte von Eingeborenen
Jerry	- Besucher aus der BRD	Rivier -	Flußbett
		stadach -	langsam
Kanatschi	- Eingeborenenkind	Suppi -	Schnaps
		Werft -	Siedlung von Eingeborenen
Klippe	- Stein		
Koppi	- Becher		

2.7 ETHNOLOGISCHE GLIEDERUNG

2.7.1 ALLGEMEINE ÜBERSICHT

Ein großes Problem dürfte das Bevölkerungswachstum werden. Nach Meinung von Leser (Namibia, S. 44) kann das Land aufgrund der Begrenzung natürlicher Potentiale eine noch stärkere Bevölkerung nicht verkraften. Insbesondere die Ovambo stellen ein großes Problem dar:

Bevölkerungs-gruppe	Zählung 1970	Schätzung 1979	Zählung 1981	Prozent 1981
Ovambo	352640	442936	516000	51,2
Weiße	90583	110271	75600	7,5
Damara	60291	85518	76800	7,6
Herero	50589	61988	77600	7,7
Kavango	49512	65254	98000	9,7
Nama	32934	42865	49700	4,9
Farbige	28512	36571	43500	4,3
Caprivi	25580	33205	39500	3,9
Buschmänner	22830	29343	*	2,8 (1970)
Baster	16649	22256	25800	22,6
Himba (Kaokoveld)	6567	7459	*	0,8 (1970)
Tswana	4407	4937	6800	0,7
andere	15089	18919	*	2,0 (1970)
Summen	762184	961522	1009300	

* keine Angaben

Geschätzte Prozentteile der Bevölkerungsgruppen in Heimatländern und außerhalb lebend (für 1978)

Bevölkerungsgruppen	im Heimatland	außerhalb	Kerngebiet (ca. qkm)
Ost-Caprivier	99 %	1 %	11 500
Weiße	99 %	1 %	359 000
Kaokovelder	97 %	3 %	49 000
Kavango	96 %	4 %	41 700
Ovambo	85 %	15 %	56 100
Herero	54 %	46 %	59 000
Nama	40 %	60 %	21 700
Baster	40 %	60 %	13 900
Tswana	40 %	60 %	1 500
Damara	25 %	75 %	48 000
Buschleute	3 %	97 %	24 000

(nach Leser, Namibia, 1982, S. 44)

über 50 % der Bevölkerung werden von ihnen repräsentiert, wobei gerade die Beschäftigungsmöglichkeiten hier zu wünschen lassen (Grund: agrarische Grundstruktur; Mangel an Bodenschätzen und somit keine Perspektive, industrielle Arbeitsplätze zu schaffen).

Der Anteil der Weißen ist seit Jahren rückläufig. Wenn man die Bevölkerungsverteilung im allgemeinen betrachtet, fällt auf, daß es außer im Norden und im Kavango-Land eine Bevölkerungskonzentration entlang der wichtigsten Verkehrsachsen gibt. Einen weiteren Aufschluß über die Verteilung gibt vorstehende Tabelle.

Man darf sich keineswegs vorstellen, daß alle ethnologischen Gruppen vollständig in ihrem "Heimatland" leben. Daß nicht alle in ihrem nach dem Odendaal-Plan zugewiesenen Kerngebiet leben können, liegt darin begründet, daß es in den Heimatländern zu wenige Beschäftigungsmöglichkeiten gibt.

2.7.2   BUSCHMÄNNER

Heute leben ca. 30 000 Buschmänner auf dem Gebiet von Namibia. Doch nur ein kleiner Teil von ihnen - man schätzt 2.000 - dürfte noch in der angestammten Weise leben. Schon in früher Zeit wurden sie von den anderen Völkern "verachtet, gehaßt und blutig verfolgt" (Vedder, Das alte Südwestafrika, S. 77). Heute verdienen viele Buschmänner ihren Unterhalt bei weißen und schwarzen Farmern. Das Heimatland dieser Völkergruppe liegt zwischen dem Kavango- und Herero-Homeland.

Ihrer **Mythologie** nach sind früher alle Menschen Tiere gewesen. Ihr Gott wird in verschiedenen Gegenden mit unterschiedlichen Namen bezeichnet (nach Vedder, S. 88, wird das höchste göttliche Wesen als Thora, Hue, Huwe oder Gaua bezeichnet). Die Kung-Buschmänner (größte Buschmannsgruppe in Namibia) stellen sich die Teilung der Menschheit in Jäger/Sammler und Hirten/Ackerbauern wie folgt vor: Obwohl sie als die ersten geschaffen worden seien, seien sie nun die letzten. Und diejenigen, die zuletzt geschaffen wurden, sind nun die ersten. Wer ist daran schuld? Nun, es soll Karatuma sein, der Ahne der Buschmänner. Er habe schließlich als erster Rinder gesehen, doch die Bedeutung gezähmter Tiere für das Leben nicht erkannt. Andere haben dies erkannt und entwickelten sich zu Hirten.

Buschmänner gehen sehr sparsam und schonend mit ihrer kargen Umwelt um. "Wo kein Eingeborener der anderen Völkerschaften mehr leben könnte, fühlt sich der Buschmann daheim, kennt genau die Stellen, wo er Wasser findet, weiß die Bäume und Büsche, von denen Feldkost zu erwarten ist und findet stets Flächen wieder, wo die stärkemehlhaltige Feldzwiebel gedeiht." (Vedder, S. 77). Hiermit wird ausgesagt, daß Buschmänner **erstaunliche Naturkenntnisse** besitzen. Da sie in ariden Gebieten leben, ist das Wasser die wichtigste Lebensquelle. Es erfolgt eine Teilung von Sippen, wenn in einem Gebiet die Quellen versiegt sind. Hat es wieder geregnet und gibt es genug Wasser, trifft man sich wieder an den Wasserstellen. An ganzjährigen Wasserquellen treffen sich die Sippen zur Trockenzeit und trennen sich wieder zur Regenzeit. Wahrscheinlich ist die Lebensweise der als Nomaden lebenden Buschmänner seit etwa 20 000 Jahren unverändert. Auch ihre Gebrauchsgegenstände scheinen sich in den vergangenen Jahrtausenden nur unwesentlich verändert zu haben. Vielleicht wurde nur das Material ersetzt: es erfolgte der Übergang von Stein zu Eisen; auch die Töpferei kam hinzu.

Die Dzuwazi sind eine Untergruppe der Kung. Sie sind wohl die einzigen Buschmänner, die noch als Jäger und Sammler leben. Untergliedert in kleine Gruppen, leben sie innerhalb des Jagdreviers. Je nach Vorhandensein von Pflanzen und Wasser teilen sie sich bzw. finden sich wieder zusammen. Sammel- und Wasserrechte sind streng geregelt. Die Wanderwege der Sippen werden nach gemeinsamem Beschluß festgelegt, der auf der Kenntnis des Naturpotentials beruht.

Die Kung sind in der Lage, ca. 250 Pflanzen zu benennen. Von diesen dienen aber nur 100 der Nahrung. Trotz dieser Vielzahl sind nur neun Pflanzen besonders wichtig für die Nahrung, wobei allein eine Frucht mehr als 50 % der Gesamtnahrung ausmacht. Diese Frucht ist nicht deshalb so beliebt, weil sie gut schmeckt, sondern weil sie einfach zu sammeln ist und schnell nachwächst. Generell handelt es sich um eßbare Wurzeln, Knollen oder Zwiebeln, die mit einem Grabstock von den Frauen gesammelt werden. Die pflanzliche Nahrung ist der hauptsächliche Feuchtigkeitsspender. Sie stellt auch den größten Anteil an der Nahrung dar, da die kalaharischen Lebensgebiete in den letzten Jahrzehnten immer wildärmer geworden sind. Eine besonders beliebte Frucht ist Mongono. Der Baum, welcher sie hervorbringt, wächst in kleinen Wäldern, die auf sandigen Böden stocken. Es handelt sich um eine fleischige Frucht mit harten Nüssen, die einen ölhaltigen Kern hat. Selbst wenn die Frucht völlig verrottet ist, schützt die harte Nußschale den Kern. Zweitwichtigstes Nahrungsmittel ist die Tsi-Bohne, auch Morama oder Gemsbok-Bohne genannt.

Man kann sich vorstellen, wie zeitraubend die Suche nach eßbaren Pflanzen ist. Nur in der sehr kurzen feuchteren Zeit - vielleicht nur zwei Monate im Jahr - gestaltet sich diese Aufgabe leichter. In Zeiten langandauernder Dürre gehen die Buschmänner manchmal dazu über, Buschbrände anzulegen. Das trockene Gras verbrennt, während das Wachstum genießbarer Pflanzen gefördert wird, denn nur diesen kommen jetzt die Feuchtigkeit und der Mineralgehalt des Bodens zugute. Zu erwähnen ist in diesem Zusammenhang, daß die Buschmänner als Jäger und Sammler von sich aus keinen Garten- oder Ackerbau kennen. Wo sie dennoch in dieser Weise tätig sind, haben sie es von Weißen oder benachbarten schwarzen Stämmen übernommen.

Jagen, der zweite Teil der Buschmanns-Tätigkeit, wird immer weniger bedeutsam, da ihre Lebensgebiete zunehmend wildärmer werden. Bei der Jagd werden Pfeile verwendet, die eine Giftspitze besitzen. Dieses Gift stammt von Larven bestimmter Käfer, von Pflanzen und von Schlangen. Die Bogen sind klein, und so wird nur eine Reichweite von 20 - 25 m erzielt. Aus diesem Grunde muß sich der Buschmann sehr nahe an das Tier heranschleichen. Manchmal, so wird berichtet, tragen sie zwecks Täuschung Jagdmasken, z.B. Tierfelle. Hat er endlich ein Tier getroffen, so braucht er dem verwundeten Tier nur zu folgen, denn das Gift erledigt seine Arbeit von selbst. Kein Wunder, daß Buschmänner ausgezeichnete Spurenleser sind und aus diesem Grunde auch von der südafrikanischen Armee für die Verfolgung von Terroristen begehrt werden. "Er liest Spuren fast geläufiger als ein Europäer sein Buch liest", schreibt Vedder (S. 82). Derjenige, der das Wild getroffen hat, erhält das Fleischstück mit der Schußwunde. Natürlich schneidet er um die Wunde herum das vergiftete Fleisch aus; das andere Fleisch kann er gefahrlos aufessen. Hinter dieser Sitte steht die Vorstellung, daß dieses Stück Fleisch besonders wirksam sei und Jagdglück in Zukunft sichert.

Die Tiere innerhalb des Jagdreviers werden als Eigentum angesehen. Aus diesem Grunde gab es in der Vergangenheit große Konflikte mit den viehzüchtenden Nomaden der Herero und der Hottentotten, denn die Buschmänner jagten dieses Vieh. Doch die Herero und die Hottentotten konnten sich wehren und drängten die Buschmänner immer weiter in die Kalahari zurück.

Das soziale Leben der Buschmänner ist auf vielfältige Weise durch bestimmte Gesetze und Rechte geregelt. So hat jede Sippe ihr eigenes Jagd- und Sammelrevier. Zumindest früher war das Sammeln von Feldfrüchten auf dem Gebiet einer anderen Sippe strengstens untersagt. Derjenige, der dagegen verstieß, wurde oft mit dem Tode bestraft. Das Schenken ist bei den Buschmännern ein wichtiger sozialer Vorgang. So dient es u. a. dazu, eventuelle feindselige Stimmungen in der Sippe im Zaume zu halten. Was man bei einem anderen bewundert, bekommt man vielleicht bald als Geschenk. Der Austausch von Geschenken fördert die Beziehungen zu anderen Sippen. Meist herrscht die Einehe vor; Polygamie ist aber grundsätzlich möglich. Der Ehepartner muß stets aus einer anderen Familiengruppe stammen. Bei Heirat erhält man auch Rechte im Gebiet des Ehegatten und dessen Sippe. Andererseits ist der Bräutigam verpflichtet, Dienst in der Familiengruppe der Brauteltern zu leisten.
Buschmänner sind es gewohnt, Kritik offen auszusprechen, um auf diese Weise Konflikte besser bewältigen zu können. Früher waren sogenannte Trance-Tänze verbreitet. Heute geraten nur noch wenige Männer in Trance. Man glaubte, insbesondere bei Frauen, auf solche Art Krankheiten zu heilen. Der Zweck sollte vielleicht der sein, die Abhängigkeit der Frauen von den Männern zu begründen.

Bei den Buschmännern findet kein formales Lehren statt. Die Kinder lernen durch Beobachtung und Nachahmung.
Wie schon erwähnt, ist das Leben der Buschmänner so organisiert, daß Familiengruppen (bis ca. 60 Personen) als soziale Einheit zusammenleben. Der älteste steht dieser Gemeinschaft vor. Er ist es auch, der an einer neuen Lagerstätte das Feuer entfachen darf. Feuer hat einen hohen symbolischen Wert. Es spielt bei Heilungstänzen sowie bei Frauen- und Männerweihen eine wichtige Rolle. Wie zündet ein Buschmann Feuer an? Er bedient sich eines Holzstockes, den er immer schneller auf einer Holzunterlage dreht.
Der Buschmann hat schon früh gelernt, Vorräte für schlechte Zeiten horten zu können. Er bewahrt Reservewasser für Trockenzeiten in Straußeneiern auf, die er vergräbt.

Die Art der Begräbnisse ist interessant:
Der Tote erhält Wasser, Nahrung und Sonnenschutz. Er wird in einer Hock- bzw. Seitenlage aufgerichtet, die Knie sind an das Kinn gezogen. Der Sinn dessen ist, daß auf diese Weise die Seele den Körper verlassen kann. In normaler Schlafstellung könnte das nicht passieren, da dem Glauben nach die Seele durch das Gesicht entschwindet. Die Gräber werden immer an entlegenen Stellen errichtet. "Einem Bösewicht, vor dessen ruhelosem Geist man sich fürchten müßte, wird vorher das Rückgrat zertrümmert. Dadurch beugt man einer Auferstehung vor." (Vedder, S. 91). Der Buschmann vermeidet es, an solchen Gräbern vorbeizugehen, da dadurch die Ruhe der Verstorbenen gestört werden könnte. Nach einem Todesfall ist es immer ratsam, die alte Wohnstätte zu verlassen. Die Seele des Verstorbenen wird im Monde vermutet. Da man sich sehr vor dem Tode fürchtet, spricht man über ihn nur selten. Der Name des Verstorbenen wird meistens nie mehr erwähnt.

Schon seit Urzeiten kennen die Buschmänner eine Kalenderführung, indem die Tage von Vollmond zu Vollmond gezählt werden. Auf diese Weise werden auch die Jahreszahlen festgehalten.
Als Nomaden haben Buschmänner nur wenig Besitz, denn er wäre nur belastend. Man wohnt in einer Wohnhütte, die aus einem Schirmgerüst besteht, das mit laubreichen Zweigen und trockenem Gras ausgestopft wird. Das Familienoberhaupt bestimmt den Platz einer neuen Wohnstätte; und erst wenn das Feuer brennt, wird mit dem Hüttenbau begonnen.

Buschmänner sind keineswegs als geistig stumpfsinnig einzustufen; das Gegenteil ist der Fall. So schreibt Vedder auf S. 92:
"Er weiß überraschend sinnige Mythen zu erzählen über die Entstehung der Sonne, des Mondes und der Sterne, über den Ursprung von Wind, Wolke und Regen, über das Werden von Berg, Quelle und Fläche. Von keinem Volk südlich des Sambesi und Kunene ist ein solcher Reichtum an Erzählungen bekannt geworden."

2.7.3.   NAMA

Oft wurden bzw. werden Nama als Hottentotten bezeichnet. Dieser Ausdruck ist aber insofern nicht korrekt, weil er nicht aus der eigenen Sprache dieses Volkes stammt. Die präzisere und mittlerweile auch im wissenschaftlichen und amtlichen Sprachgebrauch verwendete Bezeichnung lautet Khu-Khun, was soviel bedeutet wie "Mensch-Menschen" oder "die eigentlichen, wahren Menschen".

Die Khu-Khun untergliedern sich in viele Untergruppen, von denen 2 im südlichen Afrika leben: die Nama und die Orlam. Diese wiederum bestehen aus einer Anzahl selbständiger Stämme.

* **Nama**
  Sie unterteilen sich in folgende 9 Stämme: Topnaar, Fransmansche Hottentotten, Veldschoendragers, Bondelswarts, Rote Nation, Swartboois, Tsaibsche Hottentotten, Groote Doden, Keetmanshooper.

* **Orlam**
  Sie unterteilen sich in folgende 5 Stämme: Bethanier Hottentotten, Berseba Hottentotten, Witboois, Amraal Hottentotten, Afrikaner.

Während die Nama bei ihren Zügen in Namibia verblieben, hatten die Orlam mehr ihre Heimat im Gebiet des Kap-Landes. Die Nama haben eine helle, aprikosenfarbene Haut. Ihre Ursprungsheimat wird im Nordosten Afrikas vermutet. Vielleicht sind sie aus einer Vermischung von Buschmännern und hamitisch sprechenden Hirtenvölkern hervorgegangen. Diese Hirtenvölker besaßen Langhornrinder und Fettschwanzschafe. Auch sprachlich scheint diese Vermutung untermauert zu sein: In Tansania werden auch heute noch Klicklaut-Sprachen gesprochen, die gewisse Ähnlichkeiten in Grammatik und Wortstamm aufweisen. Auch Vedder vermutet einen solchen Zusammenhang, wenn er schreibt (S. 123): "Als Hamiten waren sie Viehzüchter, hatten wahrscheinlich damals schon das syrische Fettschwanzschaf und hüteten diesen Besitz mit großer Sorgfalt ... Es war aber nun mehr zweierlei Blut in ihnen, das hamitische Blut, das in sich die Antriebe zur Tierliebe und Viehzucht barg, und das Buschmannsblut, dem die Viehzucht durchaus fern liegt, dafür aber umso mehr zur Jagd neigt."
Die Nama hatten eine Vielzahl von Auseinandersetzungen um Wasserstellen und Weidegründe - insbesondere mit den Herero.

Ursprünglich lebten sie als Nomaden von Viehzucht, Jagd und Sammeln von Veldfrüchten. Man züchtete insbesondere Rinder, Schafe und Ziegen. Die Milch wurde im Gegensatz zu den Herero ungesäuert genossen. Ebenso kannte man die Herstellung von Butter. Da geschlachtete

Rinder zu viel Fleisch auf einmal lieferten und man Schwierigkeiten mit
der Konservierung für spätere Zeiten hatte, ging man allmählich dazu
über, kleine Tiere wie Ziegen und Schafe zu halten.
Den größten Teil an pflanzlicher Nahrung lieferten die kleinen Veld-
zwiebeln, die die Frauen - ähnlich wie bei den Buschmännern - mit einem Grabstock herausbuddelten.

Als Dienende hielt man sich oft Helfer aus dem Volk der Damara oder
der Buschmänner. Manchmal mußte in ihren Diensten auch ein gefangener Herero arbeiten.

Viele Sippen bildeten gemeinsam einen Stamm, an dessen Spitze ein
Häuptling stand. Dieses Amt wurde dann vom Vater auf den Sohn
übertragen. Das Stammesgebiet, das nie exakt vermessen war, gehörte
allen. Nur das vom einzelnen hergestellte Produkt war persönlicher Besitz. Eine Quelle späterer Konflikte war die Ansicht, daß alle Gebiete,
in denen man einmal gejagt hatte, einem auch gehörten.

Vedder beschreibt den Nama als sehr intelligent (S. 55): "Er begreift
und lernt schnell, hat ein gutes Gedächtnis, ist geschickt in leichter Arbeit und anstellig ... Eingehendes Studium läßt dieses Volk als das be-
gabteste von allen südafrikanischen Völkerschaften erscheinen."

Die religiöse Vorstellungswelt der Nama ist nur lückenhaft und vage be-
schreibbar. Als höchsten Gott sehen die Nama die Gottheit Gauab an,
die vor allem als maßgeblich für Gewitterregen und die damit zusam-
menhängenden Wohltaten für den Menschen betrachtet wurde. Die
Verehrung Gauabs ist jedoch relativ früh aufgegeben worden zugunsten
eines Volkshelden namens Tsui-Goab, was soviel wie "Wundknie" be-
deutet. Sein Name rührt daher, daß er in Kämpfen für sein Volk eine
Knieverwundung davontrug. So übertrug man die göttlichen Gaben auf
"Wundknie".
Ja, nach Vedder (S. 58) haben die ersten Missionare gar den Namen
Tsui-Goab als Gottesnamen anerkannt, während Gauab synonym als
Begriff für den Teufel verwendet wurde.

Hier muß auch der besonders beliebte Halbgott Heiseb genannt werden. Er war sehr klug, denn selbst der Tod konnte ihn nicht erwischen.
"Sooft Heiseb auch starb, er stand doch immer wieder auf und ließ seine
munteren Liedchen von seinem Sitz in Bäumen und Sträuchern aus er-
tönen." (Vedder, S. 58). Viele Dinge aus der Vergangenheit, die man
nicht erklären konnte (Felsmalereien, Felsabdrücke von Tieren und
Menschen), schreibt man Heiseb zu. So existieren sog. Heiseb-Gräber:
hierbei handelt es sich um Steinhaufen, die von heidnischen Nama noch
verehrt werden. Unter solchen Steinhaufen soll Heiseb begraben worden sein, bevor er wiederauferstanden ist ... Doch bislang hat man noch
nicht unter einem solchen Steinhaufen menschliche Knochen gefunden.

Schon immer wurden die Nama in ihren Lebensräumen von Dürren bedroht. So sind sie früher wahrscheinlich bis zur Benguela-Küste gezogen, wo sie sich vom Fischreichtum ernähren konnten. Hinweise dafür liefern alte Abfallhaufen mit Muschelschalen und Fischgräten.

Heute gibt es ca. 50 000 Nama, die zum größten Teil in ihrem Heimatland "Namaland" im Süden Namibias leben. Natürlich sind heute praktisch alle zu einer seßhaften Lebensweise übergegangen. Viele verdienen ihren Lebensunterhalt auf den Farmen der Weißen.

Ein kleiner Exkurs über eine der wichtigsten geschichtlichen Persönlichkeiten sei erlaubt: den **Jonker Afrikaaner**.

Dr. Vedder, Missionar der Rheinischen Mission, bezeichnete ihn als "den größten Schurken von Südwest". Wer war diese Person?

Seine Vorväter lebten im Kap-Land; ihr Kraal lag am Fuße des "Winterberges" ("Winterhoek"). Manchmal lag im Winter auf seinem Gipfel Schnee. Jonkers Vater hieß Hoa-Arab, was soviel heißt wie "Katzenrippe". Er war der Anführer einer Stammesgruppe von 100 Familien. Die Buren nannten solche Leute Hauptmann, die Stammesfürsten wurden als Kapitän und die Regierenden eines Volkes als Großkapitän bezeichnet.

Die Aufgabe von Jonkers Vater war die Menschenjagd. Er sollte Buschmänner vertreiben, und zwar im Auftrage der Farmsiedler. Die Buschmänner jagten nämlich das Farmvieh, das sie als rechtmäßige Beute in ihrem angestammten Revier ansahen. Die Holländer rüsteten Jonkers Vater und seine Gefolgsleute mit Feuerwaffen aus, die Menschenjagd unter Anführung von "Katzenrippe" war erfolgreich. So erhielt der Vater von Jonkers Afrikaaner den Namen Jager Afrikaaner (Jäger der Afrikaner). Bald waren alle Buschmänner getötet oder verjagt, und allmählich wurde der Menschenjäger brotlos. Übrigens: Alles verdiente Geld setzte er bevorzugt in Schnaps um.

Pieter Pienar, der die Züge gegen die Buschmänner organisiert hatte, nahm ihn in seine Dienste. Jager sollte große Viehherden vor Raubtieren und Diebstahl schützen, vergriff sich aber an jungen Frauen. So wurde er von Pienar verprügelt und hinausgeworfen. Jagers Bruder Titus schoß aus Rache daraufhin Pienar durch das linke Auge, dessen Frau und Kinder wurden umgebracht und die Farm in Brand gesteckt. Jager stahl das Vieh und floh mit seiner Sippe nach Norden. Er zog bis zum Oranje und bezog Quartier auf einer Insel (1795). Man lebte fortan von Raub und Mord. Hottentotten aus dem Kap-Land schlossen sich der vermeintlich starken Führernatur an. Inzwischen wurde auch Jagers Sohn Jonker geboren.

Jager unternahm zahlreiche Vorstöße in die Kap-Provinz, aber auch in das Gebiet des heutigen Namibia. Hier ermordete er u. a. den Farmer Engelbrecht, aber immer wieder gelang es ihm, seinen Verfolgern zu entkommen.

Stefanos, ein entlaufener Häftling, schloß sich ihm eines Tages an. Er kam aus dem Kap-Land und hatte vorher einem deutschen Regiment gedient. Stefanos drillte Jagers Truppe nach europäischem Vorbild. Die Raubzüge wurden ausgedehnt; beide Ufer des Oranje wurden unter Kontrolle gebracht. Die Regierung des Kap-Landes beschloß eine Strafexpedition. Stefanos riet zum Ausweichen, er befürchtete, daß die Holländer evtl. Kanonen mitbringen würden. Jager ließ sich deshalb 50 km nördlich des Oranje bei Warmbad (heiße Quellen) nieder. Man raubte weiter und besaß riesige Herden. Die Eingeborenen, auf die man stieß, wurden ausgerottet.

Nun kam es zu einer großen Wende in Jagers bewegtem und so negativ motiviertem Leben: Er bat die Londoner Missionsgesellschaft um christliche Belehrung! 1815 wurde Jager nach gründlicher Vorbereitung getauft und erhielt den Namen "Christian". Ebenso ließ sich sein Bruder Hendrik als Daniel Afrikaaner taufen.

Es kam nun zur Spaltung, denn Titus und Jagers Sohn Jonker hielten nichts von der Frömmigkeit. Jonker besuchte zwar zunächst die Missionsschule, wollte aber nicht unter der Strenge der Missionare weiterleben. Deshalb trennten sich beide, und ein großer Teil des Raubheeres folgte ihm.

Jager währenddies blieb fromm, wurde sogar von Lord Charles Sommerset (dem britischen Gouverneur des Kap-Landes) empfangen. Jager starb 1823.
Die meisten Orlam folgten nach seinem Tode Jonker auf seinen Raubzügen. Ziel war die Unterwerfung aller Völker! Man zog weiter nach Norden; in Warmbad missionierte zwischenzeitlich Moffat, der Schwiegervater von Livingstone.

Hier im Norden lebten noch Völkerschaften mit Vieh, das man als willkommene Beute ansah. Die geraubten Herden wurden zu Viehhändlern ins Kap-Land gebracht. Für das Geld erstand man Gewehre und Munition. Sicherlich muß man in diesem Zusammenhang auch von einer Mitschuld der Weißen sprechen.

Nun müssen wir eine parallele zeitgeschichtliche Entwicklung mitbetrachten. Herero drangen von Norden vor, hatten zuvor die Ovambo beraubt und die Buschmänner zurückgedrängt. Bis zur Mitte von Namibia hielten sie die Wasserstellen besetzt und stießen immer weiter nach Süden vor.

Inzwischen lebten 40 km nordöstlich von Karasburg Hottentotten-Stämme, die sog. Rote Nation, die zuvor die Buschmänner verjagt hatten. Diese wurden nun ihrerseits von den Herero bedroht. Die Rote Nation hatte nur wenige Krieger, und so wurde Jonker zur Hilfe gerufen. Er siegte über die Herero, insgesamt vier Mal bei Windhoek, der fünften Schlacht bei Okahandja wichen die Herero unter ihrem Führer Tjamuaha aus. Nun war Jonker Herrscher über ganz Mittel-Südwestafrika, und er gründete an zentraler Stelle um 1840 Winterhoek.

Die Missionare Hahn und Kleinschmidt konnten Jonker zum Frieden mit den Herero bewegen, dafür mußte Tjamuaha nach Windhoek ziehen. Sein Sohn Maharero wurde für jedes wirkliche oder angebliche Vergehen an ein Ochsenwagenrad gekettet (er mußte dann 3 Tage ohne Wasser hungern!).

Durch Jonkers Erfolge motiviert, zogen nun viele Nama zu, die Damara wurden versklavt. Jonker baute einen Fahrweg von Walvisbaai nach Windhoek, worauf der Handel expandierte. Jonker und seine Führer lebten jedoch über die Verhältnisse. Jonkers Untertanen produzierten nichts, sondern verbrauchten nur. So geriet Jonker in eine hohe Verschuldung. Er brach den Frieden mit den Herero. 1850 kam es zum Blutbad von Okahandja. Den Herero wurden Füße und Hände abgehackt, Kinder wurden erwürgt! Die Herero wurden erheblich dezimiert und in die Abhängigkeit von den Orlam gebracht. Jonker verlegte seine Residenz nach Okahandja! Der Herero-Häuptling Tjamuaha wurde gezwungen, im Nachbarhaus zu wohnen. Nun hatte Jonker die Absolutherrschaft zwischen Oranje und Swakop erreicht.

Da die Herero mittlerweile des gesamten Viehs beraubt waren, wurden Raubzüge bis ins Ovambo-Land unternommen - einmal kam man mit 20 000 Stück Vieh zurück! 1861 starb Jonker - wahrscheinlich an zu hohem Alkoholgenuß -, drei Tage nach Tjamuahas Tod. Christian war durch Jonker zum Nachfolger bestimmt worden, der seinerseits Tjamuahas Sohn Maharero entmachtete. Jonkers Wunsch war es gewesen, daß sich beide Nachfolger versöhnen sollten, um gemeinsam zu regieren. Mahareros Stolz war aber größer als der seines Vaters.

Vor seinem Tode hatte Tjamuaha versprochen, sein Volk durch Geisterhand zu befreien. Die Herero glaubten tatsächlich, daß ihre Häuptlinge im Jenseits mehr Macht hätten als im Diesseits. Selten würden sie dann in das Leben der Menschen eingreifen, aber nach Ansicht der Herero hat Tjamuaha dies wirklich getan.

Maharero entzündete wieder das heilige Feuer und ließ es über Land auch zu den entlegenen Wohnplätzen tragen. Im Verlaufe von nur einem Jahr heiratete er 9 Töchter oder Schwestern einflußreicher Hauptmänner. Dies sollte zur Festigung und Ausweitung der sozialen

Bindungen beitragen. Von seinen Stammesbrüdern im Norden erhielt er Vieh und tauschte es in Walvisbaai gegen Gewehre und Munition. Er bildete fortan seine Gefolgsleute im Umgang mit Gewehren aus!

Christian Jonker zog gegen Maharero zu Felde, es kam 1865 bei Otjimbingwe zur Entscheidungsschlacht. Christian fiel, die Nama zogen sich nach Windhoek zurück.
Christians Sohn Jan Jonker übernahm die Führung. Dieser war Musterschüler der Missionsstation gewesen, Klempner von Beruf, aber zu jung, um als Respektperson anerkannt zu werden.

In der Zwischenzeit paktierte Maharero mit dem größten Händler im Land, mit dem Schweden Andersson. Dieser wurde Kommandant der Herero-Streitmacht, die er organisierte. 20 weitere Jahre dauerten die Auseinandersetzungen der Herero mit den Hottentotten. Maharero wollte endlich den Frieden, der aber an den gegensätzlichen Auffassungen scheiterte:
* **Motto der Herero:**
   "Alles Land, auf dem unsere Rinder gegrast haben, ist Herero-Land!"
* **Motto der Hottentotten:**
   "Alle Gebiete, in denen wir gejagt haben, gehören uns!"

Maharero bat die Kap-Regierung, für Ordnung zu sorgen und die Protektoratsherrschaft zu übernehmen. Der Kommissar Palgrave sondierte bei allen Häuptlingen. Das Ergebnis: Großbritannien sollte die Schutzherrschaft übernehmen. Aus den Berichten entnahm die britische Regierung, wie komplex die Angelegenheiten in diesem Lande waren und beschloß, sich herauszuhalten.

Noch während des Aufenthaltes von Palgrave gab es weitere Überfälle, so z. B. durch Jan Jonker bei Barmen, wobei der älteste Sohn Mahareros den Tod fand. Von nun an war der Haß so übergroß, daß die Herero auf den Fersen von Jan Jonker kleben blieben.

Kapitän Moses Witbooi, christlich getauft und gebildet, wurde immer mehr zum Rivalen von Jan Jonker. Er war Anführer der Witbooi-Hottentotten. Sein Sohn Hendrik Witbooi war Anführer der Stammeskrieger, da der Vater für diese Aufgabe bereits zu alt war. Von nun an gab es **drei Bewerber um die Vorherrschaft in Namibia:**
* die Herero unter Maharero,
* Jan Jonker Afrikaaner,
* Witbooi.

Ab 1884 übernahm dann das Deutsche Reich den Schutz über die Ländereien von Lüderitz. 1885 bot der Reichskommissar Göring Maharero einen Schutzvertrag an, den dieser jedoch ablehnte.

Einige Tage später kam es zu einer Schlacht der Witboois gegen die Herero bei Osna. Hendrik Witbooi wurde geschlagen, die verwundeten Herero wurden von einem deutschen Arzt versorgt. Davon war Maharero sehr beeindruckt, und er unterschrieb den Schutzvertrag.

1888 kam es zu einer erneuten Schlacht der Witboois und der Herero bei Okahandja. Hierbei verlor Hendrik Witbooi alles. Maharero kündigte den Vertrag mit den Deutschen, da diese den Angriff nicht verhindert hätten.

In der Folgezeit hatten die Witboois folgende Sorgen:

Moses Witbooi sollte zugunsten seines Schwagers Paul auf die Häuptlingswürde verzichten. Ihm wiederum machte Hendrik die Macht streitig. Es kam zu brutalen Kämpfen zwischen Hendrik und Paul:

* Hendrik brachte alle Anhänger von Paul um, einschließlich der Frauen und Kinder.
* Paul rächte sich, indem er den alten Moses in ein offenes Grab setzen und erschießen ließ.
* Paul und Jan Jonker wollten nun Hendrik erschlagen. Doch dieser kam ihnen zuvor, und Paul wurde mitsamt seinen Anhängern ermordet. Hendrik setzte fortan alles daran, Jan Jonker zu verfolgen.

Jan Jonker floh nach Norden, und bei einer Gegenüberstellung mit Hendrik Witbooi wurde er erschossen. Hendrik Witbooi wurde nun Führer des Stammes. Es kam zu erneuten Raubzügen und Kämpfen mit den Herero.

1889 kehrte Dr. Göring mit Hauptmann von Francois und 21 deutschen Soldaten zurück. Maharero erneuerte den Schutzvertrag. Inzwischen war die Waffeneinfuhr via Walvisbaai verboten. Die Straße von Windhoek nach Walvisbaai wurde durch das deutsche Fort bei Wilhelmstal kontrolliert, so daß die Witbooi von der Waffeneinfuhr abgeschnitten waren. Nun kam es im weiteren Verlauf zu einem folgenschweren Zwischenfall:
Von Francois und Truppenangehörige ritten auf Kamelen. Maharero gehörte zur Sippe der Kudus; es gab strenge Tabus. Nie durfte ein Herero das Fleisch eines hornlosen Tieres essen und auch kein Gericht, das in der Nähe eines hornlosen Tieres stand. Der Schatten eines Kamels fiel auf den Kochtopf von Maharero, und dieser Kochtopf stand zu allem Unheil noch über dem heiligen Feuer...! Maharero aß davon, ohne von dem Unheil zu ahnen. Als er aber davon erfuhr, war er fest davon überzeugt, bald sterben zu müssen. Und in nächster Zeit starb er wirklich! Er bestimmte seinen Sohn Samuel Maharero zum Nachfolger. Unter Samuel Maharero kam es zu dem großen Krieg mit der deutschen Schutztruppe am Waterberg, wo 50 % aller Herero fielen.

2.7.4 OVAMBO

Im heutigen Ovambo-Land als Heimatland der Ovambo leben auf einer Fläche von 56.072 qkm ca. 516.000 Menschen dieses Volksstammes. Das bedeutet, daß auf ca. 1/15 der Fläche von Namibia ca. 50 % der Menschen leben. Die Ovambos stellen mit einem Bevölkerungsanteil von 51,2 % die meisten Menschen einer ethnischen Gruppierung. Die Ovambo untergliedern sich in 7 Stämme:

1. **Kwanyama**	(Anteil ca. 37 %)	5. **Mbalantu**	(Anteil ca. 7 %)
2. **Ndonga**	(Anteil ca. 28 %)	6. **Kwaluudhi**	(Anteil ca. 5 %)
3. **Kwambi**	(Anteil ca. 12 %)	7. **Nkolonkaadhi**	(Anteil ca. 3 %)
4. **Ngandjere**	(Anteil ca. 8 %)		

Die Ovambo sprechen in ihren Stämmen miteinander verwandte Sprachen. Als offizielle Sprachen, die von den beiden größten Stämmen gesprochen werden, hat man sich auf Ndonga und Kwanyama geeinigt.

Aufgrund seiner geographischen Lage erhält das Ovamboland relativ viel Niederschlag, ca. 500 - 600 mm/Jahr. Das Ovamboland ist von seiner Oberflächengestalt sehr eben. Man findet eine Vielzahl flacher, trockener Flußbetten vor, sogenannter "oshanas", die weiter südlich in kleine Seen münden. Diese oshanas führen aber in der Regenzeit soviel Wasser, daß es zu Überschwemmungen kommt. Aus diesem Grunde war man bei der Ansiedlung bemüht, etwas erhöhte Plätze aufzusuchen. Diese Überschwemmungen haben aber auch ihr Gutes: Sie versorgen den Boden mit Düngestoffen. Bleibt einmal eine Flut aus, so sind die Ernten entsprechend schlecht. Im Flutwasser befinden sich schmackhafte Brassen, die dann einen wichtigen Beitrag zur Ernährung leisten. Diese Fische werden mit Netzen und Reusen gefangen. Nach der Regenzeit geben die oshanas gute Weiden für das Vieh ab.

Leider hat der sandige Boden in großen Teilen des Ovambo-Landes einen hohen Salzgehalt. Man umgeht diese Schwierigkeiten, indem man auf hoch aufgehäuften Beeten anpflanzt. Doch auch die anderen Böden, die sogenannte Lockersediment-Decken sind, müssen als nährstoffarm bezeichnet werden. Durch zu starke Benutzung sind diese jedoch zusätzlich ausgelaugt (Leser, Namibia, S. 61). In den letzten Jahren versuchte man, den Bewässerungsanbau stärker zu forcieren. Der Ombalantu-Mohanene-Olushandja-Kanal führt auf Strecken von bis zu 250 km Wasser aus dem Kunene heran.

Früher war das Ovamboland völlig bewaldet, doch die Urbarmachung, die durch Baumfällen erfolgte, hat nur wenig der ursprünglichen Bewachsung erhalten. Insgesamt ist der Osten stärker bewaldet: Hier gibt es das sogenannte Dolfholz, das für die Möbelherstellung gebraucht wird. In Oshakati gibt es eine Möbelfabrik. Im Westen gibt es nur wenige Mopane-Haine. In der Landesmitte treffen wir die Malakani-Palme an, deren Blätter zum Flechten von Korbwaren benutzt werden.

Die Hauptanbaufrüchte dieser traditionellen Ackerbauern sind Hirse, Kürbisse, Bohnen, Erdnüsse und Wassermelonen. In den letzten Jahren hat man mit dem Anbau von Reis experimentiert und durchaus gute Erfolge erzielen können. Während die Frauen mehr die Feldarbeit verrichten, konzentrieren sich die Männer auf die Viehzucht. Rinder werden allerdings nur zu besonderen Anlässen geschlachtet, während Ziegen, Hühner und manchmal auch Hunde zur regelmäßigen Kost gehören. In den meisten Teilen des Ovambolandes ist die Rinderzucht möglich. Eine Dosenfabrik wurde bereits erbaut. Die Viehherden sind groß. 1976 gab es hier ca. 530.000 Rinder, 63.000 Pferde und Esel, 420.000 Ziegen und ca. 20.000 Schweine. Allerdings haben auch die Ovambo mit der Viehzucht ähnliche Schwierigkeiten wie die weißen Farmer: Es fehlt an Notweidegebieten für schlechtere Zeiten, ebenso gibt es Weideschäden und große Verbuschungsprobleme.

Insgesamt muß man feststellen, daß das landwirtschaftliche Potential des gesamten Gebietes im Verhältnis zur Bevölkerungszahl zu gering ist. Die Hauptprobleme (fehlendes Wasser, Nährstoffarmut der Böden) konnten bislang nicht ausreichend gelöst werden.

Auch das Potential an Bodenschätzen ist bislang gleich Null. Es gibt nur Soda und Natriumsalze, der Abbau erfolgt in den Pfannen von Otjivalunda. Leser (S. 59) stellt jedoch in seiner Analyse fest, daß das Ovamboland "sowohl im infrastrukturellen Ausbau, als auch in der Selbstverwaltung am weitesten fortgeschritten" ist. Die südafrikanische Regierung hat in den letzten Jahren hierin viel Geld investiert, wobei die exponierte Grenzlage, die hohe Bevölkerungsdichte mit dem entsprechenden politischen Potential, die starke ethnische Differenzierung sowie die geringe Wirtschaftskraft des Landes eine Rolle spielten. Der Gedanke und die versteckte Absicht waren, hier eine Schutzzone gegenüber von Angola aufzubauen, um damit die weißen Gebiete im Landesinneren zu sichern. Dieser Plan scheint aber nicht ganz aufgegangen zu sein, da in den letzten Jahren gerade viele Ovambos den Ideen und Zielen der SWAPO nähergekommen sind. Dazu hat sicherlich das überall augenscheinliche Militär der Südafrikaner geführt, aber auch die Enttäuschung über die vielen ungelösten Probleme. So gibt es im Ovamboland beispielsweise zu wenig Arbeitsplätze. Viele Männer sind daher gezwungen, ihre Arbeit in den weißen Gebieten zu suchen: Sie arbeiten hier zum Beispiel als Minen- oder Fabrikarbeiter. Der Bevölkerungsdruck ist in den letzten Jahren nicht nur durch die starke Geburtenziffer größer geworden, sondern auch dadurch, daß viele Menschen aus Angola hierher geflüchtet sind.

Wahrscheinlich seit dem 16. Jahrhundert haben sich die Ovambo hier angesiedelt. Über ihre ursprüngliche Heimat wurde nur vage durch Mythen und Sagen etwas bekannt. Bei Vedder können wir folgende Sage lesen (s. 160): Der höchste Gott heißt Kalunga. Dieser ließ aus der Erde einen Mann und eine Frau entstehen. Der Mann trug den Namen Noni, was soviel wie "Speermann" heißt. Der erste Sohn der beiden hieß "Rindermann", der zweite "Ackermann" und der dritte "Feuermann" (der auf das heilige Feuer aufpassen mußte). Die Tochter trug den Namen Janoni.

Den alten Erzählungen nach scheinen diese Menschen an einem großen See gelebt zu haben, doch aus unbekannten Gründen mußten sie ihr Ursprungsland verlassen. Da sie Ackerbauern waren, suchten sie nach Landschaften, wo sie ihrer angestammten Tätigkeit nachgehen konnten. Nach langen Zügen kamen sie hier nach Westen. Gesichert scheint, daß die Ovambo vor ihrer Ankunft in ihrem neuen Lebensraum schon im Besitz des Eisens waren. Sie waren der Kunst des Schmiedens kundig.

Früher herrschte Polygamie, heute gibt es praktisch nur Monogamie. Babys im Alter von 4 Tagen werden zum Hütteneingang getragen, wo ihnen ihre Umwelt gezeigt wird. Ihre späteren geschlechtsspezifischen Tätigkeiten werden ihnen vorgezeigt: Während man den Jungen Milchgefäße und das Vieh vorführt, sollen sich die Mädchen Tenne und Getreidekörbe ansehen. Von Geburt an findet also eine klare Trennung nach Geschlechtern statt. Solange man Kind ist, gehört man der mütterlichen Familie an. Der Bruder der Mutter hat erstaunlicherweise mehr Einfluß auf das Kind, als der leibliche Vater. Die Kinder sind als Erbe des Onkels, nicht des Vaters eingesetzt.

Wie bei den Herero so gibt es auch bei den Ovambo das heilige Feuer, das von einer Frau gehütet wird.

Von altersher wurden Rinder nur zur Erhöhung des Ansehens, aber nicht zum Schlachten gezüchtet. Das hat sich in den letzten Jahren geändert, seit es in Oshakati eine Fleischfabrik gibt. Nun werden auch Tiere speziell für den Verkauf gezüchtet.

Die Beziehungen zu den Herero waren stets gut. Es gab keine kriegerischen Auseinandersetzungen um Land oder Vieh. Nachdem die Herero am Waterberg gegen die deutsche Schutztruppe verloren hatten, boten die Ovambo ihnen in ihrem Gebiet Zuflucht.

2.7.5   OVA - HERERO

Die Herero und die Himba sind aus einer ethnologischen Entwicklungslinie hervorgegangen. Heute leben sie jeweils in einem eigenen "Heimatland":
*   die **Himba** haben als Lebensraum **Kaokoland**,
*   die **Herero** das **West-** und **Ostherero-Land.**

Über die Geschichte der Herero und ihrer Herkunft gibt es viele Versionen. Mir erscheint die Darstellung von Vedder als einen besonders guten Kenner der Eingeborenen besonders glaubhaft. Er verstand nicht nur ihre Sprache, sondern hatte lange Jahre Gelegenheit, durch Gespräche ihre mündlich überlieferte Geschichte zu erfahren (Vedder, S. 132 ff).

Nach Vedder werden in alten Häuptlingsfamilien Familientraditionen sehr genau - mit Ortschaften und Namen - weitergegeben. Danach entsteht folgendes geschichtliches Bild des Herero-Volkes:

Der Ursprungsname des Volkes, aus dem sich die Herero später abspalteten, war Mbandu oder Mbundua. Dieses Volk mußte in einem wasserreichen Land gelebt haben, das als "Schilfland" bezeichnet wurde. Gründe für den Wegzug aus diesen Regionen sind nicht bekannt geworden. Auf der Suche nach neuen Weideplätzen begaben sich u. a. Huru, Tjivisiua und Kamata: In Sagen wird mitgeteilt, daß sie damals nicht alleine gezogen seien, sondern mit den Ovambo. Man trennte sich, als die Ovambo fruchtbares Ackerland fanden, denn sie waren Ackerbauern.

Die Viehzüchter dagegen zogen ins Land der Betschuanen, das damals größer war als heute und im Westen bis ins heutige Hereroland reichte. So gelangten diese "Auswanderer" in die Weidegebiete von Namibia, die damals noch den Betschuanen gehörten. Doch es kam zwischen den Vorvätern der Herero und den Betschuanen zu Streitigkeiten, denn Hirten jagten mitunter einander das Vieh ab. Diese Streitigkeiten waren jedoch begrenzt: Es gab sie zwischen Kavitine (Häuptling der Betschuanen) und nur einem Teil der Zugewanderten. Bei den Kämpfen mußte ein Teil von ihnen wegziehen. Sie wanderten, um nicht ihren gesamten Rinderbesitz zu verlieren, nach Westen (an Grootfontein und Outjo vorbei). Ins Ovamboland traute man sich nicht, weil dort mächtige Häuptlinge residierten.

So gelangte man ins menschenleere Kaokoveld. Bis zum flachen Süden des Landes - dem Omaruru - weidete man die Rinder. Mittelpunkt wurde Otjitambi, weil hier ein Mann wohnte, dessen Ahnenfeuer einen besonderen Ruf hatte.

Katamas Leute allerdings waren nicht mitgezogen, da sie mit den Betschuanen keinen Streit hatten. Die Betschuanen fragten, ob die Weggewanderten nochmals zurückkehren würden, worauf sie die Antwort erhielten, daß diese entschlossen seien, fortzubleiben. Ab diesem Zeitpunkt bezeichnete man die Weggezogenen als die Herero, was soviel bedeutet wie "die Entschlossenen". Die, die bei den Betschuanen blieben, nannte man fortan Mbanderu (was sowohl auf den Volksstamm Mbandu als auch auf dessen alte Wohnplätze im Schilflande = Oruu hinweist). Einige der weggezogenen Hererogruppen fanden sehr gute Weideplätze in der Nähe des Kunene. Bald gelangten sie durch diese Naturgunst zu großen Herden, mit denen sie vor den anderen angaben. Deshalb wurden sie fortan Himba genannt, was soviel heißt, wie "die Sich-Brüstenden".

Andere Teile der Herero hielten sich in den westlichen Gebirgsregionen auf, die damals wildreich waren, und so entwickelten sie sich zu guten Jägern. Doch sie hielten auch Ziegenherden, wenige Rinder, die sie wieder durch Dürre und Beraubung verloren. Viele mußten fortan als Sammler von Pflanzen leben. Deshalb nannte man sie Tjimba, die Armen.

Die reichen Herero wurden übermütig und beschlossen, Raubzüge ins Ovamboland zu unternehmen. Doch es mißlang ihnen, Rinderherden zu stehlen. Ab jetzt war aber das zunächst friedliche Verhältnis zu den Ovambo gestört. Sie waren daher gezwungen, nach Süden zu ziehen, um nicht Gefahr zu laufen, die gesamte Herde zu verlieren. Aus väterlichen Erzählungen wußten sie von menschenleeren Gebieten im Südosten. Durch Hererojäger erfuhr man vom Wildreichtum am Swakop. Während einige ins Kaokoveld zurückzogen, wanderten die meisten an den Swakop. Hier begannen sie, das Vieh der Nama zu rauben. Ein besonders erfolgreicher Räuber war seinerzeit Hembapu. Nach einem sehr erfolgreichen Raubzug mußte dieser jedoch fliehen, die Nama aber verfolgten ihn. Nur kurze Zeit ließ er sich an der unteren Swakop-Mündung nieder, bevor er sich zum Rückzug ins Kaokoveld entschloß (über den Meeresstrand und dann den Omaruru landeinwärts).

Auf dem gleichen Wege - aber entgegengesetzt - zog bald der als besonders mutig geltende Tjiponda, der schließlich bis an den Oberlauf des Swakop gelangte. Über das Gebiet um Windhoek gelangte er bis in die Gobabis-Region, wo er auf Mbanderu traf (s. o.). Da er Gebiete mit niemandem teilen wollte, zog er weiter bis zum Waterberg, wo allerdings schon Saan siedelten, die ihm einige Ochsen raubten. Er beschloß daher ihre Vernichtung, verkalkulierte sich jedoch dabei, denn er kannte nicht die Wirkung der Giftpfeile der Buschmänner. Er starb noch am Waterberg, die meisten Rinder konnten die Saan erbeuten. Seine Gefolgsleute verliefen sich, aber einige gelangten zurück ins Kaokoveld und berichteten von den fruchtbaren Weiden und guten Wasserquellen. Das motivierte wiederum andere, in diese Gegend von Okahandja und Windhoek zu ziehen. Darunter befand sich auch der Großvater des späteren Häuptlings Tjamuaha, der den Namen Mutjise trug. Nach vielen Kämpfen, vor allem mit den Betschuanen, sicherte man ein eigenes Land. Bergdama und ihre Herren, die Saan, wurden erschlagen, sobald man sie sah. In den Ebenen herrschten bald unbeschränkt die Herero.

Ich möchte im folgenden kurz sowohl die im Kaokoveld verbliebenen Himba als auch die im Hereroland siedelnden Herero vorstellen.

2.7.5.1 HIMBA

Ihr Lebensraum reicht heute im Kaokoveld bis zum Kunene an der angolanischen Grenze. Die Vegetation dieser Landschaft ist dürftig, das Land ist bergig. Die Trockenflüsse führen nur sehr selten Wasser. An Tieren trifft man Oryx, Springbock, Zebra und auch einige Elefanten an. Wohlstand und Ansehen der Himba werden von der Anzahl der Tiere geprägt:

* Hat jemand viele Tiere, so ist er ein Reicher, ein sog. **Muhona**.
* Besitzt man nur wenige Tiere, so wird man als **Musyana** bezeichnet.
* Nennt man gar keine Tiere sein eigen, so ist man ein **Mutjimba**.

Neben Rindern gibt es ein wenig Mais- und Kürbisanbau. Es werden aber auch Ziegen und Fettschwanzschafe gehalten. Hauptnahrung ist geronnene Kuhmilch. Rindfleisch dagegen wird wegen der Prestige-Herde nur bei besonderen Anlässen gegessen. Dagegen wird Kleinvieh laufend geschlachtet. Die Tierhäute dienen der Herstellung von Schlafmatten, Decken, Taschen und Bekleidung. Tiere spielen auch verschiedene symbolische Rollen:

* Der Brautpreis wird mit Tieren bezahlt.
* Bei der Hochzeitsfeier müssen Rinder geschlachtet werden.
* Tiere werden als Opfer den Verstorbenen gebracht. So sichern sich die Himba das Wohlwollen der Vorfahren.

Verheiratete Männer tragen einen Turban, Jungen haben einen kahlgeschorenen Kopf (bis auf einen Mittelstreifen mit Haaren). Zeichen der verheirateten Frau ist die Verlängerung der eigenen Haare mit denen ihrer Brüder.
Frauen wie Männer fetten ihren Körper ein. Sie benutzen dazu Butter, die mit gestoßenem Pulver eisenhaltiger Gesteine und stark aromatischer Kräuter und der Kaokoveld-Myrrhe (falls vorhanden) vermengt wird. Das Gemisch ergibt dann eine rote Farbe. Männer dagegen benutzen ein schwarz gefärbtes Fett.
Sinn dieser Einfettung ist es, den Flüssigkeitsverlust der Haut bei zu großer Hitze zu reduzieren. Ebenso dient aber das Fett als Schutz vor Kälte.
Die **Erbfolge** bei den Himba sieht folgendermaßen aus:
* Die Herde wird an die Kinder der Schwester vererbt.
* Die eigenen Kinder des Mannes beerben den Onkel mütterlicherseits.
* Die "heilige" Herde, die geweihten Feuerstäbe und die Verantwortung für das heilige Feuer gehen direkt an den Sohn über.

Das heilige Feuer darf nie verlöschen. Es hat eine symbolische Bedeutung: Es hält die Verbindung zwischen den Lebenden und den Toten aufrecht.

Auch der Ahnenkult ist verbreitet. So glauben die Himba, daß die Vorfahren aktiven Anteil am Leben und Wohlergehen der Nachkommen haben.

Zur Zeit gibt es ca. 8.000 Himba, die eine Fläche von knapp 49.000 qkm bewohnen. Das klingt viel, aber das Kaokoveld ist eine sehr aride Landschaft mit nur geringem Naturpotential. Auch hier - wie in vielen anderen Heimatländern - gibt es aufgrund von Überweidung große Vegetationsschäden. Wenn die Himba nicht in Zukunft erheblich von ihrem prestige-bestimmenden Viehstock abgehen, drohen große ökologische Gefahren (weitere Verbuschung, Wassermangel).

2.7.5.2 HERERO

Wohl am augenfälligsten fällt die viktorianische Tracht auf, die Herero - Frauen tragen. Etwa 12 m werden dazu benötigt. In der Vergangenheit haben sie das Schneidern solcher Kleider von den Missionarsfrauen erlernt. Heute allerdings werden solche Kleider auch von Nama- und Damara - Frauen getragen.

Die Herero sind ein **klassisches Viehzüchter - Volk**. All ihr Denken kreist um die Herde, die Anzahl und den Zustand der Tiere. "Ansehen und Einfluß nahm zu und ab mit seinem Viehbesitz", schreibt Vedder (S. 46). Reiche Häuptlinge besaßen viele tausend Rinder. Gut gehütet wurden diese große Herden von Söhnen besitzloser Herero.

Die Ahnen genossen große Verehrung, hat man doch von ihnen die Herde geerbt. Man erbte auch das heilige Feuer von ihnen, das nie verlöschen durfte. Besondere Bedeutung hatten die Ahnenstäbe, mit denen die Vorfahren das Feuer angezündet hatten. Zu besonderen Anlässen hatte man diese Quirlstäbe um das Feuer aufgestellt. Sonst wurden sie von der Hauptfrau sorgfältig und vor neugierigen Blicken unzugänglich aufbewahrt.

Die Herero - Sprache ist außerordentlich melodisch und vokalreich. Der Formenreichtum dieser Sprache ist äußerst groß. So wird das Hauptwort in 9 verschiedene Kategorien eingeteilt:

1. Bezeichnungen für Menschen	6. lange Dinge
2. Bezeichnungen für Tiere	7. kleine Dinge
3. Bezeichnungen für Pflanzen	8. Bezeichnungen für abstrakte
4. allgemeine Dinge	Vorgänge
5. runde Dinge	9. Kategorie für Erscheinungen, die
	in Kategorien nicht hineinpassen

(Nach Vedder, a.a.O., S. 49).

Die Ortsnamen der Herero belegen den Wohlklang dieser Sprache, so zum Beispiel Otjiwarongo, Okahandja oder Omaruru.

Zahlreiche Riten waren früher eng mit dem Rinderreichtum verknüpft. Bestimmte Tiere mußten den Verstorbenen in die Geisterwelt begleiten. Beim Töten sollte kein Blut fließen, weshalb man die Tiere erwürgte. Das Fleisch wurde von den Begräbnisgästen vertilgt. Häuptlinge, wie Maharero, hatten für solche Zwecke Tiere abgesondert: 1.500 Stück sollen es gewesen sein. Als ihm Nama aus diesen zurückgestellten Tieren einige gestohlen hatten, war er ganz besonders erzürnt. Als Maharero 1890 starb, erhielt er als Leichengewand das frische Fell seines Lieblingsrindes. Die Hörner der Begräbnisrinder wurden später an der Begräbnisstätte pyramidenförmig aufgeschichtet.

Wenn man einen Wohnplatz aufgab, an dem man lange gelebt hatte, nahm man die Ahnen mit. Man grub ihre Schädel aus, trug sie in Körben zum neuen Wohnplatz und begrub sie hier auf's neue. Die Wohnsiedlungen heißen bei den Herero übrigens "Werft", während man sie bei den Ovambo als "Kraal" bezeichnet.

Auch das Zähnemarkieren gehört zu den auch heute noch teilweise praktizierten Bräuchen. Dabei werden die unteren 4 Schneidezähne herausgebrochen, während in die oberen ein keilförmiges Zeichen eingeritzt wird.

Herero hatten die Angewohnheit, die Jahre nicht numerisch zu zählen, sondern sie bezeichneten ein Jahr nach einem bestimmten Ereignis. Vedder (S. 150 ff) hat die Bezeichnungen für bestimmte Jahre festgehalten. So war das Jahr 1882 das Jahr der Maden: Das aufgrund einer Dürre stark abgemagerte Vieh erkrankte an Maden und starb.

Die wichtigsten Herero - Führer waren Tjamuaha, Maharero und Samuel Maharero. Tjamuaha starb 1859, Maharero 1890. Samuel Maharero war 1878 für zwei Jahre mit Palgrave in Kapstadt gewesen, und hierbei lernte er viel vom Regierungssystem der Weißen. Von Francois bestimmte Samuel Maharero als seinen Nachfolger. Es kam anschließend zu einem heftigen Streit zwischen den Herero: Einige waren für Samuel, andere für Häuptling Riarua von Osana. Doch Samuel konnte sich behaupten. Leider war er jedoch Trinker; er verkaufte Land an die Farmer, um die wachsenden Schulden bei den Händlern bezahlen zu können. Samuel starb 1923 am Ngami-See in Botswana (am 23. August). Deshalb ist jeder Sonntag nach dem 23. August Herero - Tag in Okahandja.

Das Gebiet, auf dem heute die knapp 80.000 Herero leben, ist 59.000 qkm groß. Viele Herero leben heute mit ihren Familien auf Farmen der Weißen. Sie sind insbesondere als Viehtreiber geschätzt.

In der Gegenwart haben die Herero einen großen Anteil am politischen Leben. Ihr Oberhäuptling Clemens Kapuuo wurde 1978 ermordet; an seine Stelle trat Kuaima Riruako. Dieser lebte in verschiedenen Staaten und auch in Nordamerika. Geschlossen stehen die Herero hinter ihm. Sie lehnen scharf einen kommunistischen oder marxistischen Staat ab. Während die Herero die Politik der DTA unterstützen, sind die Mbanderu (die in Ost-Herero-Land leben) meist Anhänger der NNF.

2.7.6   DAMARA

Die Herkunft dieses Volkes ist bis heute nicht geklärt. Die Bergdama selbst bezeichnen sich als Nu-Khoin, das heißt schwarze Menschen. Doch nicht nur ihre absolut schwarze Hautfarbe, sondern auch geringe Sprachreste lassen einige Forscher den Sudan als Urheimat vermuten. Doch ihre eigentliche Sprache haben diese alten Bewohner von Namibia längst aufgegeben und die der Nama angenommen. Wie bei den Buschmännern vermutet man in ihnen die Urbevölkerung des Landes. Erst durch überlegenere Nomadenvölker wurden sie in Abhängigkeit gebracht. Seit langem waren die Damara Diener der Nama und Herero gewesen. Man begegnet ihnen mit großer Verachtung. Da sie ihre Exkremente nicht so sauber verscharrten, wie die Nama und Herero es gewohnt waren, wurden sie in alten Zeiten als "Dreck - Dama" bezeichnet (Vedder, S. 59).

Schon früh sollen sie die Kunst des Eisen- und Kupferschmelzens beherrscht haben. Vielleicht brachten sie die Fertigkeit aus der sudanesischen Urheimat mit, wo dies schon lange vorher bekannt war? Herero und Nama waren jedoch nicht in der Lage, und Aufgabe der Damara war es, den Herero- und Nama-Herren Äxte und Speerspitzen zu schmieden.

Die landwirtschaftliche Tätigkeit war sehr einfach. Der Mann war in der Regel Jäger, und mit der Ziegenzucht begannen sie erst, als sie von den Betschuanen Ziegen eintauschten. Nur wenige besaßen Rinder. Deshalb waren sie von den Schafen und Rindern angelockt. Viele versuchten, sich diese Tiere zu beschaffen, was ihnen natürlich die Feindschaft der Nama und Herero einbrachte. Wenn sie von den Nama oder Herero aufgespürt wurden, wurden sie entweder sofort umgebracht oder als lebenslängliche Geisel vereinnahmt.

Ihr Stammesgebiet erhielten sie bereits 1906 von den Deutschen als Belohnung für die während der Aufstände erwiesene Treue. Im Zuge des Odendaal - Planes wurde ihr Reservatsgebiet von 6.263 qkm auf 48.000 qkm vergrößert. Die Farmen weißer Siedler wurden damals staatlicherseits aufgekauft und diese neu aufgeteilt (siehe auch Kapitel 3.3.14). Von den etwa 77.000 Damara leben aber nur 25 % im Heimatland selbst, der größte Teil arbeitet auf Farmen der Weißen, in Minen oder als Arbeiter in den Städten.

2.7.7 REHOBOTHER BASTER

Ihre Zahl beträgt heute ca. 22.000. Die Baster sind Abkömmlinge von Hottentotten-Frauen aus der Kapkolonie und burischen Einwanderern. Einige Anmerkungen zu ihrer Geschichte:
1869 verließen sie die Kapkolonie und zogen über den Oranje nach Norden. Hier bekriegten sich die Nama mit den Herero. Klugerweise hielten sich die Baster aus diesen Streitigkeiten heraus. 1871 gründeten sie den Ort Rehoboth. 1885 schlossen sie mit den deutschen Schutztruppen einen Schutz- und Freundschaftsvertrag ab. Sie bewiesen auch während der Aufstände anderer Stämme eine große Loyalität zu den Deutschen. 1924 wollten sich die Baster unabhängig machen, doch ihre Revolution wurde von der südafrikanischen Armee unterdrückt (zum Glück unblutig).

Der Name "Baster" wird von den Angehörigen auch im eigenen Sprachgebrauch verwandt. Sie fühlen sich beleidigt, wenn man sie als Farbige bezeichnet. Die Hauptsprache bei den Baster ist Afrikaans, einige sprechen auch Englisch oder Deutsch.

Von Beginn an gab es **zwei soziale Hauptgruppierungen** bei den Baster:

* **Die höhere Schicht:**
  Dazu gehörten (namentlich) die Familien van Wyk, Diergaard, Mouton und Koopmann. Alle können als besonders wohlhabend bezeichnet werden. Diese Familien sehen in der Regel physiognomisch europäischer aus, als die anderen. Sie bilden sozusagen die gesellschaftliche Oberschicht und haben wichtige Funktionen im politischen und kulturellen, aber auch wirtschaftlichen Bereich.

* **Die niedere Schicht:**
  Sie bestehen aus dunkelhäutigeren Menschen; sie wohnen auch meist außerhalb von Rehoboth. Unter ihnen sollen sich politische Aufrührer befinden.

Landwirtschaftlich ist das Gebiet um Rehoboth als besonders gut zu bezeichnen, gibt es hier doch die besten Böden für die Schaf- und Rinderzucht.

2.7.8 KAVANGO

Die ursprüngliche Heimat der Kavango wird im Gebiet der großen Seen in Mittel- und Ostafrika vermutet. Heute leben sie im Grenzgebiet zu Angola in einem eigenen "Heimatland". Viele Stammesangehörige leben bzw. lebten auf der angolanischen Seite des Okavangos. Im Zuge des Bürgerkrieges in Angola und der Machtübernahme durch marxistisch orientierte Politiker flüchtete eine große Anzahl auf die namibische Seite.

Aufgrund des Niederschlags von 500 - 600 mm ist hier Ackerbau möglich. Getreide und verschiedene Gemüsesorten gedeihen gut: Mais, Erdnüsse, Kürbisse und Zitrusfrüchte werden zum Teil mit Wasser aus dem Okavango versorgt. Durch staatliche Entwicklungsprogramme werden neue Anbaumöglichkeiten erkundet. Gute Ergebnisse hat man zum Beispiel bereits mit Baumwolle erreicht. Natürlich spielt der Fischfang eine wichtige Rolle für die Ernährung. Mit trichterförmigen Schilfkörben, die als Reusen benutzt werden, widmen sich vor allem die Frauen dieser Tätigkeit. Die Viehhaltung ist auf den saftigen Wiesen in Flußnähe möglich. Man trifft hier sogenannte Wanderweidewirtschaft vor: im trockenen Winter wird das Vieh am Fluß gehalten, während in der sommerlichen Regenzeit die Weidegebiete im trockenen Landesinnern aufgesucht werden.

Rundu ist das Hauptzentrum des Kavango-Landes und der Sitz der Selbstverwaltung, die über Finanzen, Landwirtschaft, innere Angelegenheiten, Rechtspolitik und Schulwesen befindet. Hier gibt es auch eine Fleischkonservenfabrik, die ein guter Abnehmer der Eigenproduktion ist.

Auch bei den Kavango ist das Stammesleben hierarchisch geordnet. Insgesamt gibt es 5 Stämme, die ihrerseits wieder untergliedert sind (in Sippen und sogenannte "Linien", die aus einer gemeinsamen Ahnfrau entstehen und normalerweise drei Generationen fortbestehen). Zum Teil trifft man noch den Geisterkult an. So werden die Geister der Vorväter angebetet. Da sich diese nicht selbst verpflegen können, bringt man ihnen an bestimmten Plätzen Lebensmittel dar. Würde man dies unterlassen, so sind unangenehme Ereignisse sicher. Natürlich gibt es auch eine Menge Verhaltensvorschriften (Tabus).

Die **fünf Hauptgruppen** wohnen direkt am lebenswichtigen Fluß. Von West nach Ost treffen wir folgende Stämme an:

1. die Kwangali	4. die Gciriku
2. die Mbunza	5. die Mbukushu
3. die Sambyu	

Jedem Stamm stehen ein oder mehrere "Kapitäne" vor, die von Ratgebern unterstützt werden. Diese Ratgeber kommen entweder aus dem familiären Umkreis (meist mütterlicherseits) oder es handelt sich um besonders bewährte Personen. Der Kapitän ist der eigentliche Anführer des Stammes und personifiziert Autorität auf verschiedenen Ebenen.

Vom Kapitänsrat werden sogenannte "Formani" ernannt, die einen Distrikt verwalten und über bestimmte Befugnisse verfügen. Sie dürfen bei kleinen Vergehen richten und selber Strafen auferlegen.

Zwei Dialekte der Kavango haben sich zu einer vollwertigen Sprache entwickeln können, die eine eigene orthographische und grammatische Regelkunde aufweist. Diese Sprachen heißen: Rukwangari und Thibukushu. Als dritte Sprache wird vielleicht auch das Rugciriku anerkannt werden.

Wie ich schon erwähnte, sind in den letzten Jahren viele Kavango aus Südangola nach Namibia geflüchtet. Sie wurden vor allem vom Kwangali-Stamm aufgenommen. Nicht zuletzt deshalb erklärt sich die Verdoppelung der Kavango-Bevölkerungszahl von knapp 51 000 (im Jahre 1970) auf etwa 100 000 bei der Volkszählung 1981.

2.7.9 CAPRIVIANER

Von allen ethnologischen Gruppierungen in Namibia leben die ca. 40 000 Caprivianer wohl am weitesten von der Landeshauptstadt entfernt: Etwa 1 300 km sind es von Katima Mulilo nach Windhoek. Lange Zeit existierte keine Straßenverbindung in die Landesmitte.

Auch die Caprivianer untergliedern sich in Einzelstämme, deren größte die Masubya und Mafwe sind. Der alte heidnische Glaube ist aufgrund intensiver Missionsarbeit nicht mehr existent.

Sprachlich bestehen engere Beziehungen mit den Barotse nördlich des Sambesi als zu den Kavango. Wahrscheinlich waren die Flüsse des Kwandu und Okavango starke kulturelle Barrieren. Die in der Schule gelehrte Amtssprache ist "Lozi", die vom Nordufer des Sambesi stammt.

Das **Lebensgebiet** der Caprivianer untergliedert sich geographisch **in drei Hauptzonen:**

* **West-Caprivi:**
  Ein sehr sandiges Gebiet mit spärlicher Vegetation und geringer Bevölkerung.
* **Ost-Caprivi:**
  Dieses Gebiet liegt östlich des Kwandu-Flusses und ist sehr wildreich.
* **"Mafe-Veld":**
  Ein hochgelegenes Savannen-Gebiet, das sich besonders für die Viehzucht eignet.

Am südlichen Linyanti- und Chobe-Fluß gibt es fruchtbare Ackergebiete, die während der Regenzeit regelmäßig überflutet werden. Holz gehört zu den natürlichen Rohstoffen und wird insbesondere für die Holzschnitzerei benutzt.

Hemmnisse für die Intensivierung der Viehhaltung bringt die Existenz der Tsetse-Fliege mit sich. Auch die Malaria muß laufend bekämpft werden.
Für die Ernährung spielt auch der Fischfang insbesondere am Chobe und Sambesi eine wichtige Rolle.
Von den Landwirtschaftsexperten wird das Landbaupotential Caprivis außerordentlich hoch bewertet. Fruchtbarer Schwemmlandboden zusammen mit ausreichenden Niederschlägen könnten dieses Gebiet zur Vorratskammer nicht nur für Namibia, sondern auch für die Nachbarstaaten werden lassen.

 Diese Darstellung der wichtigsten Völkerstämme Namibias sollte der besonders interessierte Leser vertiefen, indem er die Bücher von Vedder, die ADK-Schriftenreihe oder das Buch von Bannister/Johnson liest.

2.8 DER DEUTSCHE EINFLUSS IN NAMIBIA

Die relativ kurze deutsche Kolonialzeit von etwa 30 Jahren hat starke Spuren hinterlassen, die man noch heute als Besucher deutlich erkennen kann. Viele Ortschaften, Straßennamen, Geschäfte, Produkte usw. tragen deutsche Namen. Deutsch ist seit wenigen Jahren 3. anerkannte Landessprache: In keinem anderen überseeischen Land ist dies sonst der Fall. Es gibt eine deutsche Tageszeitung, eine deutsche Wochenzeitung, ja sogar einen deutschen Rundfunk. Schon in der Kolonialzeit haben die Deutschen den Grundstock für die sich entwickelnde Infrastruktur gelegt. Ebenso waren es deutsche Forscher, die das Land vermessen und geologisch untersucht haben. Die großen Staudämme des Landes, wenn auch erst Jahrzehnte nach der Kolonialzeit errichtet, wurden z. T. bereits damals konzipiert. Ebenso verweisen noch heute viele Gebäude durch ihre Architektur auf starken deutschen Einfluß, vor allem in Swakopmund, Lüderitz und Windhoek.

Doch sollte darüber hinaus ganz klar festgestellt werden, daß unter humanitären Aspekten letztlich die deutsche Kolonialzeit kein großer Segen für das Land war. Im nachhinein kann man nur froh sein, daß der deutsche Kolonialtraum rasch ausgeträumt wurde. Denn die Bilanz jener Zeit ist unterm Strich eher negativ; erinnert sei an die blutigen und grausamen Kriege gegen die Nama oder die Herero. Ganz klar: es war nicht deutsches Land, das hier die deutschen Einwanderer erwartete, sondern annektiertes Gebiet. Die eng umgrenzten Besitzungen von Lüderitz mußten aber zur Legitimation der Besetzung des gesamten Gebietes herhalten. Bismarcks Ziel war dies sicherlich nicht, doch die Entwicklung führte zu Deutsch - Südwestafrika, wie man offiziell das Gebiet dann nannte.

Heute leben weniger als 30 000 deutschsprachige Bürger im Lande. Obwohl damit ihr Bevölkerungsanteil bei unter 3 % liegt, haben sie auch heute noch einen entscheidenden politischen und wirtschaftlichen Einfluß. Ihre Verbindung zu Deutschland ist manchmal etwas verklärt und aufgrund von Informations- und Erfahrungsdefiziten nicht immer realitätsnah. Viele deutschsprechende "Südwester" waren noch gar nicht in Deutschland oder ihr letzter Besuch liegt viele Jahre zurück. Jahre, in deren Verlauf es in der Bundesrepublik eklatante Veränderungen gab. Die vielen deutschen Touristen - etwa 15 000 pro Jahr - sorgen dafür, daß auf diesem Umwege Kontakte aufrechterhalten werden. Die kulturelle Brücke nach Deutschland wird durch viele ins Leben gerufene Vereine und Institutionen aufrecht erhalten. Genannt sollten hier die Interessengemeinschaft deutschsprachiger Südwester oder die Deutsch-Namibische Vereinigung e.V. werden.

Die politische Stellung der Deutschen heute ist facettenreich. Auf keinen Fall überwiegen die Konservativen, deren extremer Flügel noch immer auf dem geistigen Niveau des 3. Reiches stehengeblieben ist. Glücklicherweise sind diese Ewig-Gestrigen in der Minderzahl, wissen sich aber manchmal doch so augenfällig zu artikulieren, daß ein insgesamt schiefes Bild der deutschsprachigen Bevölkerung entsteht. Besonders in Swakopmund trifft man Gestalten an, die Führers Geburtstag mit entsprechenden Fahnen und Abzeichen feiern. Welch einen Schaden diese Minderheit hinsichtlich des Image der Gesamtheit der Deutschen anrichtet, ist nicht abzuschätzen! Die meisten allerdings dürften den Zug der Zeit erkannt haben und sind zum Arrangement mit allen anderen Völkerschaften des Landes bereit. Längst hat die Mehrheit der Deutschen erkannt, daß sie nur eine Zukunft haben, wenn sie bereit sind, in positiver Weise mit allen übrigen Menschen, welcher Hautfarbe und Kultur auch immer, zu kooperieren. Gerade die nach dem 2. Weltkrieg eingewanderten Deutschen gehören dazu. Sie haben durch ihren wirtschaftlichen Fleiß harte Aufbauarbeit geleistet.

Allgemein geschätzt werden die Deutschen durch ihre Tugenden (?) wie Fleiß, Sparsamkeit, Strebsamkeit und Zähigkeit. Ihre starke wirtschaftliche Stellung ist ein wichtiger Stützpfeiler im Wirtschaftsgefüge. Diesen Bonus bringt die progressive Generation der deutschsprachigen Südwester ein, ein Guthaben, auf das das künftige unabhängige Namibia nicht verzichten kann.

 Weigend Guido, Deutsche Siedlungsstrukturen in Namibia, Düsseldorf 1986; zu beziehen bei: Deutsch-Namibische Gesellschaft e.V., Graf-Adolf-Str. 12, 4000 Düsseldorf 1
Interessengemeinschaft deutschsprachiger Südwester, 1884 - 1984: Vom Schutzgebiet bis Namibia, Windhoek 1985; zu beziehen bei: Deutsch-Namibische Gesellschaft e.V., Graf-Adolf-Str. 12, 4000 Düsseldorf 1

Als Verfasser dieses Reise-
handbuches hoffe ich, daß
es Ihnen bei der Reiseplanung
und -durchführung nützliche
Dienste leistet.

Seit mehr als 15 Jahren bereise
ich Namibia, lerne immer wieder
Neues kennen - und erfahre Veränderungen, gerade
nun im Zuge der Unabhängigkeit. Deshalb weiß ich:
Kein Reiseführer kann fehlerfrei sein, zu rasch ändern
sich Qualität eines Hotels, Restaurants, Straßenzustände...

Vielleicht entdecken Sie etwas besonders Sehens-
und Erlebenswertes; vielleicht stellen Sie fest, daß
Hinweise und Angaben berichtigt oder ergänzt werden
müssen - dann helfen Sie bitte mit, dieses Buch in
den weiteren Auflagen mit Ihren persönlichen Erfahrungen zu bereichern.

Für jede Anregung und jeden Tip werde ich mich
mit einem kleinen Geschenk persönlich bedanken.
Viel Freude und gutes Reisen in Namibia!

Michael Iwanowski

Naturwunder: Namibias Fish River Canyon

Neugierde: Begegnung mit Himba-Kindern

Etwas Regen genügt: Blumenmeer im Frühling

Welwitschia: Runzlige Bewohnerin der Namib

Prähistorische Lehrtafel: Gravuren in Twyfelfontein

Stille Schönheit: Erongo-Gebirge bei Ameib

Windräder: Lebenswichtige Einrichtung der Farmer

Völkervielfalt: Ovambo-Frau

Dritte Welt: Namibias Aufbruch beginnt

Gewitterstimmung: Am Rande der Naukluft

Höchste Dünen der Welt: Sossusvlei

Seltenes Erlebnis: Das Sossusvlei ist mit Wasser gefüllt

Frühstück vor bescheidenen Hütten: Im Damaraland

Spitzkoppe: Das Matterhorn von Namibia

Dünenwelt: Zusammenspiel von Licht und Farben

Auf Safari: Namibia kennt keine Altersbegrenzung

Unwegsam und wild: Hoarusib Canyon

Bizarr: Nebelwand über dem Benguela-Strom

Überraschungen: Safaris zur Regenzeit

Körperpflege auf Elefanten-Art: Im Etosha National Park

Unbeirrt ein Bad im Schlamm: Warzenschwein

Auf Abendpirsch: Im Etosha National Park

3. Namibia als Reiseland

3.1 PRAKTISCHE REISETIPS VON A - Z

A ADRESSEN

Informationen:

Im Namibia Verkehrsbüro erhalten Sie alle notwendigen aktuellen Informationen:

Namibia Verkehrsbüro, Im Atzelnest 3, Postfach 2041, D 61290 Bad Homburg, Tel.: 06172 / 406650, Fax: 06172 / 406690

Namibia - Informationsbüro,Windhoek, Independence Avenue 22, Metje - Behnsen - Gebäude, 2. Etage, Private Bag 13196 Tel. 061/37285

. Windhoek Publicity Association, Windhoek, POBox 1868, Tel. 061/ 228160.

Generalkonsulat der Schweiz in Namibia:
Von Eckenbrecher Str. 10, POBox 22287, Tel. 061/222359

Botschaften und Konsulate in Namibia:

Namibische Botschaft, Mainzer Str. 47, A, 53179 Bonn 2, Tel.:0228/346021 und Fax.: 0228/346025
Deutsche Botschaft, Sanlam-Gebäude, Independence Ave., P.O. Box 231, Windhoek 9000, Tel.: 061/229217-8-9; Fax: 061/222981
Schweizer Botschaft, v. Eckenbrecherstr. 10, Klein-Windhoek, P.O.Box 22287, Windhoek 9000, Tel.: 061/222359, Fax: 061/227922
Österreichisches Konsulat, Edisonstr. 23, Windhoek 9000, Tel.: 061/37920

Deutsche Botschaften und Konsulate in Südafrika:

Deutsche Botschaft, 180 Blackwood Street, Arcadia, **Pretoria** 0001, P.O.Box 2023, Tel.: 012 / 745931-3
Deutsche Botschaft, 825 St. Martini Gardens, Queen Victoria Street, **Cape Town** 8000, P.O.Box 4273, Tel.: 021 / 411421-3
Deutsches Generalkonsulat, Community Centre of the German, Lutheran Church, 5th floor 16 Kaptejin Street, Hillbrow **Johannesburg** 2000, P.O.Box 4551, Tel.: 011/7251519
Deutsches Konsulat, No. 1552 15th floor, 320 West Street, **Durban** 4000, P.O.Box 80, Tel.: 031/325677

➤➤ ALKOHOL

Man kann alkoholische Getränke nur in besonderen Geschäften, den "Bottle Stores", kaufen. Der Alkoholausschank in den Hotels ist wie folgt zu erkennen:

Y bedeutet: Wein und Bier dürfen nur mit den Mahlzeiten angeboten werden.
YY bedeutet: Es dürfen nur Wein und Bier verkauft werden.
YYY bedeutet: Es dürfen Wein, Bier und Spirituosen verkauft werden.

➤➤ ANGELN

Das gesamte Gebiet zwischen Sandvis und der Mündung des Ugab gehört zur National West Coast Tourist Recreation Area. Hier ist kein Angelschein nötig. Diesen braucht man jedoch zum Angeln der Frischwasserfische (z.B. im Hardap Stausee, Fischfluß, Daan Viljoen Park, van Bach Stausee). Man fischt hier vor allem Schwarzbarsch, Karpfen, Lachs, Brassen und Barbe.

➤➤ ÄRZTLICHE HILFE

Die Arztversorgung in Namibia ist sehr gut. Es empfiehlt sich der Abschluß einer Auslands-Krankenversicherung, wenn Ihre Krankenkasse Auslandskosten nicht übernimmt.

➤➤ AUSDRÜCKE

Anbei eine Übersicht über einige nützliche Ausdrücke in Afrikaans:

Guten Morgen!	Goeie more!	ja/nein	ja/nee
Guten Tag!	Goeie midday!	Verzeihung	ekskuus
Gute Nacht!	Goeie nag!	Ich möchte	ek will
bitte	asseblief	Tageszeitung	dagblad
danke	dankie	groß/klein	groot/klein
Auf Wiedersehen!	tot siens!	gut/schlecht	goed/sleg
Rundhaus	rondavel	wieviel	hoeveel
Tag/Woche	dag/week	Monat/Jahr	maand/jaar
Zahlen:			
eins	een	achtzehn	agtien
zwei	twee	neunzehn	negentien
drei	drie	zwanzig	twintig
vier	vier	einundzwanzig	een-en-twintig
fünf	vyf	zweiundzwanzig	twee-en-twintig
sechs	ses	dreißig	dertig
sieben	sewe	vierzig	veertig
acht	ag	fünfzig	vyftig
neun	nege	sechzig	sestig
zehn	tien	siebzig	sewentig

117

elf	elf	achtzig	tagtig
zwölf	twaalf	neunzig	negentig
dreizehn	dertien	hundert	honderd
vierzehn	veertien	hunderteins	eenhonderd-en-een
fünfzehn	vyftien	fünfhundert	vyfhonderd
sechzehn	sestien	tausend	'n Duisend
siebzehn	sexentien		

➡ AUTOFAHREN

Es herrscht **Linksverkehr** (Steuer stets rechts). Auf den Fernstraßen gibt es eine Geschwindigkeitsbegrenzung von **120 km/h auf Teerstraßen** und **100 km/h auf Schotterstraßen**, in Ortschaften von **60 km/h**. Anschnallpflicht besteht für Fahrzeuge mit Gurtausrüstung. **In Namibia ist neben dem nationalen Führerschein auch ein internationaler erforderlich**; für **Zimbabwe** und **Botswana** ebenfalls.

Nachts sollte man besonders vorsichtig fahren, da Tiere unvermutet über die Straße springen können.

Nehmen Sie unbedingt **zwei Ersatzreifen** mit, denn auf den Pads mit spitzen Steinen können Sie sonst unliebsame Überraschungen erleben. Ebenso ist die Mitnahme einer **Kühlbox** empfehlenswert, vor allem für die heiße Jahreszeit. Sie sollten ebenso jede **Tankmöglichkeit** nutzen (in allen größeren Orten gibt es Benzin. Man kann auch sonntags und feiertags tanken, manchmal gar rund um die Uhr) sowie genügend **Wasser** mitnehmen. Wenn Sie "wilde" und einsame Strecken fahren, vergessen Sie nicht die Mitnahme von:

* Öl und Werkzeug,
* evtl. Sandmatten und Pannenzubehör wie Draht,
* 2-Komponenten-Klebemittel für Kühler und Ölwanne

In der **Regenzeit** (Januar bis März) kann es sein, daß Straßen durch plötzlich fließende Wasserläufe ("abkommende Riviere") nicht oder nur mit großen Schwierigkeiten zu passieren sind. Dann muß man evtl. an dieser Stelle übernachten. Empfehlenswert ist daher die Mitnahme von Nahrungsmitteln und Getränken. Für einsame Strecken, die von Flußläufen durchquert werden, ist ein vierradangetriebenes Fahrzeug von Vorteil.

Weitere Empfehlungen für Autoreisende:
* Nehmen Sie in einer eisgekühlten **Kühlbox** genügend Getränke mit.
* Selbst im angeblich dicht geschlossenen Kofferraum wird Ihr Gepäck auf unbefestigten Pisten stets total verstaubt sein. Abhilfe: Breiten Sie über Koffer und sonstige Gepäckstücke **Plastik-Müllsäcke!**

 Wichtiger Sicherheits-Hinweis:
Fahren Sie auf unbefestigten Straßen **nicht schneller als 80 km/h** und möglichst nicht in der Dämmerung und nachts (Wildwechsel). Beachten Sie bitte auch die Fahrhinweise in den blauen Telex-Seiten!

➤➤ AUTOMOBILCLUB

AAN (Automobile Association of Namibia, P.O. Box 61, Windhoek 9000, Tel.: 061/224201, Carl List Gebäude 15, Independence Ave./Peter Müller Str. (Hilfen wie z.B. Karten nur mit Ausweis eines deutschen Automobilclubs).

➤➤ AUTOVERLEIHFIRMEN

Für **allgemeine Informationen** wenden Sie sich an die Automobile Association, P.O.Box 61, Windhoek 9000, Tel.: 061/224201, Telex: 0908-662.
Die Kombination Mietwagen/Hotel ist für all diejenigen ideal, die individuell reisen und abends bequem in einem Hotel oder Motel schlafen möchten. Kleine, nur regional arbeitende Unternehmen sind aufgrund der z.T. sehr kleinen Mietwagenbestände nicht zu empfehlen, da Namibia ein sehr großes Land ist und im Notfalle nur die großen Vermieter über eine effiziente Hilfe verfügen.
Bereits **in Deutschland** können Sie Leihwagen vorbuchen, die Sie aufgrund besonderer Tarife wesentlich preiswerter erhalten als im Lande selbst!
In Namibia können Sie u.a. bei folgenden Vermietern Leihwagen buchen:
* *in Windhoek:*
Avis rent a car, Eros Flughafen, P.O.Box 2057, Windhoek 9000, Tel.: 061 / 33166, (nach Büroschluß: 061 / 52222);
Windhoek Intl. Flughafen: Tel.: 0626 / 40271/2
Budget Rent a Car, Talstr. 72, P.O.Box 1754, Windhoek 9000, Tel.: 061 / 22-8720
Windhoek Intl. Flughafen: Tel.: 0626 / 40225
Imperial Car Hire, Stübel Str. 43, P.O.Box 1387, Windhoek 9000, Tel.: 061 / 227103; nach Büroschluß 061 / 52222
Eros-Flughafen: Tel.: 220191, Windhoek Intl. Flughafen Tel.: 0626 / 40278
Kessler Car Hire, Ecke Peter Müller/Tal Str., P.O.Box 20274, Windhoek 9000, Tel.: 061 / 33451, (nach Büroschluß: 061 / 52222)
* *in Swakopmund:*
Avis rent a car, Kaiser Wilhelm Str. 38, P.O.Box 1216, Swakopmund 9000, Tel.: 0641 / 2527; Rooikop Flughafen 0642 / 7527
Imperial Car Hire, Knobloch Str., P.O.Box 748, Swakopmund 9000, Tel.: 0641 / 61587
Budget Rent a Car, P.O.Box 180, Tel.: 0641 / 4118
* *in Tsumeb:*
Avis rent a car, Safari Centre, P.O.Box 284, Tsumeb 9000, Tel.: 0671/20520
* *in Walvis Bay:*
Imperial Car Rental, P.O.Box 1591, Tel.: 0642 / 4624

B BILATERALE GESELLSCHAFT

Die Deutsch-Namibische Gesellschaft e.V. fördert die Beziehungen zwischen Namibia und der BRD. Informationen über spezielle Themen, aktuelle Entwicklungen sowie die Arbeit der Vereinigung erhalten Sie bei: Deutsch

- Namibische Gesellschaft e. V., Zollstr. 2, D 41460 Neuss, Tel.: 02131 / 277534

➤➤ **BOTSCHAFTEN / KONSULATE**

s. Stichwort **ADRESSEN**

C CAMPINGZUBEHÖR (CAMPER s. blaue Telex-Seiten 33)

Namibia-geeignete Camper (z.T. Allradcamper) ab/bis Windhoek werden in Deutschland vermietet über: Iwanowski´s Individuelles Reisen GmbH, Raiffeisenstr. 21, D 41540 Dormagen; Tel.: 02133/61919; Fax: 02133/63130.
GAV's Camping Hire, P.O.Box 24075, Windhoek, 49 John Meinert St, Tel.: 061/239163, Fax: 061 / 230722 vermietet sämtliches Campingzubehör.

➤➤ **CAMPS UND CAMPINGPLÄTZE** (Preiskategorien 1994)

Ch	Chalets	S.	Schwimmbad
Hü	Hütte (einheimishe)	St	Standplätze
La	Lagerplatz	Wo	Wohnung
R.	Restaurant	Ze	Zelte
Ra	Rasthaus	Zi	Zimmer
Ro	Rondavel		

Ort *Name des Camps*	Telefon- Nummer	Adresse	Einricht- ungen
Caprivi			
Lianshulu Lodge	(061) 225178	P. O. Box 6850 Windhoek	10 Ra (D p.P.), R., S.
Damaraland			
*Etendeka Mountain Camp **	(061) 226174	P. O. Box 6850 Windhoek	8 Ze (F p.P.)
Khowarib Lagerplatz 70 km von Palmwag Lodge nach Sesfontein rechts in die Khowarib Schlucht ein- biegen, noch ca. 3 km, für PKW erreichbar.			7 Hü, 4 La, keine Ausrü- stung
Ongongo Lagerplatz 80 km von Palmwag Lodge nach Sesfontein rechts bei Warmquelle abbiegen, nach Überquerung der Wasserleitung noch ca. 6 km bis zur Lagerbürohütte, bis hier für PKW erreichbar.			3 Hü, 6 La, keine Ausrü- stung
*Palmwag Lodge **	(0641) 4459	P. O. Box 339 Swakopmund	7 Ra (D p.P.), St, R., S., keine Handtücher
Grootfontein			
*Municipality **	(06731) 3100-1/2/3	P. O. Box 23	4 Ra (B-E p.Ra), 6 St, R., S.

Henties Bay *Die Gord* **	(06442) 239165	P.O. Box 82	15 Ra (B p.Ra), keineHandtücher
Eagle Shopping Centre Flats	(06442) 32	P.O. Box 20	6 Ch (C p.Ch)
Karibib *Tsaobis Leoparden Naturpark* *	(062252) 1304	P. O. Box 927	10 Ra (B-C p.Ra), S.
Keetmanshoop *Lafenis Natuuren Ruskamp*	(0631) 2550	P. O. Box 827	10 Ra (C-D p.Ra), St (A p.St), S.
Municipality **	(0631) 3316	PPS 2125	St.
Khorixas *Rastlager und Restaurant* **	(065712) 196	P. O. Box 2	40 Ra (C-D p.P.), 50 St, S.
Brandberg Rastlager	(062262) 235	P. O. Box 35 Uis	Ra (C p.Ra) St, S.
Aba-Huab Lagerplatz 73 km von Khorixas Richtung Twyfelfontein links abbiegen, nach 13 km rechts, in 3 km liegt rechts der Lagerplatz, für PKW erreichbar.			5 La keine Ausrüstung
Lüderitzbucht	(06331) 335-1/2/3/4	P.O. Box 377	24 Ra (B-E p.) 7 Ro (B p.), R.
Maltahöhe *Farm Duwisib*	(06632) 5304	P. O. B. 11659 Windhoek	2 Ra (B-C p.Ra), Zi (B p.Zi), S.
Hammerstein **	(06632) 5111	P. O. Box 250	5 Ra (C-D p.Ra)
Namib Rastlager **	(06632) 3211	P. O. Box 1075 Swakopmund	5 Ra (C-D p.Ra), 4 Zi
Namseb	(06632) 154/164/166	P. O. Box 76	10 Zi (B-C p.Zi), 5 Ch (F p.Ch), R.
Otavi *Municipality* *	(06742) 22	P. O. Box 59	6 R (A p.Ra),10 St
Otjiwarongo *Municipality* *	(0651) 2231	PPS 2209	6 St (A p.St)
OtjiwaGameRanch **	(0658) 11002	P. O. Box 1231	Zi (C-E p.Zi)
Outjo *Municipality* *	(06542) 13205	P. O. Box 51	7 Hü, 12 St
Rundu *Kaisosi Safari Lodge* *	(067372) 265	P. O. Box 599	12 Ra (D-E p.Ra), 3 Ze (A p.Ze), St
Kavango Guest Lodge	(067372) 13244	P. O. Box 634	8 Ra (C-D p.Ra), 2 Zi, R.

Swakopmund			
Alte Brücke	(0641) 4918	P. O. Box 3360	16 Wo(C-E p.Wo)
Haus Garnison	(0641) 5246	P. O. Box 1228	8 Wo (C p.Wo)
Tsumeb			
Municipality	(0671) 3056	P. O. Box 275	St
Sachsenheim *	(0678) 13521	P. O. Box 1713	7 Zi (B p.P.), 3 St
Usakos			
Ameib Ranch	(062242) 1111	P. O. Box 266	10 St, 4 Ze, kein Camper/Motorrad
Walvis Bay			
Municipality **	(0642) 5981	P. O. Box 86	26 St
Langstrand	(0642) 5981	P. O. Box 86	105 St
Esplanade PARK	(0642) 6145	PPS Bag 5017	26 Ra (C-D p.Ra)

Außerdem befinden sich Campingplätze in den Naturschutzgebieten.

D DUNKELHEIT

Die Tage im südafrikanischen Sommer sind kürzer, dafür die "Wintertage" (entspricht der Trockenzeit) etwas länger als in Europa. Im Sommer wird es etwa gegen 19.15 Uhr, im Winter gegen 17.45 Uhr dunkel.

E EINREISE

Besucher aus Deutschland, Österreich und der Schweiz benötigen für touristische Besuche bei einem Aufenthalt von bis zu 90 Tagen z.Zt. kein Visum. Ein gültiger Reisepaß genügt (6 Monate Gültigkeit über das Reiseende hinaus!).

➡ EISENBAHN

Das Netz (2340 km) ist für den Personenverkehr kaum geeignet. Die Züge fahren extrem langsam: Windhoek - Swakopmund 10 h (4 ½ h mit dem Bus). Der Zug fährt nur nachts, man sieht also nichts!

➡ ELEKTRIZITÄT

Alle Steckdosen sind dreipolig (15 Amp.). Die Spannung beträgt 220-240 Volt. Ein Adapter ist notwendig, den man in Hotels geliehen bekommt oder in Elektrogeschäften Namibias kaufen kann. Größere Hotels haben im Badezimmer oft passende Steckdosen für europäische Stecker.

➡ ESSEN

Die Versorgung mit Lebensmitteln und Getränken ist unterwegs stets ge-währleistet. Jeder zentrale Ort verfügt zumindest über ein Geschäft, in dem

122

man das Notwendigste kaufen kann. Nur bei Frischwaren (Obst und Gemüse) kann es in abgelegenen Gegenden Probleme geben, doch ist ein Vitaminde-fizit leicht durch die Einnahme von Multivitamin-Präparaten auszugleichen. Außerdem kann man sich ja mit einem Vorrat an Äpfeln und Apfelsinen eindecken. In allen **Restaurants** des Landes kann man unbedenklich essen, d.h. die hygienische Zubereitung der Speisen ist stets gewährleistet. Risikolos können Salat gegessen oder Wasser getrunken werden. Die Gerichte entspre-chen weitgehend unseren Gewohnheiten. Oft werden Wildgerichte angebo-ten (Kudu, Springbock, Oryx, Warzenschwein), selten jedoch Fischgerichte. Die Küche ist eher als deftig-traditionell ("gutbürgerlich") zu bezeichnen. Überall erhältlich ist hervorragender südafrikanischer Wein. Doch das Lieblingsgetränk der Südwester ist das Bier (Hansa-Bier, Windhoeker Bier). Beliebt ist das Grillen von Fleisch (**"braaivleis"**), denn - durch das Klima bedingt - wird gerne draußen gekocht und gegessen. Die Preise für Speisen sind in etwa mit unseren zu vergleichen. In den Restaurants der Naturschutz-behörde sind sie jedoch niedriger.

 Es gibt ein lustiges "Südwester Kochbuch" (Herausgeber: Peter's Antiques, Swakopmund 1986). Vom "Perlhuhn nach Art der Schutz-truppler" bis zur "Geschmorten Puffotter" finden Sie landestypi-sche Rezepte.

F FEIERTAGE

01.01.	Neujahr	25.05.	Afrika-Tag
21.03.	Tag der Unabhängigkeit	26.08.	Heldengedenk-Tag
22.03.	Feiertag n. Unabhängh.	10.12.	Tag d. Menschenrechte
01.05.	Tag der Arbeit	25.12.	Weihnachten
02.05.	Feiertag	26.12.	Familientag
04.05.	Cassinga-Tag		

Außerdem gibt es noch die beweglichen Feiertage:
Karfreitag, Ostersonntag, Ostermontag, Christi Himmelfahrt

➠ FLÜGE

Gleich nach der Unabhängigkeit wurde es der SAA (South African Airways) untersagt, Namibia direkt mit Europa zu verbinden.

● Die **Air Namibia** bietet ab Frankfurt wöchentlich 2 nonstop - Verbindun-gen:
Frankfurt - Windhoek: Donnerstag und Samstag, Abflug jeweils abends, Ankunft in Windhoek am nächsten Morgen.
Windhoek - Frankfurt: Mittwoch und Freitag, Abflug jeweils abends, An-kunft in Frankfurt am nächsten Morgen.

Geflogen wird mit einer Boing 747 SP, die Flugzeit beträgt etwa 10 Stunden. Diese Verbindung ist damt die einzige nonstop - Verbindung ab Deutschland nach Nambia und damit der schnellste und bequemste Flug.

● **Lufthansa** nonstop nach Johannesburg und Anschlußflug nach Windhoek
Die Lufthansa fliegt zweimal wöchentlich die Strecke Frankfurt - Johannesburg mit Weiterflug nach Windhoek und zurück
Frankfurt - Zwischenlandung Johannesburg - Windhoek: Montag und Mittwoch, Abflug jeweils abends, Ankunft in Windhoek am nächsten Vormittag.
Windhoek - Zwischenlandung Johannesburg - Frankfurt: Dienstag und Donnerstag, Abflug jeweils nachmittags, Ankunft in Frankfurt am nächsten Morgen.

Diese Alternative ist für alle bequem, die an einem Tag fliegen möchten, an dem Air Namibia keine Flugverbindungen hat.

● **South African Airways** nach Johannesburg mit Anschlußflug nach Windhoek.
Seit Mitte 1991 darf die SAA über Schwarzafrika fliegen und verfügt damit über die gleichen schnellen Flugzeiten wie die Lufthansa. SAA bietet im Zusammenhang mit dem Flug Frankfurt - Johannesburg einen sehr günstigen Kombinationstarif nach Windhoek an.
Frankfurt - Johannesburg: Mittwoch, Freitag, Samstag, Sonntag; Anschlußflug nach Windhoek täglich außer Samstag; Abflug jeweils abends, Ankunft in Windhoek am nächsten Mittag.
Johannesburg - Frankfurt: Dienstag, Donnerstag, Freitag, Samstag; Anschlußflug nach Johannesburg täglich außer Samstag; Abflug in Windhoek am frühen Nachmittag, Weiterflug ab Johannesburg am Abend
Flugverbindungen ab Hamburg/München nach Johannesburg Dienstag und Donnerstag; von Johannesburg nach München/Hamburg Montag und Mittwoch.

SAA ist immer dann die beste Wahl, wenn man Südafrika mit Namibia verbindet (z. B. wenn man einen Abstecher nach Kapstadt unternehmen möchte; 2 mal wöchentlich wird die Strecke Kapstadt - Windhoek - Kapstadt beflogen: Freitag und Sonntag)

● **Luxavia/Trek Airways**
Luxavia/Trek Airways bietet Verbidungen von Luxemburg und München nach Johannesburg an. Allerdings muß ab Johannesburg nach Windhoek mit SAA oder Air Namibia weitergeflogen werden.

Dieser Zusatzflug wird zu normalen Tarifen dazuberechnet, so daß Luxavia für Flüge nach Windhoek weder verbidungs- noch tarifmäßig eine empfehlenswerte Wahl darstellt.

● **UTA/Zambia Airways/Air Zimbabwe**

Alle diese Verbindungen sind sehr zeitaufwendig und dementsprechend mit Unbequemlichkeiten verbunden.

Air Zimbabwe bietet im Zusammenhang mit dem Flug Frankfurt - Harare - Frankfurt einen sehr günstigen Kombinationstarif nach Windhoek an.
Frankfurt - Harare: Montag und Samstag, Anschlußflug nach Windhoek nur am Freitag (kein direkter Anschluß nach Windhoek möglich!);
Harare - Frankfurt: Freitag und Sonntag; Anschlußflug von Windhoek nach Harare nur am Freitag (direkter Anschluß nach Frankfurt möglich)

Empfehlenswert für die Kombination Zimbabwe mit Namibia .

● **LTU** ab Düsseldorf und München

Dieser Flug (1 x wöchentlich) ist sehr zeitaufwendig. Der Hinflug (ab Düsseldorf) dauert ca. 12 1/2 bis 13 Stunden, die Rückreise geht von Windhoek zunächst nach Durban (Südafrika), danach nach Tansania und München und schließlich nach Düsseldorf und *dauert damit sogar etwa 20 Stunden !*

 Kompetente Fluganalysen und Preise liefert Ihnen u. a. der Namibia - Spezialist Iwanowski's Individuelles Reisen GmbH, Raiffeisenstr. 21, 41540 Dormagen, Tel. 02133/61919, Fax 02133/63130

Flugtarife von Frankfurt nach Windhoek/Namibia und zurück - Stand April 1994 - (Hin - und Rückflug) in DM		
1. Klasse:	Frankfurt - Windhoek - Frankfurt	10.814 DM
Business Class:	Frankfurt - Windhoek - Frankfurt	6.897 DM

In der **Economy Class** schwanken die Preise je nach Abflugtermin:

Tarife von Frankfurt nach Windhoek/Namibia und zurück - Stand April 1994 - (Hin - und Rückflug) in DM			
Flug ab **Frankfurt**	Preis	Flug ab **Frankfurt**	Preis
04.04.94 - 30.06.94	1.792 DM	16.12.94 - 26.12.94	2.492 DM
01.07.94 - 15.12.94	1.992 DM	27.12.94 - 31.03.95	1.992 DM

Mindestaufenthalt 7 Tage, Maximalaufenthalt 35 Tage

Kleinkinder bis zwei Jahre erhalten eine Ermäßigung von 90 % auf den anrechenbaren Flugpreis, Kinder von zwei bis einschließlich 11 Jahren erhalten eine Ermäßigung von 50 % und Jugendliche von 12 bis einschließlich 24 Jahren 25 %.

Ausgeruht nach Namibia - Tips für den Langstreckenflug

* Nehmen Sie sich **dicke Socken** mit, damit Sie die Schuhe ausziehen können.
* Empfehlenswert ist eine **legere Kleidung für die Nacht**. Ideal sind eine Gymnastikhose und ein Baumwolloberteil.
* **Oropax** schützt vor dem unvermeidlichen Fluglärm.
* Eine **Nasencreme** verhindert das Austrocknen der Nase aufgrund der trockenen Luft.
* Eine **Augenklappe** erleichtert das Einschlafen.
* Trinken Sie nur **mäßig Alkohol**.

Die **inländische Air Namibia** bedient vom Windhoeker Eros-Flughafen die größeren Orte Namibias (Alexander Bay, Grootfontein, Katima Mulilo, Lüderitz, Omega, Ondangwa, Rundu, Swakopmund, Tsumeb, Walvis Bay). Ebenso gibt es zweimal wöchentlich Flüge nach Maun in Botswana. Air Namibia ist außerdem spezialisiert auf Fly-in-Safaris.
Buchungsadresse:
Air Namibia, P.O.Box 731, Windhoek 9000, Tel.: 061 / 38220, Telex: 0908-657

➤➤ FOTOGRAFIEREN

Nehmen Sie Ihre Filme aus Europa mit. Sie sind hier zumeist billiger. Achten Sie während Ihrer Reise auf eine kühle Filmlagerung (in parkenden Autos können leicht Saunatemperaturen entstehen!). Vergessen Sie auch nicht, Ersatzbatterien für die Kamera mitzunehmen. Welche Filmmarke Sie benutzen, ist Ihre eigene Erfahrungssache. Ich selber habe im südlichen Afrika gute Erfahrungen mit dem Kodak 25 (DIN 15) gemacht. Für Tieraufnahmen benötigen Sie einen lichtempfindlicheren Film (DIN 24 oder mehr), was vor allem bei der Benutzung von Teleobjektiven wichtig ist. Altes "Traveller-Übel": die Flughafen-Kontrollen. Im Zweifelsfalle lassen Sie Ihre Filmutensilien per Hand kontrollieren.

Berücksichtigen Sie Stolz und Menschenwürde! Fragen Sie bitte denjenigen, von dem Sie ein Foto haben möchten, um Erlaubnis, denn schließlich befindet man sich nicht in einem Zoo. Außerdem ergibt sich dabei die Möglichkeit des persönlichen Kontakts zu den Menschen anderer Hautfarbe und Mentalität.

➤➤ FREMDENVERKEHRSINFORMATIONEN

Namibia verfügt über ein eigenes Fremdenverkehrsbüro:
in Deutschland: Namibia Verkehrsbüro, Im Atzelnest 3, Postfach 2041, D
6380 Bad Homburg 3, Tel.: 06172 / 406650, Fax: 06172 / 406690
in Namibia: Direktor für Tourismus, PPS 13267, Windhoek 9000, Republic
of Namibia, Tel.: 061/36975 (Buchungen), Tel.: 061/33875 (Informationen)

G GÄSTEFARMEN

Jährlich wird ein "Namibia Accommodation Guide for Tourists" herausgegeben. Darin finden Sie die Preiskategorie sowie Farmklassifizierungen. Der
Führer ist kostenlos beim Namibia Verkehrsbüro zu beziehen.

Gruppe A	unter 50 N$ p.P.	Gruppe D	151 - 200 N$ p.P.
Gruppe B	50 - 100 N$ p.P.	Gruppe E	201 - 250 N$ p.P.
Gruppe C	101 - 150 N$ p.P.	Gruppe F	über 251 N$ p.P.

Ort Name der Gästefarm (mit Klassifikation) S = Swimming Pool	Telefon- Nummer	Adresse	Tarif 1994 pro Pers. im DZ + Frühstück
Aus			
Namtib Desert Lodge	(06362) 6640	P.O.Box 19	C
Gobabis			
Hetaku Safari Lodge, S	(06202) 3504	P.O. Box 24575 Windhoek	D
Steinhausen **, S	(06202) 3240	P.O. Box 23 Omitara	E
Grootfontein			
Dornhügel, S	(06738) 81611	P. O. Box 173	C
Helmeringhausen			
Dabis **	(06362) 6820	P.O. Box 15	D
Sinclair **	(06362) 6503	P.O. Box 19	D
Kalkfeld			
Mount Etjo Safari Lodge ***, S	(06532) 1602	P.O. Box 81	F
Kamanjab			
Hobatere Lodge ***, S	(0020) 2022	P.O. Box 110	E
Karibib			
Albrechtshöhe **, S	(062252) 1222	P.O. Box 124	E
Kaliombo, S	(06628) 6302	P. O. Box 384 Okahandja	F
Maltahöhe			
Ababis **	(06632) 3340	PPS 1004	D

Büllsport **, S	(06632) 3302	PPS 1003	D
Burgsdorf **	(06632) 1330	P.O. Box 28	D
Daweb **	(06632) 1840	P.O. Box 18	D
Namib Naukluft Lodge, S	(06632) 3203	P.O. Box 22028 Windhoek	E
Ou Kamkas	(06632) 4413	P.O. Box 191	C
Mariental			
Anib Lodge **, S	(0668) 12421	P.O. Box 800	D
Donkerhoek, S	(06662) 3113	PPS 2145	F
Okahandja			
Haasenhof **	(06228) 82131	P.O. Box 72	D
J+C Lievenberg **, S	(062252) 3112	P.O. Box 66	F
Matador **, S	(06228) 4312	P.O. Box 214	D
Okomitundu, S	(06228) 6403	P.O. Box 285	D
Otjiruze ***, S	(06228) 81621	P.O. Box 297	E
Otjisazu ***, S	(06228) 81640	P.O. Box 149	E/F
Omaruru			
Erindi Onganga **, S	(06532) 1202	P.O. Box 20	D
Epako Kamel Game Ranch, S	(06221) 2141	P.O. Box 108	E
Immenhof **, S	(06532) 1803	P.O. Box 250	D
Okosongoro **	(06532) 1721	P.O. Box 324	D
Otjikoko, S	(062232) 2102	P.O. Box 404	D
Otavi			
Kupferberg **, S	(06742) 2211	P.O. Box 255	E
Otjiwarongo			
Okonjima**, S	(0658) 18212	P.O. Box 793	E
Waterberg Big Game Hunting Lodge ***, S	(0658) 15313	P.O. Box 973	F
Outjo			
Bambatsi Holiday Ranch ***, S	(06542) 1104	P.O. Box 120	D
Bergplaas Safari Lodge, S	(06542) 1802	P.O. Box 60	D
Huab Lodge, S	(06542) 4391	P.O. Box 21783 Windhoek	F
Ongava Game Ranch, S	(06542) 3422	P.O. Box 186	F
Toshari Inn **	(06542) 3602	P.O. Box 164	D
Tsumeb			
La Rochelle **, S	(0678) 11013	P.O. Box 194	D
Usakos			

Ameib Ranch ***, S	(062242) 1111	P.O. Box 266	E
Wüstenquell Desert Lodge **, S	(062242) 1312	P.O. Box 177	D
Windhoek			
Düsternbrook	(061) 32572	P.O. Box 870	D
Elisenheim **, S	(061) 64429	P.O. Box 3016	E
Finkenstein **	(061) 34751	P.O. Box 167	D
Hochland **, S	(061) 32628	P.O. Box 22221	E
Hope **, S	(0628)3202	P.O. Box 21768	D
Kamab ***	(06228) 5313	P.O. Box 3873	D
Karivo **, S	(0628) 1321	P.O. Box 11420	E
Niedersachsen	(0628) 1102	P.O. Box 3636	D
Okapuka Ranch ***, S	(061) 34607	P.O. Box 5955	E
Silversand **	(06202) 1102	PPS 13161	E
Swartfontein **	(0628) 1112	P.O. Box 20113	D
Weissenfels **	(0628) 1213	PPS 13144	D

 Neu erschienen ist der Gästefarm-Führer Namibia, in dem 47 Gästefarmen ausführlich beschrieben sind (jeweils mit Bildern, Anfahrt-Karten, unabhängiger Bewertung). Zu beziehen im guten Buchhandel oder direkt bei: Reisebuchverlag Iwanowski GmbH, Raiffeisenstr. 21, D 41540 Dormagen, Tel.: 02133 / 61919; Fax: 02133 / 63130

➤➤ **GELD**

s.a. Stichwort **WÄHRUNG**

➤➤ **GELÄNDEFAHRZEUGE**

Kessler Car Hire, P.O.Box 20274, Windhoek 9000, bietet Geländefahrzeuge an (s.a. Stichwort **AUTOVERLEIHFIRMEN**).

H HOTELS (Preisstand 1994)

Jährlich wird ein "Namibia Accommodation Guide for Tourists" herausgegeben. Darin finden Sie die Preise sowie Klassifizierungen. Der Führer ist kostenlos beim Namibia Verkehrsbüro zu beziehen.

Gruppe A	unter 50 N$ p.P.	Gruppe D	151 - 200 N$ p.P.
Gruppe B	50 - 100 N$ p.P.	Gruppe E	201 - 250 N$ p.P.
Gruppe C	101 - 150 N$ p.P.	Gruppe F	über 251 N$ p.P.

129

Ort Name des Hotels (mit Klassifikation) S = Swimming Pool	Telefon- Nummer	Adresse	Tarif 1994 pro Pers. im DZ (F: Frühstück)
Aranos			
Aranos Hotel *, S	(06642) 31/133	P.O. Box 315	B
Asab			
Asab Hotel *	(0668) 15441	P.O. Box 7 Keetmanshoop	B
Aus			
Bahnhof Hotel *	(063332) 44	P.O. Box 27	B (F)
Bethanie			
Bethanie Hotel *	(06362) 13	P.O. Box 13	B (F)
Gobabis			
Central Hotel *	(0681) 2094/95	P.O. Box 233	B (F)
Gobabis Hotel *	(0681) 2568	P.O. Box 942	B (F)
Gochas			
Gochas Hotel *	(06662) 44	P.O. Box 117	B (F)
Grootfontein			
Meteor Hotel *	(06731) 2078/9	P.O. Box 346	B/C (F)
Grünau			
Grünau Hotel *	(0020) 1	P.O. Box 2	B (F)
Helmeringhausen			
Helmeringhausen Hotel *	(06362) 7	P.O. Box 21	B (F)
Henties Bay			
Hotel de Duine *	(06442) 1	P.O. Box 1	B
Hochfeld			
Hochfeld Hotel *	(06228) 1703	P.O. Box 454 Okahandja	B/C (F)
Kalkrand			
Kalkrand Hotel *	(06672) 24	P.O. Box 5	A
Karasburg			
Kalkfontein Hotel *	(06342) 172	P.O. Box 205	B (F)
van Riebeeck Hotel *	(06342) 172	P.O. Box 87	B (F)

Karibib			
Hotel Erongoblick *, S	(062252) 9	P.O. Box 67	B (F)
Hotel Stroblhof *, S	(062252) 81	P.O. Box 164	A/B (F)
Katima Mulilo			
Zambezi Lodge, S	(067352) 203	P.O. Box 98	C (F)
Keetmanshoop			
Canyon Hotel ***, S	(0631) 3361	P.O. Box 950	C (F)
Travel Inn **, S	(0631) 2138	P.O. Box 141	B (F)
Koës			
Hotel Kalahari *	(06322) 14	PPS 1042	B (F)
Lüderitz			
Bay View Hotel **, S	(06331) 2288	P.O. Box 387	C
Kapps Hotel *	(06331) 2701	P.O. Box 100	B
Hotel zum Sperr-gebiet (garni) *	(06331) 2856	P.O. Box 373	B (F)
Maltahöhe			
Maltahöhe Hotel *	(06632) 13	P.O. Box 20	B (F)
Noordoewer			
Camel Lodge *, S	(0020) 13	P.O. Box 1	B
Okahandja			
Okahandja Hotel *	(06221) 3024	P.O. Box 770	A/B
Olympia Lodge Oropoko, S	(06221) 3377	P.O. Box 756	F (F)
Omaruru			
Central Hotel *, S	(062232) 30	P.O. Box 29	B (F)
Hotel Staebe *, S	(062232) 35	P.O. Box 92	B (F)
Omitara			
Omitara Hotel *	(06202) 4	P.O. Box 641	B (F)
Otavi			
Otavi Hotel *	(06742) 5	P.O. Box 400	A/B (F)
Otjiwarongo			
Hotel Hamburger Hof **	(0651) 2520	P.O. Box 8	B (F)
Otjibamba Lodge **, S	(0651) 3133	P.O. Box 510	B (F)
Outjo			
Hotel Etosha *, S	(06542) 130	P.O. Box 31	B (F)
Hotel Onduri **	(06542) 14/165	P.O. Box 14	B/C (F)

Rehoboth

Rio Monte Hotel *	(06271) 2161	P.O. Box 3257	A (F)
Suidwes Hotel	(06271) 2238	P.O. Box 3300	A (F)

Swakopmund

Atlanta Hotel *	(0641) 2360	P.O. Box 456	B (F)
Hansa Hotel ***	(0641) 311	P.O. Box 44	D (F)
Hotel Europa Hof **	(0641) 5898	P.O. Box 1333	B (F)
Hotel garni Adler **, S	(0641) 5045	P.O. Box 1497	C (F)
Hotel Jay Jay's Restaurant *	(0641) 2909	P.O. Box 835	A
Hotel Schütze *	(0641) 2718	P.O. Box 634	B (F)
Hotel-Pension Deutsches Haus *, S	(0641) 4896	P.O. Box 13	B (F)
Hotel-Pension Dig By See *	(0641) 4130	P.O. Box 1530	B (F)
Hotel-Pension Prinzessin Rupprecht-Heim *	(0641) 2231	P.O. Box 124	B (F)
Hotel-Pension Rapmund *	(0641) 2035	P.O. Box 425	B (F)
Hotel-Pension Schweizerhaus **	(0641) 331/2/3	P.O. Box 445	C/D (F)
Privat-Pension d'Avignon *	(0641) 5821	P.O. Box 1222	B (F)
Strand Hotel **	(0641) 315	P.O. Box 20	C (F)

Tsumeb

Hotel Eckleben **	(0671) 21051	P.O. Box 27	B (F)
Minen Hotel **	(0671) 21071	P.O. Box 244	B (F)
Mokuti Lodge ***, S	(0671) 21084	P.O. Box 403	D (F)

Walvis Bay

Casa Mia Hotel **	(0642) 5975	P.O. Box 1786	C (F)
Flamingo Hotel *	(0642) 3011	P.O. Box 30	B (F)
Hotel Atlantic **	(0642) 2211	P.O. Box 46	B (F)
Mermaid Hotel *	(0642) 6211	P.O. Box 1763	A/B (F)

Windhoek

Aris Hotel *, S (25 km südl. d. Stadt)	(061) 36006	P.O. Box 5199	B (F)
Continental Hotel **	(061) 37293	P.O. Box 977	C (F)
Hotel Fürstenhof **	(061) 37380	P.O. Box 316	C (F)
Hotel Kapps Farm *, S (20 km östl. d. Stadt)	(061) 34763	P.O. Box 5470	B (F)
Hotel-Pension Cela **, S	(061) 226294	P.O. Box 1947	C (F)
Hotel-Pension Moni	(061) 228350	P.O. Box 2805	C (F)

Hotel-Pension Steiner *, S	(061) 222898	P.O. Box 20481	C (F)
Hotel Safari ***, S	(061) 38560	P.O. Box 3900	C/D (F)
Hotel Thüringer Hof **	(061) 226031	P.O. Box 112	D (F)
Kalahari Sands Hotel ****, S	(061) 222300	P.O. Box 2254	D
South West Star Hotel *	(061) 213205	P.O. Box 10319 Khomasdal	A
Witvlei			
Witvlei Hotel *	(06832) 4	P.O. Box 13	B (F)

I IMPFUNGEN

Cholera: Eine Impfung ist nicht mehr nötig.

Gelbfieber: Alle Personen, die in Namibia aus einer Gelbfieberzone in Afrika oder Südamerika eintreffen oder dort Orte oder Häfen passiert haben, müssen im Besitz einer internationalen Bescheinigung über eine Impfung gegen Gelbfieber sein. Eine Bescheinigung über Gelbfieberimpfungen ist 10 Jahre gültig.

Malaria: Allen Besuchern des nördlichen Teils von Namibia wird eine Malaria-Prophylaxe empfohlen (vor allem in den feuchten Monaten Oktober bis April).

Pocken: Eine Schutzimpfung wird nicht mehr verlangt.

➡ INFORMATIONEN

Touristische Informationen erteilt: Director of Tourism, Reservations, Private Bag 13267, Windhoek 9000, Namibia, Tel.: 33875 (Infos) oder 36975 (Buchungen) oder direkt in Windhoek (Reservierungsbüro im Oude-Voorpost GebäudeEcke John Meinert Str., schräg gegenüber dem Kudustandbild.

Öffnungszeiten:
Mo - Fr   08.00 - 15.00 h   (Reservierungszeiten)
              08.00 - 16.30 h   (Informationen)

J JAGD / JAGD-SAFARIS

In Namibia herrschen **strenge Jagdgesetze**. Das Jagen auf den Farmen ist auf eine gesetzliche Jagdzeit beschränkt (ca. Juni/Juli). Da das Wild Eigentum des Farmers ist, stellt dieser Ihnen den Jagdschein aus und legt auch fest, welche Wildart geschossen werden darf. Ebenso bestimmt er den Preis.

Im **August/September** kann gewöhnlich **Federvieh** gejagt werden (Gänse, Perlhühner, Swainsonfrankoline, Tauben, wilde Enten und Wachteln). Alle anderen Vögel stehen unter Naturschutz. Die Termine für beide Jagdzeiten werden jeweils im Mai bekanntgegeben. Für **Trophäenjäger** gelten diese Jagdzeiten nicht. Wenn Sie einen vorgeschriebenen **Jagdschein** besitzen, dürfen Sie, ausgenommen in der Zeit von Dezember bis Januar, in Namibia jagen. Der Jagdschein wird im Department of Agriculture and Nature Conservation ausgestellt. Man erhält den Jagdschein allerdings nur, wenn man unter der Aufsicht eines Berufsjägers oder Jagdführers jagt.

Berufsjäger dürfen Jagden mit Einverständnis des Farmbesitzers auf allen Farmen unternehmen, während ein Jagdführer nur auf seiner eigenen Farm Jäger begleiten darf. Aufgrund der Zollbestimmungen ist es für den Jäger erlaubt, seine eigene Waffe mitzubringen.
Allgemeine Jagdinformationen erhalten Sie beim Namibia Berufsjagdverband, P.O Box 11291, Windhoek, Tel.: 061 / 34455

Die Deutsch-Namibische Gesellschaft e.V. (Zollstr. 2, 41460 Neuss, Tel.: 02131 / 277534) gibt die Reihe "Naturschutz und Jagd" heraus. Hier finden Sie hervorragende Informationen zu dieser Thematik. Für spezielle Fragen steht dazu Herr Wulff von Groote, Coloniastr. 60, 53332 Bornheim, Tel.: 02232 / 32262 zur Verfügung.

Adressen von Jagdsafari-Unternehmen in Namibia:

* **Anvo Hunting Safaris*****, P.O.Box 21301, Windhoek 9000, Tel.: 061 / 37560 u. 32289, Telex: 0908 - 3167
* **Buffalo Trails****, P.O.Box 22712, Windhoek 9000, Tel.: 061 / 22111, Telex: 0908-628 PKW-BT
* **Caravan Safaris***, Private Bag 2168, Okahandja 9000, Tel.: 06228 Hochfeld 1621 / 1602
* **Diana Safaris****, P.O.Box 133, Karibib 9000, Tel.: 06228 Wilhelmstal 6312
* **Finken Safaris***, P.O.Box 226, Windhoek 9000, Tel.: 061 / 29703
* **Khomas Safaris***, P.O.Box 954, Walvis Bay 9190, Tel.: 0642 / 4129
* **Kuiseb Safaris****, P.O.Box 5432, Windhoek 9000, Tel.: 061 / 33956, Telex: 0908-701
* **Namibia Ward Safaris****, P.O.Box 23118, Windhoek 9000, Tel.: 062252 Otjimbingwe 3130
* **Nossob Safaris****, P.O.Box 22177, Windhoek 9000, Tel.: 0688 / 15412
* **Omaruru Safaris***, P.O.Box 108, Omaruru 9000, Tel.: 062232 / 2040 und 2011
* **Sohrada Safaris****, P.O.Box 422, Otjiwarongo 9000, Tel.: 0658 Waterberg 15430
* **Stolzenberg Intersafaris***, P.O.Box 179, Otavi 9000, Tel.: 06742 / 1612

➼ JAGDFARMEN

Jährlich wird ein "Namibia Accommodation Guide for Tourists" herausgegeben. Darin finden Sie die Preise sowie Farmklassifizierungen. Der Führer ist kostenlos beim Namibia Verkehrsbüro zu beziehen.

Preisstand 1994 (Preiskategorien s. Stichwort **GÄSTEFARMEN** S. 127)

Ort Name der Jagdfarm (mit Klassifikation) S = Swimming Pool	Telefon- Nummer	Adresse	VP-Tarif pro Pers. pro Tag
Gobabis			
Kalahari Hunting Lodge **	(0628) 3422	P.O. Box 21 Witvlei	E
Karibib			
Khomas **, S (liegt an der Us-Paß-Str.)	(0642) 4129	P.O. Box 954 Walvis Bay, 9190	F
Okahandja			
Kashiuna Hunting Lodge	(06228) 5222	P.O. Box 11319 Windhoek	D
Okatjuri **, S	(06228) 1521	P.O. Box 207	F
Windhoek			
Bellerode *	(061) 35485	P.O. Box 5185	F
Ibenstein **, S	(0020) 8	P.O. Box 20 Dordabis	D/E
Mountain View Game Lodge **, S	(0628) 1131	P.O. Box 9061	E/F
Panorama Hunting Lodge ***, S	(061) 33345	P.O. Box 2992	F

K KARTEN

Unabdinglich für eine gute Reiseplanung ist exaktes, aktuelles Kartenmaterial. Die beste Auswahl gibt es beim Internationalen Landkartenhaus/ GeoCenter, Postfach 800830, 70508 Stuttgart, Telefon: 0711 / 78893-40. Hier werden topographische Karten im Maßstab 1 : 50 000 und 1 : 250 000 angeboten, ebenfalls die große Farm- und aktuelle Straßenkarte. Neu im Angebot sind die beiden phantastischen physikalischen Karten "Namibia", 1 : 1 000 000, die von den United Nations herausgegeben wurden.
Weiter empfehlenswert sind:
* Straßenkarte 1 : 2 000 000 mit Straßennummern, Stadtplänen und Gästefarmen (kostenlos über das Namibia Verkehrsbüro erhältlich)
* Freytag und Berndt, 1 : 2 400 000, Namibia (mit Stadtplänen /Gästefarmen)

➤➤ KLEIDUNG

Wenn man im südlichen Winter (**Trockenzeit**) reist, muß man morgens warm angezogen sein (mehrere "Schichten"), und im Verlauf des Tages zieht man sich allmählich nach und nach aus ("Zwiebelprinzip"). Ab dem Nachmittag zieht man sich nach und nach wärmer an. Warme Kleidung darf also in dieser Jahreszeit nicht fehlen. Auch im südwester/namibischen **Sommer** sollte ein warmes Kleidungsstück nicht fehlen, da es im Hochland durchaus einmal kühl werden kann. Die **Kleidungssitten** in den Hotels kann man eher als leger bezeichnen. Gesellschaftskleidung ist nicht nötig.
Darüberhinaus vergessen Sie nicht eine starke Sonnenbrille, Sonnenöl, Lippenschutzcreme, Kopfbedeckung und eine Taschenlampe für die Camps.

➤➤ KONTAKTE

Wer gerne mit deutschsprachigen Namibiern Kontakt haben möchte (keine Quartiervermittlung!), der wende sich an: **Frau Elisabeth, Kuhlmann**, P.O.Box 21104, Windhoek 9000, Namibia, Tel.: 061/223423 (nach 17 h). Frau Kuhlmann ist Vorsitzende der "Touristik Arbeitsgruppe" der Interessensgemeinschaft Deutschsprechender für Namibia und ist engagierter Ansprechpartner. Weitere Ansprechpartner sind: in **Windhoek** Herr Sievers (Tel.: 227737); Herr Redecker (52067); Frau Lubisch (228426); Herr Herrle (224578/223992); in **Outjo**: Herr Ahting (2340); in **Swakopmund**: Herr Seydlitz (2753)

➤➤ KRANKENVERSICHERUNG

Prüfen Sie bitte nach, ob Ihre Krankenversicherung im Krankheitsfalle für die Kosten im außereuropäischen Raum aufkommt. Die medizinische Versorgung im Lande ist gut, aber es besteht kein Sozialabkommen zwischen Deutschland und Namibia. In der Regel wird daher eine Reisekrankenversicherung unvermeidlich.

➤➤ KREDITKARTEN

s. **WÄHRUNG**

M MEHRWERTSTEUER

Sie beträgt z.Zt. 11 % und wird auf alle Waren und Dienstleistungen (einschließlich Hotelunterkünften, Beförderungsleistungen sowie Pauschaltouren) erhoben; Restaurant-Mahlzeiten: 8 %. Grundnahrungsmittel sind nicht besteuert. Waren, die gekauft und direkt an die Heimatadresse des Käufers außerhalb Namibias geschickt werden, werden nicht besteuert.

N NATURSCHUTZGEBIETE

Die Naturschutzgebiete in Namibia (Übersicht s. folgende Seiten) unterstehen der Naturschutzbehörde. Diese gibt alljährlich einen Namibia Accommodation Guide for Tourists heraus. Darin finden Sie die aktuellen Preise sowie Klassifizierungen. Der Führer ist zu beziehen bei Director of Tourism, Reservations, Private Bag 13267, Windhoek 9000, Tel.: 061 / 33875, Fax 061 / 224900 oder direkt in Windhoek (Reservierungsbüro im Oude-Voorpost-Gebäude Ecke John Meinert Str., schräg gegenüber dem Kudustandbild. bzw. über das Namibia Verkehrsbüro. Die Buchung der Naturschutzgebiete erfolgt ebenso über die obige Adresse (Director of Tourism, Reservations, Tel.: 061 / 36975). Die Reservierung kann aber auch durch die deutschen Spezialveranstalter erfolgen, was für den Reisenden den Vorteil der schnellen Bestätigung, der unkomplizierten Kommunikation sowie der Einfachheit des Zahlungsflusses hat. Man kann bis zu 18 Monate im voraus buchen. In den Camps wird Bargeld angenommen, aber auch die Kreditkarten Visa, Eurocard (Mastercard) und Diners Club werden akzeptiert.Das Büro des Director of Tourism in Windhoek hat folgende **Öffnungszeiten**:

Reservierungen u. Kassenzeiten: Montag - Freitag: 08.00 - 13.00 h
14.00 - 15.30 h
Informationen: Montag - Freitag: 08.00 - 17.00 h

O ÖFFNUNGSZEITEN

Banken: im allgemeinen: Mo-Fr: 09.00-15.30 h, Sa: 09.00-11.00 h
Geschäfte: 08.30 - 13.00 h, 15.00 - 18.00 h (Samstag: nur vormittags) manchmal durchgehend von 8.30 - 17.00 h (einige Geschäfte - vor allem "Portugiesen-Läden - sind sonntags geöffnet)
Post: wochentags 08.30 - 12.30 h, 13.30 - 18.30 h

P PERMITS

Zugangsscheine sind bei der Ankunft in den Restcamps erhältlich. Ausnahme: Permits für Naukluft, Terrace Bay und Torra Bay, die man nur im Reservierungsbüro in Windhoek erhält. Permits für die Namib-Sektion des Namib-Naukluft-Parks erhält man im Reservierungsbüro in Windhoek und in den Touristikbüros in Lüderitz, Hardap, Swakopmund und Sesriem.

➡ POLIZEI

Landesweit ist der Polizei-Notruf einheitlich 10111. Polizeistationen gibt es in allen größeren Orten.

R REISEZEIT

Das im allgemeinen trockene und sonnenreiche Klima läßt das Reisen im ganzen Jahr zu. Man sollte daran denken, daß Namibia auf der südlichen

NATURSCHUTZGEBIETE IN NAMIBIA

Name	Lage	Hütten	Camper-Platz	Zelte	Restaurant	Schwimmbad	Tankstelle	Laden	Saison
Fish River Canyon: Ai -Ais	Süden	+	+	+	+	+	+	+	2. Freitag im März - 31.10.
Hobas (10 km v.Aussichtsp.)	Süden	-	-	+	-	+	-	+	Wanderungen nur Mai-Ende Sept.
Daan Viljoen Wildpark	bei Windhoek	+	+	+	+	+	-	+	ganzjährig
Etoscha National Park	Norden	+	+	+	+	+	+	+	ganzjährig
Groß Barmen	100 km nördl. von Windhoek	+	+	+	+	+	+	+	ganzjährig
Hardap Damm	270 km südl. von Windhoek	+	+	+	+	+	+	+	ganzjährig
Kavango: Popafälle	Caprivistreifen	+	-	+	-	-	-	+	ganzjährig
Kaudom	Caprivistreifen	+	-	+	-	-	-	-	ganzjährig

Name	Lage	Hütten	Camper-Platz	Zelte	Restaurant	Schwimmbad	Tankstelle	Laden	Saison
Lüderitz	Südwesten	-	+	+	-	-	-	-	ganzjährig
Namib Naukluft Park:									
Naukluft	Westen	-	+	+	-	-	-	-	ganzjährig
Sesriem	Westen	-	+	-	-	-	+	-	ganzjährig
Robbenreservat Kreuzkap	nördlich von Swakopmund	-	-	-	-	-	-	-	täglich, außer Freitag, von 10.00 - 17.00 h
Skelettküstenpark:	Nordwestküste								
Terrace Bay		+	-	-	+	-	+	+	ganzjährig
Torra Bay		-	+	+	-	-	+	+	01. Dezember - 31. Januar
von Bach Damm	90 km nördl. von Windhoek	+	+	+	-	-	-	-	ganzjährig
Waterberg Plateau Park	310 km nördl. von Windhoek	+	+	+	+	+	+, kein Diesel	+	ganzjährig

Jährlich erscheint der Namibia Accommodation Guide for Tourists, der **kostenlos** zu beziehen ist bei: Director of Tourism, Reservations, Private Bag 13267, Windhoek 9000, Namibia, Tel.: 061 / 36975 (Reservation) oder 33875 (Information)

Halbkugel liegt: wenn wir Winter haben, herrscht dort Sommer, der sehr heiß ist. Wenn es bei uns Sommer ist, herrscht in Namibia Trockenzeit; die Temperaturen sind tagsüber warm, nachts erfolgt eine z.T. sehr starke Abkühlung (bis in den Minusbereich hinein). Bei der Reiseplanung sollte man beachten, daß Teile des Etoscha-Nationalparks und der Kurort Ai-Ais während der Sommerzeit (November/ Dezember bis Februar/März) geschlossen sind.

S SAFARIUNTERNEHMEN

Azur Travel Consultant, P.O.Box 11020, Windhoek , Tel.: 061 / 228427
Oryx Tours of Namibia, P.O.Box 2058, Windhoek, Tel.: 061 / 24252-3
SAR Travel, P.O.Box 415, Windhoek 9000, Tel.: 061 / 298-2532-34821,
SWA Safaris and **Southern Cross Safaris,** P.O.Box 20373, Windhoek 9000, Tel.: 061 / 37567
Toko Safaris, P.O.Box 5017, Windhoek 9000, Tel.: 061 / 225539

➤➤ SCHLANGEN

Es gibt zwar viele und z.T. giftige Schlangen, doch lauern diese nicht gerade auf Touristen. Übermäßige Angst ist deshalb nicht angebracht; trotzdem sollten Sie auf Ihren Weg achten. In der Regel flüchten die Tiere schon lange,bevor Sie sie sehen konnten. Sollte es dennoch passieren, und die Schlange hat Sie gebissen: keine Panik! Merken Sie sich vor allem Farbe und Kopfform, damit ein behandelnder Arzt oder anderer sachkundiger Helfer weiß, welches Gegenserum angebracht ist.

➤➤ SCHULFERIEN

● **Namibia**

Regierungsschulen:
30.04. - 31.05.94   26.08. - 10.09.94   ab 10.12.94
DHPS:
30.04. - 31.05.94   21.08. - 12.09.94   ab 10.12.94

● **Südafrika**

Kapland:
01.04. - 17.04.94   24.06. - 17.07.94   01.10. - 11.10.94   ab 10.12.94
Natal:
26.03. - 12.04.94   02.07. - 24.07.94   07.10. - 16.10.94   ab 09.12.94
Oranje Freistaat:
26.03. - 1.04.94   24.06. - 19.07.94   24.09. - 03.10.94   ab 15.12.94
Transvaal:
31.03. - 18.04.94   01.07. - 25.07.94   24.09. - 03.10.94   ab 08.12.94

➤➤ SCHUSSWAFFEN

Schußwaffen dürfen nur mit Genehmigung eingeführt werden. Diese Genehmigung erteilen bei der Einreise die Zollbeamten, sofern der Besitzer den legalen Besitz dieser Waffen nachweisen kann und die Waffen über Seriennummern verfügen, die eingestanzt sind. Die erteilten Genehmigungen sind 180 Tage gültig. Unerlaubter Waffenbesitz ist in Namibia strafbar. Eine Waffenbesitz-Karte muß deshalb vorgelegt werden.

➤➤ SOUVENIRS

In den großen Städten wie Windhoek oder Swakopmund bieten die Geschäfte lohnenswerte landestypische Artikel und Erzeugnisse an:
* **Mineralien**, die es in einer Vielzahl und Schönheit zu kaufen gibt.
* **Diamanten, Brillianten und Halbedelsteine** besonderer Qualität.
* **Herero - Puppen**, die vor allem in Windhoek angeboten werden. Es sind Puppen, die von Hererofrauen nach ihrem Trachtenstil gekleidet wurden.
* **Schuhe aus Kuduleder**: haltbar und preiswert (besond. in Swakopmund)
* **Felle afrikanischer Tierarten** (Achtung: Beachten Sie, daß Sie eine Einfuhrerlaubnis benötigen; erkundigen Sie sich danach beim Verkäufer).
* **Karakul - Pelzkleidung** (Swakara), besonders in den Winhoeker Pelzgeschäften in breiter Auswahl anzutreffen.
* **Antiquarische Bücher** aus der Kolonialzeit
* Diverse Erzeugnisse aus **Wildleder** (z. B. Straußen - Leder).

➤➤ SPRACHE

Seit der Unabhängigkeit Namibias ist Englisch Amtssprache (vorher waren es Afrikaans, Englisch und Deutsch). Etwa 2/3 der Bevölkerung sprechen Afrikaans, 1/4 Deutsch und knapp 10 % Englisch. In den meisten Fällen (Geschäfte, Hotels etc.) kommt man mit Deutsch und Englisch weiter.

➤➤ STRASSEN

Straßen heißen im Südwester-Deutsch "Pads". Das Straßennetz in Namibia ist verhältnismäßig dicht und von erstaunlicher Qualität (4 300 km Teerstraßen, 37 500 km Schotterstraßen, 22 000 km Farmwege). Die Hauptstrecke von Süden (sowohl aus Kapstadt als auch aus Johannesburg) nach Norden über Windhoek, Otavi bis Rundu ist asphaltiert, ebenso die Strecke Windhoek - Karibib - Swakopmund. Auch die Strecken von Keetmanshoop bis Goageb und von Aus nach Lüderitz sind mit einer Asphaltdecke überzogen. Der größte Teil der Strecken sind Schotterstraßen, doch keine (!) Bange, auch sie sind gut gepflegt und erlauben in der Regel eine Geschwindigkeit von ca. 80 km/h. In der sommerlichen Regenzeit kann es lediglich Probleme geben, wenn Trockenflüsse plötzlich zu fließen anfangen (im Südwester-Deutsch: "Reviere kommen ab"). Im Damaraland sind die Naturstraßen z.T. in schlechtem Zustand, jedoch stets für normale Fahrzeuge - d.h. mit Zweirad-

Antrieb - befahrbar. Vorsicht bei Naturstraßen während der Regenzeit (glitschig!). Alle öffentlichen Straßen/Wege sind numeriert. Vor den Nummern steht manchmal ein "D" (Distrikt-Pad) oder ein "P" (Privat-Pad). Letztere darf von jedem befahren werden und führt quer durch Farmgelände, was bedeutet, daß sehr oft "Gatter" (Viehtore) geöffnet und geschlossen werden müssen. Besorgen Sie sich auf jeden Fall schon in Deutschland eine genaue Straßenkarte, die die Straßennummern aufweist.

Vierradangetriebene Fahrzeuge sind nur für extreme Touren abseits der normalen Straßen notwendig. Ansonsten kommen Sie mit einem normalen PKW, z.T. mit einem Camperfahrzeug zu allen beschriebenen Zielen.

➤➤ STROM
s. ELEKTRIZITÄT

T TAXIS

Taxis gibt es am Flughafen in Windhoek (Tel.: 37070), Swakopmund (Tel.: 5880) und Walvis Bay (Tel.: 5869). Man kann sie entweder telephonisch bestellen oder am Taxistand mieten. Alle Taxis sind mit einem Zähler versehen, doch sind die Tarife von Ort zu Ort unterschiedlich.

➤➤ TRINKGELDER

In Restaurants sind Trinkgelder von ca. 10 % üblich; Gepäckträger 2 N$.

W WÄHRUNG/DEVISEN

Seit September 1993 heißt die Landeswährung in Namibia Namibia-Dollar (N$) und ist paritätisch mit dem südafrikanischem Rand, der auch weiter als Zahlungsmittel in Namibia, Südafrika, Ciskei, Transkei, Venda und Bophuthatswana gilt. Ein Rand entspricht 100 c und hat z.Zt. einen Gegenwert von ca. 0,5 DM (Stand März 1994). Die Bargeld-Einfuhr ist beschränkt auf 500 Rand. Andere Währungen und Reiseschecks dürfen uneingeschränkt mitgebracht werden, sind aber bei der Einreise zu deklarieren. Empfehlenswert ist die Mitnahme von DM- (oder US $-) Reiseschecks. Euroschecks werden nur auf Banken akzeptiert. Die gebräuchlichen Kreditkarten (VISA, Euro-Card, Diners Club) können in größeren Geschäften, Hotels, Restaurants, bei den Airlines, Mietwagenunternehmen und anderen Zweigen der Touristikbranche benutzt werden. Trotzdem aber sollte man immer Bargeld zur Verfügung haben. Geldumtausch ist auch an Sonn- und Feiertagen am Intl. Flughafen Windhoek möglich.

➤➤ WANDERUNGEN

Es gibt folgende von der Naturschutzbehörde eingerichtete Wanderwege: Ugab, Fischfluß-Canyon, Waterberg Plateau Park und Naukluft. Details hierzu können Sie im touristischen Teil finden.

Z ZEIT

Die südafrikanische Zeit ist identisch mit der europäischen Sommerzeit. Im europäischen Winter muß die Uhr um eine Stunde zurückgestellt werden (wenn es in Frankfurt 12 Uhr ist, ist es in Windhoek 13 Uhr).

➠ ZEITUNGEN / ZEITSCHRIFTEN

Auf eine deutsche Tageszeitung brauchen Sie nicht zu verzichten. Die **Allgemeine Zeitung** erscheint in deutscher Sprache und berichtet u.a. von den Ereignissen in Deutschland. Weitere Zeitungen erscheinen im Lande und haben Auflagen zwischen 4 000 und 6 000 Exemplaren.
Im vergangenen Jahr kam es zu einer erheblichen Konzentration in der Presse. Grund dafür sind einerseits die kleinen Auflagen, andererseits das wegen der schlechten Wirtschaftslage schleppende Anzeigengeschäft, auf das jede Zeitung sehr angewiesen ist.
Seit Anfang April 1992 gibt es eine neue dreisprachige Sonntagszeitung in Namibia, die **TEMPO** heißt. Sie entstand aus der Zusammenlegung der bisherigen Wochenblätter "Namibia Nachrichten" (deutsch), "Times of Namibia" (englisch) und "Sondag - Republikein (afrikaans).
An den Republikein - Verlag ging im August 1991 auch die deutsche Wochenzeitung "**Namibia Observer**", gleichzeitig stellte der englischsprachige Windhoek - Observer sein Erscheinen ein. Die SWAPO - Zeitung "**Namibia Today**" stellte ihr zweimaliges Erscheinen pro Woche auf eine einzige Erscheinung um. Dem SWAPO - Einfluß unterliegt ferner die Regierungszeitung "**New Era**".
So befindet sich nun der größte Teil der Presse im direkten Zugriff letztlich der DTA, die jetzt über verschiedene Publikationsorgane der SWAPO entgegentreten kann. Der Republikein - Verlag verfügt nun über ein Monopol der Zeitungs - Druckmaschinen und hat Einfluß auf 3/5 der namibischen Zeitungen.
Afrika - Post (deutsch) bringt aktuelle Berichte über Afrika mit dem Schwerpunkt 'Südliches Afrika'; Europa/Union Verlag GmbH, Bachstr. 32, 5300 Bonn 1.
Namibia Magazin, Vierteljahreszeitschrift der Deutsch-Namibischen Gesellschaft e.V., Zollstr. 2, D 41460 Neuss, Tel.: 02131 / 277534

➠ ZOLL

Erlaubt sind alle Dinge des persönlichen Gebrauchs. Neue oder gebrauchte Waren dürfen bis zu einem Gegenwert von 200 Rand eingeführt werden, außerdem bis zu einem Liter Alkohol, einschließlich Likör und Magenbitter, zwei Liter Wein, 50 ml Parfüm, 250 ml Toilettenwasser, 400 Zigaretten, 50 Zigarren, 250 g Tabak.
Für Jagdaufenthalte dürfen Gewehre mitgeführt werden, aber keine Pistolen.
Die Einfuhr vakuum-eingepackter Nahrungsmittel ist bis zu 1 Kilo gestattet.
Geschenke bis 200 Rand sind zollfrei.

3.2 REISEROUTEN

Namibia ist unter verschiedenen Gesichtspunkten ein **ideales Reiseland**. Es bietet ein hervorragendes Klima, kontrastreiche Landschaften, eine einzigartige Flora und Fauna. In diesem weiten Land gelingt es dem europäischen Besucher, der Enge der alten Welt zu entfliehen. Die Weite und Stille des Landes sind es, die es so fremd und gleichzeitig so anziehend machen.

Namibia, das ist ein Land am Rande der Unendlichkeit, bewohnt von verschiedenen Völkern unterschiedlicher kultureller Eigenart. Manche von ihnen konnten sich bis heute noch starke Elemente ihrer kulturellen Eigenart bewahren. Der deutsche Besucher wird überall auf Reminiszenzen der deutschen Kolonialzeit stoßen. Die augenfälligste ist sicherlich die deutsche Sprache: ein Vorteil für eine leichte Verständigung, zumal auch viele Schwarze deutsch sprechen. Die vielen deutschen Namen, Relikte der Kolonialarchitektur, die Speisekarte...all das erinnert an die Heimat. Obwohl im südwestlichen Afrika, findet der überseeische Besucher eine Infrastruktur vor, die europäischen Maßstäben entspricht:

* **Es gibt keinerlei gesundheitliche Probleme**: überall kann man unbedenklich Wasser trinken, Salat essen etc..

* **Das Straßennetz ist von hoher Qualität.** Die Hauptverbindungsachsen sind asphaltiert, die übrigen Straßen zwar mit einer Schotter-Kiesdecke versehen, aber durchaus gut zu befahren. So kann man alle im Rahmen der nachfolgend skizzierten großen Rundreise bezeichneten Straßen mit einem normalen PKW befahren.

* **Entlang der skizzierten Straßen und Wegen gibt es genügend Unterkünfte.** Auch auf dem Lande findet man einfache, doch stets saubere Hotels vor. Die staatlichen Rastlager sind vorbildlich - und sehr preiswert.

* **Es gibt keinerlei Sicherheitsprobleme für Touristen.** Entlang der skizzierten Wege und in den beschriebenen Regionen kann man sich absolut sicher wähnen. Die Freiheit des Landes kann man unterwegs voll genießen: überall kann man zelten und campieren, sofern man seine Übernachtungsstätte sauber verläßt und vorsichtig mit Feuer umgeht.

In der Regel möchte der Besucher in der ihm zur Verfügung stehenden Zeit möglichst ein abgerundetes Bild des besuchten Landes bekommen. Das ist bei Namibia nicht ganz leicht, denn das Land hat die 3 1/2 fache Größe der Bundesrepublik Deutschland, so daß die besuchenswerten Ziele weit auseinander liegen.

Doch was ist schon besuchenswert? Ist eine Rundreise durch das ganze Land nötig, um die Stimmung einzufangen ? Ist es nicht besser, sich räumlich zu beschränken, um im Detail das Ganze erkennen zu können? Sollte man sich einer Safarigesellschaft anschließen, oder kann man es wagen, auf eigene Faust Land und Leute kennenzulernen?

Das Buch stellt Ihnen Namibia in Form einer Rundreise vor, die in Windhoek beginnt und wieder in Windhoek endet. Diese Rundreise führt zu allen touristisch interessanten Zielen des Landes. Abstecher zu besonderen, von der Hauptroute wegführenden Gebieten sind ebenfalls aufgeführt.

Die beschriebene "große" Rundfahrt durch Namibia dauert ca. 22 Tage mit Hin- und Rückflug, doch es ist empfehlenswert, sich mehr Zeit zu nehmen (Überblick über die Große Rundreise durch Namibia s. folgende Seiten).

Wenn man weniger Zeit zur Verfügung hat, kann man sich entscheiden, entweder den südlichen oder nördlichen Teil der großen Rundfahrt zu bereisen:

Die **Südrundfahrt** umfaßt die Tage 1 - 12 (siehe Überblick Große Rundreise durch Namibia auf den folgenden Seiten). Zusätzlich könnte man auf dem Rückweg nach Windhoek einen Tag Erholung auf der Farm Ameib oder in Groß Barmen einplanen, so daß daraus eine ungefähr 14tägige Reise wird. Grob skizziert, ist die südliche Rundfahrt besonders für denjenigen von Wert, der die weite Einsamkeit des Landes und die großartigen Landschaften erleben möchte. Diese Fahrt ist besonders im namibischen Herbst bzw. Frühjahr klimatisch angenehm. In der winterlichen Trockenzeit sind die Nacht - Tag - Temperaturdifferenzen sehr stark ausgeprägt.

Die **nördliche Rundfahrt** dauert ca. 12 Tage. Den Anschluß an den 11. Tag der großen Rundfahrt kann man auf zwei Wegen erreichen:

*   Man fährt über den Gamsberg Paß und Walvisbaai nach Swakopmund (C 26);
*   man erreicht Swakopmund über das Khomashochland auf der Pad C 28.

Diese nördliche Rundfahrt führt durch die mehr gebirgigen Landschaften von Namibia. Schwerpunkt sind hierbei die verschiedenen prähistorischen Zeichnungen und Gravuren sowie die Tierwelt im Etosha National Park. Die beste Zeit für diese Region sind die Monate der winterlichen Trockenzeit, also Juni bis August.

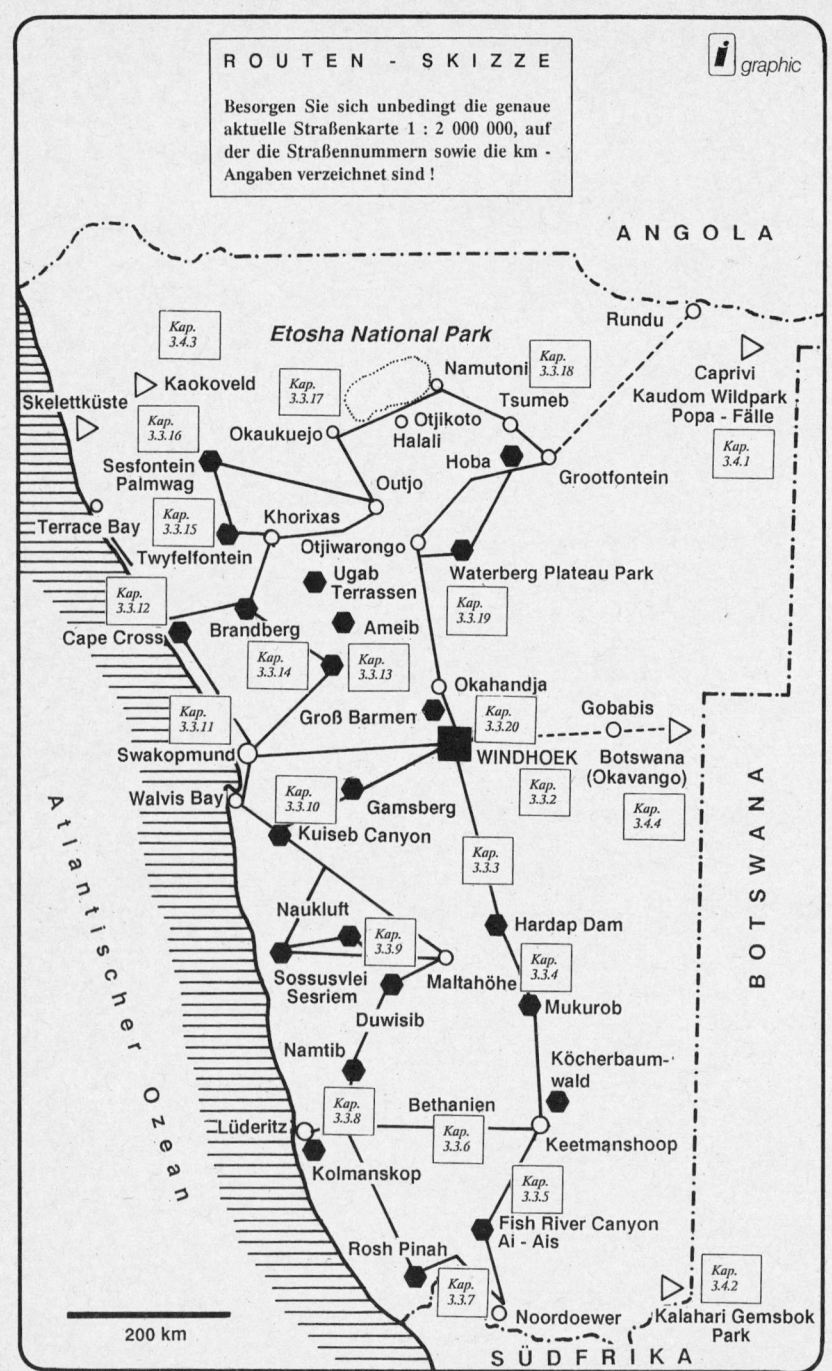

ROUTEN - SKIZZE

Besorgen Sie sich unbedingt die genaue aktuelle Straßenkarte 1 : 2 000 000, auf der die Straßennummern sowie die km - Angaben verzeichnet sind !

i graphic

A N G O L A

TOURENPLANUNG

Tag	Etappe	km (ca.)	Sehenswertes	Übernachtung	Kapitel
1	Flug Frankfurt - Windhoek	---			3.3.1
2	Windhoek	---	Stadtbesichtigung: Christuskirche, Alte Feste, Reiterdenkmal, Tintenpalast	z.B. Safari Motel, Fürstenhof, Gästefarm Elisenheim	3.3.2
3	Windhoek - Hardap Dam	270	Fahrt durch das Basterland und seiner Hauptstadt Rehoboth, weiter zum Hardap Dam (Möglichkeiten zur Vogel- und Wildbeobachtung)	Camp am Hardap Dam	3.3.3
4	Hardap Dam - Keetmanshoop	310	Morgens Weiterfahrt vom Hardap Dam über Mukurob, dem "Finger Gottes" (umgefallen), durch das Kernland des Namalandes; spätnachmittags/früher Abend Besuch des Köcherbaumwaldes mit seinen einmaligen sukkulenten Bäumen	z.B. Canyon Hotel in Keetmanshoop	3.3.4
	Abstecher zum Kalahari Gemsbok Park	754	Tierwelt, vor allem Geparde	Camps im Kalahari Gemsbok Park	3.4.2
5	Keetmanshoop - Fish River	260	Am Nautedamm (Aufstau des Löwenflusses) vorbei zum Fish River Canyon,	Camp Ai-Ais	3.3.5

147

Tag	Etappe	km (ca.)	Sehenswertes	Übernachtung	Kapitel
	Canyon - Ai-Ais		das über 550 m tief hinabstürzt (landschaftlicher Höhepunkt des Südens); Weiterfahrt nach Ai-Ais, heiße Quellen		
6	Ai-Ais - Lüderitz	540	Morgens von Ai-Ais über Seeheim nach Bethanien; Besuch des Schmelenhauses (älteste Gebäude im Lande); anschließend Fahrt über Aus durch das Diamantensperrgebiet zur Wüstenstadt Lüderitz, der ersten deutschen Ansiedlung;	Kapps Hotel, Sea View Hotel	3.3.6
	Alternative: Ai-Ais - Rosh Pinah - Aus - Lüderitz	600	landschaftlich eine besonders schöne Strecke, die am Oranje entlangführt;	evtl. in Noordoewer, (Bahnhofshotel in Aus geschlossen)	3.3.7
7	Lüderitz	---	Aufenthalt in Lüderitz, der an felsiger Küste gelegenen Hafenstadt mit vielen Buchten und Fjorden. Stadtbesichtigung: Deutsche Kirche, Eberlanz-Museum, Lüderitzdenkmal auf der Haifischinsel, Diaz-Kreuz, Achatstrand	s.o.	3.3.6
8	Lüderitz - Maltahöhe	430	Nach Abfahrt von Lüderitz Besuch der Geisterstadt Kolmanskuppe; über Aus und Helmeringhausen nach Maltahöhe; unterwegs Besuch von Schloß Duwisib	Maltahöhe Hotel	3.3.8

Tag	Etappe	km (ca.)	Sehenswertes	Übernachtung	Kapitel
	Abstecher zu den Farmen Namtib und Sinclair		am Rande der Namib besonders reizvoll gelegene Farmen (Ausflüge)	Farm Namtib / Farm Sinclair	
9	Maltahöhe - Ausflug Sossusvlei	460	Frühmorgens Abfahrt zu den höchsten Dünen der Welt (bis 430 m); die rote Dünenlandschaft ist wohl der schönste Teil der Namib; Besuch des Sesriem Canyons	Hotel Maltahöhe; Zelten am Parkeingang; Gästefarm Swartfontein	3.3.9
10	Maltahöhe - Walvisbay - Swakopmund	511 / 425 km ohne Gamsberg P.)	Fahrt durch das malerische Naukluft-Gebirge; evtl. Abstecher über den Gamsbergpaß, das wilde Kuiseb-Canyon nach Walvisbaai (Lagune, Vogelparadies, Meersalzgewinnungsanlage)	in Swakopmund, z.B. Hotel Europa Hof	3.3.10
11	Swakopmund und Ausflug Cape Cross	270	Vormittags Besichtigung von Swakopmund, u.a. Museum; früher Nachmittag Ausflug nach Cape Cross, vorbei an den Salzgewinnungsanlagen (Öffnungszeiten beachten!). Cape Cross, die große Robbenkolonie, ist auch der Landeplatz von Diego Cao 1485.	s.o.	3.3.11
	Alternative: Swakopmund - Terrace Bay	347	Fahrt entlang der Skelettküste	Camp Terrace Bay	3.3.12
12-14	Swakopmund - Farm Ameib	180	Fahrt an den Rössingbergen vorbei zur Farm Ameib im Erongo-Gebirge; Besuch	Farm Ameib	3.3.13

Tag	Etappe	km (ca.)	Sehenswertes	Übernachtung	Kapitel
	Alternative: Fahrt an die Spitzkoppe, das Matterhorn von Namibia		der Phillipsgrotte (Felszeichnungen), der phantastischen Felsformation Bull's Party; faszinierende Gebirgs-Szenerie	evtl. Zelten	
15	Ameib - Brandberg - Khorixas	360	Frühe Abfahrt von Ameib zum Brandberg, Fußmarsch von ca. 1 Stunde in die an Felsmalereien reiche Tsisab-Schlucht. Hier befindet sich die "Weiße Dame"; weiter durch das Damaraland nach Khorixas	Camp, Khorixas Gästefarm Bambatsi	3.3.14
16	Khorixas - Ausflug Twyfelfontein	230	Unterwegs Besuch des "Versteinerten Waldes"; Weiterfahrt nach Twyfelfontein mit seinen hervorragenden Felsgravuren (über 3 000 Felsbilder). Es ist die größte Fundstelle dieser Art in Afrika.	Camp, Khorixas Gästefarm Bambatsi	3.3.15
	Alternative: Khorixas - Palmwag Lodge - Etosha National Park	740 km	eindrucksvolle Gebirgslandschaft, Wasserfälle	Palmwag Lodge, Hobatere Lodge	3.3.16
17	Khorixas - Outjo -	270	Zunächst Besuch der Fingerklippe (aufragender Felsen) und der Ugab-Terrassen.	Camp Okaukuejo	3.3.17

Tag	Etappe	km (ca.)	Sehenswertes	Übernachtung	Kapitel
	Etosha N.Park		Weiterfahrt über Outjo zum Camp Okaukuejo		
18	Etosha N.Park (Pirschfahrten)	100 - 200	Wildbeobachtungsfahrten im Nationalpark, der durch seinen Wildreichtum und die Mannigfaltigkeit der dort anzutreffenden Wildarten berühmt ist und zu den größten Wildreservaten Afrikas zählt.	Camp Halali oder Camp Namutoni	3.3.17
19	Etosha N.Park - Tsumeb	117	Vormittags Pirschfahrt zu den Wasserlöchern um Namutoni; Besuch des ehemaligen deutschen Forts Namutoni und Weiterfahrt vorbei am Otjikoto-See zur Bergbaustadt Tsumeb; Besuch des Tsumeb Museum	Tsumeb, z.B. Minenhotel	3.3.18
20	Tsumeb - Groß Barmen	480	Fahrt zum Hoba Meteoriten, dem zweitgrößten bekannten Meteoriten der Welt. Anschließend am Waterberg vorbei nach Okahandja (Besuch der Herero-Gräber) u. nach Groß Barmen (erste Herero-Missionsstation, 1844 errichtet, heute Thermalbad)	Camp Groß Barmen	3.3.19
21	Groß Barmen - Windhoek	100	Kurze Fahrt nach Windhoek, Einkaufsmöglichkeiten; abends Rückflug nach Frankfurt.		3.3.20
22	Frankfurt				

151

Entfernungen in Kilometer	Aus	Bethanien	Gobabis	Kalkfeld	Kalkrand	Karasburg	Karibib	Keetmanshoop	Lüderitz	Maltahöhe	Mariental	Namutoni	Noordoewer	Okaukuejo	Otavi	Otjiwarongo	Outjo	Ruacana	Rundu	Swakopmund	Tsumeb	Uis	Usakos	Walvisbay	Windhoek
Windhoek	693	618	205	311	191	690	181	482	816	372	261	533	786	435	363	245	318	860	700	356	426	373	211	389	-
Walvisbay	700	708	594	334	575	1079	206	814	938	451	650	691	1175	593	521	403	476	715	947	31	673	221	206	-	389
Usakos	906	830	418	158	328	903	30	695	1029	585	474	595	999	506	344	226	299	716	681	175	407	222	-	206	211
Tsumeb	1119	1043	631	249	525	1116	377	907	1242	798	687	107	1241	345	63	181	228	434	308	552	-	447	407	673	426
Swakopmund	1051	975	563	303	544	1048	175	840	731	482	619	659	1144	561	489	371	444	684	826	-	552	190	175	31	356
Rundu	1393	1317	905	523	799	1390	741	1182	1516	1072	961	415	1486	617	335	455	500	742	-	826	308	721	681	947	700
Outjo	1011	935	523	141	504	1008	269	800	1134	690	579	361	1104	117	191	73	-	688	500	444	228	339	299	476	318
Otjiwarongo	938	862	450	68	431	935	197	727	1061	617	506	288	1031	190	181	-	73	615	455	371	181	266	226	403	245
Omaruru	937	861	449	67	430	934	61	726	1060	616	505	448	1030	325	253	135	208	750	590	236	316	131	91	267	242
Okaukuejo	1128	1052	640	258	621	1125	386	917	1253	807	696	123	1221	-	308	190	117	534	617	561	345	456	506	539	435
Okahandja	764	688	276	240	257	761	112	553	889	443	332	487	857	364	292	174	247	789	629	287	355	304	142	318	71
Noordoewer	442	366	991	1097	600	147	969	304	609	636	525	1319	-	1221	1149	1031	1104	1646	1486	1144	1241	1161	999	1175	876
Namutoni	1226	1150	738	356	719	1123	484	1015	1349	905	794	-	1319	123	170	288	361	469	415	659	107	554	595	691	533
Maltahöhe	249	257	498	683	119	540	555	332	374	-	111	905	636	807	735	617	690	1232	1072	482	798	747	585	451	372
Lüderitz	125	259	1021	1015	630	471	999	334	-	374	555	1349	609	1253	1179	1061	1134	1676	1516	731	1242	1191	1029	938	816
Keetmanshoop	211	157	687	749	296	208	665	-	334	332	221	1015	304	917	845	727	800	1342	1182	840	907	1191	695	814	482
Karibib	876	800	388	128	369	873	-	665	999	555	444	484	969	386	404	197	269	686	741	175	377	192	30	206	181
Kamanjab	1156	1080	668	286	578	1153	414	945	1279	835	724	506	1249	262	336	218	145	272	645	412	399	192	222	206	463
Grootfontein	1145	1069	657	275	657	1142	403	934	1268	824	713	167	1238	397	87	207	280	494	248	578	60	473	523	690	452
Goageb	105	29	793	899	402	314	771	106	230	286	327	1121	395	1023	951	833	906	1448	1288	946	1014	963	801	737	588

 # Das kostet Sie Namibia!

Auf den grünen Seiten geben wir Ihnen **Preisbeispiele** für Ihren Namibia -
Urlaub, damit Sie sich ein realistisches Bild über die Kosten einer Reise und
eines Aufenthalts machen können.

Natürlich sollten Sie die Preise als **Richtschnur** auffassen, bei manchen
Produkten/Leistungen geben wir Ihnen eine Preis-Spannbreite an. Die abge-
druckten Speisekarten sind selbstaussagend und können auf das ganze Land
übertragen werden (wobei die Preise für Getränke und Essen in den Restaurants der Naturschutz - Parks geringer sind).

● **Beförderung**

* **Flug**
Frankfurt - Johannesburg - Windhoek ab 1760 DM
Flug Deutschland (jeder Flughafen) nach Windhoek über Johannesburg ab
1992 DM

* **Mietwagen**
in Namibia (VW Citi Golf, inkl. Teilkaskoversicherung/km/Steuer) bei
Mietdauer von mehr als 15 Tagen ca. 132 - 149 DM (Saisonzeiten)
Allradfahrzeug (Toyota Hilux single cabin, inkl. Teilkaskoversicherung/km/
Steuer) ab 198 DM/Tag

* **Geführte Reisen**
22 - tägige deutschsprachig geführte Studienreise ab/bis Deutschland ab 7680
DM
18 - tägige Zelt/Hotelsafari ab/bis Windhoek ab DM 3197 DM
5 - tägige Etosha - Tour mit Waterberg ab/bis Windhoek inkl. VP DM 899
7 - tägige Süden - Tour ab/bis Windhoek inkl. VP DM 1265
9 - tägige Namib - Wüste - Etosha - Waterberg - Tour inkl. VP ab/bis
Windhoek 1639 DM
11 - tägige Zelt - Safari Damaraland - Kaokoveld - Etosha inkl. VP DM 1620

* **Taxifahrt**
Windhoek/Stadt - Windhoek/Internationaler Flughafen 60 - 80 Rand

* **Bahnfahrt**
Windhoek - Swakopmund 82.00 Rand (hin- und zurück 164 Rand)
Bahnfahrt Windhoek - Keetmannshoop 110 Rand

* **Busfahrt**
Windhoek - Swakopmund 70.00 Rand (Mainliner; hin - und zurück 140 Rand)
Busfahrt Keetmanshoop - Lüderitz 33.00 Rand (hin- und zurück 66 Rand).

● **Aufenthaltskosten**

* **Hotels**
s. Buch S. 129

*   Gästefarmen
s. Buch S. 127
*   Telefonat
nach Deutschland: 3 Minuten 30.60 DM (Hotelzuschläge beachten!)
*   Benzin
Windhoek und Umgebung 1.59 Rand/l, an der Küste ca. 5 cent billiger, im
Süden und Norden ca. 5 cent teurer
*   Lebensmittel
1 l Milch zwischen 1.85 - 2.00 Rand + 11 % GST (General Sales Tax)
1 Pfund Kaffee zwischen 12.65 und 19.00 Rand + 11 % GST
1 Pfund Rinderfilet (Steak) 17.65 Rand + 11 % GST
1 Pfund Hackfleisch 6.20 Rand + 11 % GST
1 Brötchen 0.35 - 0.50 Rand + 11 % GST
1 kg Brot 2.60 - 3.50 Rand + 11 % GST
1 Pfund Butter zwischen 4.40 und 9.94 Rand + 11 % GST
1 Pfund Äpfel zwischen 1.50 - 2.00 Rand + 11 % GST
6 Flaschen Windhoek Lager Bier 9.30 Rand inkl. GST
1 Flasche Nederburg Riesling 12.40 Rand inkl. GST
1 Flasche Nederburg Cabernet Sauvignon 17.70 inkl. GST
1 Flasche Nederburg Sekt Brut 14.70 inkl. GST

Good Morning!
SPECIAL BREAKFAST

Monday to Saturday 7h00 - 10h00

Preiswertes Restaurant

2 Fried Eggs with Bacon
Roll with Jam and Butter   **7.90**
1 Cup of Coffee or Tea

Filletsteak with
2 Fried Eggs and Toast   **12.90**
1 Cup of Coffee or Tea

Tasse Wiener Kaffee 2.50
Tasse Filter Kaffee 2.00
Kännchen Tee 2.00
Kakao (Milo) 3.80
Heisse Schokolade mit Sahne 4.40
Brötchen belegt nach Wahl .... ab 1.70
Fleischpastete 2.40

TOASTS

Käse und Tomaten 5.90
Käse und Schinken 6.50
Schinken und Tomaten 6.50
Schinken, Käse und Tomaten 6.90
Steak (Filet) 12.90
Steak und Ei 13.90
Hawaii 8.90
Central Café Steak
(Filet, Schinken, Ananas, Käse, Spiegelei) 15.90

EIERSPEISEN

Spiegeleier mit Speck und Toast 7.90
Omelette natur mit Toast 8.90
Omelette mit Schinken, Käse, Pilze
und Tomaten (nach Wahl) 10.90
Rühreier mit Toast (3 Eier) 8.50
Rühreier mit Schinken und Toast (3 Eier) 9.60

UNSERE "HAMBURGER" SPEZIALITÄTEN

Hamburger 6.90
Cheeseburger 7.90
Eggburger 7.50
Hawaiiburger 9.50
Central Café "Spezial Burger" 11.90
Portion Chips 3.50

Boerewurst/Chips/Kartoffelsalat 9.90

Schnitzelsandwich 7.90
Schnitzelburger 7.90

KLEINE UND SCHNELLE GERICHTE

Salatteller 12.90
Russische Eier auf Kartoffelsalat 9.90
Russische Eier auf Fleischsalat 12.90
Lange Wiener mit Kartoffelsalat 9.90
Lange Wiener mit Chips 9.90
Bratwurst mit Kartoffelsalat 9.90
Bratwurst mit Chips 9.90
Frikadelle kalt/warm mit Kartoffelsalat 7.90
Frikadelle kalt/warm mit Chips 7.90
Strammer Max - 2 Scheiben Toast
mit Schinken, Käse und 2 Spiegeleier 10.90

FLEISCH UND GRILLSPEZIALITÄTEN

Wiener Schnitzel, Chips und Salat 16.90
Kleines Wiener Schnitzel, Chips und Salat 12.90
Halbes Hähnchen, Chips und Salat 16.90

preiswertes Restaurant

VORSPEISEN

Hausgemachtes Huehnerpate an
Preiselbeersahne mit
Salatgarnitur und Toast   R 12.90

Frische Honigmelone mit
echtem Straussenschinken   R 10.90

Matjeshering an Apfelsenfsauce,
serviert mit Salzkartoffeln   R 10.90

1/2 Dutzend frische Austern auf Eis
mit Chesterbrot   R 18.90

1/2 Portion frischer Stangenspargel
mit gemischtem Schinken   R 13.60

SUPPEN

Klare Fischconsomme mit Gemuese
und frischen Mandeln   R 9.20

Deftige Kartoffelsuppe mit Speck   R 8.10

Feines Spargelcremesueppchen mit Sahne   R 8.60

Melonenkaltschale   R 7.90

DESSERTS

Zarte Creme Caramel mit
frischen Fruechten   R 10.60

Feiner Apfelstrudel mit Vanilleeis   R 12.90

Hausgemachtes Caramelparfait
mit Vanillesauce   R 14.10

HAUPTSPEISEN

Salatplatte mit geschnetzelter
Poulardenbrust   R 21.90

Frische Auberginen mit gebratenem
Schinken und Kaese ueberbacken   R 21.60

Kabeljaufilet paniert mit Zitronenbutter,
dazu Gemuesereis und Salatteller   R 25.20

Medaillons vom Schweinefilet an
Champignoncremesauce, serviert mit
hausgemachten Spaetzle und Gemuese   R 26.30

Kingklipfilet "Aux Almandes" mit Mandel-
butter, serviert mit Salzkartoffeln
und Salatteller   R 26.20

Geschnetzeltes Straussenfilet auf
Tagliatelle mit Kaese ueberbacken,
dazu Salatteller   R 29.20

Zartes Kudufilet mit Gaenseleber
gefuellt, an Kraeutersahnesauce
mit Rotkohl und Spaetzle   R 31.60

Exquisites
Restaurant

NAMIBIA - NEUIGKEITEN

- Stand März 1994 -

Inhaltsübersicht Telex - Seiten:

1. POLITISCHE ENTWICKLUNG

➤➤ Die Wahlergebnisse von 1989

Als in der 2. Jahreshälfte 1989 die namibischen Wahlen vorbereitet wurden, spitzten sich die politischen Positionen zunächst zu. Am 12. September 1989 wurde der weiße Swapo-Angehörige Anton Lubowski ermordet. Die Zeichen standen zumindest in einigen politischen Kreisen eher auf Sturm. Mitte September 1989 schließlich kehrte jener Mann nach Windhoek zurück, der 30 Jahre lang im Exil lebte: der SWAPO-Chef Sam Nujoma. Zwei Tage vor Ablauf der Frist ließ er sich in die Wahllisten eintragen. Namibia hielt bei den ersten Wahlen zur Verfassungsgebenden Versammlung (7. - 11.11.1989) den Atem an. Man erwartete eine 2/3 - Mehrheit für die SWAPO, doch es kam anders:

- die **SWAPO** erhielt **57.32 %** aller Stimmen (= 41 Sitze);
- die **DTA** erhielt **28.55 %** der Stimmen (= 21 Sitze).
- Der **Rest** der insgesamt 72 Mandate, also **10,** verteilte sich auf **5 Parteien**.

Am 9. Februar 1990 verabschiedete die Verfassungsgebende Versammlung eine ausgewogene und von nahezu allen politischen Gruppierungen gutgeheißene Verfassung. Sam Nujoma wurde am 16.2.1990 erster Präsident des neuen Namibia. Am 21. März 1990 erreichte Namibia nach über 100 Jahren Fremdbestimmung seine Unabhängigkeit. Mit der Unabhängigkeit wurde Namibia 50. Mitglied des Commonwealth. Seit Ende April 1990 ist das Land Mitglied der UNO.

Nach der Unabhängigkeit blieb das von vielen prophezeite Chaos aus. Mit seiner "Politik nationaler Aussöhnung" schlug Präsident Sam Nujoma den richtigen Weg ein. Gleichzeitig wurden die alten Verwaltungsstrukturen nicht auf den Kopf gestellt: Die Beamten, die vor der Unabhängigkeit im "alten" südafrika-bestimmten System ihren Dienst versahen, wurden nicht entlassen und behielten ihre Ämter. Die SWAPO ist von ihren früheren, eher dogmatisch bestimmten Positionen abgerückt und geht pragmatische Wege. Kein Mensch spricht (mehr) davon, daß die Weißen das Land verlassen sollten: die Einsicht, daß man sie braucht, hat sich auf allen Ebenen durchgesetzt.

➤➤ Die Regional- und Kommunalwahlen 1992

Die ersten Regional- und Kommunalwahlen nach der Unabhängigkeit wurden im November und Dezember 1992 durchgeführt. Die Regierungspartei SWAPO erlangte in 9 von insgesamt 13 Regionalparlamenten die Mehrheit, ebenso in 39 der 48 Stadt- und Gemeinderäte.

➤➤ Politische Hauptziele Namibias

Die politischen Hauptziele Namibias sind:
- Förderung der **internationalen Kooperation**, des **Friedens** und der **Sicherheit**;

- **Blockfreiheit;**
- Förderung **bi- und multilateraler Beziehungen;**
- Anerkennung der **internationalen Völkergemeinschaft** und Beachtung der eingegangenen Abkommen;
- **Friedliche Lösung** von internationalen Konflikten.

Zu den aktuellen **regional- und weltpolitischen Rahmenthemen** vertritt/vertrat Namibia folgende Ansichten:
- Es müssen in **Südafrika** friedliche Wege gefunden und begangen werden, die zu einer demokratischen Gesellschaft ohne Rassenschranken führen.
- Im benachbarten **Angola** sollten die feindlichen Gruppierungen zur friedlichen Zusammenarbeit finden.
- Namibia **verurteilte die gewaltsame Besetzung Kuwaits** durch den Irak.

➤➤ **Jüngste Entwicklung**

Insgesamt kann man sagen, daß die Entwicklung Namibias nach der Unabhängigkeit positiver verlaufen ist als manche vorher annahmen. Konservative Kreise, aber auch Gruppen in Südafrika befürchteten noch vor wenigen Jahren, daß alle Weißen enteignet würden. Doch nichts geschah in dieser Richtung!

Präsident Nujoma, wegen seiner Hetzreden vor der Unabhängigkeit von den Weißen eher gefürchtet, mauserte sich zu einem gemäßigten Landesvater, der ein breites Ansehen genießt. Die SWAPO, im Verlauf des Unabhängigkeitsprozesses aufgrund ihres z.T. brutalen terroristischen Vorgehens berüchtigt, schwor der Gewalt ab.

Und das erstmals frei gewählte Parlament arbeitet sachgerecht. Die Regierung hat Kompetenz bewiesen, indem sie sich nicht zierte, weiße Experten in die Regierungsmannschaft zu übernehmen. So sind der oberste Richter des Landes sowie der Finanzminister deutschstämmige Namibier.

Man sucht also nach pragmatischen Lösungen. Und diese positive Entwicklung ist ein Beispiel, auf welches das Post - Apartheid - Südafrika aufmerksam schaut...

➤➤ **Landkonferenz**

Anfang Juli 1991 überreichte der Ministerpräsident Hage Geingob dem Präsidenten Sam Nujoma die Beschlüsse der Landkonferenz. Diese Beschlüsse sind nicht rechtsverbindlich, sie sind kein Gesetz. Vielmehr sollen sie der Regierung eine Art Leitfaden in der so wichtigen Frage der Landverteilung geben.

(Die folgenden Ausführungen sind angelehnt an den englischen Text in den Namibia Nachrichten vom 7./8. Juli 1991).

- *Koloniale Enteignungspolitik. Während der Kolonialzeit wurde ein großer Teil des Landes von der deutschen, später südafrikanischen Kolonialverwaltung enteignet. Dieses Land wurde unter Weißen verteilt, währen die* namibischen Farmer in Reservate zurückgedrängt wurden. Heute besitzt daher eine Minderheit praktisch das gesamte Farmland. Die Landkonferenz geht davon aus, daß in der Vergangenheit das Land unrechtmäßig enteignet wurde und dieses Unrecht nun nach der Unabhängigkeit einer Korrektur bedarf.

- **Stammesrechte**. Als Namibia im ausgehenden 19. Jahrhundert kolonisiert wurde, gab es keine klaren Stammesgrenzen. Im Verlauf der Kolonialzeit kam es zu erheblichen Bevölkerungswanderungen und zur Bevölkerungsvermischung von Stammesgruppen, die vorher klar abgrenzbar waren. Deswegen ist heute eine Wiederherstellung der alten Stanmmesrechte auf das Land nicht mehr möglich.

- **Landbesitz durch Ausländer**. Namibia braucht Land, doch steht brauchbares Farmland nur in begrenztem Umfange zur Verfügung. Während der Kolonialzeit konnten Schwarze Land nicht erwerben, Weiße (besonders aus Südafrika), wurden bevorzugt. Es wird vordringlich, Namibiern zu Land zu verhelfen. Die Landkonferenz beschließt, daß es Ausländern nicht erlaubt sein sollte, Farmland zu besitzen. Sie dürfen allerdings Land nutzen und entwickeln...

- **Nicht oder kaum genutztes Land**. Es gibt starken Bedarf an Land, und trotzdem gibt es nicht oder kaum genutztes Farmland. Die Konferenz tritt dafür ein, daß verlassenes oder kaum genutztes Farmland der produktiven Nutzung zugeführt und umverteilt werden soll.

- **Nicht ortsansässige Farmbesitzer**. Viele Farmbesitzer leben nicht auf der Farm und haben daneben andere Einnahmequellen. Auf der anderen Seite haben viele namibische Bauern zu wenig Land, um davon zu leben. Nicht ortsansässige ausländische Farmbesitzer leben vorwiegend im Ausland. Daher beschließt die Landkonferenz, das nicht ortsansässigen Besitzern gehörende Land zu enteignen. Es muß dabei allerdings zwischen Namibiern und Ausländern unterschieden werden.

- **Großgrundbesitz**. Einige (wenige) Farmer besitzen mehrere Farmen oder große Landstriche, während andere Namibier zu wenig Land haben. Deshalb muß es zu einer Umverteilung von Land kommen. daher beschließt die Konferenz, daß der Besitz zu großer Farmen oder der Besitz von mehreren Farmen nicht erlaubt sein sollte. Solcher Besitz muß enteignet werden.

- **Landsteuer**. Es sollte eine Landsteuer eingeführt werden. Eine solche Steuer kann dazu motivieren, Land zu nutzen. Sie bringt hohe Nachteile demjenigen, der sein Land brach liegen läßt. Die Konferenz beschließt deshalb, daß für den kommerziellen Agrarsektor eine Landsteuer eingeführt wird.

- **Komitée - Gründung**. Die Landkonferenz empfiehlt die Bildung eines

Komitees, das alle organisatorische Fragen klärt und Daten über nicht-genutztes Land, nicht ortsansässige Farmbesitzer, Größe und Anzahl der Farmen in den verschiedenen Landesteilen usw. zusammenträgt. Ebenso soll das Komitee Richtlinien erarbeiten, nach denen Land erworben und zugewiesen werden sollte.

● **Farmarbeiter.** Die wirtschaftlich schlechte Stellung der Farmarbeiter, die zum Wohlstand des kommerziellen Farmsektors beigetragen haben, muß verbessert werden. Die Konferenz beschließt daher:
* Farmarbeiter müssen durch eine Arbeitsgesetzgebung geschützt werden.
* Die Regierung muß einen Standard für die Arbeits- und Lebensbedingungen von Farmarbeitern festlegen.
* Es müssen festgesetzt werden: Mindestlöhne, Arbeitszeiten, Kranken- und Jahresurlaub, Möglichkeit zum Schulbesuch von Farmkindern, Sicherstellung einer medizinischen Versorgung, menschenwürdige Unterkünfte, Rente, Verbriefung des Bleiberechts auf dem Farmgelände nach der Pensionierung, Einräumung von kostenlosem Weiderecht für das Farmarbeiter-Vieh, Schutz bei Berufskrankheiten und Unfällen.

● **Hilfe für Farmer im kommerziellen Sektor.** Die Konferenz beschließt:
* Etablierte Farmer sollen nur in Notfällen (z. B. Dürreperiode) staatliche Hilfe bekommen.
* Kommerzielle Farmer sollten staatlich unterstützt werden, wenn sie Sozialprogramme verfolgen, z. B. um die Lebensbedingungen ihrer Arbeiter zu verbessern.

● **Kommunale Gebiete.** Die meisten (schwarzen) namibischen Farmer leben in sog. Kommunalen Gebieten. Die Konferenz beschließt, diese Kommunalen Gebiete zunächst zu erhalten, sie zu entwickeln und sie ggf. zu erweitern.

● **Zugang zu den Kommunalen Gebieten.** Die Farmer auf diesen Gebieten sind in hohem Maße vom Land-Ertrag abhängig. Ein Zugangsrecht zum Land ist daher lebensnotwendig. Die frühere Homeland-Politik machte früher den Zugang zu den Kommunalen Gebieten von der Stammeszugehörigkeit abhängig. Dies ist verfassungswidrig. Namibier haben das Recht, sich überall im Lande niederzulassen. Die Konferenz beschließt daher:
* Namibische Bürger dürfen sich überall niederlassen.
* Wer sich dazu entschließt und dies beantragt, sich in Kommunalen Gebieten niederzulassen, muß Rechte und Gebräuche der dort Ansässigen beachten.
* Bevorzugt werden sollen alle, die bislang kein oder zuwenig Land hatten.

● **Schutz des Wildes und Rechte der Farmer.** In einigen Kommunalen Gebieten müssen die Farmer ihr Vieh und ihre Äcker vor Wild schützen dürfen.

● **Zahlungsbedingungen in Kommunalen Gebieten**. *In der Regel sollten Farmer für zugeteiltes Land zahlen. Es gibt allerdings sehr viele Kleinfarmer, die sich einen Landkauf nicht leisten können. Die Landkonferenz beschließt daher:*

* *Farmer, die nur für ihren eignen Lebensunterhalt produzieren, bekommen Land kostenlos zur Verfügung gestellt.*

* *Farmer, die Land zu unternehmerischen Zwecken haben wollen, müssen dafür bezahlen.*

* *Alle Zahlungen erfolgen an die Regierung und nicht an die Stammes - Chiefs.*

● **Frauen - Rechte**. *Obwohl die Frauen in den Kommunalen Gebieten am stärksten an der landwirtschaftlichen Produktivität beteiligt sind, werden sie diskriminiert. Die Landkonferenz beschließt daher:*

* *Frauen haben ebenfalls Recht auf Erwerb von Land, das sie bewirtschaften. Sie können auch Land erben und vererben.*

* *Die Lebensbedingungen der Landfrauen müssen verbessert werden. Aus- und Fortbildung müssen gefördert werden. Ebenso sollen ihnen zinsgünstige Darlehen zur Verfügung gestellt werden, damit sie den Männern gleichgestellt sind.*

* *Alle diskriminierenden Praktiken und Gesetze, die Frauen benachteiligen, müssen eliminiert werden.*

* *Frauen müssen in den landvergebenden Gremien mitvertreten sein.*

● **Weiderechte**. *Die Landkonferenz beschließt: Kommerzielle Farmer sollen keinen Zugang zum kommunalen Weideland haben, das ja unter Überweidung leidet. Marktorientiert produzierende Farmer sollen in Zukunft keine Weiderechte in Kommunalen Gebieten haben.*

Das all diese Empfehlungen einer dringenden Umsetzung bedürfen belegt die ungleiche Verteilung des agrarisch nutzbaren Landes: Weniger als 10 % der Bevölkerung besitzen knapp 45 % des Landes! Natürlich beanspruchen die Schwarzen das Land der Weißen, die ihrerseits das Besitzerrecht verteidigen. Ihre Argumente sind die unstreitig höhere Produktivität sowie die bessere Ausbildung. In dieser Argumentation schwingt die Ansicht mit, Schwarze seien dazu einfach nicht in der Lage...

Die Lösung der Landfrage, d.h. die Neu- und Umverteilung des Landes, wird zu einem Landes Test für die angestrebte "Nationale Aussöhnung". Die wirtschaftliche und soziale Koexistenz in einem Lande mit so vielen ethnischen Gruppen kann nur gelingen, wenn die bislang Privilegierten etwas von ihrem Besitzstand abzugeben bereit sind.

➡➡   **Erziehungssystem**

Ab 1. April 1991 gibt es in Namibia ein einheitliches Erziehungssystem, das sich nicht mehr an den 11 ethnischen Strukturen orientiert. Für Bildung und

Kultur wurden 6 Regionalbüros gegründet, denen die Schulen eines bestimmten Landstriches unterstehen:

- **Katima Mulilo** (81 Schulen, Caprivistreifen)
- **Ondangwa** (535 Schulen im Ovamboland)
- **Rundu** (258 Schulen im Kavongo - Gebiet und in Tsumkwe)
- **Khorixas** (77 Schulen im Damaraland, Kaokoveld, Omaruru, Karibib, Swakopmund)
- **Keetmanshoop** (83 Schulen in Bethanien, Karasburg, Keetmanshoop, Lüderitz und Mariental)
- **Windhoek** (177 Schulen in Grootfontein, Hereroland, Okahandja, Otjiwarongo, Rehoboth und Tsumeb).

➠   Das Problem Walvis Bay

Seit Februar 1994 ist es nun endgültig: Südafrika hat auf Walvis Bay verzichtet und die Enklave offiziell an Namibia abgetreten. Damit ist ein langes Gezänk begraben, und Namibia verfügt nun über den einzigen Tiefseehafen entlang seiner 1150 km langen Atlantikküste.

2.   WIRTSCHAFTLICHE ENTWICKLUNG

➠   Ausgangspunkt

Auf dem wirtschaftlichen Sektor setzt Namibia auf eine gemischte Wirtschaft, deren Grundzüge staatlicher, genossenschaftlicher und privater Besitz sind. Enteignungen sind nur dort möglich - und zwar gegen marktgerechte Entschädigung - wo das Gemeinwohl im Vordergrund zu stehen hat.

Zur Zeit leidet das Land an den **Erblasten der alten Politik:**

- Das **Analphabetentum** der Afrikaner beträgt runde 65 %.
- Die **Arbeitslosigkeit** unter den Schwarzen überschreitet 30 %.
- Im **Norden Namibias,** wo 65 % der Gesamtbevölkerung leben, hat der **Befreiungskrieg die größten Spuren hinterlassen**: Die meisten Menschen hier leben ohne Elektrizität, sauberes Wasser und leiden allgemein unter schlechten hygienischen Grundvoraussetzungen.
- **30 - 40 %** der afrikanischen, schulpflichtigen Kinder besuchen noch immer **nicht die Schule.**
- 60 % der **Lehrer** sind **ohne** eine **entsprechende Ausbildung.**
- Die Haupterblast ist die völlig verzerrte Besitz- und Eigentumsstruktur als direkte Folge des jahrzehntelangen Apartheidsystems: Eine kleine (**weiße**) **Minderheit** verfügt über das **wirtschaftliche Know-how** sowie über die **wirtschaftlichen Machtinstrumente.**
- Der **produzierende Sektor** hat beim Bruttosozialprodukt nur einen Anteil von **5 %.**

● Ausrichtung der Wirtschaftskontakte auf **Südafrika.**

● Das aus dem Bruttosozialprodukt errechnete Pro-Kopf-Einkommen in Namibia ist mit 1 050 $ vergleichsweise hoch (Südafrika: 1 890 $; Simbabwe 580 $; Sambia 250 $). Doch dies ist eine **statistische Verzerrung,** denn der weitaus größte Teil der Bevölkerung verharrt auf einem Niveau, das dem vom Simbabwe und Sambia entsprechen dürfte.

Hauptzielsetzungen im Rahmen der **Wirtschaftspolitik** sind deshalb:

● Schaffung von mehr **Arbeitsplätzen;**

● **Steigerung des Lebensstandards** der Afrikaner;

● **Verminderung der Abhängigkeit** von Lebensmittellieferungen vor allem aus Südafrika;

● **Chancengleichheit** in der Ausbildung und bei der Verteilung von Arbeitsplätzen;

● **Ausweitung der Fischereirechte** auf eine 200-Meilen-Zone, um die Fanggründe vor Überfischung durch ausländische Flotten besser zu schützen;

● Förderung von **gemeinsamen Unternehmungen** (joint ventures);

● **Unternehmern soll ohne Behinderung ermöglicht werden, Gewinn aus einer eingegangenen Beteiligung zu ziehen.**

Realistischerweise muß aber eingesehen werden: Das bevölkerungsarme Namibia verfügt nur über einen **sehr beschränkten Binnenmarkt.** Nur in Teilbereichen ist daher die Förderung der Produktion von Waren für den Eigenbedarf möglich. Damit sind der Schaffung von Arbeitsplätzen sowie der Motivation großer Investoren klare Grenzen gesetzt.

Ende November schlossen **Deutschland und Namibia** eine **Vereinbarung** zur Entwicklungszusammenarbeit. Deutschland verpflichtet sich dabei:

● **75 Millionen DM Finanzhilfe** zu gewähren, wovon 50 Millionen nicht zurückgezahlt werden müssen und 25 Millionen DM als Darlehen vergeben werden (2 % Zinsen, 30 Jahre Laufzeit und 10 Jahre Tilgungsfreiheit).

● **25 Millionen** DM werden im Rahmen der nicht rückzahlbaren **technischen Hilfe** gewährt.

Förderprojekte sind vor allem preiswerter Wohnungsbau, die Wasserversorgung, der Fischereischutz (200-Meilen-Zone), der Straßenbau sowie Hilfen bei der Viehhaltung.

➨   **Allgemeine Lagebeschreibung**

Im Jahr nach der Unabhängigkeit kam es zu einer wirtschaftlichen Stagnation. Das Jahr 1991 schloß schätzungsweise mit einer Abnahme des Bruttoinlandproduktes von 2 % ab, für 1993 rechnet man mit einer Zunahme von 4.5 % (Weltbank - Schätzung).

Die Handelsbilanz war 1990 positiv. Sorgen bereitet die hohe Arbeitslosenquote, die auf etwa 30 % unter den Schwarzen geschätzt wird. Die Einnahmen aus dem Bergbau sind stark rückläufig, und man versucht, diesem Einnahme-Rückgang durch neue Projekte der Fischereiindustrie kompensierend entgegenzutreten. Die überwiegend von südafrikanischen und deutschen Unternehmern getragene Wirtschaft verhält sich noch abwartend und beobachtet die Schritte der Regierung.

Die traditionell engen Bande zwischen Deutschland und Namibia spiegeln sich darin wider, daß 1990 Deutschland nach Südafrika (gemeinsam mit den USA und Großbritannien) zu den wichtigsten Liefer- und Abnehmerländern gehört (1990 führte Deutschland im Werte von 26 Millionen ein und führte im Werte von 21 Millionen aus).

Die Ausfuhr Namibias konzentriert sich vor allem auf Bergbauerzeugnisse (Kupfer, Uran, Diamanten). Eingeführt werden müssen vor allem Fahrzeuge, Maschinen und Textilwaren.
Deutschland hat 1990 Zusagen über insgesamt 100 Millionen DM gemacht, worauf 75 Millionen DM finanzielle Zusagen sind und 25 Millionen DM in die technische Zusammenarbeit gehen. Schwerpunktmäßig sollen das Wasserversorgungssystem sowie der preisgünstige Hausbau gefördert werden. Bei der technischen Zusammenarbeit geht es vor allem um die Ausbildung.

Geplant sind bzw. in der Realisierung befinden sich folgende **Großprojekte**:
● **Aufbau einer Erdölraffinerie bei Usakos**. Sie soll bis Ende 1993 ausgebaut sein und bietet 300 Arbeitsplätze. Tagesproduktion: 10000 Barrel. Investor: ENERKOR/London (Investition: 100 Mio. US $)
● **Erdölexploration im Etoscha - Becken**. Aufgrund seismischer und erdmagnetischer Messungen werden in großer Tiefe reichhaltige Erdöllager vermutet.
● **Citroen - Montagewerk bei Gobabis**. Hier sind Vorgespräche im Gange. Gegen das Projekt spricht die abseitige Lage von Gobabis.
● Neue **Fischfabriken** wurden in Walvis Bay (bis zu 100 Arbeitsplätze) und in Lüderitz (bis zu 500 Arbeitsplätze) eröffnet.

Belastend wirkt sich auf die gesamte wirtschaftliche Lage die **langandauernde Dürre** aus. In seiner Erklärung zur Lage der Nation am 23. Juni 1992 sprach sich Präsident Nujoma für einen Plan zur Vorsorge bei der Wasserversorgung und der Dürrehilfe aus. Die Regenfälle 1993/94 versprechen eine Besserung!

Trotz der schwierigen Lage der Landwirtschaft nahm 1992 das **Bruttosozialprodukt** um etwa 5 % zu. Einen besonderen Beitrag hierzu lieferten die Fischerei sowie der Bergbau, aber auch der Tourismus: 19923 gilt als das beste Touristik - Jahr in der Geschichte Namibias; 1994 wird noch besser! In Windhoek bemüht sich das **Investoren - Zentrum**, Firmen zu beraten, die sich in Namibia niederlassen wollen.

Zu den Nachbarn bemüht sich Namibia um verbesserte Wirtschaftsbeziehungen und will auf jeden Fall einen Bruch oder eine Konfrontation mit Südafrika vermeiden, da die Burenrepublik ja der weitaus wichtigste Wirtschaftspartner ist.

"Stimmung" im Lande im Jahre 5 nach der Unabhängigkeit

Im Namibia - Magazin (2/92) wurden unter der aussageträchtigen Überschrift "Die Deutschen tun sich schwer mit dem neuen Staat" Umfrageergebnisse aus Namibia veröffentlicht (Umfragen aus dem Jahre 1991). Die Zukunftseinschätzung der deutschsprachigen Bewohner ist im Vergleich zu 1989 weniger hoffnungsvoll, während die Zweifel bei der afrikaans- und insbesondere englisch - sprechenden Bevölkerung nicht so gravierend sind. Eine Rolle bei diesem Stimmungs"abschwung" mag die Angst vor wirtschaftlichen Rückschlägen, vor politischer Instabilität sowie vor Verlust von Privilegien sein, obwohl bislang - vor allem was das wirtschaftliche Wohlergehen angeht - hierzu kaum Anlaß besteht. 75 % der deutschsprachigen Bewohner geben zu, daß sich seit der Unabhängigkeit die persönliche wirtschaftliche Situation nicht verändert habe, und nicht wenige berichten sogar von einer Verbesserung.

Zweifel hegt die deutsche Bevölkerungsgruppe vor allem aber in politischer Hinsicht. So ist man sich immer weniger sicher, ob es auch in Zukunft bei einem offenen Mehrparteien - System sowie regelmäßigen freien Wahlen bleiben wird. Ebenso vertrauen nur 27 % der deutschsprachigen Namibier der Regierung (dagegen 44 % der afrikaans- und 68 % der englischsprechenden Bevölkerung). Ebenso meinen nur 54 % der deutschsprachigen, daß die Rassenbeziehungen verbessert wurden (dagegen glauben daran 70 % der afrikaans- und sogar 80 % der englischsprechenden Bevölkerung).

Die statistischen Erhebungen belegen also, daß die Meinung über die politische Entwicklung im Lande selbst recht gegensätzlich beurteilt wird. Die Meinungspole bewegen sich zwischen skeptischem Optimismus (" Wir hatten es schlimmer erwartet") und absolutem Pessimismus ("Namibia geht den abwärtigen Weg aller schwarzafrikanischen Staaten, nur etwas langsamer"). Die farbige Bevölkerung hatte sich von der Unabhängigkeit z. T. mehr erhofft, vor allem eine raschere Verbesserung der Lebensverhältnisse.

➡ Steuerpolitik

Man möchte regierungsseits auf keinen Fall mit radikalen Veränderungen die Wirtschaft erschrecken. Vielmehr möchte man zunächst aufgrund der bestehenden Gesetze das Steueraufkommen verbessern. Deshalb sollen Steuer- und Zollverwaltung ausgebaut werden. Im Ovambo - Land, wo etwa 60 % der Namibier leben, wurden bislang praktisch keine Steuern gezahlt. Ein neu gegründetes Steuerbüro in Ondangwa soll dem Abhilfe schaffen...

Der Spitzensatz der Einkommenssteuer bei Jahreseinkommen von über 60000 Rand liegt auf dem vergleichsweise niedrigen Stand von 42 %.

➡ Entwicklungshilfe

Namibia erhielt in der Periode 1991 bis 1993 auf der Basis bilateraler und multilateraler Vereinbarungen eine Entwicklungshilfezusage in Höhe von insgesamt 204 Mill. ECU. So haben an der Gesamthilfe die größten Anteile Deutschland mit 23.9 %, Schweden mit 22.9 % und die USA mit 12.5 %. Der größte Teil der Entwicklungshilfe fließt in das Erziehungswesen (30.9 %), in die Wasserwirtschaft (12.7 %), das Gesundheitswesen (8.6 %), das Kommunikations- und Transportwesen (7.3 %), die Fischerei (6.8 %) und die Landwirtschaft (5.1 %).

➨ **Rössing - Mine: Entlassungen im Uranbergbau**

Ende September 1991 wurden 750 Mitarbeiter von Rössing entlassen. Der Produktionsrückgang war so enorm, daß man sich zu dieser Maßnahme entschließen mußte. Die Rössing - Mine nahm ihren Betrieb 1976 auf und beschäftigte 3200 Menschen, die pro Jahr durchschnittlich 5100 t Uranoxid (Yellow Cake) herstellten. 1990 sank die Produktion auf nur 3250 t und wird weiter auf 2500 t heruntergefahren. Nach der Entlassung wird der Mitarbeiterstamm nur noch 2100 Beschäftigte aufweisen. Für Swakopmund ist dies sicherlich ein schwerer Schlag, profitierte die Stadt doch in den vergangenen 15 Jahren vom Aufblühen der Mine.

Gründe für den Rückgang: Das Preisniveau für Uran ist sehr niedrig, so daß die Produktionskosten kaum gedeckt werden. Weltweit gibt es eine Zurückhaltung im Bau von Atomkraftwerken. Ebenso werden derzeit keine langfristigen Lieferverträge abgeschlossen.

➨ **Wirtschaftsimpulse durch den Bau der Trans - Kalahari - Straße**

Das wichtigste Verkehrsvorhaben der nächsten Jahre ist der Bau der Trans - Kalahari - Straße. Namibia und Botswana haben sich 1990 auf den Ausbau der Straßenverbindung zwischen den beiden Hauptstädten Windhoek und Gaborone geeinigt. Jedes Land ist dabei für den Ausbau auf seiner Landesseite verantwortlich. Mit der Asphaltierung der Straße zwischen Gobabis und Mamuno (= Grenze zu Botswana, 103 km,) wurde auf namibischer Seite begonnen. Die Straße verläuft dann weiter über Jwaneng nach Gaborone (ab namibischer Grenze ca. 590 km). Das gesamte Projekt soll 1994 fertig sein. Dank dieser Straße wird der Weg zwischen Windhoek und Johannesburg um 400 km verkürzt. Dann dürfte auch der Verkehr zwischen den drei Ländern erheblich zunehmen - und ein Stück von Busch - Romantik verloren gehen...

➨ **Eigene Aktienbörse**

Seit dem 1. Oktober 1992 verfügt Namibia über eine eigene Aktienbörse (Namibia Stock Exchange = NSE).

➨ **Zinn - Bergbau in Uis Mine**

Wahrscheinlich wird der Zinn - Abbau wegen Unrentabilität völlig eingestellt. Uis - Mine ist unter den nennenswerten Zinnvorkommen weltweit die

Zinn - Mine mit dem niedrigsten Erzgehalt. Die verfallenden Weltmarktpreise lassen eine weitere Produktion nicht mehr rentabel erscheinen. Den 430 Angestellten wird angeboten, zur südafrikanischen Muttergesellschaft nach Südafrika zu wechseln. Damit dürften auch die Tage des Minenkasinos sowie des Schwimmbades gezählt sein.

➤➤   **Fischerei**

Daß Namibia entlang seiner rund 1260 km Küstenlinie naturgemäß über reiche Fischgründe verfügt, wird auf Seite 68f in diesem Buch beschrieben. Zwischen den Einmündungen des Oranje im Süden und des Kunene im Norden liegt ein relativ schmaler Kontinentalschelf, zu dem die kalten, nährstoffreichen Wasser des Benguela - Stroms aufsteigen und wo im Zusammenhang mit der sonnenüberfluteten Wasseroberfläche große Fischschwärme anzutreffen sind. Zwar regulierte seit 1969 die Madrider "International Commission for Southeastern Atlantic Fisheries" mit Fangquoten den Fischfang, doch wurde dieses Abkommen vor der Unabhängigkeit vor allem durch Ostblockschiffe und südafrikanische Flotten nicht beachtet. Folge war eine totale Überfischung.

Im März 1990 wurde das Madrider Abkommen gekündigt und das unabhängig werdende Namibia erklärte eine 200 - Meilen - Zone zur "Exclusive Economis Zone", um die eigenen Fischreserven wirkungsvoller zu schützen. Doch noch bis Anfang 1991 tummelten sich vor allem spanische Fischerflotten unerlaubterweise in den Gewässern, bis es gelang, insgesamt 8 spanische Fischereischiffe aufzubringen. Diese 8 Schiffe wurden einfach beschlagnahmt und bilden heute den Hauptbestand der namibischen Fischfangflotte. Namibia nimmt den Fischfang sehr ernst, und das dokumentiert sich in der Gründung eines eigenen Fischerei - Ministeriums (250 Beschäftigte). In Anbetracht der allgemeinen wirtschaftlichen Schwierigkeiten (Abnahme des Uranabsatzes, Dürre, evtl. baldiger Schließung der Tsumeb - Mine) ist die Forcierung des Fischereimarktes sicherlich sinnvoll.

Priorität sollen der Schutz der Fischbestände, die Erforschung ihrer Struktur sowie ein ökologisch sinnvoller Plan zum Fischfang (Quoten) erhalten. Folgende Hauptaspekte sollen deshalb beachtet werden:

● **Mittelfristiger Schutz der Fischbestände** (5 - 7 Jahre). Die Fischbestände müssen sich wieder regenerieren, die derzeitige Fangquote von 600000 t gilt noch als zu hoch. Nach der "Schonzeit" - also etwa 1998/99 - kann man mit einer Fischertrags - Quote von etwa 1.5 Millionen t/Jahr rechnen.
● **Produktion von Fertigprodukten** für den eigenen Markt und für den Eigenbedarf.
● **Propagierung von Fischverzehr** im eigenen Land (bislang hat Namibia einen Prokopf - Verbrauch von 4 kg/Fisch pro Einwohner, Angola dagegen bringt es auf die sechsfache Menge!).
● **Ausbau der Exportmärkte**, vor allem Export (neben Südafrika) nach Europa, USA und Japan.

Ein Hindernis bei der Realisierung dieser Pläne könnte allerdings der marine Abbau von Diamanten (diamond dredging = unterseeisches Diamantenschürfen) sein. Man untersucht z. Zt., inwieweit sich diese Abbaumethode mit der Fischerei "vertragen" kann (hierbei arbeitet die GTZ ein Forschungsprogramm aus).

Namibia verfügt derzeit nur über den eigenen Hafen Lüderitz, darf aber das südafrikanische Walvis Bay nutzen. Überlegungen sind im Gange, nördlich von Swakopmund einen "Port Nujoma" zu gründen, dessen Lage an der Möwebucht sein könnte. Letzte Nachricht: Ende Oktober 1992 schlossen Namibia und Südafrika ein Abkommen über die gemeinsame Verwaltung von Walvis Bay.

➡➡ Öl- und Gasfunde

Die vorliegenden Erkundungsergebnisse werden an interessierte Firmen durch die National Petroleum Corporation of Namibia (Namcor) verkauft. Dazu zählen auch die Explorationsergebnisse über Öllager an der Küste sowie das Kudu - Gasfeld.

3. TOURISTISCHE NEUIGKEITEN UND NACHTRÄGE

3.1 ALLGEMEINES

➡➡ Sicherheit

Es gibt keine wirklichen Sicherheitsprobleme in Namibia. In Städten wie Windhoek und Swakopmund ist zwar die Kleinkriminalität gestiegen, doch ist es in Namibia ganz sicherlich viel ruhiger und sicherer als in den Industrieländern Europas oder in den USA. Trotzdem wird das Stichwort "Kriminalität" von manchen Menschen zum Zentralthema erhoben. Wie schreibt doch der Präsident der Deutsch - Namibischen Gesellschaft, Herr Heß: " *Doch wenn mal etwas in deutschen Zeitungen und Zeitschriften über Namibia erscheint, so ist es leider gelegentlich noch so wie vor Jahren, daß nämlich Einseitigkeiten das Bild prägen. War es früher die politische Brille, die viele Darstellungen beeinflußte, so werden heute Kriminalität und die Ängste der Deutschen dort hochgspielt. Wenn man realistische Vergleiche zieht, so ist es in Windhoek zwar etwas anders geworden als vor 10 oder 20 Jahren, doch überhaupt kein Vergleich mit bekannten Reisezielen am Mittelmeer, wo Taschendiebstahl auf offener Straße alltäglich ist und trotzdem Heerscharen von Touristen immer wieder hinfahren. Oder aber Schilderungen über das Gestern und Heute sind so beschönigt, daß man meinen würde, es habe zwei Namibias gegeben.* " (Namibia Magazin, 3/91).

➤➤ Straßenverhältnisse

Einige Leser und Einheimische berichten, daß die unbefestigten Pads in der letzten Zeit nicht mehr so gepflegt sind. Gründe dafür sind die anhaltende Trockenheit sowie der Mangel an Geld zur Instandhaltung. Mit Reifenpannen muß daher vermehrt gerechnet werden.

Der Streckenabschnitt **Khorixas - Outjo - Okaukuejo** ist jetzt durchgängig asphaltiert und problemlos zu befahren (s. Reise - Handbuch S. 288 ff und S. 298 ff). Auch der Abschnitt Aus - Goageb (B4) wird 1994 wahrscheinlich gänzlich asphaltiert sein (S. 190).

➤➤ Jagd

Seit der Unabhängigkeit wurde nach Auskunft von Dr. Eugene Joubert (Stellvertretender Direktor im Ministerium für Wild- und Naturschutz in Namibia) keine einzige Jagdbestimmung geändert.

Preiswerte Jagdangebote auf der Basis einer privaten Vermittlung sind möglich durch Herrn Rudolf Svoboda, Siedlerweg 1, 8930 Schwabmünchen, Tel. und Fax 08232/3974. Herr Svoboda vermittelt Jagdfarmen in der Gegend von Uhlenhorst, Hohenau (beim Flughafen Windhoek), Okahandja, Mount Etjo und Kalkfeld.

Eine sehr gepflegte, landschaftlich herrlich gelegene Jagdfarm ist **Otjompaue** von Hubert Herzog (Professional Hunter), 9000 Omaruru, P. O. Box 336, Namibia, Telefon und Fax aus Deutschland 00264/62232, Amt Omaruru 36.

➤➤ Handgewebte Teppiche aus Namibia

Sehr schöne handgewebte Schafwollteppiche aus Namibia (Ibenstein) mit afrikanischen Motiven sind erhältlich bei: Joachim Kessler, Tannenwaldstraße 8, 7322 Donzdorf-Winzingen, Tel. 07162/2657 (Preislisten, Fotos auf Anfrage).

➤➤ Windhoek

● Campingmöglichkeiten in der Stadt selbst (wie früher am Safari - Hotel) gibt es nicht mehr. Einzige Campiermöglichkeit: Daan Viljoen Park (S. 156)
● Das Hansa - Hotel heißt jetzt "Tuckers Tavern"."Unkonventionell" geführt, am Wochenende Discoabende, entsprechend laut.
● Empfehlenswerte, stadtnahe Gästefarmen für alle, die kein Stadthotel mögen: Elisenheim, Finkenstein, Sundown Lodge (Adressen siehe Seite 129)
● Das Safari - Hotel hat seine Neubauten nun fast abgeschlossen und bietet 4 - Sterne - Komfort zu einem angemessenen Preis (Seite 156)

3.2 NEUES IM SÜDEN

➤➤ **Aus**

Am Ortsrande von Aus in Richtung Osten liegt das ehemalige Lager für deutsche Kriegsgefangene im 1. Weltkrieg. Ein Gedenkstein erinnert daran, daß der Krieg hier für die deutschen Truppen schon im Jahre 1915 beendet war.

➤➤ **Keetmanshoop**

Das Hansa - Hotel ist inzwischen in Travel Inn umbenannt. Als Hotel für mittlere Ansprüche durchaus zu empfehlen.

➤➤ **Keetmanshoop/Köcherbaumwald**

Nun ist endlich das herrliche Gebiet wieder gesäubert. Auf dem eingerichteten Campingplatz (WC/Duschen/Hütten/Zeltplätze) kann man auch gut übernachten.

➤➤ **Gästefarm Burgsdorf/Nähe Maltahöhe**

Diese Gästefarm liegt auf dem Wege von Lüderitz nach Maltahöhe an der C 14. 15 km südlich von Maltahöhe führt eine ausgeschilderte gute Farmpad nach 10 km zum Farmhaus. Burgsdorf bietet gemütliche Gästezimmer, Tagesausflüge zum Sossusvlei, Farmrundfahrten und geführte Wanderungen zu alten Buschmannlagerstätten. Auf der 12000 ha großen Farm findet Rindertrieb statt, ebenso werden Ziegen gehalten. Familie Kirsten kümmert sich sehr persönlich um die Gäste (s. Reise-Handbuch S. 214ff).

➤➤ **Rastlager Duwisib**

Neu ist das kleine Rastlager Duwisib (5 Zimmer/12 Betten). Im Farmladen gibt es gute Lebensmittelvorräte zu kaufen, u. a. auch Frischfleisch. Auskünfte: Jochen Frank - Schultz, Postfach 21, Maltahöhe, Tel. 06632, nach Namgorab 5304 fragen.

➤➤ **Naukluft National Park**

Die Zebrapopulation hat sich mittlerweile auf ca. 3000 Stück erhöht. Um ein ökologisches Gleichgewicht zu erhalten, beginnt die Naturschutzbehörde nun mit dem Abschuß von Zebras. Fleisch und Felle werden verkauft, und der Erlös dient der Finanzierung des Parks (s. Reise-Handbuch S. 230ff).

►► Namib - Naukluft - Park/Permits

Auch wenn man nicht die Absicht hat zu campieren, benötigt man ein Permit, sobald man folgende Straßen verläßt:
- MR 36 (C 14, Gamsberg - Kuiseb Canyon - Walvis Bay)
- D 1982 (Windhoek - US-Pass - Walvisbay)
- D 52 (C 28, Windhoek - Khomas Hochland - Swakopmund)
- D 1998 (Verbindung zwischen MR 36 (C 14) und D 1982 westlich des Kuiseb Canyons.

Ebenso sind nun zwei weitere **Campingplätze** eröffnet worden:
- Camp Mirabib (an der Verbindung zwischen MR 36 und Gobabe gelegen);
- Camp Old Welwitschia Airfield (Abzweig von der MR 52 nach Welwitschia Flakte)

►► Spreetshoogte - Paß

Dieser Paß liegt nordöstlich von Solitaire an der Pad 1275. Landschaftlich eine wunderschöne Stelle, zumal der Blick in die Namib fast "grenzenlos" ist. Aufgrund der enormen Steigungen - bis zu 23 % - sollte man den Paß von Osten nach Westen befahren (Gefälle). Für Wohnmobile ist die (Gravel-) Straße nicht geeignet, und auch so mancher PKW - Fahrer dürfte hier schon in Schwierigkeiten geraten sein. Vor allem wird es ungemütlich, wenn man auf dem lockeren Untergrund und gleichzeitigem steilen Anstieg an Fahrt verliert und umschaltet. Also: rechtzeitig schalten, und langsam und beständig den Weg gegen den Himmel erklimmen!

►► Fish River/Oranje River

- **Reiten**. Der Farmer Kobus bietet Reitmöglichkeiten zwischen der Fish - River - Mündung und Ai - Ais an. Der Farmer errichtet ebenfalls gerade ein Zeltcamp an der Fish - River - Mündung und vermietet auch Kanus. Das ganze Unternehmen ist in der Aufbauphase, so daß eine vorherige Information eingeholt werden muß: Farm Visriviermond (bei Ai Ais), Tel.: 0642/3581, POB 32, Noordoewer, Namibia.
- **Kanufahrten**. Die südafrikanische Firma "Felixe Unite" unternimmt z.T. mehrtägige Kanufahrten auf dem Oranje. Diese Touren (mit Camping am Ufer) sind auch für unerfahrene Kanuten geeignet. Auskunft: Felix Unite River Adventures, 1st Floor, Riverside Centre, Bryanston Drive, Bryanston, 2120 Republic of South Africa, Tel.: 011/463 3167 und 706 6116.

►► Oranje River / Fahrt von Ai Ais über Rosh Pinah nach Aus und Lüderitz

Die Tankstelle in Rosh Pinah ist zumeist Samstag und Sonntag geschlossen, die in Aus nur bis 18.00 h geöffnet. Bitte bei der Planung berücksichtigen und evtl. schon in Noordoewer auftanken (siehe Reise - Handbuch S. 211).

➤➤ **Lüderitz**

● **Segeltörn.**Im Hafen von Lüderitz liegt der unter deutscher Flagge segelnde Schoner "SEDINA". Eigentümer sind Gaby und Manfred Wedell, die von 1974 - 1977 eine Weltumseglung mit einem anderen Boot gleichen Namens unternommen hatten. Man trifft Manfred ziemlich regelmäßig abends im Restaurant "Zum Sperrgebiet"; aber auch telefonisch (06331/ 2919) oder in der Göringstraße 1 kann man sich zur Fahrt zur Diazspitze und bei ruhigem Wetter weiter zur Halifax - Insel anmelden. Ein tolles Erlebnis (Erwachsene 25 Rand).

● **Permit.** Das **Permit zum Besuch von Kolmannskuppe** ist nicht mehr im CDM - Büro, sondern beim Touristenbüro (Lüderitzstiftung) in der Bismarckstraße erhältlich. Öffnungszeiten: MO - SA 08.30 - 12.00 h und MO - FR 16.30 h - 18.00 h

● **Hotel "Zum Sperrgebiet".** Frau Ingrid Morgan bemüht sich sehr um ihre Gäste, das Frühstücksbuffet ist üppig. Die ab 17.00 h geöffnete Bar ist beliebter Treffpunkt der deutschsprachigen Lüderitzer, und Kontakte können dann schnell angebahnt werden (s. Reise - Handbuch S. 198ff).

● **Lüderitz - Museum.** Die neuen Öffnungszeiten lauten: MO - FR 16.30 h -18.00 h (Reisebuch Seite 209)

➤➤ **Lüderitz/Permits Kolmanskop und Elisabeth Bay**

Permits zum Besuch von Kolmanskuppe und Elizabeth Bay erhält man bei der **Lüderitz Foundation**, P.O.Box 233, Bismarckstraße, Tel.: 06331/2532. Öffnungszeiten: Montag - Freitag 08.30 - 12.00 h, 14.00 - 16.00 h
                            Samstag   08.30 - 12.00 h

Kolmankuppe kann von Montag bis Samstag von 09.30 h (Tourbeginn, Dauer: 1 Stunde) besucht werden (s. Reise - Handbuch S. 215f).

Elisabeth Bay (Mine und Geisterstadt) kann auf einer 3-stündigen Tour besichtigt werden (80 km Rundtrip, 15 Rand/Person). Die Touren finden dienstags und donnerstags statt von 14 - 17 Uhr. Maximum: 7 Personen (keine Kinder zugelassen!). Sie müssen Ihren Paß mitbringen (Diamanten-Sperrgebiet)! Z.Zt. wird auch ein polizeiliches Führungszeugnis aus Deutschland verlangt.

➤➤ **Sossusvlei**

● Die seit wenigen Jahren existierende Gästefarm **Namib Ruscamp** in der Nähe des Eingangs zum Sossusvlei erfreut sich zunehmender Beliebtheit. Leser betonen immer wieder ihre Zufriedenheit. Die herrliche rote Sandlandschaft sowie die Gastfreundschaft der Gastgeber Pieter und Ella Voges

verdienen ein Sonderlob. Angeboten werden saubere Unterkünfte, gutes Essen sowie Landrover - Ausflüge ins Sossusvlei.
Namib Ruscamp, POB 1075, Swakopmund, Namibia 9000, Tel.: 06632, Solitaire (s. Reise - Handbuch Seite 223)

● **Neu: Namib Rand Game Ranch**. Die neu etablierte Game Ranch westlich und östlich der Pad 826, südöstlich des Sossusvlei gelegen, ist ein Eldorado für alle Landschaftsliebhaber. Mit 120.000 ha Größe ist sie das flächengrößte private Naturschutzgebiet im südlichen Afrika. Nur 6 Gäste können gleichzeitig beherbergt werden. Angeboten werden u. a. Ausflüge in das Sossusvlei sowie Ballonfahrten (z. B. kostet ein 4 - Tagesaufenthalt/3 Übernachtungen mit Ballonfahrt und Vollpension ca. 1000.00 DM/pro Person. Adresse: Namib Rand Game Ranch, POB 5048, Windhoek 9000, Namibia, Tel. 061/36720

● **Hammerstein Rest Camp** and Restaurant. An der Pad 36, ca. 60 km westlich von Maltahöhe, liegt das einfache, doch sehr empfehlenswerte Restcamp. Saubere Zimmer und eine ordentliche Verpflegung warten auf den Besucher. Ausflüge zum Sossusvlei können mit den Besitzern abgesprochen werden.

➤➤ **Solitaire**

● Die Tankstelle in Solitaire ist nach Schließung wieder eröffnet - allerdings nur Montag bis Freitag (s. Reise - Handbuch S. 223).

3.3 NEUES IN DER LANDESMITTE

➤➤ **Gästefarmen**

● Die **Gästefarm Etemba** (nördlich von Usakos) wurde geschlossen und steht zumindest bis auf weiteres nicht zur Verfügung. Die Gästefarm Bambatsi ist wiedereröffnet.

● Die **Gästefarm Okonjima**, in der Nähe von Otjiwarongo gelegen, hat sich in den beiden vergangenen Jahren als echter "Geheimtip" herausgemausert. Das Farmer-Ehepaar Val und Rose Hanssen bemüht sich sehr um seine Gäste. Der Aufenthalt ist insbesondere für Naturfreunde zu empfehlen. Es gibt Ansitze und Wanderwege, und die Wild- und Tierbeobachtung (Leoparden, Geparde, Stachelschweine, Honigdachse usw.) sind eine echte Ergänzung zu den Tiererlebnissen in Etosha. Ein besonderer "Gag": Auf der Farm gibt es katzen-zahme Geparden, die sich streicheln lassen. Der Farmer begleitet gerne die Fahrten auf seinem Gelände und entpuppt sich dabei als ausgezeichneter, sensibler Tierspezialist.

Zu erreichen ist Okonjima von Otjiwarongo aus auf der Pad D 2515, nach ca. 47 km biegt man nach rechts ab. Nach weiteren 25 km auf z. T. schwieriger beschilderter Strecke (in der Regenzeit vorher anrufen!) erreicht man das Farmhaus.

Gästefarm Okonjima, POB 793, Otjiwarongo, Namibia 9000, Tel.: 0658/ fragen Sie nach 18212.

Diese Gästefarm wurde 1992 von sehr vielen Lesern ebenfalls als hervorragend bezeichnet!

➡ **Waterberg Wilderness Trail**

An jedem 2., 3. und 4. Wochenende (April - November) finden geführte Touren statt. Die Wanderung beginnt am Donnerstag Nachmittag um 16 Uhr am Onjoka Gate am Waterberg und endet am frühen Sonntag Nachmittag (6 - 8 Personen). Kosten pro Person: 75 Rand. Die Wanderer müssen Schlafsack und Selbstverpflegung mitbringen. Reservierungen im Naturschutz-Büro in Windhoek (s. Reise - Handbuch S. 340ff). Man darf allerdings auch alleine auf den Waterberg aufsteigen (½ Stunde, sehr anstrengend). Die Rundwanderung ist ebenso interessant wie der Panorama-Blick.

➡ **Dolphin Bay (zwischen Walvis Bay und Swakopmund auf halber Strecke gelegen, Hinweisschild)**

Von diesem Strandabschnitt kann man gelegentlich tatsächlich Delphine beobachten (Freizeitanlage; (s. Reise-Handbuch S. 236).

➡ **Swakopmund**

Permits. **Permits für die Durchfahrt durch den Skelettküstenpark** (z.B. um nach Palmwag oder Khorixas zu gelangen) sowie für den Namibteil des **Namib-Naukluft-Parks** erhält man nun auch im Touristenbüro in Swakopmund (Wildlife Conservation Office, Moltkestraße/Ecke Kaiserstraße; s. Reise-Handbuch S. 246 ff).

In der vergangenen Zeit haben sich insbesondere folgende **Pensionen** zu einem besonderen Tip für preisbewußte Urlauber entwickelt:

● **Hotelpension Rapmund**, Bismarckstraße, POB 425, Swakopmund 9000, Tel.: 0641/2035. Die Pension liegt sehr zentral zum "Stadtzentrum", zum Strand sowie zum Museum.
● **Privat-Pension D'Avignon**, Brückenstraße 25, POB 1222, Swakopmund 9000, Tel.: 0641/5821. Die Zimmer sind gut eingerichtet und geräumig, das Frühstück reichhaltig.

● **Burghotel Nonidas** ist z.Zt. geschlossen!

3.4   NEUES IM NORDEN UND CAPRIVI

➡   **Etosha National Park**

Neben den Rastlagern Namutoni und Okaukuejo ist nun auch das "mittlere" Rastlager Halali ganzjährig geöffnet. In den Häuschen wurden Klimaanlagen installiert, so daß der Aufenthalt selbst in der heißen Jahreszeit angenehm ist. In Halali wurde die "Moringa" - Wasserstelle, in Namutoni ebenfalls eine weitere "eröffnet". Beide Wasserlöcher werden - wie in Okaukuejo - nachts beleuchtet und sollen Tiere anlocken, was sich bei den Tieren "noch nicht so herumgesprochen hat" (Bemerkung eines Lesers). Der verstärkte Besucherstrom im Jahre 1992 hat allerdings auch einige Reisende nach Etosha geführt, die sich leider an den Wasserlöchern nicht ruhig und geduldig genug verhalten. Diese mangelnde Disziplin stört natürlich Tierfreunde, und so sollte man vor allem so früh wie möglich "ansitzen" und durchaus auch die Mittagszeit nicht scheuen (wenn die "Masse" im Restaurant sitzt).

Welche Unterkünfte sollte man wählen, wie ist die "Qualitäts-Reihenfolge"?

● Nr. 1 ist die **Mokuti - Lodge**, auch in der Lesermeinung stets hervorgehoben (vor der Einfahrt in den Nationalpark bei Namutoni).

● Neu ist das private **Ongava Game Reserve** südlich des Eingangs zum Etosha Park bei Okaukuejo (an der C 38 ca. 5 km südlich des Eingangs zum Nationalpark zweigt nach links eine Straße nach Ongava ab). Im Vergleich zur Mokuti Lodge handelt es sich um ein privates Wildschutzgebiet mit einer Lodge, einem Wilderness Camp im Stile einer Himba - Unterkunft sowie einem Zeltcamp. Auf dem Gelände werden Wildbeobachtungsfahrten und Wanderungen mit Wildhütern angeboten, ebenso Trips nach Etosha. Kosten: Ca. 130 - 300 DM/pro Person einschließlich Wildbeobachtungsfahrten, Vollpension etc.. Die Preise variieren nach Art der Unterkünfte (komfortable Zelte, Himbahütten oder Lodge). Buchunng: Namib Travel Shop, POB 6850, Windhoek 9000 oder bei deutschen Spezialveranstaltern).

● Nr. 2: **Namutoni** wegen der Nähe zu vielen Wasserlöchern sowie der Festung; allerdings auch entsprechend viel besucht.

● Nr. 3: **Halali**, ein ruhiges, sauberes Camp, teilweise renoviert.

● Nr. 4: **Okaukuejo**, das einer Grundrenovierung bedürfte und wegen der seit Jahren etablierten und nachts beleuchteten Wasserstelle besonders beliebt ist. Hier und in Namutoni übernachten viele Busgruppen.

Wasserlöcher: Mittlerweile sind Favouriten wie Kalkheuwel sehr stark besucht und daher für den Tierliebhaber oft ein Ärgernis. Zu empfehlen sind deshalb die ruhigeren, oft etwas abgelegeneren Stellen wie Olifantsbad (Elefanten), Salvadora (sehr schönes Panorama), Rietfontein (Elefanten), Goas (Elefanten, Löwen) sowie Ozonjuitji (sehr abgelegen; Elefanten, Giraffen, manchmal Löwen - ruhig !)

➡   **Capristreifen**

Man braucht zum Befahren des Caprivistreifens nicht mehr wie in der Vergangenheit ein Permit (s. Reise-Handbuch S. 351ff).

➤➤ Mudumu und Mamile National Parks/Ost - Caprivi

Beide Nationalparks liegen am Kwando - Fluß nördlich des Linyanti - Deltas, einem namibischen Pendant zum botswanischen Okavango - Delta. An den Mudumu N. P. grenzt die Lianshulu Lodge, im südlichen Mamile N. P. liegen die Linyanti Swamps. Diese Gebiete sollten von Allrad - Fahrzeugen befahren werden, vor allem in der Regenzeit (Straße 3511).

➤➤ Outjo als Zwischenstop

Wer nicht auf der der Gästefarm Bambatsi oder im einfachen Khorixas-Camp übernachten will, dem ist ein Zwischenstop in Outjo zu empfehlen, um im gepflegten Onduri-Hotel zu übernachten.
Wenn Sie der Tourenplanung dieses Reise-Handbuches folgen, planen Sie nur eine Übernachtung in Khorixas. Am nächsten Morgen können Sie Twyfelfontein, den Versteinerten Wald sowie die Ugab-Terrassen besuchen, um spätnachmittags Outjo zu erreichen. Am nächsten Morgen brechen Sie nach Etosha zum Camp Okaukuejo auf. Auf diese Weise haben Sie einen zusätzlichen Safari - Tag in Etosha gewonnen.

Diejenigen, die nach Etosha reisen und sich dort selbst verpflegen möchten, sollten **frische Lebensmittel** hier in Outjo kaufen, da es daran in den Läden der Etosha - Camps oft mangelt. Außerdem ist hier in Outjo der Besuch der deutschen Bäckerei (gute traditionelle Backware) sowie des Geschäfts S.W.A. - Minerals Dieter Langer zu empfehlen, wo man - preiswert - schöne **Halbedelsteine** und Schmuck kaufen kann.

➤➤ Tsumeb

Das Tsumeb - Museum hat nun auch Samstag von 15.00 h - 18.00 h geöffnet (s. Reise-Handbuch S. 334 ff).

➤➤ Uis/Brandberg

In Uis gibt es seit 1993 ein kleines Restcamp mit 5 Wohnungen; ein Restaurant und Swimmingpool stehen zur Verfügung. Brandberg Rest Camp, Uis, POB 35, Tel. 062262 235. Ideal für alle, die einen Zwischenstop auf dem Wege nach Khorixas einlegen wollen und zum Brandberg (Weiße Dame) möchten (man kann dann besser, da man sehr nahe am Brandberg ist, der Mittagshitze ausweichen).

➤➤ Khorixas Restcamp

Unsere jahrelange Kritik an diesem Gästecamp hat gefruchtet. Nach einem Renovierungsprogramm haben sich auch Service und Verpflegung so gebessert, daß man nun wieder diese Stelle uneingeschränkt empfehlen kann.

➤➤ Twyfelfontein

Etwa 5 km vor Twyfelfontein befindet sich nun ein neuer Campingplatz mit Strohhütten, Lagerfeuerplatz, ebenso sind kaltes und warmes Wasser sowie Dusche verfügbar. Das Permit zum Besuch von Twyfelfontein erhält man kurz vor der Farm. Gegen ein kleines Entgelt (5 Rand) führt den Besucher der Guide zu den besonders sehenswerten Gravuren (s. Reise-Handbuch S. 288 ff).

➤➤ Skeleton Coast Park / Permit zur Durchfahrt

Man kann ein Permit in den Büros der Naturschutzbehörde in Windhoek, Swakopmund und Okaukuejo bekommen, um als Tagesbesucher den Park zu durchfahren (z.B. Swakopmund - Twyfelfontein - Khorixas). Man darf aber nicht nach Terrace oder Torra Bay fahren. Die Eingangstore müssen vor 15 Uhr passiert werden (also entweder das Gate am Ugab River - von Swakopmund aus kommend - oder das Gate von Springbokwater - von Khorixas aus kommend; s. Reise - Handbuch S. 265ff).

➤➤ Touren ins Kaokoland

Neuere Reiseliteratur hat das Kaokoveld zum Mekka der wirklichen Individualisten auserkoren. Der Himba - Siedlung Purros solle man getrost mit einem PKW oder VW - Bus zu Leibe rücken, natürlich nur auf einer "Schnuppertour". Die echten Freaks dürfen die wahren "weißen Flecken" in der Namibia - Reiseführer - Landschaft aufsuchen. Und auf "heißer Pad" geht's auf große Kaokoveld - Tour zum Marienfluß, durch's Weideland der freundlichen Himbas, die den Reisenden für die anstrengende Tour zu ihnen belohnen. Auch die Himba - Siedlungen Otjihende und Otjitenda warten nur darauf, entdeckt zu werden. Erfahrene Offroad - Fahrer können am van Zyls Paß mit bis zu 40 % Steigung ihr (vielleicht letztes) Lebensglück versuchen. Schließlich ist der Paß nur bei Nässe auch mit Differential - Sperren eine Lebensgefahr. Was soll's!

Was manche europäischen Offroad - Experten bestenfalls am Rande interessiert ist der Schaden, den sie anrichten. Entsprechende Beobachtungen dazu teilt Koos Verwey aus Windhoek im Namibia - Magazin 4/91, S. 23 mit. Verwey hatte eine Anzahl von Kaokoveld - Touren geleitet und prangert an:
- die **vielen zusätzlichen Fahrspuren** und Verbreitung der alten durch immer mehr Offroad - Fahrer.
- die **verschmutzten Lager**, welche manche "Naturliebhaber" zurücklassen.
- die **Störung des Wildes** vor allem in Flußbetten.
- die **fehlenden Informationen über adäquate Verhaltensweisen** im Umgang mit den Himbas.
- die **Trinkgewohnheiten** so mancher "4x4 - Vereine", die z.T. viel Alkohol verkonsumieren und damit ein entsprechendes Beispiel abgeben.

Fazit: Der Autor fordert eine Kontrolle der touristischen Nutzung dieser letzten Wildnisse auf unserem Globus.

Meine persönliche Meinung: Namibia bietet auf den "normalen" Wegen und in Anbetracht seiner landesadäquaten, "dünnen" touristischen Infrastruktur genug Sehens- und Erlebenswertes für mehrere Reisen, ohne daß man gezwungen ist, den letzten extremen Winkel des Landes und seine noch in relativer Eintracht mit der Natur lebenden Menschen zu stören.

➡➡ **Kaokoland - Ovamboland/Ruacana Falls am Kunene - Etosha**

● **Allgemeine Hinweise**

Diese Route führt Sie in ein **touristisch sehr unberührtes Gebiet**, entsprechend dürfen Sie kaum eine Infrastruktur erwarten. Auf der anderen Seite erleben Sie Namibia "pur", ähnlich wie entlang des Caprivistreifens. Diese Route ist nur für diejenigen Reisenden zu empfehlen, die einige Tage auf gewohnten Komfort verzichten können und wollen und sich für einen Eindruck jener Gebiete interessieren, die auch den meisten (weißen) Namibiern nicht bekannt sind. Allerdings ist eine erhöhte Sensibilität gegenüber der einheimischen Bevölkerung angebracht: Verzichten Sie auf das Austeilen von Geschenken, verkneifen Sie sich das Fotographieren der Menschen (vor allem der Himbas).

Tourenvorschlag/Verknüpfung mit den Reiserouten dieses Buchs auf Seite 296ff und den Kaoko - Basisinformationen Seite 363ff)

Grobroute:
Palmwag Lodge - Sesfontein - Kaoko Otavi - Opuwo - Ruacana (Abstecher Ruacana Falls) - Oshakati - Ondangwa - Etosha Pfanne (Namutoni) oder weiter nach Tsumeb

Straßenqualitäten:

Palmwag Lodge - Sesfontein - Opuwo - Ruacana:	relativ gute Schotterstraßen
Ruacana - Oshakati - Ondangwa:	gute Asphaltstraße

Gesamt - km:

Palmwag - Opuwo - Ruacana - Oshakati - Namutoni:	728 km
Palmwag - Opuwo - Ruacana - Oshakati - Tsumeb:	770 km

Reise - Tage: 3 - 5

Tankstellen:
Palmwag Lodge, Opuwo, Ruacana, Oshakati, Ondangwa, Namutoni

Übernachtungsmöglichkeiten:
Unterwegs gibt es auf diesem Streckenabschnitt an "festen Unterkünften nur die Palmwag Lodge sowie ein Guesthouse/Hotel in Oshakati und Ondangwa. Auf jeden Fall sollte man ein Zelt mitführen, um entsprechend "autark" zu sein. Ebenfalls ist die Mitnahme von genügend Getränken sowie Lebensmitteln ratsam, denn unterwegs kann man nicht einfach schnell zum Mittagessen in ein Restaurant einkehren.

* **Oshakati International Guesthouse**, POB 542, Oshakati 9000, Tel. 06752/20175.
* **Punyu International Hotel**, Ondangwa, Tel. 06762/356. Ehemaliges UNO - Quartier, jetzt einfache Unterkunft mit passablem Restaurant.

● **Allgemeiner Überblick**

Nach der Unabhängigkeit und dem Abklingen der Kämpfe sind nun Reisen auch an die Nordgrenze Namibias gefahrlos möglich. Das Ovamboland liegt, vereinfacht gesagt, zwischen dem Kunene in Norden und der Etosha - Pfanne im Süden. Etwa 25 Jahre lang waren diese Landschaften Hauptkampfgebiet zwischen SWAPO und den Südafrikanern. Kein Wunder, daß sich kein Tourist hintraute und entsprechend **keine Infrastruktur für Reisende** entstand.

Traditionell wohnen im Ovamboland, das nur einen Anteil von 6.3 % an der Gesamtlandesfläche hat, fast die Hälfte aller Einwohner Namibias. Geographisch zeichnet sich die im allgemeinen flache Landschaft - durch kleine Malakani - Palmengruppen unterbrochen - durch vergleichsweise hohe Niederschläge (bis ca. 600 mm/Jahr) sowie durch die regelmäßige Überflutung durch den südangolanischen Kuvelai aus, der in besonders regenreichen Jahren sogar Wasser bis in die Etosha - Pfanne führt. Aus diesem Grunde liegen Siedlungen stets etwas erhöht, sozusagen inselartig, um die herum flache Wasserläufe (= "oshonas") laufen. Die Überflutung (= "efundja") bringt ähnlich wie früher der Nil den Ägyptern Wasser und fruchtbaren Schlamm auf die Felder, so daß Ackerbau betrieben werden kann (Hirse, Erdnüsse, Bohnen). Ebenfalls werden Senken gefüllt, die dem Vieh als natürliche Wasserstellen dienen.

Doch der idyllisch anmutende Lebensrhythmus ist gestört, sobald die Überflutung ausbleibt oder nur gering ausfällt. Der Boden ist längst ausgelaugt, Mißernten sind dann die Folge. Der Bevölkerungsdruck hat zudem zu einer Übernutzung der Felder und Weidegründe geführt, ebenfalls wurde wegen des großen Bedarfs an Brennmaterial zuviel abgeholzt. Viele junge Leute sehen auf der (kleinen) heimischen Scholle keine Existenzmöglichkeit mehr. Der erste Schritt in die "große Welt" sind die Orte Ondangwa und Oshakati, wo es allerdings auch an Arbeitsmöglichkeiten mangelt und man dann weiter in die südlichen Städte (vor allem Windhoek, Swakopmund und Lüderitz), um sein Glück zu versuchen.

(Zum Kaokoveld sei auf die Ausführungen auf Seite 363 ff verwiesen.)

Streckenbeschreibung:
Palmwag Lodge - Ruacana - Oshakati - Etosha (Namutoni)/Tsumeb (siehe auch dazu Streckenabschnitt 3.3.16/Seite 296)ff)

Von Palmwag fahren Sie auf der relativ guten Schotterpiste über Sesfontein und Kaoko Otavi nach Opuwo. Zwischen Kaoko Otavi und Sesfontein überqueren Sie auf wellenähnlich - verlaufender Pad und dem entsprechenden Kribbeln im Bauch die Giraffenberge. Die Farben der Straßenoberfläche wechseln je nach Gesteinsuntergrund von rot über orange auf schwarz, grau oder braun.

Opuwo (4.000 Einwohner) ist "Hauptstadt" des Kaokoveldes. Im Ort gibt es Läden, Schulen sowie ein Krankenhaus, allerdings keine Unterkunft (das Opuwo International Guesthouse hatte 1991 geschlossen). Leider kommen immer mehr Himba nach Opuwo und leben vom Betteln oder Fotographiert - Werden - ein Beweis für das Zerfallen der alten Lebensformen. Vor allem die lange Anwesenheit der südafrikanischen Armee führte den Himbas das Leben des weißen Mannes vor: Alkoholkonsum und westliche Lebensgewohnheiten wurden vorgelebt und zogen viele Himbas aus abgelegeneren landesteilen an. Ein zunehmender Tourismus dürfte, wenn er ungeplant und schonungslos verläuft, ebenfalls zum Zerfall der Himba - Kultur beschleunigend beitragen.

Von Opuwo geht es über eine flachwellige Landschaft, wo Palmengruppen und Buschwerk wachsen, nach **Ruacana** und den **Ruacana Falls**. Das Wasser des Kunene stürzt 124 m in die Schlucht, allerdings nur um 09.00 h und 16.00 h, wenn Schleusen geöffnet werden. Sonst wird die Wasserkraft zur Stromerzeugung genutzt. Das Kraftwerk - 1970 von Südafrika und Angola (damals noch portugiesische Kolonie) - wurde während des Befreiungskrieges besonders stark vom Militär geschützt. Von der Paßhöhe kann man einen herrlichen Blick auf den silbrig - glänzenden Kunene sowie die Stauseen genießen.

Oshakati zieht wie ein Magnet Menschen aus der weiteren Umgebung an. Neben den Versuchen, in westlich - konzipierten "Musterhäuschen" die zugezogenen Menschen unterzubringen (Ongwediwa wurde 1984 von der Mandatsregierung erbaut) breiten sich weitere Ansiedlungen unkontrolliert aus und haben z.T. keine Wasser- und Stromversorgung.

Ondangwa ist ein Ort mit einer zentralen Versorgungsfunktion mit einer Anzahl von Läden, Garküchen (cuca shops), einem Markt sowie Tankstellen.

Südlich von Ondangwa wird die Landschaft zunehmend trockener und entsprechend vegetationsmäßig karger und menschenleerer. Im Anschluß an die kurz skizzierte Kaokoveld - Ovambo - Fahrt kann man nun entweder den Etsoha Park besuchen oder nach Tsumeb weiterfahren.

Katalog "Best of Africa" - Reisen in das Südliche Afrika: Der wohl beste und ausführlichste Reisekatalog für das Südliche Afrika (Namibia, Südafrika, Botswana, Zimbabwe) enthält nahezu alle touristischen Möglichkeiten. Die Angebote sind von Afrikaexperten ausgearbeitet und dabei preiswert. Beratung und Bezug über:
Iwanowski´s Individuelles Reisen GmbH, Raiffeisenstr. 21, D 41540 Dormagen, Tel.: 02133 / 61919 oder Fax: 02133 / 63130.

4. LESERZUSCHRIFTEN

Uns erreichen stets eine Reihe von Leserzuschriften, welche Meinungen ausdrücken. Wir möchten diese Zuschriften unverändert wiedergeben, um Ihnen bei Ihren Entscheidungsprozessen etwas zu helfen. Allerdings verzichten wir aus Gründen des Datenschutzes auf Namen und Wohnort.
Schreiben Sie uns, wenn Sie ähnliche oder gegenteilige Erfahrungen gemacht haben - das hilft in der nächsten Auflage, ein aktuelles Bild zu zeichnen!

Windhoek: "Empfehlenswert ist die Übernachtung im Heynitz Castle Art Centre. Die Zimmer sind schön und sauber und auf ihre altmodische Art 'edel' und haben eine wunderbare Aussicht auf Windhoek, so daß der Preis (200.- Rand DZ mit Frühstück) gerechtfertigt erscheint. Außerdem werden im Heynitz Castle einige Werke des namibischen Künstlers John Muafangejo ausgestellt, auch dieses vielleicht von Interesse".

Windhoek/Katatura: "Mittlerweile ist aus Katatura ein soziales Pulverfaß geworden, von dem niemand - auch nicht die Schwarzen selbst - weiß, wie dieses Problem zu lösen ist.
Wir baten einen Ortskundigen, uns durch diesen Stadtteil zu fahren. Er lehnte entsetzt ab. Aufgrund hartnäckiger Suche fanden wir dann doch einen Führer, der uns hindurchfuhr. Alleine hätten wir uns nicht getraut. Katatura erinnert an schlimmste Harlemzeiten. Selbst die schwarze Polizei ist heute machtlos gegenüber der Kriminalität und Gewalt der vielen Arbeitslosen, der vielen illegalen Zuwanderer. Tatsächlich ist heute Katatura ein Slumviertel, wobei vielleicht die menschliche Aussichtslosigkeit viel schlimmer ist als die äußeren Umstände."

Hammerstein Rest Camp/westlich von Maltahöhe an der Pad 36: "Diese Unterkunft muß lobend erwähnt werden. Das Ehepaar Anton und Gerty Porteus kümmern sich gut um die Gäste und bieten auch Fahrten im Geländewagen ins Sossusvlei an." (Redaktion: Das gleiche haben uns viele andere Leser ähnlich geschrieben!)

Marienthal/Restaurant: "Ein Superplätzchen für eine Mittagspause ist in Marienthal das Gasthaus Guglhupf. Spezialität: Steaks - und was für welche!".

Lüderitz/Kapps - Hotel: "Das Hotel ist mittlerweile renoviert, die Zimmer bestens in Schuß."

Gästefarmen: *"Apropos Gästefarmen. Man sollte den Farmen mehr Aufmerksamkeit schenken. Die Herzlichkeit und Liebenswürdigkeit dieser Leute ist doch sehr groß. Außerdem lernt man durch sie doch sehr viel mehr über Land und Leute kennen".*

Europa - Hof in Swakopmund: *"In Swakopmund ist das Hotel Europa - Hof, gut deutsch, sehr empfehlenswert."*

Museum Swakopmund: *"Das Museum in Swakopmund ist zehnmal besser als in Windhoek."*

Hotel Staebe in Omaruru: *"Falls man nicht auf der Farm Ameib übernachten kann oder will, so ist das Hotel Staebe in Omaruru sehr zu empfehlen. Es ist zwar nur mit einem Stern ausgewiesen, die Zimmer sowie der Service und die Mahlzeiten sind jedoch sehr gut."*

Übernachtung in der Nähe des Sossusvlei: *"37 km südlich von Solitaire an der Straße 36 gibt es eine neue Gästefarm, das Namib Ruskamp" (Tel. 06632/ 3211, Posbus 1075, Swakopmund 9000). Der Besitzer fährt seine Gäste mit einem VW-Bus Syncro zum Sossusvlei/Sesriem, Kosten pro Fahrt 330.- Rand inkl. Lunchpaket.*
Auf der Farm sind mehrere Bungalows vorhanden.

Zelten beim Hoba - Meteoriten: *"Auf dem Weg in den Norden besteht für Einzelreisende die Möglichkeit, auf dem Gelände des Hoba - Meteoriten für eine Nacht sein Zelt aufzuschlagen. Feuerstelle und sanitäre Einrichtung sind vorhanden."*

Abstecher zu den Victoria - Fällen/Zimbabwe im gemieteten PKW: *"Aus unserer Erfahrung ist es grundsätzlich verboten, mit einem Mietwagen in das "kommunistische" Ausland zu reisen. Parkt man seinen namibischen Mietwagen in Kasane/Botswana und fährt mit einem botswanischen Mietwagen weiter, darf man gewiß sein, bei seiner Rückkehr eine Strafe in Höhe von 50 Pula zu entrichten."*

Tagestouren zum Fish River Canyon: *"Ab November 1990 bietet Gondwana Tours unter Leitung von Lothar Gessert vom Canyon Hotel in Keetmanshoop Tagestouren zum Fish River Canyon an."*

Skelettküste: *"Es ist wichtig zu wissen, daß ein einfaches Permit lediglich zur Durchfahrt des Skeleton-Coast-Parks berechtigt. Möchte man vom Ugabmond (Kontrollpunkt) aus nur eine Tagestour machen, die einen allerdings nicht berechtigt, Terracebaai und Torrabaai zu besuchen, muß man die Permitgebühr doppelt entrichten, um den Skeleton-Coast-Park am Ugabmond wieder verlassen zu können."*

Lüderitz/Felsenkirche: *"Mittlerweile zählt die Gemeinde nur noch 43 Mitglieder (Stand: Oktober 1990). Zu allem Unglück ist der die Gemeinde versorgende Pastor auch noch verstorben, und es besteht kein Grund zu der Annahme, daß die Gemeindemitglieder einen neuen Seelsorger bekommen. Die Kirche wird aber täglich vom Kantor geöffnet."*

Windhoek/Hotel Fürstenhof: *"In Windhoek übernachteten wir im Fürstenhof, wo wir bestens aufgehoben waren. Mit recht gilt die Küche als die beste der Stadt."*

Gästefarmen/Sinclair: *"Erneut und in jeder Beziehung können wir Sinclair (Ehepaar Hoffmann) empfehlen."*

Waterberg/Ai Ais: *"Gute Unterkunft, Essen mäßig bis schlecht. Bei Ai Ais ist bei der Vorbestellung unbedingt ein Appartement nach vorn (zum Flußbett zu) zu bestellen. Der Unterschied gegenüber den nach hinten gehenden Appartements ist gewaltig, der Preisunterschied gering."*

Sandwich Harbour: *"Das Vogelparadies Sandwich Harbour wird seit etwa einem Jahr nur noch wenig von Vögeln besucht. Angeblich hat sich nach einer hohen Flut die biologische Basis in der Lagune verändert. Landschaftlich ist sie genauso sehenswert."* (Reise-Handbuch Seite 235)

Köcherbaumwald: *"Einen Hinweis verdient der 'Spielplatz der Riesen' in der Nähe des Köcherbaumwaldes bei Keetmanshoop. Man fährt am Eingang zum Köcherbaumwald etwa 5 km in Richtung Koës auf der C 17 und findet dann auf der rechten Straßenseite (Ausschilderung "Giants Playground") die Einfahrt. Zahlreiche phantastische Felsformationen, an denen auch Köcherbäume stehen, sind sehr sehenswert. Der imponierende Steingarten hat einen Durchmesser von etwa 5 km. Der (schlecht markierte) Rundweg von etwa ½ Stunde lohnt wirklich."* (Reise - Handbuch Seite 177).

Katima Mulilo/Caprivi: *"Die Zambesi - Lodge ist gut, wenn man in den Hütten übernachtet. Zum Campen aber sind die sanitären Anlagen schmuddelig, die Anlage hat kaum Schatten und das Restaurant ist mehr teuer als gut. Ca. 7 km weiter auf der Straße nach Kasane liegt die Hippo - Lodge (ausgeschildert). Sie ist wunderschöln im afrikanischen Stil unter Bäumen angelegt. Ideal zum Campen und Zelten. Die sanitären Anlagen sind sehr sauber, und das Camp liegt auch wesentlich ruhiger und direkt am Sambesi (herrliche Sonnenauf- und -untergänge). Das Restaurant hat gutes, preisgünstiges Essen. Die Atmosphäre ist wesentlich gemütlicher als in der Zambesi Lodge. Die Besitzer sind sehr gastfreundlich und hilfreich."*

Hotel Maltahöhe: *"Recht erneuerungsbedürftiges Hotel! Das Ehepaar Schreiner ist zwar recht freundlich, aber im Vergleich zu anderen Hotels schlechter Standard."* Auch eine weitere Zuschrift moniert dieses Haus: *"Hier ist alles sehr lieblos, angefangen mit den spartanisch eingerichteten und nicht ganz sauberen Zimmern mit Unmengen von Insekten bis zum Frühstückskaffee in halbleeren Camping - Thermoskannen."*

Köcherbaumwald/Camping: *"Auf dem Gelände der Farm unmittelbar vor dem Köcherbaumwald liegt ein Campingplatz mit Toilette und Dusche."*

Rundu: *"Sehr zu empfehlen ist die Sarasungu River Lodge, die von einem Hamburger und seiner Schweizer Freundin bewirtschaftet wird. Sehr freundlicher Service."*

5. BERICHTIGUNGEN/ERGÄNZUNGEN ZUR 12. AUFLAGE

S. 53:
4. Abschnitt. Es muß natürlich heißen: In den vergangenen 100 Millionen Jahren wurde das Gebiet von Namibia mehrfach angehoben.

S. 170:
Die Alternativstrecken Windhoek - Khomas Hochland - Swakopmund sowie Windhoek - Us - Paß - Walvis Bay - Swakopmund sollten mit Camperfahrzeugen nicht befahren werden. Der Straßenzustand ist zur Zeit zu schelcht (z. T. sehr steinig).

S. 214:
Wer von Maltahöhe zum Schloß Duwisib will, muß in die Pad **824** und nicht 826 einbiegen. Es ist dort kein Hinweisschild vorhanden.

S. 214:
Fahrhinweise unten: Hier muß es heißen... Pad C 13 Richtung Helmeringhausen.

S. 223:
Das Permit für die Fahrt ins Sossusvlei erhält man auch direkt im Büro am Eingang in das Sossusvlei

S. 238:
Hier sollte es eindeutiger heißen: Die Wüste ist fast regenlos und bezieht die meiste Feuchtigkeit durch **Nebel** und Tau.

S. 258:
Berichtigung und Ergänzung vom Zoologen Herrn Dr. Graebner: Ohrenrobben werden unterteilt in Seelöwen und Seebären (oder Pelzrobben).

S. 295:
Hier muß es heißen: Sie müssen **r e c h t s** in die Pad 3254 abbiegen, um zu den Basaltsäulen zu kommen.

S. 316:
Auf jedem der 4 Kieferäste hat der Elefant jeweils zwei, insgesamt also acht Mahlzähne, wobei einer immer sichtbar ist und einer nicht sichtbar ist und erst später als Ersatz - Mahlzahn hervorkommt. Elefanten saufen pro Tag ca. 70 - 100 l Wasser, die Kühe fressen ca. 150 kg "Grünfutter", die Bullen ca. 170 kg pro Tag.(Dr. Graebner)

S. 319:
Geparden benötigen nach einem Sprint 20 - 30 Minuten Ruhepause. (Dr. Graebner)

S. 340:
Am Waterberg/Bernabé - de - la - Bat Rastlager gibt es keine Tankstelle.

6. FAHREN UND CAMPIEREN IN NAMIBIA

➡➡ **Fahrhinweise**

So schön eine Selbstfahrer - Tour auch ist, so sehr muß man sich auf die spezifischen Verhältnisse in den afrikanischen Ländern einstellen. Die Erfahrungen, die wir auf europäischen Autobahnen und Straßen gesammelt haben, gelten hier nur sehr bedingt. Die extrem geringe Verkehrsdichte sowie z.T. gute Schotterpisten können zum Trugschluß führen, daß man unbedenklich rasen kann. Doch lassen Sie sich nicht täuschen und bedenken Sie folgende Aspekte - dies ist Ihre unbezahlbare Lebensversicherung!

● **Mäßige Geschwindigkeiten**

Gerade in Namibia und mit Einschränkung in Botswana und Zimbabwe treffen wir zum Teil phantastische Schotterpisten (gravel roads) an, die zum Schnellfahren einladen. Geschwindigkeiten von weit über 100 Stundenkilometern erscheinen machbar, und das trügerische Gefühl von Sicherheit stellt sich schnell ein, bevor es zu spät ist.

Eine angemessene Geschwindigkeit hängt von vielen Faktoren ab, aber generell **sollte ein Tempo von 80 km/h nicht überschritten werden**, zum Teil sollte man erheblich langsamer fahren (siehe weiter unten). Bedenken und beherzigen Sie die folgenden Aspekte!

* **Bodenhaftung der Reifen**
Die Bodenhaftung auf Schottermaterial ist **extrem niedrig**, weil die Auflagefläche der Reifen gering ist. Mikroskopisch vorgestellt: Sie fahren auf den Kuppen der kleinen Schottersteinchen, die auf einer wiederum lockeren Unterlage liegen. Die Konsequenzen: Kurven, eine plötzliche Reifenpanne, das Ausweichen vor einem zu spät gesehenen Schlagloch führen zu einem unerwarteten und unkontrollierbaren Fahrverhalten Ihres Wagen.
* **Wölbung der Pisten**
Ein weiteres prekäres Merkmal der Schotterpisten ist ihre **Wölbung zu den Seiten hin**, welche die ohnehin schlechte Bodenhaftung und das Lenkverhalten weiter beeinträchtigt. Ein schneller Lenkausschlag - und schon dreht sich der Wagen um die eigene Achse! Besonders Camper sowie hochgebaute Allrad-

Fahrzeuge sind aufgrund ihres ungünstigen Schwerpunkts dann schwer beherrschbar.

* Kurven und Gefällstrecken

Die angeführten Punkte "Bodenhaftung" und "Pistenwölbung" erhalten eine besondere Gefahrendimension bei Kurven und vor allem auf Gefällstrecken. Hier sollten Sie nochmals mit der **Geschwindigkeit runtergehen**. Nicht umsonst sind Strecken wie der Gamsberg-Paß und die Abfahrt zum Kuiseb Canyon in Namibia so unfallträchtig.

* Plötzliche Hindernisse

Ebenso müssen Sie bedenken, daß **unerwartete Hindernisse auf Ihrem Weg** liegen, vor denen nicht durch besondere Schilder gewarnt wird:
Tiere können Ihren Weg nicht nur bei Dämmerung und Nacht, sondern auch am Tag kreuzen. Die Kollision mit einem afrikanischen Kudu kommt einem Unfall mit einem anderen Fahrzeug gleich!
Auch **Schlaglöcher** können plötzlich auftreten und sind vor allem bei steilstehender Sonne kaum zu erkennen. Und hier kann es nicht nur Achsenbrüche geben, sondern man kann sich sogar mit dem Wagen überschlagen.

● **Überholmanöver**

Auf nicht - befestigten Straßen gehören solche Vorhaben zur Kategorie "Wahnsinn". Wenn Sie der aufgewirbelte Staub eines etwas langsamer fahrenden Fahrzeuges stört, legen Sie doch eine Pause von 10 - 15 Minuten ein! Denn beim Überholen droht Ihnen nicht nur Steinschlag, sondern Ihre Sicht ist (zumindest bei Windstille oder entgegengesetztem Wind) getrübt.

Außerdem geraten Sie auf der Gegenfahrbahn-Seite durch extremes Ausweichen nach rechts eventuell auf besonders lockeren Straßenbelag oder in tückische Schlaglöcher, die von der Gegenfahrtrichtung plattgefahren sind, von Ihrer Fahrtrichtung aber ein steiles Loch bedeuten, das verheerende Folgen haben kann!

● **Besondere Straßenschäden**

Die kleinen und mittleren Trockenflüsse im Südlichen Afrika werden nicht durch Brückenbauwerke überquert. In der Regel fließt das Wasser dann einfach quer über die Straße hinweg. Das bedeutet, daß es zu Auswaschungen oder zu lockeren Sand-Ablagerungen kommt.
Gerät man in ein solches "Dip" mit zu hoher Geschwindigkeit, dann wird der Wagen plötzlich gestoppt und kann sich im Extremfall sogar überschlagen. Besonders in bergigen Landschaften stellt das eine große Gefahr dar!

● **Vermeiden von Fahrten bei Dämmerung und bei Dunkelheit**

Sie sollten Ihre Tagesetappen so einteilen, daß Sie auf jeden Fall die Dunkelheit meiden und die Dämmerung umgehen. Dies sind die Zeiten der vermehrten Tieraktivitäten.

In der beginnenden Dämmerung bzw. kurz davor ist außerdem das Fahren gegen die untergehende Sonne besonders riskant, weil die Sicht extrem eingeschränkt ist.

● **Häufigkeit von Reifenpannen**

Reifenpannen auf Schotterpisten sind an der Tagesordnung! Spitze Steine, warmgelaufene Reifen aufgrund des erhöhten Rollwiderstandes, extreme spitze Dornen, Überladung des Fahrzeugs sowie mindere Reifenqualität sind die maßgebende Faktoren. Man sollte deshalb nicht nur einen zweiten Reservereifen mit sich führen, sondern vor allem daran denken, daß man plötzlich einen "Platten" bekommt und das Fahrzeugverhalten von einem zum nächsten Augenblick sich schlagartig ändert. **Vor** der Wagenmiete sollten Sie sich die Fahrzeugreifen genau inspizieren und im Zweifelsfalle wechseln lassen. Doch auch hier gilt: Geschwindigkeit ist alles, und ein platter Reifen bei 60 oder 70 km/h hat nicht die fatalen Folgen wie bei 100 km/h und drüber!

➤➤ Fahrzeug - Hinweise

Die Länder des Südlichen Afrika sind von der Straßenqualität doch sehr unterschiedlich, so daß spezifische Hinweise länderbezogen gegeben werden sollen.

● **Allgemeine Hinweise**

Bevor Sie einen Wagen bei der Vermietstation annehmen und durch Unter-schrift bescheinigen, daß er in Ordnung ist, **prüfen** Sie vor allem die Dinge:
* Reifenqualität   * funktionstüchtiger Wagenheber
* Bremsen   * Bremsen und Lichtanlage
* Gebrauchsanweisung   * äußere Beschädigungen
* Werkzeug

Für Fahrten in abgelegene Gebiete sowie für eine Campingtour abseits der Touristenpfade sollten Sie an folgende **Ausrüstungsgegenstände** zusätzlich denken:
* Abschleppseil   * Luftpumpe
* Axt   * Mückenschutz (Mittel gegen Mük-
* Campingklapptisch und   ken und Mittel bei Mückenstichen)
  Campingstühle   * Schaufel
* Gasbrenner und Gasleuchte * Taschenlampe und Taschenmesser
* Grillrost   * Wasserkanister, ggf. auch Leinen -
* Klebeband   Wassersack für Trinkwasser

Dachgepäckträger sollten nur dazu dienen, **leichte Dinge**, also leere Kanister etc. zu transportieren. Wenn Sie hier gefüllte Benzin- und Wasserkanister oder andere schwere Dinge festzurren, müssen Sie daran denken, daß durch die Erschütterungen auf Bodenwellen das Gewicht um das 5 - 7fache dynamisiert wird und der Dachgepäckträger dies nicht aushält.

Straßenqualität

Für afrikanische Verhältnisse verfügt auch das dünnbesiedelte Namibia über hervorragende Straßen. Die Hauptverkehrsverbindungen sind asphaltiert, die wichtigen Nebenstrecken verfügen über sehr gut gepflegte Schotterdecken.

Sehr selten befahrene Nebenstrecken und Stichstrecken können schwer befahrbar sein (z.B. Teile im Damaraland, Grenzregionen zur Kalahari, Kaokoveld, Skelettküste, Caprivi Streifen, Kaudom National Park).

Auch in der Regenzeit können viele Strecken, die man sonst gut fahren kann, sehr schlüpfrig werden (wie Glatteis aufgrund aufgewehter nasser Lehmteilchen!). Ebenso können Flüsse plötzlich eine Straßenverbindung abschneiden und sind dann nur - wenn überhaupt - für hochgebaute Autos passierbar.

Benzin

Auf allen touristisch wichtigen Strecken ist eine gute Versorgung gewährleistet. Man sollte jede Tankmöglichkeit nutzen. Auf der Strecke Windhoek über Gamsberg Paß nach Walvis Bay sollte man sicherheitshalber einen Benzinkanister als Reserve mitführen.

Für Extremregionen (siehe Abschnitt Straßenverhältnisse) sind z.T. mehrere Benzinkanister mit Vorräten zum Teil von 2 Tankfüllungen (z.B. für Kaokoveld) empfehlenswert.

Fahrzeugauswahl

PKW: Alle touristischen Strecken kann man zunächst problemlos mit einem PKW bereisen. Hier gelten generell die Hinweise wie bei Südafrika. Ein großer Wagen, beispielsweise ein Mercedes, bietet außer dem Sicherheitsaspekt den Vorteil der exzellenten Federung auf sehr schlechtem Untergrund ("Wellblech-Pisten").

Ein großer Nachteil aller PKWs ist der sehr begrenzte Bodenfreiraum. Besser steht man sich da mit einem VW Microbus, dessen Traktion und Bodenfreiheit doch schon viel mehr erlauben. Weiterer Vorteil eines Microbusses: bei Tierbeobachtungen sitzt man eine Etage höher!

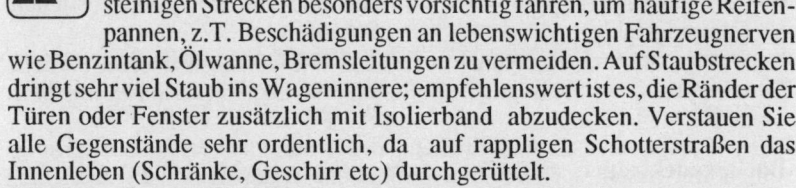

Camper: Namibia ist ein herrliches Camping-Land und auch für Wohnmobile geeignet. Jedoch muß man bei Schotterstraßen und steinigen Strecken besonders vorsichtig fahren, um häufige Reifenpannen, z.T. Beschädigungen an lebenswichtigen Fahrzeugnerven wie Benzintank, Ölwanne, Bremsleitungen zu vermeiden. Auf Staubstrecken dringt sehr viel Staub ins Wageninnere; empfehlenswert ist es, die Ränder der Türen oder Fenster zusätzlich mit Isolierband abzudecken. Verstauen Sie alle Gegenstände sehr ordentlich, da auf rappligen Schotterstraßen das Innenleben (Schränke, Geschirr etc) durchgerüttelt.

Die Firma Camper Hire Woodway Service verfügt über eine kleine Camperflotte, die auf die Landesbedürfnisse umgebaut wurden (Schutzbleche unter dem Motor, großer Tank, relativ "rüttelfeste" Einrichtung). Preis pro Tag ca. 280 - 300 DM. **Buchungsadresse**: Iwanowski´s Individuelles Reisen, Raiffeisenstr. 21, D 41540 Dormagen, Tel.: 02133 / 61919, Fax: 02133 / 63130.

4 x 4 Fahrzeug: Wenn Sie Outdoorlife lieben und Unabhängigkeit schätzen: Mieten Sie einen 4 x 4 - Toyota Hilux. Im Hardtop, der Canopy, können Sie schlafen. Und außerdem können Sie mit dem Fahrzeug auch sehr extreme einsame Gebiete befahren.
Vierrad-angetriebene Fahrzeuge (4 - WD) sind an sich aufgrund der Bodenfreiheit insofern ideal, als daß man in jedes Gebiet Namibias ohne Sorge fahren kann.Für alle, die sich alle Optionen freihalten wollen, sollte dies der Autotyp der Wahl sein.
Buchungsadresse: Iwanowski´s Individuelles Reisen, Raiffeisenstr. 21, D 41540 Dormagen, Tel.: 02133 / 61919, Fax: 02133 / 63130

➤➤   **Verhaltens- Hinweise für Off-Road-Fahrer**

Für Off - Road - Fanatiker gilt: **Nie abseits der markierten Wege fahren**, und das gilt insbesondere für die ökologisch hochsensitiven Gebiete der Namib. Gründe:

●   Die flachen Wurzelsysteme der Pflanzen werden verletzt und ihr **Absterben** programmiert.
●   Auf Schotterflächen leben viele Kleinlebewesen wie Reptilien und Insekten = **Nahrungsgrundlage** für andere Tiere.
●   Manche Vögel legen auf Schotterflächen ihre **Eier** ab, die perfekt getarnt sind.
●   Durch das Fahrzeuggewicht wird der **Boden verdichtet**. Folge: Saaten können viel schlechter keimen, sobald einmal Regen fällt.
●   In vegetationsarmen Gebieten sind **Reifenspuren** noch nach vielen Jahren sichtbar.

➤➤   **Camping in Namibia**

Die Länder unter dem Kreuz des Südens laden geradezu zum Camping ein. Nichts wird Ihr Erlebnis nachhaltiger beeinflussen als das Campieren in freier Natur. Der herrliche Sternenhimmel, die klare, würzige Savannenluft und ein knisterndes Lagerfeuer - eine solche Romantik gibt es nur noch in wenigen Teilen der Welt.

Südafrika, Namibia, Zimbabwe und Botswana verfügen über öffentliche Campingplätze vor allem in den Nationalparks und Naturschutzgebieten.

Freies Campieren ist im Südlichen Afrika durchaus erlaubt. Allerdings sollten Sie wissen, daß auch die vermeitliche Wildniss in der Regel einen Besitzer (Farmer) hat. Wenn man auf einem Farmgelände also nächtigen will, sollte man - wenn irgendwie möglich - um Erlaubnis fragen. Dies ist allerdings auf manchen riesigen Farmen für den Ortsunkundigen gar nicht möglich. Oberstes Gebot sollte hier sein: Sich unauffällig, leise verhalten und keine Spuren der Nächtigung hinterlassen (Sie möchten ja auch nicht, daß jemand in Ihrem Vordergarten logiert!). Auf besonders einsamen Strecken sollte man weit entfernt von Siedlungen seine Zelte aufschlagen (falls kein öffentlicher Platz zur Verfügung steht). Denn: Je näher Sie an Dörfern logieren, desto mehr "Besuch" werden Sie erhalten. Heerscharen von schwarzen Kindern werden die Fremden beäugen wollen!

Einige besonders wichtige Aspekte sollten Sie bei der Planung Ihrer Campingreise berücksichtigen:

● Schlafen Sie stets in einem **geschlossenen Zelt** oder **geschlossenem Wagen**, um Kriechtieren keinen Zugang zu gewähren.

● Besonders in der regenreicheren Sommerzeit gibt es **giftige Schlangen**, die gerne Unterschlupf unter einem Wagen oder in einem Zelt suchen. Geräusche und lautes Fußstampfen vertreiben jedoch die Tiere.

● Lassen Sie **nie Lebensmittel** (insbesondere stark duftendes Obst wie Orangen, reife Bananen, Äpfel) **im Wagen oder im Zelt**. Dies ist die beste Einladung für Elefanten und Affen (gilt besonders für Botswana-Fahrer).

● Besonders auf den einsamen Strecken in den Grenzregionen Farmland/ Namibwüste, in der Kalahari und auf den Offroad-Strecken in Botswana muß stets ein **Wasservorrat** mitgeführt werden. Man rechnet pro Person mit einem Minimum-Tagesbedarf von 3 Litern, in der heißen Jahreszeit bis zu 7-8 Litern. Vertrauen Sie nicht auf im Fahrzeug eingebaute Wassertanks, die können nämlich sehr schnell leckgeschlagen sein. Mehr Sicherheit bieten Plastikkanister, die man im Wageninneren mitführt. Ein mitgeführtes Entkeimungsmittel (z.B. Micropur-Tabletten) helfen aus Notsituationen heraus. An vorbeifahrenden Wasserreservoirs der Farmen können Sie sich notfalls versorgen, doch zwecks Sicherstellung der Keimfreiheit des Wassers müssen Sie Micropur-Tabletten benutzen und das Wasser ggf. mit einem Taschenfilter von Trübstoffen säubern. Als Brauchwasser jedoch eignet sich eine solche "Quelle" immer.

Vom Schwimmen in Wasserreservoirs ist abzuraten (Schlangengefahr!) Ebenso sollten Sie sich hier nicht mit Seife oder Haarshampoo waschen - das irritiert die Tiere, die u.U. das Wasser nicht mehr zum Trinken annehmen.

● Verlassen Sie bitte Ihren Campingplatz stets **ohne Abfall-Reste**. Auch sollte man von dem Vergraben von Abfällen Abstand nehmen, denn wer nimmt sich schon die Zeit, ein so tiefes Loch zu graben, das Tiere nicht wieder aufbuddeln. Flache Abfalllöcher werden schon in der nächsten Regenzeit wieder aufgedeckt, und Tiere können sich an Blech oder Glas bei Graben verletzen. Ebenso sollten Sie darauf achten, daß Sie keine Glasbehälter oder gar Scherben im Busch zurücklassen, denn als Brennglas wirkend können dadurch Buschbrände entstehen.

● Wenn Sie in freier Wildnis campieren: **Achten Sie auf Wildspuren und Tierpfade.**

● Im freien (Weide-) Gelände sollten Sie auf **keinen Fall in der Nähe von Wasserstellen übernachten.** Das verängstigt die Tiere, die auf das Gewässer angewiesen sind. Außerdem sammeln sich in Wassernähe besonders viele Insekten.

● Wenn Sie in der "Wildnis" schlafen müssen oder wollen, so beachten Sie neben den bereits aufgeführten Aspekten auch, daß Sie den **Naturraum**, weswegen Sie ja Ihre lange Reise unternommen haben und nach dem Sie sich gesehnt hatten, **nicht unnötig stören und zerstören.** Deshalb sollte Sie grundsätzlich schauen, ob es nicht bereits genutzte "wilde" Campstellen gibt. Ebenso sollten Sie nicht wild quer durch die schüttere Savannen-Pflanzen-kulturen fahren und diese bis auf Jahre hin vernichten.

● Auch das Holz, daß unter Savannenbüschen und Akazien "herumliegt", hat seinen Sinn im großen Kreislauf der Natur: Es hilft, die hohe Bodenaustrocknung zu verhindern und es (be-)schützt den Boden vor Auswehung der lockeren oberen Krume. Deshalb sollten Sie Ihr **Brennholz am ehesten in trockenen Flußläufen,** den "Rivieren", **suchen.** Auf gar keinen Fall sollten Sie mit Säge und Axt an lebende Bäume gehen! Und für das Erwärmen von Wasser und kleiner Speisen sollte an sich ein **Gaskocher** besser seine Dienste tun.

● Auch die **Anlage einer Feuerstelle** will gelernt sein. Auf jeden Fall sollten Sie dabei folgendes beachten:
* Legen Sie das Feuer in einer **kleinen Mulde** an, wobei Sie mit dem Spaten das trockene Gras entfernen sollten, damit Flammen nicht übergreifen können. Ein Steinkranz ist ein besonders guter Schutz.
* Denken Sie an einen **Sicherheitsabstand** zu Zelt, Wagen und Busch. Beachten Sie dabei unbedingt die Windrichtung.
* Ein Feuer kann man gut entfachen, indem man über Papier dünnes Geäst und darüber stärkere Zweige **pyramidenförmig** zusammenstellt.
* Wenn Sie schlafen gehen, schütten Sie **mit Sand das Feuer** oder die Glut **zu.** Bei plötzlich auftretendem Wind brauchen Sie dann keine Angst zu haben, daß der Busch um Sie herum Feuer fängt und brennt.

REISEN IN NAMIBIA

3.3 REISEN IN NAMIBIA

3.3.1 ANREISE

Die einzige Direktverbindung zwischen Frankfurt und Windhoek bedient die Namib Air in Gemeinschaft mit der Deutschen Lufthansa. Da die Namib Air Überflugrechte über Schwarzafrika besitzt, erreicht man nach nur knapp 10 Stunden Windhoek. Diese schnellste und bequemste Verbindung ist damit konkurrenzlos (weitere Informationen unter "**FLÜGE**").

Namibias neue Fahne
- Einführung in ihre Symbolik -

Die neue Namibia - Fahne besteht aus einem **dunkelblauem Obereck** mit einer **goldgelben Sonne**, einem von **zwei weißen Streifen** umgebenen **roten Diagonalband** sowie einem **grasgrünen linken Untereck**.

Bedeutung:

*Die **Sonne** in der linken oberen Ecke symbolisiert das Leben und die Energie. Die goldene Farbe vertritt die Wärme des Landes, die weiten Grasebenen sowie die Farben der Namib - Wüste.

*Das **blaue Obereck** steht stellvertretend für Namibias klaren Himmel, den Atlantischen Ozean, die unterirdischen Wasserreservoirs sowie die große Bedeutung des Regens.

*Der **rote Diagonalstreifen** steht für Namibias wichtigsten Teil, seine Menschen. Er symbolisiert ihren Mut und ihren Willen zum Aufbau einer Zukunft, in der alle Menschen gleichgestellt sind.

*Die **weißen Streifen** stehen stellvertretend für das Bemühen um Frieden und Einigkeit.

*Die **rechte untere grüne Ecke** soll Namibias Vegetation und seine landwirtschaftlichen Grundlagen betonen.

3.3.2 DIE LANDESHAUPTSTADT WINDHOEK

3.3.2.1 TOURISTISCHE HINWEISE

Informationen:

Windhoek Publicity Association, Municipal Building, Neser Str., P.O. Box 1868, Tel.: 061 / 228160;
Öffnungszeiten:
8.00 - 13.00 h und 14.00 - 17.00 h
Director of Tourism, Reservations, Private Bag 13267, Independence Avenue, Tel.: 061 / 36975; Öffnungszeiten: Mo - Fr 8.00 - 13.00 h und 14.00 - 15.00 h.

Wichtige Telefon-Nummern:

Krankenhäuser:
Staatshospital, Ooievaar Str., Tel.: 31900
Römisch Katholisches Krankenhaus, Stübel Str., Tel.: 37237
Notruf: 10111
Polizei: Charge Office, Ecke Bahnhof/Independence Avenue, Tel.: 223367

Flugverbindungen:

Es gibt tägliche Verbindungen nach Johannesburg und Kapstadt sowie 3 mal wöchentlich Verbindungen von Windhoek nach Maun (und von hier weiter zu den Victoria-Wasserfällen in Zimbabwe: Kosten ca. 300 DM für den Flug Windhoek - Maun - Victoria Falls). Da die Flugpläne und Preise im Zuge der Unabhängigkeit stark revidiert werden dürften, sollten Sie sich bei Ihrem Reiseveranstalter erkundigen. Mit Europa ist Windhoek 2 mal wöchentlich durch den Flug Frankfurt - Windhoek (Namib Air) direkt verbunden.
Die Adressen der Fluggesellschaften in Windhoek sind:
Lufthansa,3rd Floor, Sanlam-Gebäude, 154 Independence Avenue, P.O.Box 3161, Tel.:061/226662
Air Namibia, Jeans Str., Eros Flughafen, P.O.Box 731, Tel.: 061 / 38220; Inlandflüge in den Norden und Süden und an die Küste sowie Charterflüge
South African Airways, Ecke Peter Müller/Independence Avenue, P.O.Box 902, Tel.: 061 / 2982488 und 2982088. Der Flughafenbus fährt vom Bus Terminal in der Independence Avenue zum Windhoek - Flughafen, 42 km östlich von Windhoek, Tel.: 061 / 63211
Hire and Fly, Eros Flughafen, P.O.Box 30320, Tel.: 061 / 223562, Charterflüge

Busverbindungen:

Der **Mainliner** bietet einen Luxusbusdienst 3 mal wöchentlich auf den Strecken: **Windhoek - Walvis Bay, Windhoek - Tsumeb, Windhoek - Kapstadt.** Weitere Informationen erhalten Sie über Ihren Reiseveranstalter.

Übernachtungen:

 Safari Hotel***, Republic Rd., P.O.Box 3900, Tel.: 061/38560, Hotel etwas außerhalb des Zentrums, ruhige Lage, große Zimmer, Swimming Pool, Restaurant, Pendelbus in die Stadt

Hansa Hotel*, Ausspannplatz, P.O.Box 5374, Tel.: 061/ 223249

Hotel Fürstenhof**, Romberg Str. 4, P.O.Box 747, Tel.: 061 / 37380; Restaurant mit französischer Küche und guten Wild- und Fischgerichten

Kalahari Sands Hotel***, Independence Avenue, P.O.Box 2254, Tel.: 061 / 36900, zentral gelegen, nun unter neuem Management der Sun International-Kette (mit Kasino); Moringa-Restaurant mit internationaler Küche und Wildgerichten.

Preiswert und gut ist die **Pension Cela.**

Weitere Hotels und Pensionen siehe Stichwort **HOTELS** unter A - Z.

Gästefarm:

 Gästefarm Elisenheim **, P.O. Box 3016, Windhoek 9000, Tel.: 061 / 64429. Ca. 15 km nördlich von Windhoek liegt in den Eros-Bergen die gemütliche Gästefarm mit Swimming Pool. Anfahrt: Richtung Okahandja, dann rechts in die D 1473 einbiegen, von da an folgen Sie der Ausschilderung

Camping:

 Suidwes Safari Hotel, Republiekweg, P.O.Box 3900, Tel.: 061 / 38560

Daan Viljoen Wildpark (ca. 24 km von der City in den Bergen über der Stadt gelegen). Auch Rasthütten sind zu mieten: Director of Tourism, Reservations, Private Bag 13267, Windhoek 9000, Tel.: 061 / 36975 oder direkt in Windhoek (seitlich des Hauptpostamtes in der Independenc Avenue).

Restaurants:

 Gourmet's Inn, 195 Jan Jonker Weg, Tel.: 061 / 32360; gutes Restaurant am Windhoeker Schwimmbad

Gathemann Restaurant, Gathemann Building, Independence Avenue, Tel.: 061 / 223853; u.a. gute Wildgerichte

Yang Tze Restaurant, 106 Gobabis Road (auf der Straße zum Flughafen Windhoek, P.O.Box 11573, Windhoek 9000, Tel.: 061 / 34779, sehr gutes China-Restaurant

Fürstenhof Hotel Restaurant, 4 Romberg Str., Tel.: 061 / 37380; gute Gerichte, empfehlenswert

Kaiserkrone Restaurant, Kaiserkrone Centre Post Str., Tel.: 061 /222779, große Vielfalt an Fleischgerichten

 Automobilklub:
Automobile Association, Carl List Haus, Independence Avenue, P.O.Box 61, Tel.: 061 / 24201. Hier erhält man Karten und neueste Reiseinformationen.

Mietwagen:

Avis rent a car, Triftstr. 44, P.O.Box 2057, Tel.: 061 / 33166
Budget rent a car, Talstr. 72, P.O.Box 1754, Tel.: 061 / 28720 und 36437
Imperial Car Hire, Ecke Peter Müller Str. und Stübel Str., P.O.Box 1387; Tel.: 061 / 35819 und 227103
Kessler Car Hire, Ecke Talstr. und Curt v. Francois Str., P.O.Box 20274, Tel.: 061 / 33451; Vermietung von Allrad-Fahrzeugen und Campingzubehör
Zimmermann Garage, Wright Str., P.O.Box 2672, Tel.: 061 / 37146

Taxi:

Der Taxistand befindet sich Ecke Peter Müller/Independence Avenue hinter dem Busbahnhof, Tel.: 061 / 37070, Funk Taxi 223020. Es ist nicht üblich, Taxen auf der Straße anzuhalten.

Safariunternehmen:

Eagle Safaris, P.O.Box 1413, Tel.: 061 / 222692
Etosha Fly-in Safaris,c/o P.O.Box 731, Tel.: 061 / 38220
Moringa Touring, Carl List Building, Independence Avenue, P.O.Box 23044, Tel.: 061 / 223519
Namib Wilderness Safaris, P.O.Box 6850
SAR Travel, Gustav Voigts Cnt., Independence Avenue, P.O.Box 415, Tel.: 061 / 34821
Springbok Atlas Safaris, Capital Cnt., Trip Arcade, P.O.Box 2058, Tel.: 061 / 224252
SWA Safaris Ltd., Independence Avenue 43, P.O.Box 20373, Tel: 061 / 37567; das deutschsprachige Unternehmen bietet interessante Safaris durch das ganze Land an.
Toko Safaris, Mission Rd., P.O.Box 5017, Tel.: 225539
Skeleton Coast Fly-in Safaris, Independence Avenue 43, P.O.Box 20373, Tel.: 061 / 37567 (SWA Safaris); Spezialist für Safaris zur Skelettküste

Buch- und Kartentip:

Windhoeker Buchhandlung, Independence Avenue 69, P.O.Box 69, Tel.: 061 / 25216
Bücherkeller, Peter Müller Straße, Tel.: 061 / 31615

Einkaufstips (in allen Geschäften wird Deutsch gesprochen):

Spezialist für **Karakulpelze** ist das **Pelzhaus Huber**, Independence Avenue/ Ecke Göringstr., P.O.Box 2538, Tel.: 27453
Für schnelle **Photoarbeiten** bekannt ist die **Photobox**, Ecke Independence Avenue/Göringstr., P.O.Box 2470, Tel.: 34940
Der **Goldschmied und Juwelier Canto** bietet u.a. sehr schöne "Kreuze des Südens" an und verarbeitet landestypische Edel-/Halbedelsteine nach individuellen Wünschen; City Centre Arcade, P.O.Box 1723, Tel.: 22894
Safarikleidung ist zu erhalten bei **Ernst Holtz**, Gustav Voigts Centre, Independence Avenue 129, P.O.Box 421, Tel.: 35941

Souvenirs und Felle stehen zu großer Auswahl bei **Rogl Karakul Export**, Stubelstr. 145, P.O.Box 1303, Tel.: 25481
Den **Jägerbedarf** deckt die Firma **Rosenthal** (Pty) Ltd. in der Independence Avenue 292 / Ecke Continentalgebäude
Antiken Buschmannschmuck, authentische Holzarbeiten aus Namibia und Mineralien sowie namibische **Souvenirs in guter Qualität** bietet: **Bushman Art**, Independence Avenue 187, Tel.: 061 / 228828

Fototip:
Einen guten Überblick über Windhoek erhält man von der Orbanstr. oberhalb des Tintenpalastes.

Feste:
Ein Unikum ist der Windhoeker Karneval, der im Mai gefeiert wird.

Diskothek:
Continental Hotel, Club 2000 und "Die Stalle", Independence Avenue, Tel.: 061 / 37293, mittwochs, freitags und samstags jeweils abends

Schwimmen:

Das Städtische Freibad befindet sich auf dem Jan-Jonker-Weg, Tel.: 061 / 391459.
Öffnungszeiten:
Anfang September bis Ende April: täglich 10.00 - 18.00 h.

Immobilien:

Hertha Holtz u. Partners, Independence Avenue 181, P.O.Box 747, Windhoek 9000, Namibia, Tel.: 0026-461-37873 und 37874; deutsche Repräsentanz: Edith Döbbert, Zur Schwedenschanze 03, D 5421 Dörscheid, Tel.: 06774 - 1206

3.3.2.2 ÜBERBLICK

Schon beim Anflug auf den Windhoek-Flughafen ist man von der Weite und Einsamkeit des Landes beeindruckt: hier und da schmale Farmwege, ab und zu ein Farmhaus, im Talkessel die Stadt Windhoek. Dann setzt inmitten der Einöde die 747 der Namib Air auf. Das neue Flughafengebäude, ein schmuckloser und steriler Zweckbau, ist die erste Begegnung mit dem Land. Gäbe es einen Preis für die Architekten, so erhielten sie sicherlich den für Einfallslosigkeit. Nun, der steigenden Anzahl von Besuchern mag die neue Abfertigungshalle sicherlich gewachsen sein.

WINDHOEK

Bis in die Stadt sind es ca. 45 km. Es gibt einen Transferbus, der den Reisenden zur Independence Avenue bringt. Die Fahrt nach Windhoek dauert ca. 40 Minuten, die ersten Bilder wirken auf den Gast: Eine Savannenlandschaft, umrahmt von bis zu 2 500 m hohen Bergen, glasklare Luft, lichtdurchflutete Weite, trockene Flußläufe.

Die Hauptstadt selbst macht auf den Besucher aus Übersee einen eher provinziellen Eindruck. Die Größe ist überschaubar, das Leben geht einen eher geruhsamen Gang. Am Sonntag wirkt Windhoek wie ausgestorben, und statt auf der Kaiserstraße zu promenieren, ziehen die Südwester es vor, den Tag zu Hause oder in der Natur zu verbringen.

Die Independence Avenue (früher Kaiserstraße, sehr viele Straßennamen haben noch deutschen Ursprung) ist die Hauptgeschäftsstraße, die sich wochentags mit regem Leben füllt. Geschäfte und Banken dominieren, zwischen den wenigen Hochhäusern finden wir Relikte der Kolonial-Architektur. Die steilen Dächer dieser Häuser, in der alten Heimat wegen des Schneefalls so angelegt, verfehlen hier ihren konstruktiven Sinn.
Im Augenblick sind Großprojekte im Bau, so das neue Olthauer und List Einkaufscenter, das Safari Court Hotel und die Old Mutual und Sanlam Hochhäuser. 1991/92 soll dann die Umgestaltung des "neuen" Windhoek fertig sein.

In den letzten Jahren sieht man viele Schwarze, insbesondere junge Leute, die umherstehen: ein Zeichen für die hohe Arbeitslosigkeit im Lande, aber auch Beweis für den starken Zuzug in die Hauptstadt, der im Zuge der Unabhängigkeit noch zunehmen dürfte.

Windhoek liegt 1 630 m über dem Meer. Klimatisch bedeutet das, daß es hohe Unterschiede zwischen Tag- und Nachttemperaturen gibt. Verglichen mit Orten ähnlicher Breitenlage weist die Hauptstadt Namibias ein relativ gemäßigtes, angenehmes Klima auf. Einige Klimadaten mögen eine genauere Übersicht über die **durchschnittlichen Werte** ermöglichen:

	J	F	M	A	M	J	J	A	S	O	N	D	Θ
Höchst-temp. °C	30	29	27	26	22	20	20	23	26	29	29	30	25,5
Tiefst-temp. °C	17	17	16	13	9	7	6	9	12	15	16	17	12,5
Nieder-schlag mm	77	73	81	38	6	1	1	0	1	12	38	47	37,5

Die Independence Avenue in Windhoek

Der Name der Stadt ist auf den Nama-Häuptling **Jonker Afrikaaner** zurückzuführen. Ihn erinnerten die Berge um Windhoek an die Farm Winterhoek in der Gegend von Tulbagh/Kapprovinz, auf der er einige Zeit gelebt hatte. Die Herero bezeichneten den Ort als "otjomuise", was soviel bedeutet wie "Stellung des Rauches"; einige Hottentotten nannten ihn "ai-gams" (Dämpfe). Beide Namen verweisen auf die bei Windhoek vorkommenden heißen Quellen.

Captain James Alexander benannte 1837 den Ort nach der englischen Königin "Queen Adelaide's Bath". Später tauften ihn die Missionare Kleinschmidt und Hahn "Elberfeld". Um den Reigen der Namen komplett zu machen: 1844 hieß das heutige Windhoek "Concordiaville", so benannt durch die Wesleyan Mission.

Jonker Afrikaaner hatte bis zu seinem Todesjahr 1862 hier sein Stammquartier aufgeschlagen. Viele Jahre war Windhoek Schauplatz heftiger Stammesfehden, vor allem zwischen den Nama und den Herero. Erst 1890 wurde die eigentliche Stadt gegründet, als der Hauptmann Curt von Francois mit seinen Schutztrupplern die Alte Feste errichtete. 1902 stieg die Bedeutung der Stadt durch die Bahnverbindung mit Swakopmund, und bis zum Jahre 1915 konnte Windhoek sich als Sitz der deutschen Kolonialverwaltung behaupten.

Windhoek um 1914

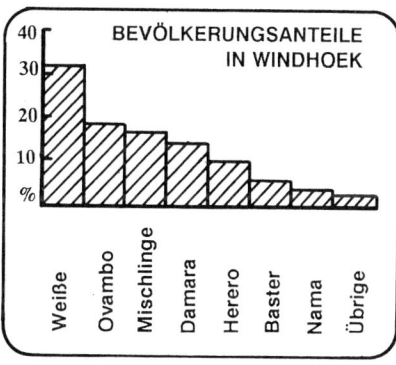

BEVÖLKERUNGSANTEILE
IN WINDHOEK

Weiße · Ovambo · Mischlinge · Damara · Herero · Baster · Nama · Übrige

Die **Bevölkerung von Windhoek** spiegelt die Völkervielfalt des Landes wider. 36 % der städtischen Bewohner des Landes leben hier, und damit 9 % der Gesamtbevölkerung. Die ca. 130 000 Einwohner gliedern sich ethnologisch wie nebenstehend auf.

Wirtschaftlich stellt Windhoek den Mittelpunkt eines besonders bedeutsamen Farmbezirks dar, der vor allem auf Rinder- und Karakulzucht ausgelegt ist. An Industrie finden wir Fleischkonserven-, Maschinen- und Farbenfabriken sowie eine Brauerei.

Katutura ist der nordwestlich des Stadtzentrums liegende Stadtteil, in dem ausschließlich Schwarze verschiedener Stämme leben, die als Arbeiter oder Hausangestellte beschäftigt sind. Analog zu Soweto bei Johannesburg wurde eine Stadt mit einer eigenen Infrastruktur aufgebaut, die über ein Einkaufszentrum, Schulen, Kirchen, ein großes Krankenhaus und Erholungseinrichtungen verfügt.

Manchmal wird Katutura als "Slumviertel" bezeichnet; derjenige, der das tut, hat solche sicherlich noch nicht gesehen. Doch muß man sagen, daß das in der Regel geordnete und saubere Erscheinungsbild durch

161

Haus in Katutura

den Zuzug vieler Schwarzer aus anderen Landesteilen gefährdet wird, denn nicht allen kann die Hauptstadt Arbeit und somit Entlohnung bieten, so daß sich erhebliche Probleme für die Zukunft ergeben könnten.
Khomasdal ist dagegen eine Siedlung der Farbigen (Nama, Baster, Mischlinge).

Obwohl bereits 1979 die Apartheid-Gesetze aufgehoben wurden, zeigen gerade Katutura und Khomasdal, wie langandauernd die Folgen der südafrikanischen Apartheid wirken...

3.3.2.3 STADTRUNDGANG

Für Touristen, die die Stadt erkunden möchten, sollen im folgenden einige Tips gegeben werden (s.a. Stadtkarte).
Man beginne seinen ersten Rundgang am Denkmal von Curt von Francois, das am Windhoeker Rathaus steht, nicht weit vom Kalahari Sands Hotel gelegen.

von Francois Denkmal (1)

Als am 18.10.1965 Windhoek das 75jährige Bestehen feierte, wurde dieses Standbild des Gründers der heutigen Stadt, Major Curt von Fran-

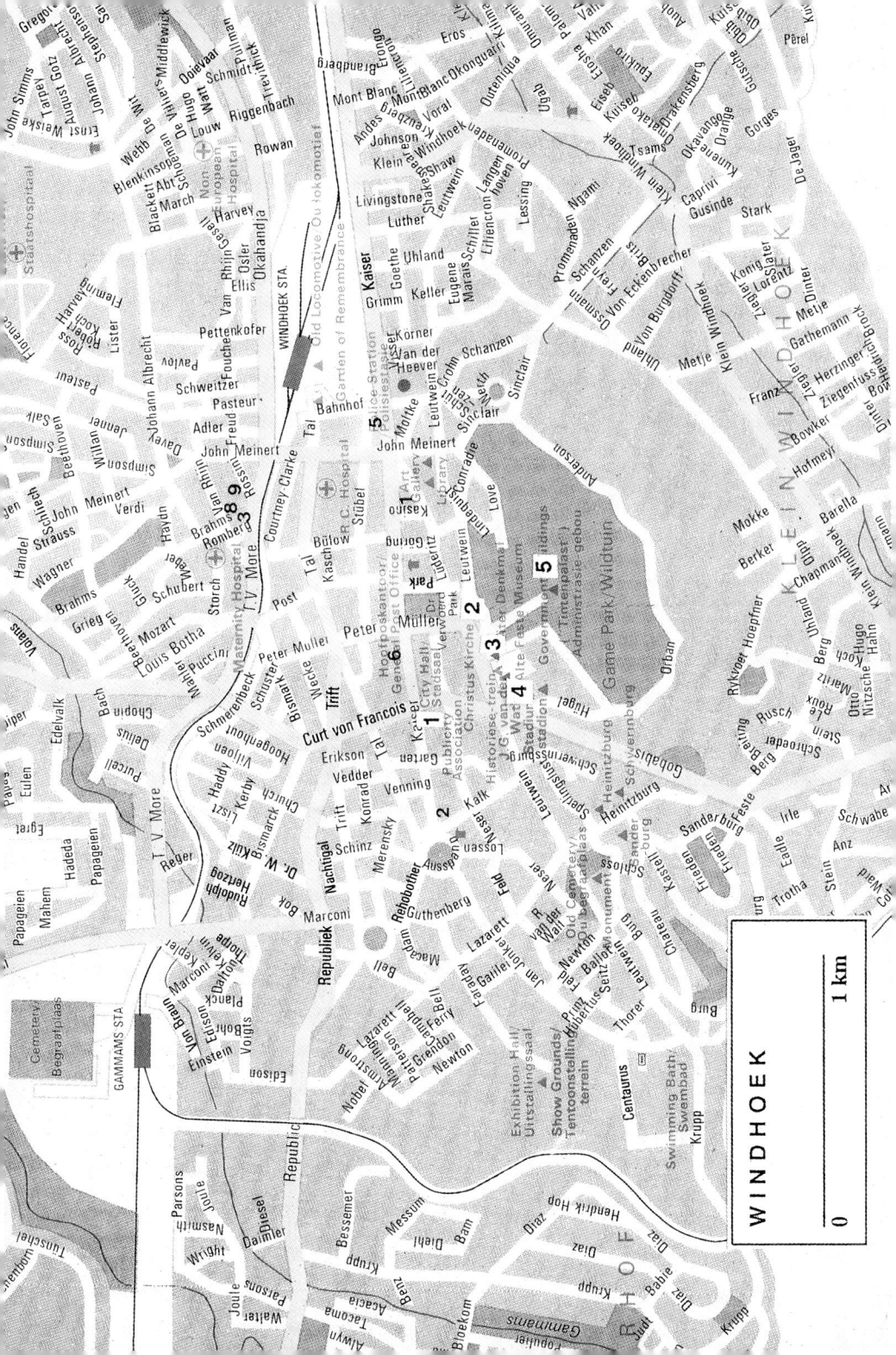

WINDHOEK

1 km

0

cois, enthüllt. Es wurde vom südafrikanischen Künstler Hennie Pot-
gieter gestaltet; finanziert wurde es durch Spenden der Bevölkerung.
Curt von Francois wurde am 2.12.1852 geboren. 1889 erhielt er in Togo,
wo er stationiert war, den Befehl zur Abreise nach Deutsch-Südwestafrika. Im Juni kam er in Walvis Bay an und errichtete im darauf-
folgenden Jahr gemeinsam mit einer kleinen Abteilung der Deutschen
Schutztruppe eine Niederlassung. 1890 begann er mit dem Bau der Alten Feste.

Man geht nun die Kaiserstr. bis zur Peter-Müller-Str., in die man nach
rechts einbiegt. Auf dem Hügel sieht man Windhoeks Wahrzeichen:

Christuskirche (2)

Sie ist Gotteshaus der
evangelisch - lutheri-
schen Gemeinde, die
1896 durch Pastor
Siebe von der Rheini-
schen Mission ge-
gründet wurde. Die
Grundsteinlegung er-
folgte 1907, der Ar-
chitekt war der Regie-
rungsbaumeister Re-
decker, der schon
lange vor der deut-
schen Kolonialzeit im
Jahre 1871 im Lande
selbst (Otjibingwe)
geboren wurde. 1910
wurde die Kirche ein-
geweiht; ihren Baustil
bezeichnet man als
neuromanisch. Das
Baumaterial besteht
im wesentlichen aus
Kalkstein, der in der
Nähe der Stadt ge-
brochen wurde. Nur
das Portal wurde aus
wertvollem Carrara-
Marmor errichtet.
Kaiser Wilhelm II.
stiftete die bunten Fenster des Altarraumes. 1923 wurde der Marmor-
altar erstellt (der Marmor stammt aus einem Marmorbruch der Farm
Gochaganas bei Windhoek).

Da seit dem ersten Weltkrieg die Bevölkerung sehr stark angewachsen war und vor allem die afrikaans sprechenden Mitglieder der Nederduitse Gereformeerde Kerk keine geeigneten Räumlichkeiten hatten, durften sie ab 1961 nach dem evangelisch - lutherischen Gottesdienst ihren eigenen abhalten.

Eine vollständige innere und äußere Renovierung erfolgte 1971, wobei sich die Kosten zu 60 % auf die BRD, zu je 20 % auf die EKD und die eigene Gemeinde verteilten. 1978 wurde die Christuskirche zum Nationaldenkmal erklärt.

 Für eine Besichtigung erhält man die Kirchenschlüssel in der Peter Müller Str. 12, Tel.: 224294

Reiterdenkmal (3)

Das Reiterdenkmal liegt zwischen der Christuskirche und der Alten Feste. Der Reiter blickt in nordwestliche Richtung - ein heroisches Denkmal, das nur aus seinem Zeitgeist zu verstehen ist. Die Bronzestatue wurde vom Berliner Bildhauer Adolf Kürle auf Anregung des deutschen Befehlshabers Oberst von Estorff gestaltet. Die Kosten wurden durch Sammlungen in SWA und Deutschland bestritten. Das Denkmal wurde zu "Kaisers Geburtstag" am 27. Januar 1912 enthüllt. Es soll an die Gefallenen der Herero- und Hottentotten-Aufstände (1903-1907) erinnern. Auf der am Sockel angebrachten Gedenktafel steht in deutscher

Schrift zu lesen: "*Zum ehrenden Angedenken an die tapferen deutschen Krieger, welche für Kaiser und Reich zur Errettung und Erhaltung dieses Landes während des Herero- und Hottentotten - Aufstandes 1903-1907 und während der Kalahari-Expedition 1908 ihr Leben ließen.*
Zum ehrenden Andenken auch an die deutschen Bürger, welche den Eingeborenen im Aufstand zum Opfer fielen.
Gefallen, verschollen, verunglückt, ihren Wunden erlegen und an Krankheiten gestorben:

von der Schutztruppe		*von der Marine*	
Offiziere	*100*	*Offiziere*	*7*
Unteroffiziere	*254*	*Unteroffiziere*	*13*
Reiter	*1180*	*Mannschaften*	*72*
im Aufstand erschlagen			
Männer	*119*	*Frauen*	*4*
		Kinder	*1*

Alte Feste (4)

Sie liegt hinter dem Reiterdenkmal. Heute ist sie das südwestafrikanische/namibische Staatsmuseum mit vielen historischen Dokumenten. Die Alte Feste wurde 1890 vom Major Curt von Francois erbaut, als sich die deutschen Schutztruppen in Windhoek festsetzten. Sie sollte den Angehörigen der Deutschen Schutztruppe sowie den ersten Siedlern Schutz bieten. Mit ihr wurde auch der Grundstein zur späteren Hauptstadt gelegt.
In der Alten Feste liegt das **Historische Museum.**

Öffnungszeiten:
Mo - Fr: 9.00 - 18.00 h
Sa: 10.00 - 12.45 h   15.00 - 18.00 h
So: 11.00 - 12.30 h   15.00 - 18.00 h

Tintenpalast (5)

Dies ist ein fast offizieller Spitzname für das Regierungsgebäude, weil die Beamten hier so viel Tinte verschreiben.

Entworfen wurde der "Tintenpalast" vom Regierungsarchitekten Redecker, der auch die Christuskirche plante. Die Öffentlichkeit beschwerte sich darüber, denn das Gebäude lag ziemlich abseits des damaligen Stadtgebietes. Eine 1912 konzipierte Bittschrift lautete:
"*Der Landrat beantragt, daß das im Haushaltsetat vorgesehene Administrationsgebäude in zentraler Lage errichtet werden soll.*"

Trotzdem wurde der Tintenpalast an der vorgesehenen Stelle errichtet, 1913 erfolgte die Einweihung.

Das Wachstum und die Entwicklung Namibias erforderten jedoch eine Ausweitung der räumlichen Möglichkeiten, und so wurde ein neuer Gebäudekomplex, der die Administration von Namibia sowie den Landrat repräsentiert, 1964 eingeweiht (6).

Die Inneneinrichtung des **Landratsgebäudes** soll die Wesensart des Landes widerspiegeln, den Reichtum an wildlebenden Tieren, die einzigartige Tierwelt, seine Naturwunder, die charakteristischen Landschaften, seine Industrien und Erzeugnisse, Mineralien, Marmor und Holz; last not least: seine Menschen.

Beim Bau wurden so weit wie möglich bodenständige Materialien verwendet.

Über dem Eingang ist das **Staatswappen von Namibia** zu sehen (Oktober 1989).

Durch das Rind ("beester"), das Karakulschaf und die gekreuzten Bergwerkshämmer werden verschiedene **Wirtschaftszweige** symbolisiert. Zusätzlich erscheinen noch Diamanten, die den wertvollsten Bodenschatz von Namibia zeigen.

Auch die **historische Vergangenheit** wird versinnbildlicht:
* durch den deutschen Adler,
* durch das Fort Namutoni am Rande der Etoscha-Pfanne,

* durch das Kreuz (padro), das Diego Cao und Bartholomeu Diaz bei Cape Cross bzw. in Lüderitz errichteten.

Die **Tierwelt** ist repräsentiert durch:
* die Oryxantilope (amtliches Wappentier),
* den Springbock,
* den Kudu.

Weitere Sehenswürdigkeiten

Windhoeks Burgen:
Auf der Anhöhe gelegen (Abzweigung Leutweinstr. zur Schwerinsburg, weiter zur Heinitz- und Sanderburg), fallen drei Burgen auf: **Schwerinsburg** (1910), **Heinitzburg** (1914) und **Sanderburg** (1917). Zur **Geschichte der Burgen**, die alle bewohnt sind: Hauptmann von Francois baute 1891 auf einem der Hügel des Stadtgebietes einen Wachtturm. Als dieser nicht mehr für militärische Zwecke gebraucht wurde, kam ihm die Idee, ihn mit Lehm zu verputzen. Danach wurde hier ein Lokal für Schutztruppler untergebracht. Später kaufte Graf von Schwerin den Turm und ließ ihn durch Sander (der auch später den Bau des Tintenpalastes leitete) zur Burg ausbauen. Nach dem Namen seines berühmten Großvaters, des Feldmarschalls Schwerin, gab er der Burg den Namen Schwerinsburg. Bald entwarf Sander die zweite Burg, die auch Schwerin erwarb. Die Burg erhielt den Namen seiner Frau von Heinitz (beide lebten zunächst getrennt, jeder auf seiner Burg). Später baute Sander für sich selbst eine Burg, eben jene Sanderburg.

Hofmeyer Rundweg:
Der Weg beginnt an der Orban Str. und führt zur Anderson Str.; von hier aus hat man morgens und abends (Stadtsilhouette) einen schönen Blick auf die Stadt.

Turnhalle:
Das 1909 als Turnhalle erbaute Gebäude wurde 1975 im Inneren zu einem Konferenzsaal umgestaltet. 1975-76 war sie Sitzungssaal für die konstitutionelle "Turnhallen-Versammlung".

Staatsmuseum (State Museum):
Das in der Leutweinstr. gelegene Museum zeigt naturwissenschaftliche und kulturelle Exponate.

 Öffnungszeiten:

Mo - Fr:	9.00 - 18.00 h	
Sa:	10.00 - 12.45 h	15.00 - 18.00 h
So u. feiertags:	11.00 - 12.30 h	15.00 - 18.00 h

3.3.2.4   ZIELE IN DER UMGEBUNG

Daan Viljoen Wildpark

Der 24 km westlich der Stadt im Khomas-Hochland gelegene Park
(1 800 - 2 000 m ü.NN.) bedeckt eine Fläche von 4 000 ha. Benannt
wurde er nach einem früheren Administrator von Südwestafrika, der
sich für seine Schaffung (1962) einsetzte. An Wild sind hier Bergzebras,
Blaugnu, Eland, Springböcke und einige Strauße heimisch.
Besucher dürfen im Park wandern. Die besten Besuchszeiten sind die
Monate Dezember bis Mai. In der winterlichen Trockenzeit kann es
hier empfindlich kalt werden. Der Park ist ein guter Aufenthaltsort für
Windhoek-Besucher, die nicht in der Stadt wohnen möchten. Buchungsadresse:

 Directorate: Nature Conservation and Recreation Resorts,
Reservations, Private Bag 13267, Windhoek 9000, Tel.: 061 /
36975 oder direkt in Windhoek (seitlich des Hauptpostamtes
in der Kaiserstraße).

 Im Restcamp stehen Rasthäuschen sowie Zelt- und Wohnwagenplätze zur Verfügung.

 Besonders zum Sonnenuntergang kann man von der Straße,
die zum Park führt, gute Fotos von Windhoek machen.

Öffnungszeiten des Restaurants:

   7.00 - 8.30 h
12.00 - 13.30 h
18.00 - 20.30 h

 Im Restcamp gibt es einen großen Swimming Pool.

Groß Barmen

Warme Heilwasserquelle nördlich von Windhoek bei Okahandja (ca.
100 km); schönes Innen- und Außenbad sowie ruhig gelegene Rasthäuser und Campingplätze (Beschreibung s. Kapitel 3.3.18).

Hardap Damm

Größter Stausee des Landes; südlich von Windhoek (ca. 270 km) mit
idyllisch gelegenen Rasthäusern, Campingplätzen und Swimming Pool
(Beschreibung s. Kapitel 3.3.3).

3.3.2.5 ALTERNATIV-STRECKEN NACH SWAKOP-MUND

Von **Windhoek** aus gibt es für diejenigen, die direkt **nach Swakopmund** reisen möchten, 4 **Alternativstrecken:**

* **Windhoek - Okahandja - Karibib - Usakos - Swakopmund:**
  Diese Strecke führt über die Pad B1 bis Okahandja, dann weiter auf Pad B2 über Karibib nach Swakopmund. Diese Strecke ist vollständig asphaltiert.

* **Windhoek - Khomas-Hochland - Swakopmund:**
  Die Strecke führt auf Pad C28 am Daan-Viljoen-Park und Neu-Heusis (1908 gebautes Farmhaus) vorbei. Später passiert man ein altes Schutztruppen-Fort (von Francois-Feste). Die Pad 1953 zweigt später nordwärts zur ältesten Missionsstation, nach Otjimbingwe, ab. Im weiteren Verlauf führt die Pad C28 durch den Namib-Naukluft Park nach Swakopmund.

* **Windhoek - Groß-Herzogberg - Us-Paß - Namib-Naukluft-Park - Walvisbaai - Swakopmund**
  Die sicherlich einsamste, am wenigsten befahrene Strecke führt von Windhoek zunächst in südwestlicher Richtung, der Pad C26 folgend, über den Groß-Herzogberg. Später zweigt man in die Pad D 1982 westwärts ein, die über den Us-Paß in den Namib-Naukluft-Park führt. Hier trifft sie auf die C14 nach Walvisbaai.

* **Windhoek - Gamsberg-Paß - Walvis Bay - Swakopmund:**
  Diese Route ist die meistbefahrene und landschaftlich besonders reizvoll. Den Gamsberg-Paß erreicht man über die Pad C26 von Windhoek aus. Später mündet man in der Pad C14, die durch die grandiose Landschaft des Kuiseb-Canyons führt.

3.3.3 WINDHOEK - HARDAP DAMM

 Tageskilometer:
ca. 270

 Tankstellen:
in Rehoboth, Kalkrand und Hardap Damm

 Übernachtung:
Camp Hardap Damm

Streckenhinweise:

 Von Windhoek führt die Teerpad B 1 in südliche Richtung. Nach 86 km erreichen Sie Rehoboth. Von hier geht es über Kalkrand weitere 163 km bis zur Abzweigung (nach rechts) auf die Pad 93. Nach 6 km erreichen Sie den Hardap Damm.

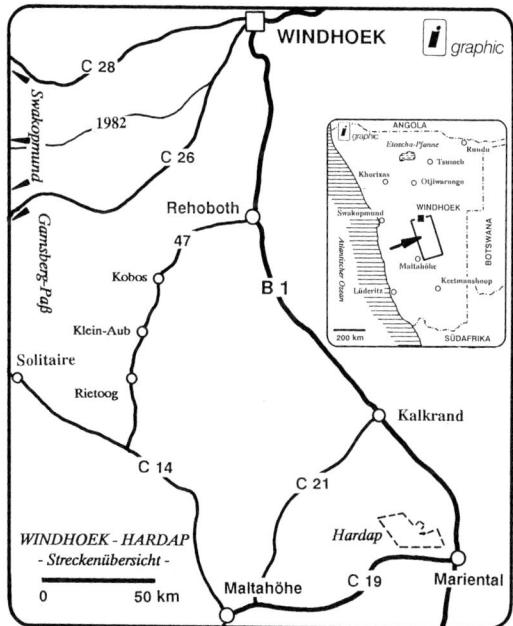

 Streckenbe-schreibung:
Die Strecke führt aus Windhoek heraus, an den Auas-Bergen vorbei, nach Süden. Insgesamt ist das Landschaftsbild eher monoton (flache Savannenlandschaft). Der Hardap Damm bildet einen riesigen Stausee, der in einem beinahe unwirklichen Kontrast zu der sonst sehr trockenen Landschaft steht.

Rehoboth

Die **"Hauptstadt" des Basterlandes** liegt 1 395 m über NN, hat ca. 65 000 Einwohner (zweitgrößte Stadt Namibias) und ist das Zentrum des Reservats der Rehobother Baster. Die "Stadt" ist aber sehr weitläu-

Farmschule Aris

Nur knapp 25 km südlich von Windhoek auf dem Wege zum Hardap Damm durchquert man Aris. Im kleinen Hotel kann man eine kurze Rast einlegen. Gegenüber, nur einen Steinwurf entfernt, liegt die 1982 von Dieter Voigts gegründete Farmschule. Zunächst begann der Unterricht mit ca. 20 Kindern in der alten Farmkirche, doch bald wurde der Zulauf aus der Umgebung stärker, in zwei Klassen mußte man vor- und nachmittags unterrichten. 1983 finanzierte die SWA/Namibia Vereinigung einen Neubau mit vier Klassenzimmern und einem Lehrerzimmer. 1984 wurde ein Lehrerwohnhaus dazugebaut. Heute werden insgesamt über 100 Kinder von 4 Lehrkräften unterrichtet. Die meisten der schwarzen Kinder sind Damaras. Unterrichtssprache ist z. T. Nama, ihre Muttersprache, der restliche Unterricht erfolgt in Afrikaans und Englisch. In Kürze soll auch Deutsch unterrichtet werden.

Die Schule ist in privater Trägerschaft eines Schulvereins. Die bisherige Administration trug nur die laufenden Kosten für Schulmöbel, Lehrer und Unterrichtsmaterial, nicht dagegen für alle Baulichkeiten und wichtige zusätzliche Lehrmaterialien wie z.B. für Sport, handwerklicher Unterricht (Werken und Basteln) usw.. Die Schule soll noch weiter ausgebaut werden, sobald genügend Spendegelder vorhanden sind. Geplant sind eine Sportanlage, sanitäre Einrichtungen sowie Heimunterbringung für Schüler aus dem weiteren Umkreis.

Farmschule Naos

Farmschulen nennt man in Namibia die meist auf Eigeninitiative der Farmer beruhenden "Miniatur-Schulen" für die Kinder der Farmarbeiter. Der Unterricht wird meistens in den Stammessprachen durchgeführt. In der Regel unterrichtet die Ehefrau des Farmers diese Kinder auf ihrem Anwesen - gemeinsam mit dem eigenen Nachwuchs. Bei mehr als zehn Schülern wird normalerweise ein Lehrer eingestellt.

Die Farmschule "Naos" liegt rund 90 km südwestlich von Windhoek auf der gleichnamigen Farm. Seit über 50 Jahren ist sie im Besitz der Familie Scholz. Über 100 Nama und Damara leben auf dem Farmgelände.

Mittlerweile unterrichten zwei Lehrer die 51 Schüler im Alter von 6 bis 16 Jahren. Wer einmal dem Unterricht beiwohnte, wird diese für uns Mitteleuropäer ungewöhnliche Art des Unterrichts faszinieren. Insbesondere die "Schnalzsprache" der Namas und die fröhliche Unbeschwertheit der Schüler sind beeindruckend.

fig, so daß aufgrund des Fehlens eines Zentrums kein städtischer Eindruck entsteht.
Neben den Baster leben hier auch Nama, Damara und Weiße. Die Baster gingen aus Verbindungen von Buren und Hottentotten-Frauen hervor (s.a. Kapitel: Ethnologische Gliederung). Die Baster sprechen afrikaans. Als Nachkommen von ursprünglich 40 meist burischen Einwanderern, die Hottentotten-Frauen heirateten, leben sie seit 1870 in dieser Gegend, die sie ursprünglich von den Swartboois für die Jahrespacht eines Pferdes pachteten. Vorher existierte hier eine Missionsstation, die den Namen Rehoboth trug, aber bereits 1864 verlassen wurde. Die Eingeborenen nannten die Stelle "Goreguraas", "der Platz, an dem die Zebras trinken".

Heute besteht die Gemeinde der Baster aus ca. 25 000 Menschen, die eine festgefügte Gemeinschaft bilden. Als gesetzestreue Bürger erkennen sie noch immer die patriarchalische Obrigkeit ihrer "Kapitäne" und des "Kapitänsrates" an. Sie besitzen das gesamte Farmland der Umgebung und verfügen u.a. über große Karakulschafherden. Eugen Fischer belegte am Beispiel der Baster 1908 die Gültigkeit der Mendelschen Vererbungsgesetze und begründete damit die neuzeitliche Anthropologie. Besuchenswert ist die 1907 gegründete **Paulus-Kirche**. Hier befindet sich noch heute eine Gedenktafel für die Männer, die "im Dienste des deutschen Kaisers" gefallen sind.

Bei Rehoboth gibt es **Reho Spa**, ein Thermalbad mit Unterkunftsmöglichkeiten (Rasthäuschen). Ebenso sind eine Cafeteria und ein Schwimmbad vorhanden.

173

Reservierungen, Buchungen und Auskünfte:
Reho-Spa Büro, PPS 2500, Rehoboth 9000, Namibia,
Tel.: 06272/774

Hardap Damm

Reservierung:

 Directorate: Nature Conservation and Recreation Resorts,
Reservations, Private Bag 13267, Windhoek 9000, Tel.: 061 /
36975 oder direkt in Windhoek (Reservierungsbüro seitlich
des Hauptpostamtes in der Kaiserstraße).

Am nördlichen Steilufer liegt das moderne und einladende **Camp** mit
Bungalows (Grillstelle, Kühlschrank) und Restaurant, das eine gute
Aussicht über den See und die Staumauer bietet. Im Sommer wird man
das große Schwimmbad unmittelbar am Restaurant nicht missen wollen.
Die Erholungsstätte ist ganzjährig geöffnet. Neben gut ausgestatteten
Rasthäusern gibt es unterhalb der Staumauer einen unter schattenspen-
denden Kameldornbäumen liegenden Campingplatz.
Die Essenszeiten des Restaurants: 7.00 - 8.30 h, 12.00 - 13.30 h, 18.00 -
20.30 h. In den Zwischenzeiten erhält man Erfrischungen. Zwischen
23.00 - 6.00 h darf das Camp nicht verlassen werden.

Der Hardap Damm staut den Fischfluß auf einer Länge von 30 km. Insgesamt bedeckt der Stausee ca. 25 qkm und beinhaltet seit seiner Er-
bauung 1962 durchschnittlich 323 Millionen cbm. Er stellt damit die
größte Stauanlage des Landes dar.Sein Wasser dient u.a. der Bewässerung: unterhalb vom Hardap Damm sind die größten zusammenhän-
genden Bewässerungsgebiete Namibias entstanden, mit noch im Ausbau
begriffenen Kleinsiedlungen. Die Staumauer ist 860 m lang und 39,2 m
hoch. Der Stausee ist außerordentlich fischreich und deshalb auch ein
Paradies für Angler. Breit- und Kleinmaulklippdorsche, Blaukurper,
Karpfen, Barben und Barsche leben im See. Angelscheine sind im
Camp-Büro erhältlich. An den Buchten und auf den vielen kleinen Inseln gibt es eine sehr artenreiche Vogelwelt: Flamingos, Goliathreiher,
Pelikane und Fischreiher tummeln sich hier.

Am Südufer des Sees gibt es ein **Wildschutzgebiet** - sozusagen eine
kleine Einführung in die Wildszenerie, wie man sie im Verlauf der
Reise durch das Land in Etosha finden wird. Strauße, Bergzebras, Kudus, Springböcke und Oryxantilopen kann man hier beobachten.

3.3.4 HARDAP DAMM - MUKUROB - KÖCHER-BAUMWALD - KEETMANSHOOP

Tageskilometer:
310 km

Tankstellen:
z.B. Mariental

Streckenhinweise:

Vom Hardap Damm auf die Pad B 1, dann Richtung Süden (nach Keetmanshoop). Bei Asab zweigt man in die Pad 1066 zum Mukurob ab (1988 umgefallen). Danach kehrt man wieder zurück auf die B 1. Kurz vor Keetmanshoop geht es nach links (Pad 29) zum Köcherbaumwald ab. Von hier aus wieder zurück auf die Pad B 1 nach Keetmanshoop.

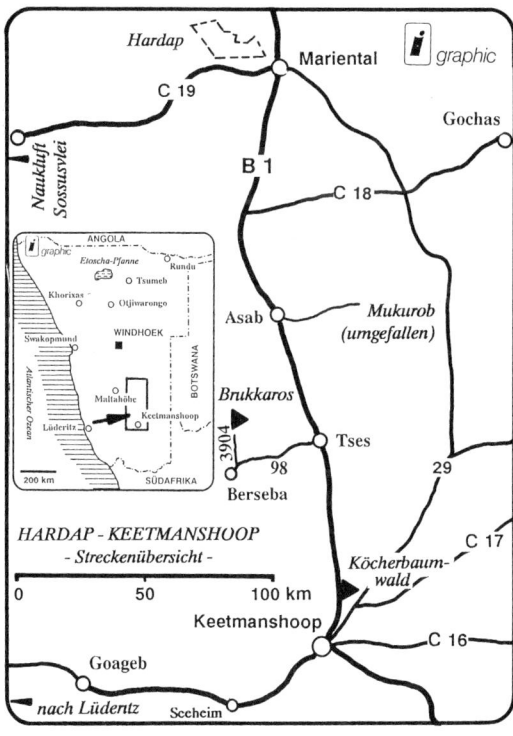

Streckenbeschreibung:
Unsere heutige Fahrt führt uns südlich von Gibeon durch das Stammesgebiet der Nama. Die Strecke führt über eine monoton wirkende Hochebene. Herausragend ist die Landschaft um den Mukurob sowie das Gebiet des Köcherbaumwaldes.

Mariental

Der Ort Mariental, den man zunächst passiert, ist ein regionaler Versorgungsort mit Verwaltungssitzen, Schulen und Geschäften. Unterhalb des Hardap Damms liegt ein etwa 2 500 ha großes Bewässerungs-

175

gebiet, wo verschiedene Gemüse- und Obstarten, Baumwolle sowie Luzerne angebaut werden. Im Umland werden vor allem Karakule gezüchtet.

---

i *Informationen über Nama*

Die Nama sind ein Stamm der Hottentotten, der heute aus ca. 50 000 Menschen besteht und somit 4,3 % der Bevölkerung ausmacht. Das Gebiet, das Sie durchfahren, ist ihre Heimat. Durch dauernde Kämpfe mit den Hereros, die ebenfalls Viehzüchter waren, wurden sie bereits im 19. Jahrhundert sehr geschwächt. 1904 erhoben sie sich gegen die deutsche Kolonialverwaltung und konnten erst 1907 endgültig niedergeworfen werden. Der unheilvolle Aufstand traf die Nama schwer in ihrer ethnischen Substanz, doch konnten sie sich im Laufe der letzten Jahrzehnte wieder erholen. Die Afrikaner hatten in Jonker Afrikaaner (gefallen 1905) und Hendrik Witbooi (gefallen 1905) hervorragende Anführer. Die alte Wirtschaftsform ist die Viehzucht. Heute sind alle Nama Christen.

Nama auf sog. "Donkey-Karre"

Mukurob

Mukurob (in der Na-ma-Sprache "Finger Gottes") befindet sich 24 km östlich von Asab. Dieser Felsen ist ein Überbleibsel der ringsherum abgetragenen Landfläche und ragte 34 m hoch empor. Der Sockel besteht aus Karoo-Schie-fer, der Finger selbst aus alten Sedimenten.

Leider ist aber der Mukurob im Dezember 1988 durch einen Wirbelsturm umgestoßen worden. Der 700 t schwere Monolith ist nun leider nur noch ein Schutthaufen. Und "Traveller's World" (2/89) weiß: "Der Bürgermeister der nahe gelegenen Stadt Keetmanshoop möchte nun eine südafrikanische Spezialfirma beauftragen, den 'Finger Gottes' wieder aufzurichten. Originalbruchstücke werden dabei in eine Stahl-Fiberglas-Konstruktion eingebunden. Das fertige Puzzle soll vom Urbild durch nichts mehr zu unterscheiden sein."

Brukkaros

Von Tses führt die Pad 98 (nach ca. 40 km) an den schon von weitem sichtbaren Brukkaros-"Vulkan"berg (1 600 m) he. an. Lange Zeit diskutierten Geologen über möglichen Vulkanismus in Namibia. Mittlerweile aber weisen Untersuchungen darauf hin, daß es sich beim Brukkaros um eine sog. "Ringintrusion" handelt: Magmatische Gesteine drangen in die feste Erdkruste. Im Verlauf der nachfolgenden Erosion wurden diese unterschiedlich widerstandsfähigen Gesteine freigelegt. Den äußeren Ring des Brukkaros bilden deshalb die harten, die Mitte dagegen die weicheren Gesteine, welche stärker abgetragen wurden und so fälschlicherweise den Eindruck eines "Kraters" ergeben.

Köcherbaumwald

Der Köcherbaumwald liegt in der Nähe von Keetmanshoop auf dem Gelände der Farm Gariganus. Hier wachsen ca. 300 sog. **Baum-Aloen** ("Aloe dichotoma"), die zu den Sukkulentenarten gerechnet werden. Die Gruppe der Sukkulenten ist vor allem durch ihre Fähigkeit der langfristigen Wasserspeicherung gekennzeichnet. Diese Pflanzen können in großzelligen Geweben Wasser speichern.

Der Name "Köcherbäume" ist wie folgt zu erklären:
Die Buschmänner (San) höhlten die Äste der Bäume aus, und die das Pflanzenmark umgebende Rinde diente als Köcher für die Pfeile. In

ganz Namibia stehen Köcherbäume unter Naturschutz. Sie erreichen eine Höhe von etwa 8 m.

Man unterscheidet verschiedene **Sukkulentenarten:**

* **Blatt-Sukkulenten**
  Hier sind die stark verdickten, manchmal walzenförmigen Blätter Wasserspeicher.

* **Stamm-Sukkulenten**
  Die verdickten Sprosse speichern das Wasser (z.B. die Köcherbäume).

* **Wurzel-Sukkulenten**
  Verdickte Wurzeln dienen als Wasserspeicher, so z.B. bei der Welwitschia mirabilis, deren kurzer Stamm im Boden steckt. Feine Haarwurzeln saugen das Wasser des Bodens auf.

Insgesamt gibt es folgende "**sukkulente Tricks**", um mit ariden, d.h. trockenen Lebensräumen fertig zu werden: Wurzel-, Stamm-, Blattsukkulenz, Wachsüberzüge (sie geben Verdunstugsschutz z.B. bei der Welwitschia mirabilis und Aloen), Verlegung des Stammes in die Erde (Welwitschia), Behaarung oder dichte Bestachelung (Euphorbia), Art der Wasseraufnahme (z.B. durch die Blätter oder durch Pfahlwurzeln).

 Buchtip

Hecht Hans, Kakteen und andere Sukkulenten, BLV-Verlagsgesellschaft, München 1980

Besonders eindrucksvoll ist die Beleuchtung des Köcherbaumwaldes am späten Nachmittag. Warten Sie den Sonnenuntergang ab, wenn sich gegen den rot-blauen Horizont die Köcherbäume silhouettenhaft abheben. Bei einem Gläschen Wein als "Sundowner" können Sie so die besondere Stimmung dieser einmaligen Landschaft genießen.

 Leider haben einige Vandalen die Umgebung des Köcherbaumwaldes z.T. durch weggeworfenen Abfall stark verschmutzt, so daß zeitweise diese Stelle für Besucher gesperrt war.

Euphorbia-Pflanze am Rande der Namib

Keetmanshoop

Übernachtung

 Das **Canyon Hotel** ***, P.O.Box 950, Keetmanshoop, Tel.: 0631 / 3361, verfügt jetzt auch über ein Schwimmbad. Der Besitzer, Herr Tom Mutavcik, ist ein sehr engagierter und sachkundiger Kenner des Südens. Er wird Ihnen bei der Organisation von interessanten Unternehmungen gerne behilflich sein.
Hansa Hotel **, P.O.Box 141, Keetmanshoop, Tel.: 0631 / 3344-45

 Camping
Camping ist auf dem Wohnwagenpark der Stadtverwaltung von Keetmanshoop möglich, PPS 2125, Keetmanshoop, Tel.: 0631 / 2657

Safariunternehmen

Die Firma **Namib Tours** (Pty) Ltd., P.O.Box 53, Keetmanshoop, organisiert Exkursionen und vermietet Fahrzeuge.

Keetmanshoop liegt 1 002 m über dem Meeresspiegel und hat heute über 15 000 Einwohner. Die Stadt liegt an den Ufern des Swartmodder River, der meistens trocken ist, aber in Zeiten von kurzen, heftigen Regengüssen Wasser führt.

Der Ort wurde 1860 als 'Missionsstation der Rheinischen Mission gegründet, um die Nama in dieser Region zu versorgen. Die Geldmittel stellte der wohlhabende deutsche Industrielle Johann Keetmann zur Verfügung, der diesen Ort aber nie besuchte. Keetmanshoop bedeutet so viel wie die "Hoffnung Keetmanns".

Die Stadt wuchs um die Missionsstation herum; die 1895 erbaute Steinkirche dominiert auch heute noch. 1894 wurde hier ein Fort errichtet. 1908 wurde die Schmalspurbahn nach Lüderitz fertiggestellt. Keetmanshoop wird auch als Hauptstadt des Südens bezeichnet; immerhin ist sie die viertgrößte Stadt des Landes.

Die Gegend um Keetmanshoop ist sehr rauh und äußerst trocken; der Niederschlag pro Jahr beträgt nur 100 - 200 mm. Das Trinkwasser stammt vom **Naute Damm**, der den Löwen River aufstaut (ca. 50 km südwestlich). Der Haupterwerbszweig ist die Haltung von Karakulschafen, und in der Umgebung von Keetmanshoop gibt es viele Karakulschaffarmen. Erkundigen Sie sich im Ort (Hotel), welche Sie besuchen können. Dazu noch ein paar Informationen:

> **i** *Informationen über Karakulschafe*
>
> *1902 unternahm der deutsche Pelzhändler Paul Thorer eine Geschäftsreise nach Uzbekistan in Rußland. In der Gegend, die er besuchte, wurden Karakule gezüchtet, von denen die Persianerfelle stammen. Er kaufte Felle und nahm versuchsweise auch 36 Karakulschafe auf dem Schiff mit. Aber das feuchte, gemäßigte Klima Europas eignete sich nicht für die Tiere. Ihr eigentliches Lebensgebiet sind semiaride Landschaften. Da die Tiere bald schwach*

*wurden, verschiffte er sie in die deutsche Kolonie. Hier paßten sich die Tiere schnell an die geeignete Umgebung an. Nach dem 1. Weltkrieg förderte die südafrikanische Administration die Pelzindustrie, indem sie ein Zucht- und Experimentierzentrum in **Neudamm** bei Windhoek baute. 1919 wurde bereits die SWA Karakul Breeders' Association gegründet.*

Karakulfelle werden von Lämmern genommen, die innerhalb von 24 Stunden nach ihrer Geburt geschlachtet werden. Nur die Felle neugeborener Lämmer sind wertvoll, da das Fell schnell härter wird.

Die Karakul-Industrie nahm einen großen Aufschwung. 1937 wurden über eine Million Felle verkauft, 1976 waren es bereits ca. 2,8 Millionen mit einem Wert von 50 Millionen Rand. Die größten Abnehmer der als SWAKARA-Felle vermarkteten Ware sind die USA und Kanada, aber auch Deutschland.

1988 befand sich die Karakulindustrie in Bedrängnis. Nach großer Dürre und Preisverfall stand die Branche vor neuen Problemen: SWA-KARA-Felle (so der Handelsname der namibischen Persianerfelle) sind aufgrund zu großer Nachfrage bei relativ geringem Angebot so teuer geworden, daß sie fast soviel kosten wie die begehrten Nerzmäntel. Nach Meinung von Experten wird es in Zukunft keine Kunden mehr für SWAKARA-Produkte geben, wenn die Fellproduktion nicht bald gesteigert wird. Nur dann kann der Preis auf ein konsumgerechtes Niveau wieder fallen.

Interessant: Der Anteil der Persianerfelle am gesamten Pelzmarkt liegt bei 5,2 %, wovon 40 % in Namibia produziert werden.

Ein Karakul-Fellchen - das "schwarze Gold" der Namib

Heute sind 95 % der in Namibia gehaltenen Schafe Karakule. Die Felle werden über den Londoner Markt vertrieben; ihr Absatz ist jedoch sehr konjunkturabhängig. Zum Teil wird auch Karakul-Wolle exportiert. Ihre Qualität ist jedoch weit geringer als die der Merinos. Manchmal liegen die Preise für Karakul-Wolle so niedrig, daß manche Farmer auf die Ablieferung verzichten und die Wolle vernichten! Neben Namibia stellen die USA und die Sowjetunion die größten Karakulschafherden.

Gellap Ost Karakul Farm
Dies ist eine Karakul-Experiment-Farm. Man erreicht die Abzweigung zur Farm, wenn man ca. 16 km der Pad D 609, J.G. van der Wath, folgt. Dann zweigt man am Hinweisschild ab.

Öffnungszeiten:

jeweils Montag bis Freitag in der Zeit:
01.03. - 15.04.
01.06. - 15.07.
15.09. - 20.10.

3.3.5 KEETMANSHOOP - NAUTE DAMM - FISH RIVER CANYON - AI-AIS

Tageskilometer:
ca. 260

Tankstellen:
Keetmanshoop, Ai-Ais

Übernachtung:

Das Camp in Ai-Ais ist vom 2. Freitag im März bis zum 31. Oktober geöffnet. Das Touristenlager verfügt über Hütten, Zelte, Wohnungen, Camping- und Zeltplätze. Ein Laden, ein Restaurant und eine Tankstelle sind vorhanden.
Man muß vor Sonnenuntergang im Camp sein und darf es nicht vor Sonnenaufgang verlassen. Die Essenszeiten im Restaurant sind: 7.00 - 8.30 h, 12.00 -13.30 h und 18.00 - 20.30.
Reservierungen: Directorate: Nature Conservation and Recreation Resorts, Reservations, Private Bag 13267, Windhoek 9000, Tel.: 061 / 36975 oder direkt in Windhoek (Reservierungsbüro seitlich des Hauptpostamtes in der Kaiserstraße)

Streckenhinweise:

Fahren Sie ab Keetmanshoop zunächst die Teerpad Richtung Lüderitz. Nach 32 km kommt eine Abzweigung nach links auf die Pad 545, die Sie am **Naute Damm** vorbeiführt (schöne, sehr einsame Landschaft). Dann kommen Sie auf die Hauptpad C 12 und biegen hier nach links Richtung Holoog ein. Die Pad führt entlang der Bahnlinie. Nach 47 km biegen Sie dann hinter Holoog auf die Pad 601 Richtung Fish River Canyon ein. Nach 45 km erreichen Sie den Canyon. Danach fahren Sie die gleiche Straße 14 km zurück, nach rechts geht es dann auf die Pad 324 nach Ai-Ais (57 km).

Streckenbeschreibung:

Die Strecke führt Sie heute in den sehr trockenen Süden. Vom Naute Damm aus können Sie den weiten Blick auf das sonst eher flache Land genießen. Die Vegetation besteht aus vielen Bittersträuchern, Grasbüscheln und niedrigen Büschen. Später sehen Sie östlich die Kleinen Karasberge (bei Holoog). Nach Ai-Ais windet sich der Weg zum Fischfluß hinunter. Die herrlichen Ausblicke vom Rand des Fischfluß Canyons werden den Höhepunkt der Fahrt bilden. Man sollte den Canyon nicht erst am späten Nachmittag besuchen, da dann die Sonne die Schlucht nicht mehr ausleuchtet.

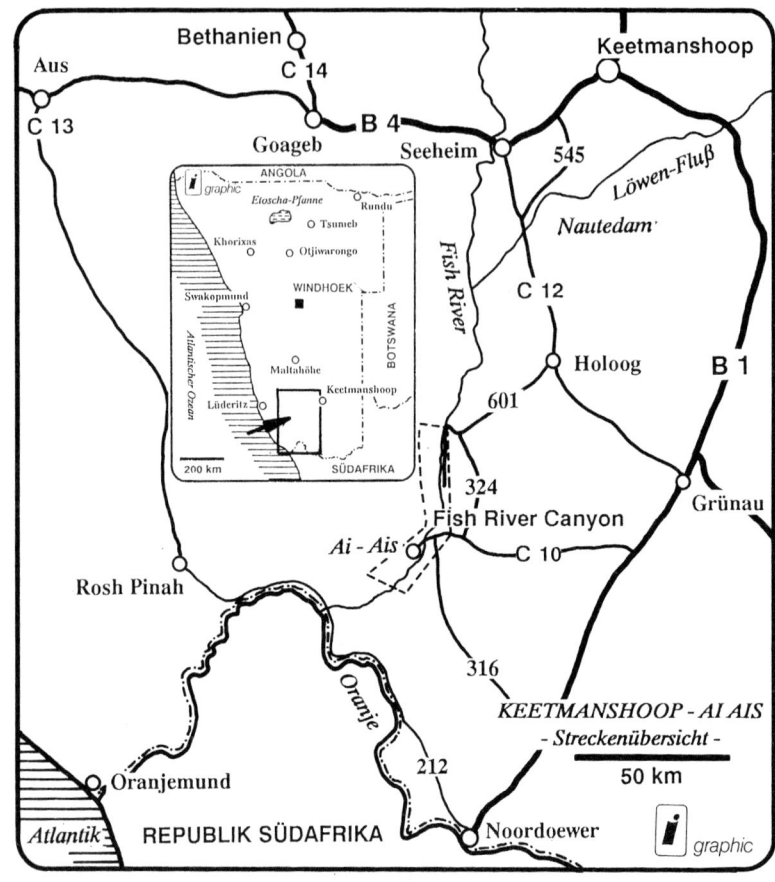

Bis auf den kurzen Abschnitt Keetmanshoop - Abzweigung zum Naute Damm ist die gesamte Strecke nicht asphaltiert, aber in gutem Zustand.

Naute Damm

Der 1972 erbaute Damm hat ein Stauvolumen von 69 Millionen m^3 und ist damit der drittgrößte Staudamm des Landes. Er staut den Großen Löwenfluß auf.

Fish River Canyon

Er wird als der zweitgrößte Canyon bezeichnet (nach dem Grand Canyon des Colorado). Insgesamt ist der Fischfluß Canyon 161 km lang, bis zu 27 km breit und bis 549 m tief. Er beginnt bei **Seeheim im Norden**

und hat seinen Ausgang bei **Ai-Ais im Süden**. Im östlichen Naukluft-Gebirge entspringend, beträgt die Länge des Fischflusses bis zu seiner Mündung in den Oranje 650 km.

Wenn man heute auf den Fischfluß hinabschaut, glaubt man nicht, daß er die Kraft hat, eine so große Erosionsleistung zu vollbringen. In der

Naute Damm

185

Tat fließt er in der heutigen Klimaperiode nur äußerst langsam, z.T. mit Unterbrechungen. So werden ja seine Wasser weiter im Norden erheblich angezapft (Hardap Damm, Bewässerungen). Die Haupt-Erosionstätigkeit liegt schon lange zurück. In den sog. Pluvialzeiten (Regenzeiten) führte der Fluß vor vielen Millionen Jahren sehr viel Wasser, so daß er sich in die Quarzite, Dolomite und Kalksteine hineinfressen konnte. Im Gegensatz zum Grand Canyon in Arizona/USA ist der Fish River Canyon nicht ausschließlich ein Produkt der Erosion. Vielmehr ist der Hauptteil der Schlucht ein Erosions- und Einbruchstal. Der Fischfluß führt heute als längster Fluß des Landes nur periodisch Wasser. In der Trockenzeit sieht man nur eine Reihe von Wassertümpeln. Trotzdem: In regenreichen Jahren vermag der Hardap Damm seine Fluten nicht zu halten. 1988 überflutete der Fischfluß Ai-Ais.

Wenn Sie den Fischfluß Canyon erreichen, stoßen Sie auf den **Hauptaussichtspunkt**. Es gibt aber noch weitere, sehr gute Stellen, von denen Sie aus in den Canyon einsehen können:

 Vom Hauptaussichtspunkt, auf den die Pad 601 stößt, geht nach rechts eine Spur zu einem weiteren Aussichtspunkt ab, wo ein Weg in den Canyon führt. Der Abstieg dauert etwa 45 Minuten, der Aufstieg ca. 1 ½ Stunden.

Vom Hauptaussichtspunkt fahren Sie den Weg etwas zurück. Eine Abzweigung nach rechts (Süden) führt Sie zu weiteren Aussichtsstellen.

 Rastlager Hobas, 8 km vom Hauptaussichtspunkt entfernt (vor der Einmündung der Pad 324 nach Ai-Ais).

186

Wanderung durch den Fischfluß Canyon
Die Fußwanderungen sind nur von Mai bis Ende August ge-
stattet. Die Gruppengröße muß mindestens drei Personen
umfassen, maximal 40 werden zugelassen. Die Genehmigung
muß vorher in Windhoek beantragt werden bei: Directorate: Nature
Conservation and Recreation Resorts, Reservations, Private Bag 13267,
Windhoek 9000, Tel.: 061 / 36975 oder direkt in Windhoek
(Reservierungsbüro seitlich des Hauptpostamtes in der Kaiserstraße).
Die Gebühr beträgt 25 Rand. Außerdem muß vor Beginn der Wanderung in Ai-Ais oder beim Aussichtspunkt, wo die Wanderung beginnt -
ein ärztliches Attest über körperliche Tauglichkeit vorgelegt werden,
das nicht älter als 40 Tage sein darf.

Die Länge der Wande-
rung vom Aussichts-
punkt im Norden nach
Ai-Ais im Süden beträgt
86 km. Dafür muß man
ca. 3 - 5 Wandertage
veranschlagen. Belohnt
wird der Wanderer
durch die wildromanti-
sche Szenerie des
Canyons.

Am besten beginnt man
die Wanderung am Aus-
sichtspunkt nördlich
(rechts) vom Hauptaus-
sichtspunkt, auf den die
Straße zuführt. Ein stei-
ler Weg führt in ca.
45 Minuten an den
Fischfluß. Man folgt
dann den Fluß-Mäan-
dern, überquert gegebe-
nenfalls den zum größ-
ten Teil schmalen und
flachen Fluß und sucht
sich das Flußufer aus, an
dem man voraussichtlich
am besten wandern
kann. Der Weg führt im
allgemeinen langsam
abwärts; nur an den
sandigen oder felsigen
Stellen wird die Wande-
rung etwas strapaziöser.

Karte: FISH RIVER CANYON - WANDERROUTE -
Beginn
Hauptaussichts-
punkt
Dolerit
Dolerit
0
10 km
Schwefelquelle
20 km
Tafelberg
30 km
40 km
50 km
Three Sisters
Abkürzung
Gräber
Abkürzung
Four Finger
Rock
60 km
von Trotha's Grab
70 km
Damm
Viehkraal
80 km
Ai Ais
86 km
i graphic

187

Es gibt keine festen Übernachtungsplätze, man hat also freie Wahl! Ein Lieblingsplatz ist die Stelle an den Schwefelquellen, denn hier stehen einzelne Palmen, die vermutlich während des 2. Weltkrieges von flüchtenden deutschen Gefangenen gepflanzt wurden. Am Ende der Wanderung erreicht man Ai-Ais.

Immer düsterer erscheint der Talboden des Fischflusses. Langsam wandern die letzten Sonnenstrahlen an der Ostwand des Canyons aufwärts. Die großartige Tallandschaft, vorher noch lichtdurchflutet und konturenreich, geht in ein blasses Grau über. Auf der anderen Seite, schier unerreichbar, neigt sich im Westen die rote Abendsonne dem Horizont zu. Eine angenehme Kühle löst die Tageshitze ab, etwas Wind kommt auf. Doch plötzlich zerreißt die Stille, ein Poltern nähert sich. Und tatsächlich versucht noch ein Besucher, die Abendstimmung einzufangen. Bald hält wenige Meter neben uns ein abenteuerlich aussehender Landrover. Und noch abenteuerlicher sieht der Fahrer aus: dürr, bärtig, afrikagebräunte Haut, ein klarer, durchdringender Blick...als sei er gerade beim Fototermin für Werbeaufnahmen. Günther, so stellt er sich vor, hat gleich erkannt, daß wir deutsche Touristen sind. Schließlich käme kein anderer auf die Idee, zu dieser letzten Tageszeit die Natur auf diese Weise zu genießen. Seine Frau Birgit steigt gleich aus dem Wagen, in den Armen den 9 Monate alten Bernd. Wie lange sie unterwegs seien, so unsere obligatorische Frage. Ja, so schmunzelnd die Antwort, eigentlich schon seit Jahren. Beim Lagerfeuer und einigen Dosen Bier erfahren wir, daß der Landrover eigentlich das Zuhause dieser Familie ist. Günther ist fahrender Service - Mechaniker für Kühlschränke, Klimaanlagen und Gefriergeräte, und das für Botswana, Südwestafrika und Südafrika. "Sein" Gebiet ist mehr als 20 mal so groß wie die Bundesrepublik...ja, und so fahren sie von Ort zu Ort, von Farm zu Farm, und hier und da gibt es etwas zu reparieren. Reich kann man davon nicht werden, aber es genügt zum Leben. Und beide machen einen zufriedenen Eindruck, auch der kleine Bernd wirkt fröhlich und ausgeglichen. "Ich habe so jeden Tag Urlaub, für den Ihr in Europa lange sparen müßt, und der nur sehr kurz dauert. Doch wir genießen diese Natur, die Weite der Länder und die täglich neuen Erfahrungen," meint Günther. Inzwischen ist die Sonne untergegangen, die Dunkelheit holt den Tag ein, die Sterne funkeln, die Milchstraße zeichnet sich nebelartig am Firmament ab. Und irgendwie beneiden wir die drei, die dieses Erlebnis täglich haben - und es noch immer bewußt genießen.

Ai-Ais

Dazu eine kleine **Vorgeschichte:** Nach Überlieferungen suchte ein kleiner Hirtenjunge 1850 verlorengegangenes Vieh. Dabei entdeckte er zufällig die warmen Quellen von Ai-Ais, was der Nama-Sprache nach die Bedeutung von "sehr heiß" hat.
Die Quellen hier sind reich an Fluoriden, Sulphaten und Chloriden.
Das Wasser hat eine Temperatur von 60° C und speist sowohl Bäder

(Swimming Pool) draußen als auch in der Halle (Wannenbäder). Dieses Heilbad ist insbesondere für Rheumakranke empfehlenswert, aber ebenso ist es für einen Erholungsaufenthalt während einer Reise ideal. Man kann hier Wanderungen unternehmen und in den umliegenden Bergen Rosenquarz finden. Selbst in der "Winterzeit" steigen aufgrund der geschützten Lage die Mittagstemperaturen bis auf 25° C!

Hinweis:

Sonderstrecke: Keetmanshoop - Kalahari Gemsbok Park

3.3.6 AI-AIS - SEEHEIM - BETHANIEN - LÜDERITZ (ALTERNATIVE 1)

Tageskilometer:

ca. 540
mit Abstecher zu den Singenden Klippen ca. 100 km mehr

Tankstellen:

Goageb, Bethanien, Aus

Streckenhinweise:

Sie fahren zurück auf die Pad 324, später 601, biegen bei Holoog links auf die Pad C 12 nach Seeheim ein und fahren auf der B 4 Richtung Lüderitz. In Goageb führt die Pad C 1 nach Bethanien, danach wieder nach Goageb zurück und auf der B 4 durch die Namib nach Lüderitz.

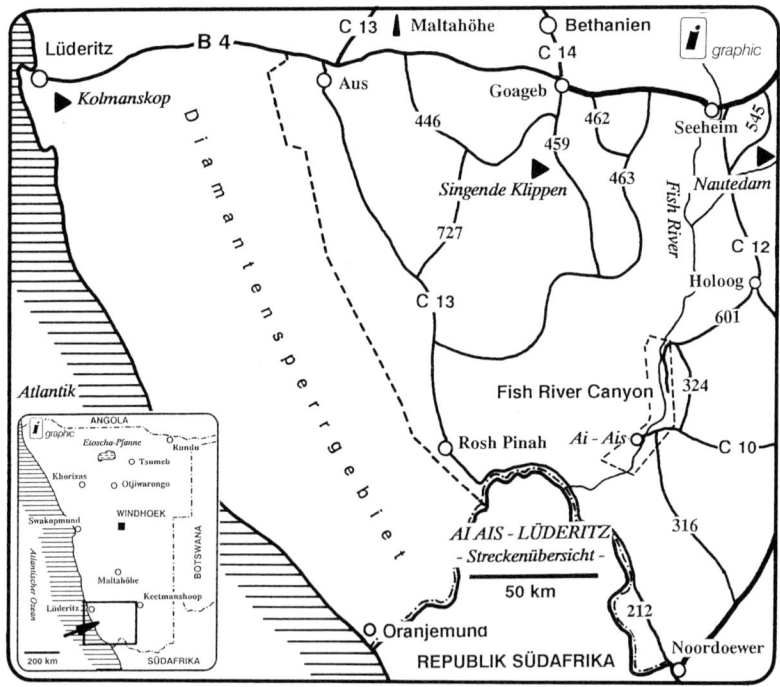

Sinclair Gästefarm

★ ★ ★ TYYY

Telefon: (06362) 6503
Postfach 19
9000 Helmeringhausen
Südwestafrika/Namibia

Suchen Sie Ruhe und Entspannung?

Wir heißen Sie herzlich willkommen auf unserer Gästefarm, gelegen in der bezaubernden Landschaft im Südwesten zwischen Duwisib und Helmeringhausen am
Namibrand.

Unsere Gästefarm bietet einen idealen Zwischenaufenthalt auf Ihrem Wege von Sesriem nach Lüderitz, von
Maltahöhe über Duwisib nach Lüderitz oder aber auf
dem Wege Ai-Ais, Lüderitz nach Sesriem oder Maltahöhe.

In der Nähe des Farmhauses ist eine stillgelegte
Kupfermine, ideal für Steinsammler, Spaziergänge und
Kletterpartien können unternommen werden. Sie können sich aber auch in einem herrlichen Garten unter
schattigen Bäumen bei munterem Vogelgezwitscher
entspannen.

Ein Anruf genügt –
wir freuen uns auf Ihren
geschätzten Besuch.
Günther und Hannelore Hoffmann

Streckenbeschreibung:

Die Strecke führt quer durch die Namib, deren östliche Ausläufer hinter Aus beginnen. Doch erst kurz vor Lüderitz (bei Kolmanskuppe) sieht man Sanddünen. Zwischen Goageb und Aus ist die Hauptpad nicht asphaltiert. Die Abschnitte zwischen Seeheim und Goageb sowie Aus und Lüderitz haben eine Asphaltdecke. Die restlichen Abschnitte dieser Strecke sind gut gepflegte Naturpads. Kurz vor Lüderitz warnen Schilder vor Sandverwehungen. Bei starkem Sandsturm bitte anhalten und die Autoscheiben vor Sandflug schützen, da Sie sonst "Milchglas-Scheiben" erhalten.

Bethanien

Das **Schmelen-Haus** ist hier das älteste, von Weißen errichtete Gebäude in Namibia (1811). Der Pastor Schmelen baute es und gründete die Missionsstation Bethanien, um hier die Nama zu christianisieren. In dem kleinen Gebäude gibt es ein interessantes Museum mit Ausstellungsstücken zur Regionalgeschichte.

Singende Klippen (Abstecher von ca. 96 km)

Hierzu ist ein **Vierrad-angetriebenes Fahrzeug** nötig! Wenn Sie die Singenden Klippen besuchen wollen, schaffen Sie den gesamten Streckenabschnitt nicht (!) an einem Tag. Übernachtungsmöglichkeiten gibt es dann in Goageb oder Aus.

Ab Goageb fahren Sie nach Süden entlang der Pad 459. Nach 13 km geht es nach rechts (Straße nach Rosh Pinah) ab, in die Sie aber **nicht**

einbiegen (!). Nach insgesamt 32 km (von Goageb ab gerechnet) biegt man nach rechts durch das Farmtor der Farm Haswater ab. Nach weiteren 3 km entlang des Farmzauns biegt man nach links ab. Hier steht ein Schild: geradeaus geht es zur Farm van Zyl, nach links zu W.de Vries, H. Botha. Nach weiteren 4 km gelangt man an ein Rivier, das tiefen Sand aufweist. Man überquert den Trockenfluß und gelangt nach 9 km an ein Farmhaus. Linker Hand führt ein kleiner Weg zum Rivier, man überquert das Rivier und sieht ca. 15 m vom rechten Ufer entfernt die Singenden Klippen.

Bei den Singenden Klippen handelt es sich um Felsen aus Schwarzkalk, die so aufeinandergelagert sind, daß sie einen Klangkörper bilden. Helle, fast weiße Vertiefungen lassen vermuten, daß Eingeborene früher diese Felsen als "Musikinstrumente" benutzten. Und in der Tat klin-

gen die Steine an verschiedenen Stellen unterschiedlich, so daß man die Töne zu einer Melodie verbinden kann.
Der Umfang der großen Klangplatte beträgt 7,75 m, die kleine Platte hat einen Umfang von 4,54 m.
Am Rivierufer gibt es schattige Plätze zum Ausruhen.

Um nicht den gleichen Weg über Goageb wieder zurückzufahren, kann man von der Pad 459 in die Pad 446 einbiegen, und man erreicht die Hauptpad B 4 (Lüderitz - Keetmanshoop) 30 km östlich von Aus.

Bei der Weiterfahrt nach Lüderitzbucht durchquert man später hinter Aus die Namib.

i **Informationen zur Namib**

Die Namib ist eine **Fels- und Sandwüste,** *die sich an der Küste Namibias 1 300 km entlang zieht und im Durchschnitt 120 km breit ist. Zum Landesinneren steigt sie an und ist vom Binnenhochland durch eine meist steile Randstufe getrennt. Zwischen Lüderitz und Swakopmund befinden sich die höchsten Dünen. Durch den kalten Benguela-Meeresstrom erhält der engere Küstenbereich nur durch Nebel etwas Feuchtigkeit. Der südliche Teil der Namib ist Diamanten-Sperrgebiet.*

In der Hottentotten-Sprache heißt die Namib-Wüste "Große Leere". Trotzdem ist die Wüste durchaus nicht einförmig: der **Kuiseb** *ist so etwas wie ein Grenzfluß, der die Namib in zwei zwar unwirtliche, aber ungleiche Abschnitte einteilt:*
* **Nördlich** *breiten sich schroffe* **Felsklippen, Schluchten** *und weite* **Kiesflächen** *aus.*
* **Südlich** *bildet die Namib ein* **Sandmeer** *mit langen, parallelen Dünenkämmen.*

Die **Tierwelt** *mußte sich den extremen klimatischen Bedingungen anpassen. Im Sommer steigen die Oberflächentemperaturen auf über 70°C an, während 30 cm tiefer im Sand eine fast konstante Temperatur von 32°C herrscht. Deshalb haben viele Tiere es gelernt, sich während der heißen Tageszeit in den Sand einzugraben. Während an der Oberfläche eine Luftfeuchtigkeit von nur 5 % herrscht, hat das von der eigenen Atemluft geschaffene Mikroklima oft 70 % Luftfeuchtigkeit. So liegt die Zeit der Aktivitäten der Tiere am frühen Morgen, am späten Abend und vor allem in der Nacht.*

An ca. 100 Tagen im Jahr dringen dichte Nebelschwaden weit in die Namib hinein. Der Grund hierfür ist die warme Luft, die vom Atlantik über die kalt aufsteigende Küstenströmung treibt und zu dichtem Nebel kondensiert. Daher bezeichnet man die Namib auch als "Feuchtluftwüste".

Die Existenz der Tiere wird neben dem wasserbringenden Nebel auch durch östliche Winde vom Binnenland herkommend ermöglicht. Diese tragen aus fruchtbaren Randregionen der Wüste Pflanzenteile und Samen herbei. So kommt ein erstaunliches Nahrungsreservoir zustande.

Ein besonders gutes Beispiel für hohe Anpassungsfähigkeit liefert der **Schwarzkäfer:** *Er ist in der Lage, kleine, gegen den Wind gerichtete Gräben im Sand aufzuwühlen. Die Seitenwände des bis zu 1 m langen Baues sind ebenso hoch wie der Käfer selbst. Hier schlagen sich Nebel-*

tropfen nieder. Bald hängen sie von den Rändern in den schmalen Laufgang hinunter, und der Käfer braucht beim Marsch durch die enge Gasse nur noch die nassen Perlen links und rechts abzupflücken. Zur Familie der Schwarzkäfer (Tenebrionidae) gehören ca. 50 verschiedene Arten. Sie "trinken" z. B. auch von Gräsern, an denen sich der Tau abgelagert hat. Aber auch durch die eigene, geschilderte Art der Feuchtigkeitsaufnahme verschaffen sie sich das meiste Wasser, so daß sie bis zu 30 % ihr Körpergewicht erhöhen.

*Die äußerst selten fallenden Regen führten auch bei der **Pflanzenwelt** zu erstaunlichen Anpassungsleistungen. Wenn einmal Regen in der Menge von 10 - 20 mm fällt, so keimen die Samen schnell. Der später produzierte Samen wird vom Winde aufgenommen, weiter transportiert und dient neben der erneuten Keimanlage vor allem Tieren als Nahrung.*

Kurz hinter Aus beginnt das Diamantensperrgebiet. Hier darf man auf keinen Fall die Straße verlassen und nach links oder rechts, wo der Namib-Naukluft-Park beginnt, abbiegen.

i *Informationen über Diamanten*

Den ersten Diamanten-Rausch erlebte das südliche Afrika bereits 1860, als die wertvollen Steine bei Kimberley gefunden wurden. Die Diamanten-Lager in der Namib verlaufen in parallel zur Küste liegenden Tälern. Die Ursache dafür ist in einem höheren Meeresspiegel im Tertiär (vor etwa 70 Millionen Jahren) zu suchen. Anfangs konnten die Diamanten einfach vom Boden aufgelesen werden. Hunderte von Arbeitern krochen auf Knien und legten die gefundenen Diamanten in Marmeladendosen.

*In Kolmanskuppe (siehe auch Kapitel 3.3.8) entstand eine blühende, reiche Siedlung mit hohem kulturellen Niveau und einer **ausgezeichneten Infrastruktur:***
* *Die Direktoren wohnten in **massiven Villen**, im Vorgarten standen **Palmen.***
* *Es gab eine **Eisfabrik**, die Eis, Limonade und Mineralwasser **kostenlos** lieferte.*
* ***Schule, Kindergarten** sowie ein **Spielplatz** waren Selbstverständlichkeiten.*
* ***Süßwasser** wurde aus der Elisabethbucht (35 km entfernt) heraufgepumpt*
* *Das **Schwimmbad** war mit italienischen Terrazzoplatten gefliest.*

Der Boom brach beim Ausbruch des 1. Weltkrieges ab. 1920 veräußerten die 9 deutschen Diamantengesellschaften ihre Rechte mitsamt den Betriebsanlagen für nur 40 Millionen Reichsmark an Ernst Oppenheimer. Sie waren im Glauben, daß die Diamantenlager nicht mehr viel hergeben würden.
Oppenheimer gründete die "Consolidated Diamond Mines of South West Africa" (CDM). Vom Zeitpunkt der Übernahme fing CDM an, den Schwerpunkt des industriellen Abbaus an den südlichen Namib-Rand zu verlagern, da die Ausbeute bei Lüderitz allmählich nachließ.

1927 entdeckte der Geologe Dr. Hans Merensky an einer Bohrstelle südlich des Oranje alte Austernschalen. Seiner Schlußfolgerung nach deutete das auf maritime Ablagerungen hin - und somit zumindestens theoretisch auf das Vorhandensein sekundärer Diamanten-Lagerstätten. Schon 1928 sollte sich diese These bewahrheiten: auf Küstenterrassen fand man die ersten Diamanten.

*Bald übernahm die **De Beers-Gruppe CDM**, und 1936 wurde Oranjemund gegründet. Diese Stadt gehört völlig dieser Gesellschaft, alle Einwohner sind bei ihr beschäftigt. Heute leben hier ungefähr 8.000 Menschen; damit ist der Ort der viertgrößte von Namibia. Wasser zum Trinken und zur Bewässerung erhält man vom Oranje-Fluß, und in Flußnähe wurden gar 800 ha Land landwirtschaftlich nutzbar gemacht.*

Die Mechanisierung des Abbaus ist weit fortgeschritten. Nach dem Abräumen von 12-30 m dicken Sandschichten gelangt man auf Meeresschotter und Schieferschichten, wo Diamanten liegen. Hier in Namibia handelt es sich um sogenannte sekundäre Lagerstätten: durch die Transportkräfte des Wassers und des Windes wurden in der Vorzeit Diamanten in Richtung Meer transportiert, dort zunächst abgelagert und bei weiteren Meerestransgressionen wieder an Land abgelagert (in Terrassen, je nach Meeresspiegelstand).

Im Gegensatz dazu finden wir in Kimberley/Südafrika primäre Lagerstätten vor: in alten vulkanischen Gängen wird hier "Kimberlit", ein diamantenhaltiges Gestein, gefunden. Das sind die wahren Geburtsstätten der Diamanten, denn hier kann der Kohlenstoff (Diamant besteht aus reinem Kohlenstoff) unter dem hohen Druck und der hohen Temperatur im Erdinneren kristallisieren. Unter diesem Zwang hat sich die Materie harmonisch zu Körpern geordnet, die von regelmäßigen Flächen begrenzt sind:

* *meistens **Oktaeder** (8 Flächen),*
* *seltener **Dodekaeder** (12 Flächen) und*
* ***Würfel** (6 Flächen).*

Sobald man die Deckschichten entfernt hat und auf festen Untergrund stößt, gehen Arbeiter (meist Ovambo) mit Besen bewaffnet in jede Felsnische und kehren sie aus. Das Verhältnis zwischen Abraummenge und Diamanten beträgt 200 Millionen : 1. So werden pro Jahr alleine 50 Millionen Tonnen Abraum umgesetzt.

Außer den über den Meeresspiegel gehobenen Terrassen gibt es noch einen weiteren Abbaubereich: die Küstenlinie zwischen Hoch- und Niedrigwasser (man baute zeitweise sogar untermeerisch ab, was sich jedoch als unrentabel erwies). Die Ausweitungen des Abbaus gehen in folgender Form vor sich:

Unterhalb der Hochwassergrenze schafft man Abraum fort, schüttet ihn ins Meer, das ca. 200 m zurückgedrängt wird. 10 bis 15 m hohe Deiche aus Sand halten nun das Meer zurück und teilen das Land in Koppeln von 100 m Länge ab. So kann man bis zum Felsgrund vordringen, der manch-mal 20 m unter NN liegt.

Schematisch kann man sich die Lagerungs- und Abbauverhältnisse wie folgt vorstellen:

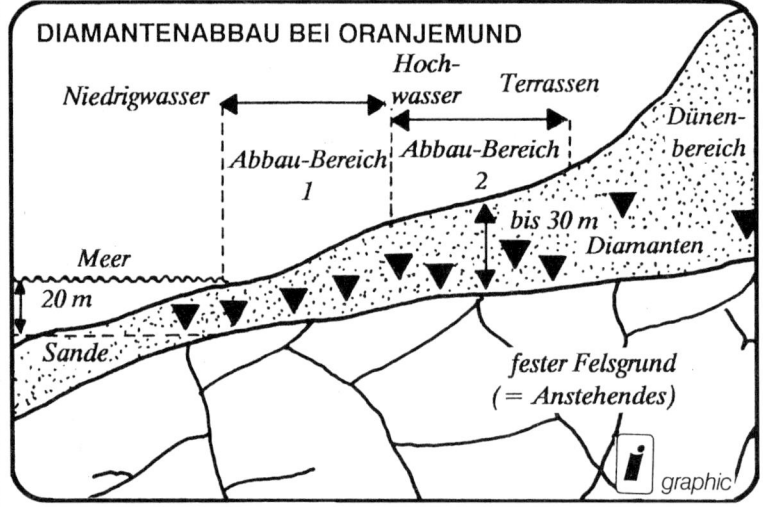

DIAMANTENABBAU BEI ORANJEMUND

Ein großer Teil von losgeschlagenen Gesteinen kommt in Aufbereitungsanlagen, wo er zerschlagen und vorsortiert wird. Dann gelangt er in Gewinnungs- und Sortieranlagen, wo diamantenhaltiges Gestein mit Hilfe von Röntgenstrahlen vom tauben Gestein getrennt wird. Die Tagesproduktion von Oranjemund beträgt 6000 Karat.

Nach dem 1. Weltkrieg gab es viele Diamantenfunde; entsprechend sank der Weltmarktpreis, besonders beim Börsenzusammenbruch 1929. Ernst Oppenheimer schlug deshalb eine radikale Produktionsbe-

schränkung vor, um den Preisverfall zu stoppen. Als der Chef der Beers-Gruppe, die den Markt beherrschte, legte er die meisten Minen still. So wurden der Nachschub an Rohdiamanten gestoppt und der Preisverfall aufgehalten. 1930 erfolgte die Gründung der Diamond Corporation: durch knappe Zuweisungen an den Handel und sorgsam ausgewählte Großhändler kontrollierte sie von hierab den Markt. Die besten Stücke werden nur wenigen Branchenriesen vorgelegt, die Marktware mehreren hundert Händlern. In London finden allmonatlich "sights" statt: jeder Einkäufer erhält ein Sortiment Rohdiamanten, auf dem der Gesamtpreis (10 000 - 20 000 Pfund) vermerkt ist. In einer Koje prüft er die Ware, entscheidet, ob er sie kauft oder nicht. Einzelne Steine gibt es nicht, auch keine Preisverhandlungen. Dieses Syndikat berechnet den Bedarf 1 Jahr im voraus und teilt dann den Produzenten eine bestimmte Quote zu. Bei einem höheren Bedarf kann man auf Vorräte zurückgreifen. So wird der Markt kontrolliert, und Diamanten werden somit zu einer langfristigen guten Geldanlage gemacht. Ca. 90% der Diamanten werden durch das Syndikat vertrieben. Seit 1953 werden auch künstliche (Industrie-) Diamanten hergestellt, und zwar mit 110 000 atü Druck und bei Temperaturen von 3 000°C.

Die Gewichtseinheit für Diamanten ist das **Karat**. *Ein Karat entspricht 0,2 g (200 mg). Der Begriff stammt von "kirat" ab, der arabischen Bezeichnung für den getrockneten Samen des Johannisbrotbaumes. Die bohnenförmigen Samen wurden früher auf die Waage gelegt, wenn man Gold oder Edelsteine abwiegen wollte. Das durchschnittliche Gewicht der Samen betrug 205 mg. Der Amerikaner Kurz legte dann die Maßeinheit auf exakte 200 mg fest.*

In den letzten Jahren ging der Absatz von Diamanten zurück, gleichzeitig wurden die Förderkapazitäten in vielen Ländern gesteigert. Die Central Selling Organisation (CSO) der südafrikanischen De Beers Gruppe, die etwa 80 % aller Rohdiamanten der Welt vermarktet, teilte mit, daß der Einzelhandelsabsatz von Diamantenschmuck nur um ca. 3 % gesunken sei. Dabei gab es bei Industriediamanten einen Rückgang von rund 15 %. Verantwortlich für diese Absatzeinbußen ist der verminderte Bedarf der im Bergbau, bei der Erdöl- und Erdgasförderung engagierten Unternehmen, die ja einen großen Teil an Industriediamanten für das Bohrgerät benötigen.

Natürlich sind Diamanten ein beliebtes Schmuggelobjekt. Dazu zum Abschluß eine Geschichte: Ein CDM-Prospektor versteckte vor einigen Jahren Diamanten an einer sehr entlegenen Stelle der Wüste. Danach reiste er nach Kapstadt, besorgte ein Flugzeug mit Piloten, und beide machten sich in Richtung Namib auf. Die besagte Stelle wurde gefunden, man landete auf einem sehr nassen Strandstück. Ergebnis: das Flugzeug sackte ein, und beide wurden bald gefunden und verhaftet. Einige Jahre wurde die Sportmaschine als Warnung in Oranjemund ausgestellt!

Lüderitz

Touristische Hinweise

Übernachtung:

Bay View Hotel, P.O.Box 387, Lüderitz, Tel.: 06331 / 2288
Kapps Hotel, P.O.Box 100, Lüderitz, Tel.: 06331 / 2701
Rasthäuser, Rondawels sowie **Lager-** und **Wohnwagenplätze** werden von der Naturschutzbehörde angeboten. Buchungs- und Reservierungsadresse: Directorate: Nature Conservation and Recreation Resorts, Reservations, Private Bag 13267, Windhoek 9000, Tel.: 061 / 36975 oder direkt in Windhoek (Reservierungsbüro seitlich des Hauptpostamtes in der Kaiserstraße). Außerdem gibt es hier ein Restaurant mit folgenden Essenszeiten: 7.00 - 8.30 h, 12.00 - 13.30 h, 18.00 - 20.30 h.

Restaurants

Bay View Hotel, Diaz Str., Tel.: 2288; Langusten und Fleischgerichte
Franzl Restaurant, Tal Str., Tel.: 2292; deutsche Küche, gute Langusten
Kapps Hotel, Bay Road, Tel.: 2701; gute Fleisch- und Fischgerichte

Hinweise:

Sehr zu empfehlen ist eine **Schiffsfahrt entlang der Buchten und Inseln der Umgebung von Lüderitz**. Ein rühriger Organisator von Exkursionen in die Umgebung von Lüderitz oder von Bootsfahrten ist Paul Schelkle (Tel.: 2719 / 2622). Er wird Ihnen sicherlich ein interessantes Lüderitz-Programm anbieten. Exkursionen werden auch vom Kapps Hotel und vom Bay View Hotel angeboten.
Während der Langusten-Saison (01.11. - 30.04.) kann auch der Besuch einer Fischfabrik arrangiert werden. Auskunft erteilt **Lüderitzbucht Safaris und Tours**, Tel.: 2719 / 2622.
Karakul Teppich-Weberei, Krabbenhöft und Lampe Building; geöffnet Mo - Fr 8.00 - 13.00 h sowie 14.00 - 17.00 h; Besichtigung der Produktion und Kaufmöglichkeit
Für **Kolmanskuppe** (die verlassene Diamanten-Stadt) benötigen Sie ein Permit, das Sie bei der CDM (am alten Kraftwerk) in Lüderitz erhalten. Montag bis Samstag finden geführte Touren von 9.30 - 10.30 h (wenn viele Besucher vorhanden sind auch von 10.45 - 11.45 h) statt.

Geschichte

Bereits im Januar 1488 tastete sich Bartholomeu Diaz an der südwestafrikanischen/namibischen Küste entlang. Die Lüderitz-Bucht nannte er "angra pequena" (kleine Bucht). Hier suchte er fünf Tage lang

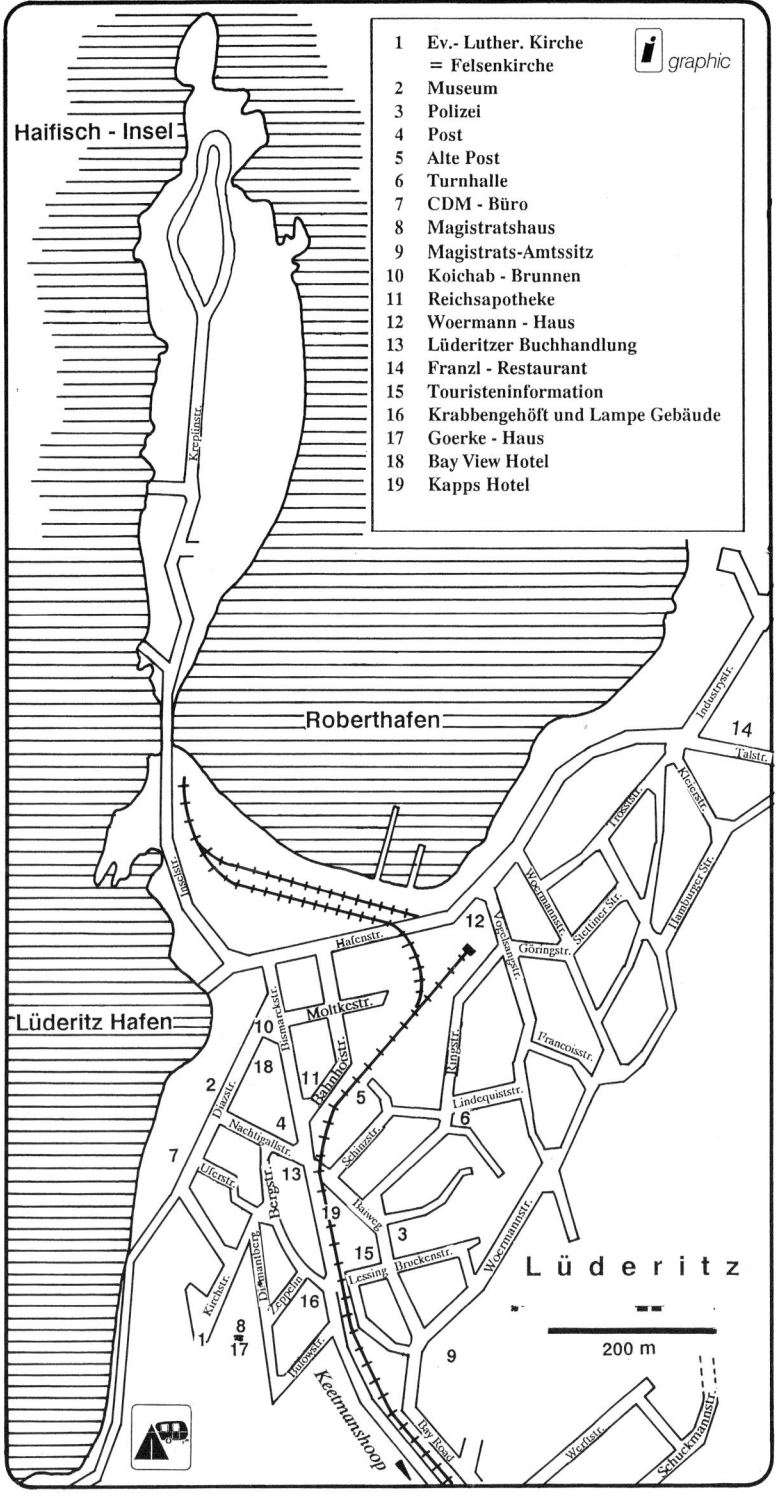

1	Ev.- Luther. Kirche = Felsenkirche
2	Museum
3	Polizei
4	Post
5	Alte Post
6	Turnhalle
7	CDM - Büro
8	Magistratshaus
9	Magistrats-Amtssitz
10	Koichab - Brunnen
11	Reichsapotheke
12	Woermann - Haus
13	Lüderitzer Buchhandlung
14	Franzl - Restaurant
15	Touristeninformation
16	Krabbengehöft und Lampe Gebäude
17	Goerke - Haus
18	Bay View Hotel
19	Kapps Hotel

i graphic

Haifisch - Insel

Roberthafen

Lüderitz Hafen

Lüderitz

200 m

Zuflucht vor schlechtem Wetter. Am heutigen Diaz Point errichtete er ein Steinkreuz, das er dem Heiligen Jacobus widmete. Als er weitersegelte, ließ er am Strand eine einzige Negerin zurück. Sie gehörte zu jenen vier armen Geschöpfen, die er an der Guinea-Küste gekidnapped hatte, und die er an einzelnen, ausgesuchten Punkten entlang der Küste wieder aussetzte. Sie sollten Einheimischen den Ruf Portugals verkünden, die so eher geneigt waren, zuzuhören als wegzurennen...

Alle nachfolgenden Seefahrer schätzten die Bucht als die beste entlang der südwestafrikanischen Küste, aber ihre Lage war aufgrund des kühlen Klimas und des unwirtlichen Hinterlandes doch sehr abweisend. Robben- und Walfänger, Fischer und Guanosammler waren die ersten Menschen, die den Hafen nutzten. Was aber fehlte, war Trinkwasser. Lüderitz, ein Bremer Kaufmann, ließ am ersten Mai 1883 durch seinen Vertrauten Heinrich Vogelsang das Gebiet von Angra Pequena erwerben: Für damals 10.000 RM und 260 Gewehre wurde das Land im Umkreis von 5 Meilen um die Bucht von Joseph Fredericks, dem Häuptling der Bethanier-Hottentotten, abgekauft.
Weitere Kaufverträge folgten, so z.B. mit Jonker Afrikaaner. Dieser Kaufvertrag lautete wie folgt:

"Ich, Jonker Afrikaaner, Kapitän des Stammes der Afrikaner Namaqua, mit Zustimmung meines Rates einerseits, und Herrn F.A.E. Lüderitz, Bremen, Deutschland, vertreten durch Herrn L.Koch andererseits, haben heute folgenden Vertrag geschlossen und durch unsere Unterschriften bekräftigt:

§ 1

Ich, Kapitän Jan Jonker Afrikaaner, verkaufe an Herrn F.A.E. Lüderitz mein Gebiet, dessen Grenzen ich in meiner Proklamation vom Monat Februar beschrieben habe, sowie alle Rechte und Vollmachten, mit Ausnahme von meinen und meines Volkes Privatrechten für die Summe von 100 Pfund Sterling.

§ 2

Die Privatrechte von mir, Jan Jonker Afrikaaner, und von meinem Volk bestehen in dem unbegrenzten und alleinigen Recht auf den Platz Windhoek und das dazugehörige Weideland. Von allen Bergwerken, die in dem Territorium betrieben werden, ist an mich, Jan Jonker Afrikaaner, eine Abgabe von 5 Pfund jeden Monat zu bezahlen.

§ 3

Die Bergwerkskonzession, die ich Herrn F.A.E. Lüderitz erteilt habe, ist mit diesem Vertrag null und nichtig geworden.

Huduub, 16. Mai 1885

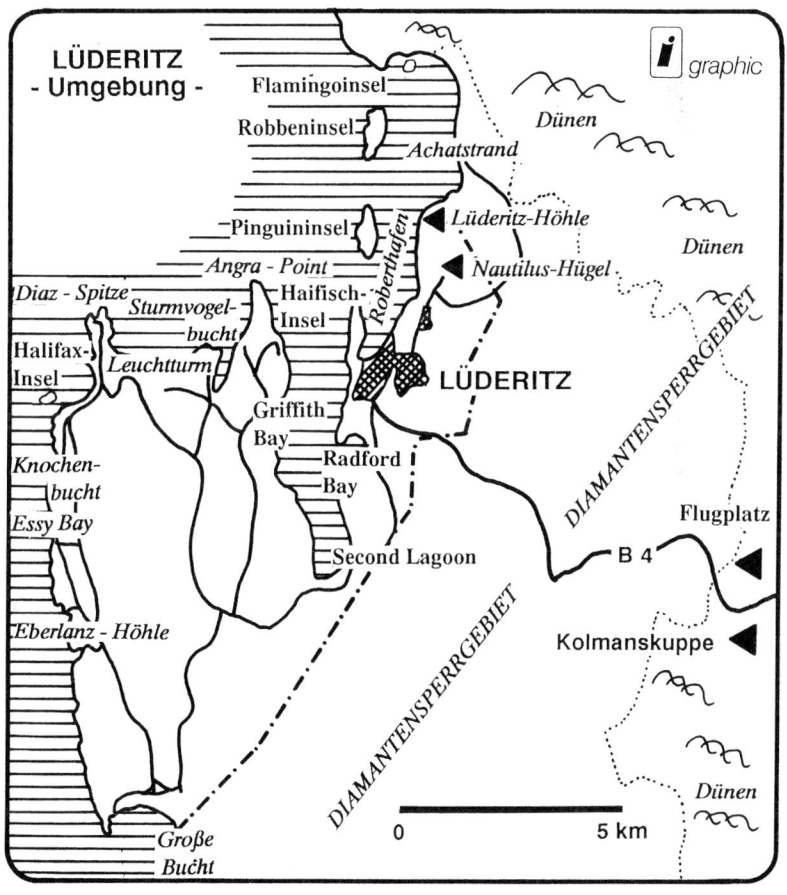

LÜDERITZ - Umgebung -

Flamingoinsel
Robbeninsel
Achatstrand
Dünen
Pinguininsel
Lüderitz-Höhle
Dünen
Angra - Point
Nautilus-Hügel
Diaz - Spitze
Haifisch-Insel
Sturmvogel-bucht
Halifax-Insel
Leuchtturm
LÜDERITZ
Griffith Bay
Radford Bay
Knochen-bucht
Essy Bay
Flugplatz
Second Lagoon
B 4
Eberlanz - Höhle
Kolmanskuppe
DIAMANTENSPERRGEBIET
Dünen
Große Bucht
DIAMANTENSPERRGEBIET
0   5 km

Die Motive von Lüderitz waren rein geschäftlicher Art, allerdings unterstellen ihm einige Historiker auch so etwas wie "Sendungsbewußtsein". So galt es, Robben- und Walfänger mit Nahrungs- und Konsumgütern zu versorgen; andererseits konnten über den Hafen Güter aus dem Landesinneren exportiert werden (z.B. Felle, Elfenbein). Doch dem Unternehmergeist von Lüderitz stellten sich bald die Engländer in die Quere, indem sie mit Hilfe eines Kriegsschiffes die Hafeneinfahrt blockierten und somit Lüderitz von der Lieferung des notwendigen Trinkwassers abschnitten, das aus Kapstadt herantransportiert wurde. Deshalb wandte sich Lüderitz an das Deutsche Reich und bat um Schutz, der ihm 1884 durch Bismarck gewährt wurde. Um die Schutzfunktion zu verdeutlichen, wurden im August 1884 zwei Korvetten nach Südwestafrika entsandt, die in Lüderitz die deutsche Fahne hißten. Die deutsche Kolonie Südwestafrika war geboren!
Trotzdem tat sich zunächst nicht viel in Lüderitz. **Aus einem Bericht von Lüderitz können wir seinen Lebenslauf aus seiner Sicht entnehmen:**

---

i   *Informationen über A.E. Lüderitz*

"Ich heiße also Franz Adolf Eduard Lüderitz, geboren als ältester Sohn des Kaufmanns F.A.E. Lüderitz aus Hannover, und seiner Frau Henriette Wilhelmine Schüssler aus Oldenburg. Beide waren lutherisch, und so wurde ich auch am 3. September 1834 getauft. Ich besuchte die hiesige Schule und trat, nachdem ich die Prima der Handelsschule absolviert hatte, 1851 als Lehrling in das Geschäft meines Vaters, welcher ein seit 1824 bestehendes Tabak-Engrosgeschäft hatte.

Nachdem ich meine dreijährige Lehrlingszeit bestanden hatte, reiste ich im April 1854 nach New York, machte von dort einige Abstecher, um Land und Leute kennenzulernen, und ging dann via Veracruz nach Colima an der Westküste Mexikos, wo ich festes Engagement als Kommis im Geschäft der Herren Rücker, Motz & Co. angenommen hatte. Als dies Geschäft liquidierte, pachtete ich einen sogenannten Roncho, wo ich Pferde, Maultier und Viehzucht usw. betrieb, aber keine Seide spann. In den damaligen Revolutionen wurde ich total aus-

> *geplündert (Schutz für Deutsche gab es noch nicht), und so kam ich via Panama und New York nach Bremen zurück, wo ich am 6. August 1859 anlangte und bei meinem Vater ins Geschäft trat. In den nächsten Jahren machte ich dann für dies Geschäft Reisen und besuchte hauptsächlich Holland, Westfalen, Rheinprovinz und Ostfriesland.*
>
> *Am 9. Mai 1866 verheiratete ich mich mit meiner Frau Emilie Louise von Lingen, geb. am 23. Juni 1836, Tochter von Dr. jur. Carl von Lingen und seiner Frau Meta Henriette Louise geb. Schumacher.*
> *Ich habe drei Söhne: Franz Adolf Eduard, geb. am 18. Januar 1868, George, geb. 2. Februar 1869, Carl August, geb. 18. Mai 1874. Gottdank stramme Jungs - mit Töchtern, welche mir "too quarring" sind, wie Fritz Reuter sagt, habe ich mich nicht befaßt. Nach dem Tode meines Vaters, im Februar 1878, übernahm ich das Tabakgeschäft und fing, nachdem die Tabakmonopolfrage aufkam, Handelsverbindungen mit Afrika an, wo ich 1881 eine Faktorei in Lagos begründete. Hieraus entwickelte sich dann der Plan zur Gründung einer Faktorei im sogenannten Nama-Lande, mit dessen Ausführung ich Herrn Heinrich Vogelsang von hier betraute.*
> *Dieser ging vorerst per Steamer via England nach Kapstadt, um Erkundigungen über das "Wo" einzuziehen, und meine Brigg "Tilly" mit Ladung passender Waren und in Deutschland angefertigter und zerlegter Wohn- und Lagerhäuser sowie einigen Kommis an Bord, folgte bald danach. In Kapstadt ging Herr Vogelsang - mit einigen von ihm dort engagierten Leuten - an Bord der "Tilly", fuhr nach Angra Pequena als bestem Hafen und reiste vorab nach Bethanien, um nötige Kaufkontrakte abzuschließen."*

Quelle: Afrika - Post, Heft 7/8 - 1979, S. 233, Rudolf Horch.

Lüderitz hatte bald seine finanziellen Mittel erschöpft. Private Forschungsreisen mit dem Ziel, Bodenschätze zu finden, brachten kein Geld. So wurde 1885 die Deutsche Kolonialgesellschaft für Südwestafrika gegründet, die die Rechte von Lüderitz gegen Bargeld kaufte bzw. gegen Anteilscheine erwarb. Lüderitz hatte selbst fast sein gesamtes Vermögen in dieser Gesellschaft (über 500 000 RM). Jeden Gewinn reinvestierte er. Große Pläne schwirrten in seinem Kopfe: Eine regelmäßige Schiffsverbindung zwischen Lüderitz und Kapstadt..., Anlegebrücken mit Pontons.., Kohleschuppen... . Aber all dies kostete Geld. Er wollte 500 000 RM als Hypothek auf seinen Besitz aufnehmen, der ohnehin so groß war wie Holland, Belgien, Hannover und Oldenburg. Er gedachte das Geld durch Ausbeutung von Bodenschätzen zurückzuzahlen.

Im Oktober 1886 machte sich Lüderitz zum Oranje auf, dessen Schifffahrtsmöglichkeiten er erkunden wollte. Bei dieser Expedition kam er ums Leben. Ob es ein Unglücksfall war, ihn vielleicht Eingeborene töteten oder ob er Selbstmord begangen hatte, wurde nie geklärt.

Der Ort Lüderitz wuchs zunächst sehr langsam. Da der Hafen für größere Schiffe ungeeignet war, liefen die meisten Schiffe Walvisbaai und Swakopmund an.

Nur eine kleine Kolonialverwaltung hielt "Wacht". 1904 landeten in Lüderitz Truppen, die im Kampf gegen die Nama eingesetzt wurden. Wurde in der ersten Zeit das Trinkwasser aus Kapstadt mit Schiffen gebracht, so lieferte ab 1905 ein Dampfkondensator genügend Süßwasser.

1908 war die Bahnverbindung Lüderitz - Keetmanshoop fertiggestellt. Diese Eisenbahnlinie sollte die große Wende bringen, aber nicht im eigentlichen Sinne als eine erschließende Verkehrsader...

Karl Breyer (Afrika-Post 1978, S. 313) beschreibt es so:
"Wenige Tage lang vergaß der Bahnmeister der Deutschen Reichsbahn, August Stauch, im Juni 1908 seine Pflicht gegenüber dem Deutschen Reich und den zuständigen Bergbaubehörden. Sie genügten, um ihn zum mehrfachen Millionär zu machen.

August Stauch

Stauch war kurze Zeit vorher als Eisenbahnbeamter in das Schutzgebiet Deutsch-Südwestafrika gekommen. Er siedelte sich in Lüderitz an. Zu seinen Aufgaben als Bahnmeister gehörte die Kontrolle eines etwa zehn Kilometer langen Abschnitts, der häufig von Sanddünen der Namib-Wüste verweht wurde. Mit Hilfe von bereitgestellten Kolonnen von Eingeborenen wurden diese Verwehungen regelmäßig beseitigt.
Er schärfte seinen Arbeitern ein, auf ungewöhnlich aussehende Steine zu achten. Eines Tages kam einer der Arbeiter, Zacharias Lewala, mit einem Fund zu Stauch. Lewala stammte aus der Kapkolonie, und hatte u.a. auch in der Diamanten - Grube von Kimberley gearbeitet.

Zunächst traute Stauch weder den Beteuerungen noch seinen Augen. Mit dem Stein versuchte er, das Glas seiner Taschenuhr zu kratzen, da Diamanten bekanntlich härter als Glas sind. Es gelang ihm. Aber Stauch war sich seiner Sache immer noch nicht ganz sicher. Er hielt den Fund zunächst geheim. Erst als ein Fachmann ihm bestätigte, daß es sich hier wirklich um einen Diamanten handelte, wanderte August Stauch nach der später Kolmanskuppe benannten Stelle ..." (Beschreibung von Kolmanskuppe erfolgt im nächsten Streckenabschnitt).

Stauch sicherte sich claims. Willy Lützenkirchen schreibt (Afrika-Post 1981, S. 29):
"Eine Kolonne aus Schwarzen und Mischlingen kroch auf der Suche nach Diamanten durch den Sand, bewacht von Aufsehern mit Peitsche und Pistole. Tonnenweise wurde Sand gesiebt. Stauch lebte in einem Zelt, das oft genug vom Sandsturm weggerissen wurde. Aber bis Ende 1908 hatte sich Stauch ein Vermögen aus dem Sand gebuddelt. Seine Ausbeute: 39.000 Karat Rohdiamanten. Die Namib wurde zur Diamantenwüste, Kolmanskuppe für ein paar Jahre zur reichsten Stadt Afrikas. Bald arbeiteten 20.000 Menschen auf den Diamantenfeldern. An einem Tag konnte ein Mann rund 2.000 Karat Rohdiamanten einsammeln!"

Lüderitz heute

Mit der späteren Verlagerung des Diamantenabbaus in den Süden (um 1920) verging auch schnell der Stern der Stadt Lüderitz. Heute zählt sie ungefähr 4 000 Dauer-Einwohner, und es werden eher weniger als mehr. Von ursprünglich sechs Fischfabriken existieren heute noch zwei (Langustenverarbeitung). Der Grund hierfür:
* **Überfischung** der Gewässer,
* Konzentration auf die **saisonbedingte Langustenfischerei** (01. November - 30. April),
* **Vergabe von Fanglizenzen an Walvisbaai**, der südafrikanischen Enklave. Ob politische Erwägungen dahinterstecken ...? Denn nach der Unabhängigkeit Namibias ist nicht nur der einzige Hochseehafen für Namibia in südafrikanischen Händen, sondern auch der weitaus größte Teil der Fischereiindustrie. 1981 wurde in Lüderitz eine Fischfabrik abmontiert und nach Chile gebracht.

Viele der schwarzen und braunen Familien leben ohne Mann, der in vielen Fällen in den Fischfabriken von Walvisbaai sein Brot verdienen muß. Auch die Deutsche Schule mußte geschlossen werden, weil zu wenige Schüler vorhanden waren.

Ist somit Lüderitz dem Ende geweiht? Eine optimistische Perspektive weist Oelsen in einem Beitrag der Afrika-Post (Februar 1980, S. 56):
"Die Architektur-Fakultät der Universität von Natal hat kürzlich eine Projektstudie zur Entwicklung von Lüderitz und Umgebung vorgelegt,

die internationale Beachtung gefunden hat, weil sie das so lange verschüttete Potential des Standorts endlich einmal hervorhebt. Sie zeigt, wie Lüderitz seine frühere Bedeutung für den Süden Namibias wiedergewinnen könnte.

Der kleine Bogenfels bei Lüderitz

Als Naturhafen und dazu noch einziger Tiefseehafen außer Walfischbucht über Tausende von Kilometern an der ganzen Küstenlinie schreit alles geradezu danach, den Ausbau endlich zu beginnen. Ein moderner Umschlagplatz für Container, Vieh und Massengüter könnte hier entstehen. Handel, Handwerk und Industrie würden aufblühen. Man könnte vielleicht auch an einen Freihafen denken.

Dem Tourismus bieten sich ebenfalls viele Möglichkeiten... Für den Anfang ist die Infrastruktur reichlich vorhanden. Es gibt befestigte Straßen und eine Eisenbahnverbindung ins Innere des Landes. Ein nahegelegener Flugplatz wird bereits von der Namib Air angeflogen. Die Stadt selbst ist in einem recht guten Zustand. Die Wasser- und Stromversorgungseinrichtungen reichen für viel mehr Einwohner als Lüderitz heute aufzuweisen hat."

Mittlerweile wurde mit Hilfe der Interessengemeinschaft deutschsprachiger Südwester die Initiative "Rettet Lüderitzbucht" ins Leben gerufen!

Anläßlich der 100-Jahr-Feierlichkeiten von Lüderitz im Jahre 1983 wurden viele Gebäude restauriert bzw. neu angestrichen. Sogar ein Musical ("My Fair Lüderitz", angelehnt an "My Fair Lady") wurde zur Freude der vielen Besucher aufgeführt.

Doch als die verschiedenen Veranstaltungen anläßlich der "Jahrhundertfeier" (Aufdruck auf dem in dieser Zeit ausgeschenkten Hansa-Bier) vorbei waren, kehrte wieder die große Ruhe in Lüderitz ein. Der erhoffte Impuls für den Tourismus blieb leider aus, obwohl sich viele Lüderitzer redlich um die Gäste bemühten.

Neue wirtschaftliche Impulse erhielt Lüderitz vor allem durch folgende Ereignisse:

* **Die Entdeckung des vor der Küste liegenden Kudu - Gasfeldes von einer Größenordnung von ca. 190 qkm.** Mittlerweile sind Wirtschaftlichkeits-Studien abgeschlossen. Wirtschaftsminister Andreas Shipanga konnte bereits führende internationale Gesellschaften für die Erschließung und Ausbeutung interessieren. Das Bohrloch 9A - 3 liegt etwa 200 km südwestlich von Lüderitz. Berechnungen zufolge lagern hier 2 Milliarden m^3 Erdgas - genug für eine 30jährige Förderung.

* **Die Gewinnung von Seegras, einem scheinbar wertlosen Strandgut.** Der Unternehmer Klaus Becker begann bereits 1980 damit, das Agar-Agar genannte Seegras "abzubauen"; ca. 1 500 t werden jährlich in die USA und nach Japan exportiert. Das Produkt setzt sich aus den hier häufig vorkommenden Meerespflanzen Gracilaria Verrucosa (Seegras), Eklonia Maxima (Seetang) und Laminaria (Seetang) zusammen. Die stürmische See treibt diese Meeresprodukte an die Küste, wo sie ein unansehnliches Strandgut bilden. So wird es mit Rechen entfernt und zum Bleichen auf trockenem Land mehrfach gewendet. Es dient als Rohmaterial zur Herstellung bestimmter Extrakte für die Nahrungsmittel-, Kosmetik- sowie Pharmaindustrie.

* **Die Ankunft von John Lüderitz im Jahre 1986, die für einigen Wirbel im Orte sorgte.** John Lüderitz, dessen Vorfahre der Gründer des Ortes war, ist in Nordamerika vermögend geworden. Vom Ehrgeiz besessen, den Ort touristisch wieder attraktiv zu machen, ließ er sich hier nieder, kaufte Land, Häuser und das einzige Hotel des Ortes auf. Das alles geschah in einem Tempo, daß den alten Lüderitzern, die an ein gemächliches Tempo gewöhnt waren, der Atem stehenblieb. Mit amerikanischem Geschäftssinn, der ihm nicht nur Freunde im Ort einbrachte, baute er im Eiltempo ein neues Hotel auf (Bay View) und plant weitere touristische Aktivitäten.

* **Seit einigen Jahren werden in Lüderitz Austern gezüchtet.** Ca. 10 000 Stück wurden allmonatlich bislang auf den Markt geworfen, demnächst sollen es monatlich bis zu 40 000 Stück sein. Austern reagieren sehr sensibel auf umweltverschmutztes Meerwasser. In Europa gibt es deshalb große Probleme. Ein bestimmter Anstrich von Schiffsrümpfen enthält Blei, welches das Wasser verunreinigt. Au-

stern entwickeln dann zwar große Köpfe, aber nur wenig Fleisch. In der Umgebung von Lüderitz ist das Meerwasser sehr sauber, nicht zuletzt aufgrund des geringen Schiffsverkehrs.

 Wer gerne den Abbau von Agar-Agar sowie die Austernzucht kennenlernen möchte, kann mit der **Taurus Company** (Tel.: 2674) einen Termin vereinbaren.

Sehenswürdigkeiten

Bei einem Besuch von Lüderitz darf man keinesfalls die Felsenkirche, das Eberlanz-Museum mit seinen interessanten Exponaten zur Geschichte und Naturkunde, den Hafen, die Haifischinsel mit dem Lüderitzdenkmal, das Dias-Kreuz sowie den Achatstrand versäumen! Zu den einzelnen Besichtigungspunkten einige Bemerkungen:

Felsenkirche
Sie ist das Wahrzeichen der Stadt. Nur noch 140 Menschen gehören der Kirche an, und der Anteil der älteren Gläubigen ist besonders hoch. Die meisten davon leben in schlechten materiellen Verhältnissen. Ihre Renten sind, aufgrund der kurzen Beitragszeit in Deutschland und der weiteren Zahlung von lediglich Mindestbeiträgen an die deutsche Sozialversicherung, sehr niedrig.

Alte Gebäude
Lüderitz erlebte seine große Zeit nach der Diamantentdeckung. Aus dieser Zeit stammen die noch heute sehenswerten und im Zuge der 100-Jahr-Feier restaurierten alten Gebäude. Jugendstil und Bauelemente

Lüderitz ist reich an alten Kolonialhäusern

der wilhelminischen Architektur prägen so manches Haus. Sehenswert sind das Postamt (1908), das Magistratsgebäude (1909), das Rathaus (1912) sowie der hübsche Bahnhof (1913).

Museum

Unbedingt sollten Sie einen Bick in das kleine Museum (Diaz Str.) werfen. Hier veranschaulichen interessante Exponate die Geschichte und den Diamantenabbau.

Öffnungszeiten:
Dienstag, Donnerstag und Samstag: 16.00 - 18.00 h
sowie nach telephonischer Rücksprache (Tel.: 2628, Frau Dyck).

Diaz-Kreuz

Auf der Gedenktafel können Sie lesen: "Diaz-Spitze. Der portugiesische Seefahrer Bartholomeu Diaz hat auf der Erkundung des Seeweges nach dem Osten am 25. Juli 1488 ein Kalksteinkreuz hier errichtet und nannte es Padro De Santiago. Verwitterte Reste wurden 1953 durch Dr. Lemmer und Dr. Axelson gefunden und im Staatsmuseum Windhoek aufbewahrt. Rat für Nationale Denkmäler 1973."

Lüderitz-Denkmal

Es steht auf der Haifisch-Insel, wo auch ein kleines Denkmal für Heinrich Vogelsang steht, der im Auftrage von Lüderitz die Kaufverhandlungen für das Land führte. Nach dem Aufstand von 1904 waren hier Herero in einem Gefangenenlager untergebracht.

Lüderitz - Denkmal

Achatstrand

Hier fndet man viele Achate. Es sind Mineralien, die zur Gruppe der sogenannten Calcedonen gehören. Hierbei handelt es sich um Sonderformen des Quarzes, die Hohlräume von Ergußgesteinen ausfüllen. Man spricht hier deshalb auch von "Achat-Mandeln". Achate sind Halbedelsteine. Bei den Festungsachaten verläuft die Schichtung meist konzentrisch zur Hohlraumwandung.

Auf dem Wege zum Achatstrand findet man zahlreiche **Sandrosen**, die aus Kochsalz, Calciumcarbonat und Gips/Sand bestehen. Die Feuchtigkeit des Meeres läßt diese Bestandteile zusammenbacken, der Wind wirkt formend. Es ist verboten, Sandrosen mitzunehmen!

Küste vor Lüderitz

3.3.7 AI AIS - NOORDOEWER - ROSH PINAH - AUS - LÜDERITZ (ALTERNATIVE 2)

Tageskilometer:
ca. 600 km,

Tankstellen:
Noordoewer, Rosh Pinah, Aus

Übernachtung:
siehe Lüderitz
Das Bahnhof Hotel in Aus (Tel.: 063332/44) ist z.Zt. geschlossen.

Streckenhinweise:

Von Ai-Ais fahren Sie die Pad C 10 (10 km), dann auf 316 in südöstliche Richtung. Nach 72 km stoßen Sie auf die Teerpad B 1, die Sie südwestlich weitere 37 km bis Noordoewer fahren. Hier zweigen Sie nach rechts in die D 212 ein, die z.t. am Oranje entlang nach Rosh Pinah führt (158 km). Auf der geteerten Pad B 4 erreichen Sie nach 125 km Lüderitz. Alle nicht asphaltierten Strekken sind in gutbefahrbarem Zustand. Erkundigen Sie sich aber bitte vor allem in der Regenzeit nach dem Straßenzustand!

Streckenbeschreibung:

Dieser Abschnitt ist landschaftlich besonders reizvoll. Der Weg führt an bizarren Bergformationen vorbei, später z. T. in unmittelbarer Nähe des Oranje, dem Grenzfluß zu Südafrika. Kurz hinter Noordoewer fährt man an Bewässerungskulturen (Gemüseanbau) und Orangenplantagen entlang - ein großartiger Gegensatz zu der sonst so trockenen Landschaft. Ein Beweis für die Ertragsfähigkeit des Bodens, sobald kostbares Naß zur Verfügung steht! Man überquert die Mündung des Fish Rivers in den Oranje und genießt immer wieder die z. T. enge Tallandschaft des Oranje. Zelt-Fans kommen hier auf ihre Kosten! Von Rosh Pinah steigt die Landschaft wieder an, Tafelberge zeichnen ein grandioses Landschaftsbild. Von Aus nach Lüderitz überquert man die Namib (Informationen dazu Kapitel 3.3.6). Rechts und links der Straße beginnt das Diamantensperrgebiet, das nicht betreten werden darf. Flache Berge, später vor Lüderitz sogar Sanddünen und eine fast vegetationslose Landschaft begleiten den Reisenden nach Lüderitz.

Routenkarte:

s. Kapitel 3.3.6

i   *Informationen zum Oranje-Fluß*

Mit 1 860 km Länge ist dies der längste Fluß Südafrikas. Er entspringt auf 3 160 m Höhe in den Drakensbergen, die aufgrund ihrer hohen Niederschläge eine ganzjährige Wasserführung ermöglichen. Sein größter Nebenfluß ist der Vaal. Als "Fremdlingsfluß" passiert er die trocken-heißen Gebiete im Norden Südafrikas (Fremdlingsfluß bedeutet: er erhält in den trockenen Gebieten keinen Zufluß mehr und wird lediglich "aus der Fremde, d. h. aus weit abgelegenen feuchteren Gebieten, gespeist). Im canyonartigen Unterlauf bildet er die Grenze zwischen Südafrika und Namibia und mündet bei Oranjemund (Diamantenabbau) in den Atlantik. Aufgrund der geringen Wasserfüh-

Bewässerungskulturen am Oranje

rung, vieler Katarakte und Felsbrocken ist der Oranje nicht schiffbar. Die Augrabies-Fälle (siehe Reisehandbuch Südafrika vom gleichen Autor) in der Republik Südafrika sind besonders eindrucksvoll. Die Wassermassen des Oranje sehen ziemlich braun aus, denn dieser Fluß führt 0,69 % Schlamm mit sich (5-fache Menge des Nils).

Für Abenteuer-Durstige:

 Von Noordoewer bis zur Mündung des Fish Flusses werden regelmäßig (2 - 4 Termine monatlich) 5-tägige **Kanu-Fahrten** am Oranje-Fluß veranstaltet (auch für Anfänger geeignet).

Buchungen: Karawane Afrika Spezial, Raiffeisenstr. 21, D 4047 Dormagen 1, Tel.: 02106 / 61919, Telex: 8517396 vsd, Telefax: 02106 / 63130

Rosh Pinah

Rosh Pinah ist ein Bergwerksort. Hier sind ca. 750 Menschen mit dem Abbau von Blei, Zink und Silber beschäftigt.

Am Oranje

3.3.8 LÜDERITZ - KOLMANSKUPPE - AUS - (AB-STECHER FARM NAMTIB ODER SINCLAIR) - HELMERINGHAUSEN-DUWISIB-MALTAHÖHE

 Tageskilometer:
ca. 430 km zuzüglich 120 km für den Abstecher zur Farm Namtib/Gästefarm Sinclair

 Tankstellen:

Aus, Helmeringhausen, Maltahöhe

Übernachtung:

 Maltahöhe Hotel*, P. O. Box 20, Maltahöhe 9000, Tel.: 06632/ 13
Bei Unterbrechungen:
Gästefarm Sinclair **, P.O.Box 19, Helmeringhausen 9000, Tel.: 06362/6503; idealer Zwischenaufenthalt auf dem Wege von Lüderitz zum Sossusvlei/Sesriem bzw. Maltahöhe

Farm Namtib, P.O.Box 19, Aus 9000, Tel.: 06362 / 6640; lohnender Abstecher zu einer einfachen Farm inmitten herrlicher Landschaft

Streckenhinweise:

 Von Lüderitz geht es zunächst nach Kolmanskuppe; dann weiter auf der Pad B 4 bis Aus; von hier nach links auf die Pad C 13, die nach Helmeringhausen führt. Von Helmeringhausen fährt man 62 km auf der C 14 weiter nach Norden bis zur Einbiegung nach links auf die Pad 831. Nach 27 km müssen Sie links auf die Pad 826 einbiegen. Nach ca. 20 - 25 km sind Sie am Schloß Duwisib. Rückfahrt wieder auf die Pad 826 in östliche Richtung; der Pad 831 folgen Sie nach Norden (links) 16 km und stoßen auf Pad C 14, in die Sie links abbiegen. Nach 38 km erreichen Sie Maltahöhe.

Abstecher Farm Sinclair:
Vor Helmeringhausen zweigt die Pad 407 ab. Nach ca. 50 km erreichen Sie Sinclair. Wenn Sie die Pad 707 befahren, biegen Sie rechts in die Pad 407 ein. Nach ca. 22 km erreichen Sie ebenfalls Sinclair.

Abstecher Farm Namtib:
Man fährt von Aus auf der Pad C 14 Richtung Helmeringhausen. Nach ca. 62 km zweigt nach links die Pad 707 ab. Dieser Pad folgt man 47 km; dann sieht man das Farmschild "Namtib" an der Seite. Vom Farmtor bis zum Farmhaus sind es 12 km.

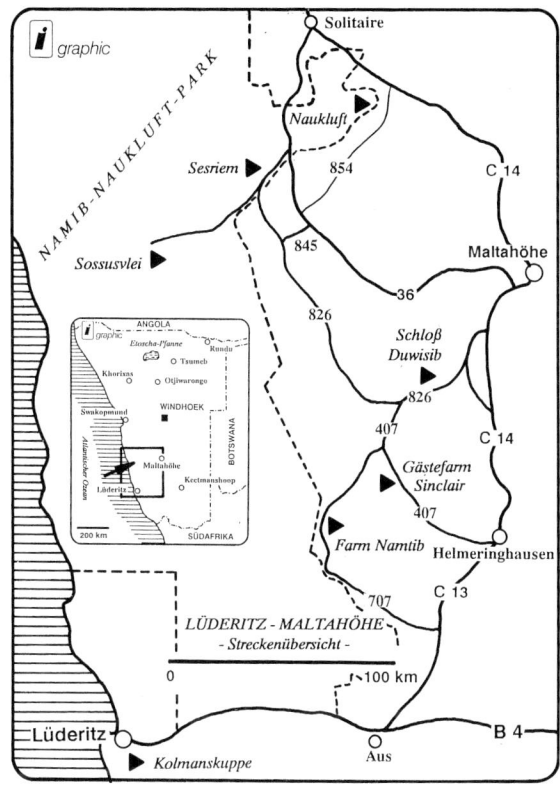

 (map labels: Solitaire, Nauklauft, 854, C 14, Sesriem, Maltahöhe, Sossusvlei, 845, 36, 826, *Schloß Duwisib*, 826, 407, C 14, *Gästefarm Sinclair*, 407, *Farm Namtib*, Helmeringhausen, 707, C 13, *LÜDERITZ - MALTAHÖHE - Streckenübersicht -*, 0, 100 km, Lüderitz, *Kolmanskuppe*, Aus, B 4)

Strecken-beschrei-bung:

Kurz hinter Lüderitz beginnen die Sanddünen der Namib, besonders beeindruckend ist die Umgebung von Kolmanskuppe. Später steigt das Land an. Von Aus Richtung Helmeringhausen eröffnet sich eine weite Landschaftsszenerie: weite Savannenflächen, begleitet im Osten von den Tafelplateaus des Schwarzrandes.

Der Abstecher zur Farm Namtib führt zu einer besonders grandiosen Szenerie: Hier liegt exakt die Grenze zwischen der Dünen-Namib und dem Farmland mit seinen Bergkuppen; eine sehr einsame Landschaft, die wohl jeden beeindruckt.

Kolmanskuppe

(s. a. Informationen Diamanten im vorhergehenden Kapitel).
Nur 15 km von Lüderitz entfernt liegt der alte Diamantenort Kolmanskuppe, benannt nach einem Nama, der hier 1905 mit einem Ochsenkarren steckenblieb und verdurstete. Der Boom von Kolmanskuppe begann 1908.

1930 wurde der Diamantenabbau hier eingestellt und die Mine geschlossen. Einige Zeit später zogen auch die letzten Bewohner fort, und die Wanderdünen der Namib holten die Stadt ein. Die vollständige Vereinsamung des Ortes war 1957 erreicht, als die CDM den letzten Sicherheitsbeamten abzog.

Nun hat man begonnen, den Ort als Museumsstadt wieder herzurichten. Zu einem Zentrum soll das alte Kasino aufgebaut werden. Restauriert werden sollen auch einige Läden und Wohnhäuser. CDM betont, daß die Museumsstadt eine kultur-historische Einrichtung sein soll, aber

natürlich auch eine touristische Attraktion. Zum ersten Mal soll in Afrika ein Vorhaben der modernen Industrie-Archäologie realisiert werden.

216

Führungen durch Kolmanskuppe finden montags bis samstags statt, und zwar von 9.30 - 10.30 h, manchmal auch zusätzlich von 10.45 - 11.45 h. **Erlaubnisscheine** erhalten Sie für eine Gebühr von Rand 2 im CDM-Büro in Lüderitz (zwischen Elektrizitätswerk und Museum gelegen). Bürostunden: Mo-Fr: 8.00 - 12.30 h, 14.00 - 16.00 h; Sa: 8.00 - 11.30 h; Tel.: 06331/2331. Sie müssen diese Erlaubnisscheine beim Besuch Kolmanskuppes vorzeigen.

Vom Wind aufgewirbelter Sand scheuert allmählich die Mauern durch.

Weiter führt der Weg zur Farm Namtib. Zwischen Aus und Helmeringhausen fahren Sie über die grandiose **Neisip-Ebene**. Überwältigend ist hier die Weite der Landschaft. Besonders eindrucksvoll ist diese Naturszenerie am späteren Nachmittag, wenn die typischen Pastellfarben aufkommen.

Farm Namtib

Ein lohnender Abstecher ist die Fahrt zur Farm Namtib am Rande der Namib. Die einzigartige Lage der Farm, zwischen den Dünen im Westen und der Bergkette im Osten, lädt zu Tierbeobachtungen und Wanderungen ein. Die Landschaft strahlt eine majestätische Stille aus, das Herz eines jeden Naturfreundes wird höher schlagen, wenn er seinen Weg hierher findet. Renate und Walter Theile, die sich rührend um die wenigen Gäste kümmern, sind erst vor wenigen Jahren aus Deutschland eingewandert. Sie gaben ihre sichere Beamtenlaufbahn als Lehrer auf, als sie die Farm eines Onkels erbten. Seitdem versuchen sie, den Be-

217

Tsama-Früchte am Straßenrand zwischen Lüderitz und Aus

trieb in Gang zu bekommen. Keine leichte Aufgabe in dieser Landschaft, wo Regen ein seltenes Naturereignis ist.
Der Besucher wird den Busch, das abendliche Lagerfeuer und das Farmleben genießen.

Auf dem Weg nach Namtib entlang der Pad 707

218

Die mit Herrn Theile zu besprechenden Ausflüge führen in einsame Wüstenregionen, z.B. zu der geologisch so interessanten Erscheinung der "Versteinerten Dünen", ein geologischer Leckerbissen.

Wer Einfachheit und Ursprünglichkeit liebt, ist hier gut aufgehoben.

 Buchungsadresse: Farm Namtib, Renate und Walter Theile, P.O.Box 19, Aus, Namibia, Tel. 06362/6640 (Farmleitung; nennen Sie der sich meldenden Telephonistin in Bethanien einfach die Rufnummer).

Walter Theile - von der Namib-Sonne geprägt

---

i *Informationen über Namtib*

Die Farm bedeckt eine Fläche von 16 400 ha. Auf 8 ha kann eine Kleinvieheinheit (KVE) leben, worunter man ein Schaf oder eine Ziege versteht. Demzufolge können hier 2 050 KVE leben. Wollte man Rinder halten, so würde diese riesige Fläche nur für 340 Tiere Lebensraum bieten. Der Niederschlag beträgt im Jahr nur ca. 100 mm, ausreichend für einen spärlichen Pflanzenwuchs. Die Wirtschaftslage einer Farm am Namibrand hängt u.a. auch davon ab, wie schnell sich die gehaltenen Tiere vermehren. Bei Schafen beträgt die Vermehrung 80 %, bei Ziegen 150 %, bei Rindern 60 %. Das Einkommen eines Farmers hier im Süden des Landes berechnet sich in etwa so:
Bei 1 000 Muttertieren an Ziegen gibt es 1 500 Stück Nachwuchs. Dieser Nachwuchs bringt 45 R pro Tier ein, also 67 500 Rand pro Jahr. Allerdings betragen die Aufwandskosten der Farm für Löhne, Lebenshaltung, Reparaturen usw. 2/3 der Einnahmen. Auf Namtib gab es

Dünenlandschaft bei Namtib

1987 nur ca. 30 Rinder, 120 Schafe, 650 Ziegen (davon 350 Mutter-tiere). Wie man sieht, ist das Farmerleben hier im Süden nicht ganz leicht. Der Staat unterstützt daher:

* *Es gibt **Darlehen von der Landbau-Kredit-Anstalt** (meist mit einer Laufzeit von 10 Jahren und 4 % Zinsen) für Viehankäufe, Farmausbau, Dürreschäden etc..*
* *Die **Darlehen von der Land-Bank** haben eine Laufzeit von 10 Jahren und kosten 10 % Zinsen. Allerdings werden diese Gelder nur für Landkäufe junger Farmer gegeben, die 10 % Eigenkapital aufbringen und eine Bestockung von 1 000 eigenen Kleinvieheinheiten nachweisen können.*
* *Die **Dürrehilfe** beträgt für Farmer etwa 2 Rand pro Kleinvieheinheit und Monat. Diese Hilfe steigt, je geringer die Bestockung der Farm wird bis zum Grenzwert von 40 % der maximal möglichen Bestockung.*

Die gehaltenen Ziegen dienen vorwiegend der Fleischproduktion und werden nach Südafrika vermarktet. Fleischschafe werden in Lüderitz oder Windhoek verkauft, der Markt für die Karakulfelle ist Übersee. Die Rinder dienen der Fleischversorgung und werden in Lüderitz oder Windhoek verkauft.

*Außerdem leben in der Umgebung von Namtib zahlreiche **Wildtiere:** Kudus, Steinböckchen, Leoparden, Paviane, Hyänen, Schakale, Löffelhunde, Erdwölfe, Geier, Adler, Bussarde, Falken, Oryxantilopen und Strauße.*

Schloß Duwisib

Das Schloß Duwisib ist sicherlich ein Unikum im Lande! Es liegt in einer öden Landschaft am Rande der Namib und wurde aus Sandsteinen erbaut. Dazu die Hintergrundgeschichte (auf der Grundlage eines Artikels von Dr. Mossolow in der Allgemeinen Zeitung vom 23.8.1979):

Hansheinrich von Wolff

Der Autor vermerkt hier, daß der Erbauer **Hansheinrich von Wolff** nicht baltendeutscher, sondern sächsischer Herkunft sei. Von Wolff soll demnach am 11.9.1872 in Dresden geboren sein. Er diente später in der sächsischen Artillerie in Königsbrück bei Dresden. Als die Aufstände im damaligen Deutsch-Südwest-Afrika ausbrachen, meldete er sich zur Schutztruppe. Nach dem Aufstand ging er auf Heimaturlaub und heiratete am 8.4.1907 die reiche Amerikanerin Jayta Humphries. Im selben Jahr kehrte er mit ihr nach Südwestafrika zurück. Er kaufte bald die Farm Duwisib, die zunächst 20 000 ha groß war. 1910 vergrößerte er sie um weitere 35 000 ha. Das meiste Land erwarb er vom Staat, nur 5 000 ha waren von privater Hand an ihn verkauft worden. Er hatte vor, seinen Besitz auf 150 000 ha zu vergrößern, aber die Regierung genehmigte ein solches Riesenobjekt nicht. Man führte als Argument an, daß er ein solches Anwesen nicht alleine bewirtschaften könnte.

Den Bauauftrag für das Schloß vergab er 1908 an den 1901 aus Berlin gekommenen Architekten Wilhelm Sander, der am Bau der Schwerins-, Sander- und Heinitzburg sowie am Tintenpalast in Windhoek beteiligt war. Ende 1908 reiste von Wolff mit seiner Gattin nach Deutschland, um die Einrichtungsgegenstände zu ordern. Mitte 1909 kehrten sie ins

Land zurück; der Bau des Schlosses war bereits beendet. Die bauliche Substanz ist auch heute noch als grundsolide zu bezeichnen, die Burg selbst zeigt die wesentlichen Stilelemente deutscher Burgenarchitektur.

Von Wolff war ein tatkräftiger, fröhlicher und bald 2 m großer Draufgänger, der als sehr gastfreundlich und hilfsbereit galt. Noch 30 Jahre nach seinem Tode erinnerten sich die Nachbarsfarmer gerne an ihn. Er wurde ein bekannter Pferdezüchter, besaß importierte Vollbluthengste, ebenso Rinder, Wollschafe und Afrikanerschafe.

1914 reiste er mit seiner Frau nach Großbritannien, um einen Vollbluthengst zu erstehen. Auf dem Schiff erhielt er die Nachricht vom Ausbruch des 1. Weltkrieges. Das Schiff änderte daraufhin seinen Kurs und legte in einem südamerikanischen Hafen an. Von Wolff und seine Frau wurden interniert, doch durch Beziehungen gelang es ihnen, ein neutrales Schiff zu erhaschen. Mit Wissen des Kapitäns und eines Stewards gelang die Flucht. In Deutschland angekommen, meldete sich von Wolff sofort als Offizier und fiel in der Somme-Schlacht am 4.9.1916. Seine Frau lebte danach in München und am Tegernsee, während des 2. Weltkrieges in der Schweiz.

Heute gehört das Schloß zum Department of Agriculture and Nature Conservation. **Besichtigungszeiten**: täglich 8.00 - 17.00 h. Weitere Auskunft erteilt: Directorate: Nature Conservation and Recreation Resorts, Reservations, Private Bag 13267, Windhoek 9000, Tel.: 061 / 36975 oder direkt in Windhoek (Reservierungsbüro seitlich des Hauptpostamtes in der Kaiserstraße)

Maltahöhe

Der kleine Ort Maltahöhe eignet sich gut für Ausflüge in die **Naukluft** sowie in die **Namib**. Im Ort selber leben heute ca. 250 Weiße und 1 600 Schwarze.

Der Pächter des Hotels Maltahöhe organisiert Fahrten im Landrover ins **Sossusvlei**. Unvergessen dürften solche Dünenfahrten bleiben, die bis zum Fuß der höchsten Düne führen! Eine Tagesfahrt von/bis Maltahöhe zum Sossusvlei kostet mit dem Landrover ca. 500 Rand.

3.3.9 MALTAHÖHE - SOSSUSVLEI - MALTAHÖHE

Tageskilometer:
ca. 460

Tankstellen:
Maltahöhe, Sossusvlei, Solitaire

Übernachtung:
Es gibt **drei** Übernachtungsalternativen, die sich beim Besuch des Sossusvlei/Sesriem anbieten:

Maltahöhe Hotel*, P.O.Box 20, Maltahöhe, Tel.: 06632 / 13
Dieses Hotel ist das einzige weit und breit, um Sossusvlei/Sesriem zu besuchen. Der Nachteil ist, daß man praktisch die gleiche Strecke zwecks Übernachtung wieder zurückfahren muß. Das Maltahöhe Hotel fährt Gäste jedoch mit dem Landrover ins Sossusvlei (Kosten pro Wagen ca. 500 Rand).

Eine Übernachtung im **eigenen Zelt oder Camper** ist nur bei **Sesriem** (Gebiet am Eingang zum Sossusvlei) gestattet. Es gibt hier 10 Lagerplätze und Waschräume mit Kalt- und Warmwasser. Ebenso sind hier Feuerholz und Benzin erhältlich.
Wegen der wenigen Lagerplätze empfiehlt es sich, frühzeitig zu buchen, vor allem während der Schulferien. **Buchungsadresse**: Directorate: Nature Conservation and Recreation Resorts, Reservations, Private Bag 13267, Windhoek 9000, Tel.: 061 / 36975 oder direkt in Windhoek (Reservierungsbüro seitlich des Hauptpostamtes in der Kaiserstraße).
Das Sossusvlei und das Sesriem Canyon darf man nur zwischen Sonnenaufgang und -untergang besuchen.

In Anschluß an die Fahrt von Maltahöhe ins Sossusvlei kann man auf dem Weg nach Swakopmund auf der **Gästefarm Swartfontein** übernachten, die nordöstlich von Solitaire liegt. **Buchungsadresse**: Gästefarm Swartfontein, P.O.Box 20113, Windhoek 9000, Tel.: 0628 / 1112

Streckenhinweise:

Von Maltahöhe fährt man die Pad 36 ca. 139 km, dann kommt die Abzweigung nach Westen ins Sossusvlei (Permit in Windhoek besorgen!). Vom Eingangstor des Sossusvlei bis zum "Parkplatz" unter großen Kameldornbäumen sind es 68 km (1 - 1 ½ h). Dieser Abschnitt ist noch mit einem normalen PKW zu fahren. Von der Stelle, wo Sie den Wagen abstellen, muß man dann ca. 1 - 1½ h durch z.T. tiefen Sand zu den hohen Dünen laufen. Praktisch das ganze Jahr durch ist es hier in der Mittagszeit sehr heiß, was man beim Fußmarsch bedenken sollte (Wasserflasche, Salztabletten). Ein 4-Rad-angetriebenes Fahrzeug leistet hier natürlich gute Dienste, da man weit in die Dünen- und Vleilandschaft hineinfahren kann.

Streckenbeschreibung:

 Auf dem Weg zum Sossusvlei überquert man die Ausläufer der malerischen **Naukluft-Berge**. Das Sossusvlei, eine hellgelbe Lehmsenke, zeichnet einen großartigen Gegensatz zu den orangefarbenen Sanddünen. In den Ausläufern des Vleis wachsen große Kameldornbäume, und auf kleineren Dünen entdeckt man in den stacheligen Sträuchern **Nara-Melonen**. Am späten Nachmittag gibt es herrliche Farbenspiele - unvergeßlich für Fotografen!

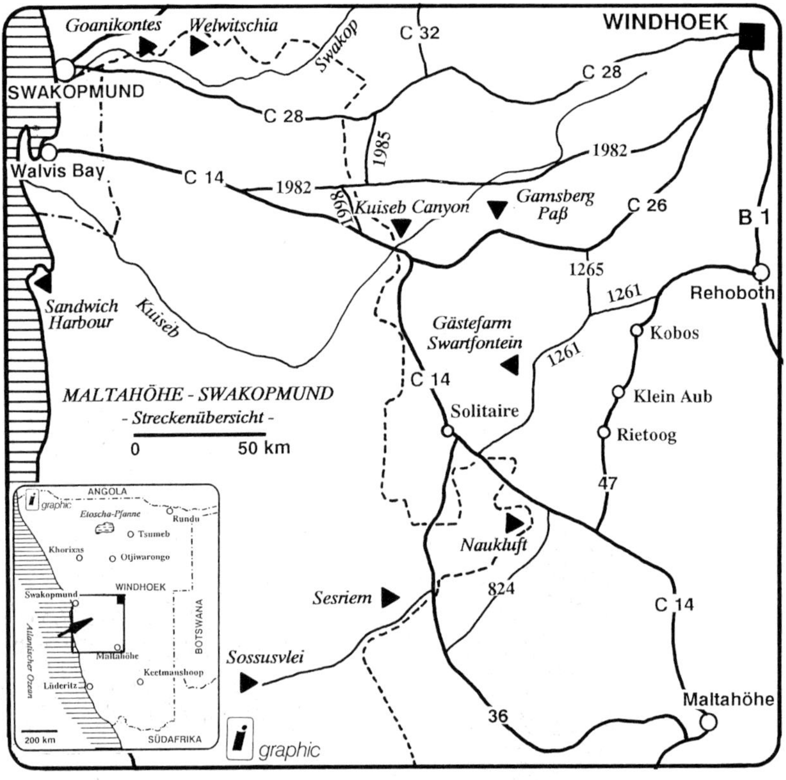

Goanikontes Welwitschia Swakop C 32 **WINDHOEK**
SWAKOPMUND
C 28
C 28
1985
1982
Walvis Bay C 14 1982 1983 Kuiseb Canyon Gamsberg Paß C 26 B 1
1265
1261 Rehoboth
Sandwich Harbour Kuiseb Gästefarm Swartfontein 1261 Kobos
MALTAHÖHE - SWAKOPMUND C 14 Klein Aub
- Streckenübersicht - Solitaire Rietoog
0   50 km 47
i graphic
ANGOLA
Etoscha-Pfanne Rundu
Tsumeb Nauklift
Khorixas Otjiwarongo 824
WINDHOEK BOTSWANA
Swakopmund Sesriem C 14
Maltahöhe
Lüderitz Sossusvlei
Keetmanshoop
200 km SÜDAFRIKA Maltahöhe
i graphic 36

Sossusvlei

Das Sossusvlei ist eine große Lehmsenke, die von Dünen umschlossen wird, die zu den höchsten der Welt zählen (bis zu 300 m). Selbst in der Trockenzeit sieht man hier Oryxantilopen, Springböcke und Strauße. Diese Tiere leben in Abhängigkeit von der selten mit Wasser gefüllten

Selten ist das Sossusvlei mit Wasser gefüllt wie hier 1986.

Senke sowie von der Pflanzenwelt, die sich die benötigte Feuchtigkeit vom Grundwasser heraufholt. Unregelmäßig führt der **Tsauchab Fluß** Wasser bis ins Vlei hinein. Dieses Gebiet liegt im Namib-Naukluft-Park (deshalb ist ein Permit von der Naturschutzbehörde nötig, das man mit

Gelbe Morgensterne im ausgetrockneten Vlei in der Trockenzeit.

225

der Anmeldung am Eingang zum Sossusvlei erhält). In den Sommermonaten ist es hier unsäglich heiß, doch in den Wintermonaten und den Übergangszeiten "geht es gerade noch".

Wenn man auf die Dünen hochsteigt, genießt man unvergeßliche Ausblicke auf kleine Vleis, die sich in ihrem Gelb-Weiß von den orangefarbenen Dünen abheben. Besonders in der Morgen- und Nachmittagssonne sind das Farben- und Schattenspiel faszinierend.

---

i   *Informationen über Dünen*

Als Dünen werden in der Geomorphologie regelmäßige oder unregelmäßige Formen von durch Wind aufgeschütteten Sandablagerungen bezeichnet. Sie bestehen fast immer aus reinem Quarzsand und treten überall dort auf, wo bewegter Sand gezwungen wird sich abzulagern, ohne sofort verfestigt zu werden. Je nach Form und

Vorkommen sind Dünen am flachen Meeres- oder Seestrand (z.B. Küstendünen der Namib) und Dünen in jetzigen Trockengebieten (z.B. am Sossusvlei) zu unterscheiden. Der Dünensand stammt aus der Verwitterung quarzhaltiger Gesteine oder aus Fluß- und Seeablagerungen.

Über die Ursache der Bildung von Dünen im Binnenland gibt es verschiedene Ansichten. So soll z.B. schon das ungleichmäßige, stoßweise Wehen des Windes eine erste Ursache für eine Genese sein.

Vor der höchsten Düne der Welt

Meistens jedoch wird als Ursache irgendein unbedeutsames Hindernis angesehen oder einfach die Rauheit der Oberfläche. Die Transportkraft des Windes wird dadurch gebrochen, und so müssen sich die mittransportierten Sandkörnchen ablagern. Am Hindernis entsteht zunächst ein kleiner, sichelförmiger Hügel, der den Luftstrom vom Boden abhebt, ihn in seiner Kraft bricht und somit eine weitere Sandablagerung verur-

Dünen sind eine Spielwiese nicht nur für Kinder!

227

*sacht. Durch weiteres Wachsen entsteht allmählich eine Düne. Der Wind treibt einen Teil des Sandes auf der flachen Luvseite hinaus, so daß der Gipfel der Düne mit dem Wind wandert. Auf der steilen Leeseite fällt der Sand unter Bildung eines Böschungswinkels bis zu 30° (je nach Alter, Sandart, Windstärke-Verhältnissen) herunter. Der größte Teil des Sandes wird aber von dem nun als Hindernis wirkenden Haufen abgelenkt und seitlich abgelagert. Da deshalb die Seiten rascher wachsen als die Mitte, nimmt der Grundriß der Düne zuerst herzförmige, dann halbmondförmige Gestalt an. Es entstehen **Sicheldünen (Barchane)**. Meist verwachsen die Barchane, deren Längsachse stets quer zur Windrichtung verläuft, mit den benachbarten Dünen zu Dünenketten. Bei gleichbleibender Windrichtung wandern die Dünen bis zu 20 m im Jahr. Interessant zu wissen: Je grobkörniger das Material einer Düne ist, desto älter ist sie, da das Feinmaterial bereits ausgeweht ist.*

*Ist der Untergrund stark gegliedert, so wird das ganze Dünenfeld sehr unregelmäßig. Hemmen wechselnde Winde und beginnende Vegetation am Wüstenrand das Wandern der Dünen, so spricht man von **Staudünen**. Das ist auch beim Sossusvlei der Fall. Die folgende Zeichnung verdeutlicht den beschriebenen Vorgang:*

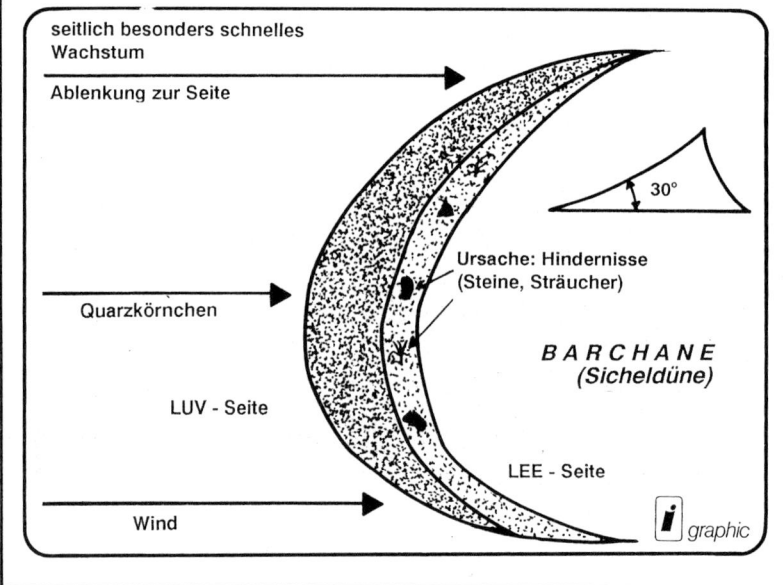

Sesriem Canyon

Kurz vor dem Eingangstor ins Sossusvlei zweigt ein Weg zum nahen Sesriem Canyon ab. Hier hat sich der **Tsauchab-Fluß** ca 50 m tief in das

schieferartige Gestein hineingefressen. Im Sommer ist es hier angenehm zu schwimmen, nachdem man die Hitze im Sossusvlei erlebt hat.

Der Name Sesriem leitet sich von frühen Erzählungen der ersten Siedler ab: Man brauchte sechs aneinandergeknotete (Ochsen-) Riemen, um von unten Wasser heraufzuholen. Für den Besuch des Canyon benötigt man ein Permit, das man am Eingang zum Sossusvlei erhält oder beim: Directorate: Nature Conservation and Recreation Resorts, Reservations, Private Bag 13267, Windhoek 9000, Tel.: 061 / 36975 oder direkt in Windhoek (Reservierungsbüro seitlich des Hauptpostamtes in der Kaiserstraße).

Schwere Gewitterwolken ziehen auf.

Minuten später versperrt ein plötzlich abkommendes Rivier den Weg...

... erst zwei Stunden später wird die Durchquerung gewagt!

Namib Naukluft Park

Der 1979 etablierte Namib Naukluft Park ist mit 50 000 km^2 der größte Naturpark des Landes. Allerdings sind einige Gebiete schon lange zu-

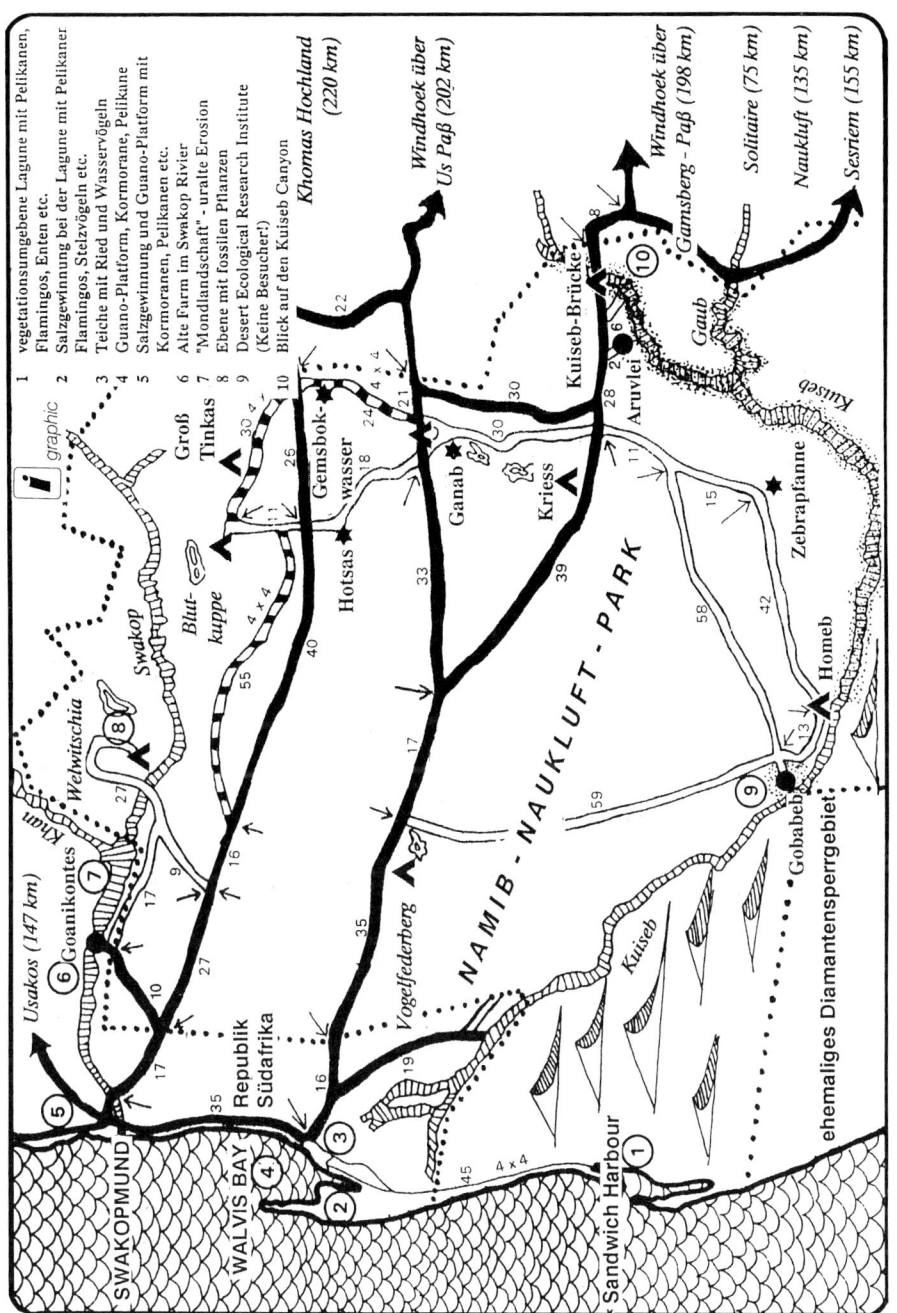

vor zum Naturschutzgebiet erklärt worden. Bereits im Jahre 1907 stellte der Gouverneur Friedrich von Lindequist den nördlichen Teil des Gebietes unter Schutz. Und das südliche Dünengebiet ist schließlich schon seit über 50 Jahren Diamanten-Sperrgebiet. Im Osten begann die Administration seit 1960, Farmland zu kaufen, um den Bergzebras einen ungestörten Lebensraum zu erhalten. In der Folgezeit wurde das als "Naukluft Mountain Zebra Park" bezeichnete Gebiet vergrößert, so daß schließlich eine Verbindung zu den westlichen Ebenen bestand: Bergzebras, Gemsböcke und anderes Wild können nun frei je nach Vegetationsstand herumziehen.

Naukluft bedeutet soviel wie enge (nau) Schlucht (Kluft). Der Name leitet sich von der Klamm ab, durch die zu Regenzeiten ein starker Bach fließt. Die höchste Erhebung erreicht 1 929 m. Während der deutschen Kolonialzeit war die Naukluft ein heftig umkämpftes Gebiet. Der Namahäuptling Witbooi nutzte die natürliche Lagegunst und führte von hier aus Angriffe. Seine Widersacher, die Schutztruppe unter dem Befehl Leutweins, erreichte schließlich 1894 die Kapitulation.

Das **"Naukluft-Lied"** glorifiziert diese Zeit:

Melodie: BEI SEDAN AUF DEN HÖHN
(gesungen nach dem deutsch-französischen Krieg 1870)

1. In der Nau - kluft auf dem Ber - ge, da steht nach hei - ßer

Schlacht in der letz - ten A - bend - stun - de ein Rei - ter auf der

Wacht, in der letz - ten A - bend - stun - de ein Rei - ter auf der Wacht.

Die Wolken zieh'n gen Osten
am Himmel hell und klar -
sie erleuchten Berg und Hügel
im heißen Afrika.

Horch, was jammert dort im Busche;
es ist ein Reitersmann,
der noch gestern um die Stunde
frisch gesund und munter war.

Und sag ich sei geblieben
in der Naukluft in der Schlacht,
In den allerletzten Zügen
hätt' ich treu an sie gedacht.

Grüße du mir Weib und Kinder
daheim am trauten Herd.
Sie harren ihres Vaters,
der niemals wiederkehrt.

Gib (mir) Wasser deutscher Kam'rad,
die Kugel, die traf gut.
Dort an jenem Klippenrande,
da floß zuerst mein Blut.

Ein Kreuzlein aus zwei Zweigen
setzt der Reiter ihm auf's Grab,
damit leichter zu erkennen,
wo ein deutscher Reiter starb.

Und sei es dir beschieden,
daß zur Heimat wiederkehrst,
ei, so nimm denn meiner Liebsten
dieses teure Bild zurück.

Die Wolken zieh'n gen Osten;
am Himmel hell und klar -
sie erleuchten Berg und Hügel
im heißen Afrika.

Von den Bergen des Naukluft-Massivs führen drei Flußläufe nach Westen in die Sand-Namib: der **nördliche Tsauchab**, der in die Lehmpfanne Tsondabvlei führt, der **Tsams**, der in der Tsams-Vlei endet, und der südliche **Tsauchab**, der ins Sossusvlei fließt. Allerdings führen die Flüsse nur sehr unregelmäßig Wasser. Ich konnte im März 1986 erleben, wie sich nach starken Regenfällen im Binnenland das Sossusvlei mit Wasser füllte, und wie eine Fata Morgana erschien dem Besucher die riesige Wasserfläche. Man konnte den See schwimmend durchqueren und brauchte dazu über 25 Minuten!

> **i** *Informationen über die Hartmann - Bergzebras*
>
> *Das Hartmann-Bergzebra ist in den Berggebieten von Namibia und Angola heimisch. Die ehemals großen Bestände wurden den durch fortschreitende Besiedlung verringert, so daß es nötig schien, sie in Schutzgebieten anzusiedeln.*
> *Das Hartmann-Bergzebra weist eine Widerristhöhe von etwa 1,40 m auf, seine Grundfarbe ist durch dünne, enge Streifen gekennzeichnet. Ein weiteres auffälliges Merkmal ist ein Hautlappen an der Kehle. Die Hartmann-Bergzebras leben in kleinen Gruppen von 7 - 12 Tieren, die sich zu großen Herden zusammenschließen. Sie sind sichere Kletterer und haben sich den Bedingungen des trockenen Lebensraumes gut angepaßt. So sind sie in der Lage, mehrere Tage ohne Wasser auszukommen. Neben ihrer Strei-fung ist noch ihr "Wiehern" ein gutes Erkennungsmerkmal, das die Hartmann-Zebras von den übrigen Zebras unterscheidet.*

Gobabeb ist eine im Parkgebiet liegende, 1963 errichtete Forschungsstation. Gobabeb bedeutet in der Sprache der hier streifenden Topnaar Hottentotten "Ort des Feigenbaums". Etwa 30 Menschen leben hier, darunter Geologen, Archäologen, Ornithologen, Botaniker und Zoologen. In der Vergangenheit sind oft Touristen hierher gekommen, die jedoch die Arbeit störten, so daß ein Besuch heute nur noch in Ausnahmefällen erlaubt wird.

Touristische Hinweise für den Namib Naukluft Park

Der Namib Naukluft Park besteht aus vier Regionen:

* **Namib Region** (zwischen Kuiseb- und Swakoprivier):
Für eine bloße Durchreise auf den Hauptstraßen benötigen Sie kein Permit. Allerdings müssen Eintritts- und Lagergebühren gezahlt werden für die Plätze an der Kuiseb-Brücke, Homeb, Kriess-se-rus, Vogelfederberg, Blutkuppe, Groot Tinkas und Ganab. Die Erlaubnis zum Campieren erhalten Sie in Hardap, Sesriem, Lüderitz sowie in den Touristikbüros von Windhoek und Swakopmund (Mo - Fr). An Wochenenden erhalten Sie die Erlaubnis bei Charly's Desert Tours und Hans Kriess Garage in Swakopmund sowie in Walvis Bay bei Troost Transport, Namib Ford und der CWB Garage.

* **Naukluft Park**
Es lohnt sich, einen Abstecher zum Naukluft-Gebirge einzuplanen. Von der Pad C 14, die Maltahöhe mit Solitaire verbindet, zweigen Sie kurz vor Büllsport links in die D 854 ein. Nach ca. 9 km führt rechts der Weg zur Naukluft.
Sie müssen Ihren Aufenthalt in der Naukluft schon in Windhoek anmelden (Directorate: Nature Conservation and Recreation Resorts, Reservations, Private Bag 13267, Windhoek 9000, Tel.: 061 / 36975 oder direkt in Windhoek (Reservierungsbüro seitlich des Hauptpostamtes in der Kaiserstraße). Man darf höchstens drei Nächte bleiben. Wasser und Waschräume sind vorhanden, ebenso Feuerholz.

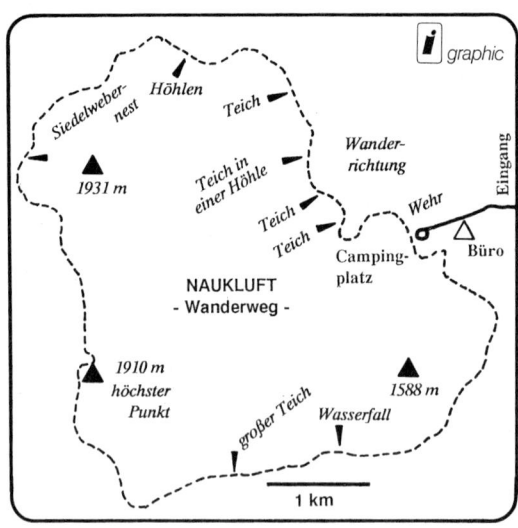

Man plant, in nächster Zeit auch leerstehende Farmhäuser im Naukluft - Gebiet für Touristen herzurichten und zu vermieten.

In die Naukluft führt vom Campingplatz ein Rundwanderweg (17 km), der etwa 6 Stunden dauert. Man muß mit mindestens drei Personen wandern und auf jeden Fall genügend Wasser mitnehmen.

* **Sesriem** und **Sossusvlei**

s. vorhergehende Seiten

* **Sandwich Harbour**

Zugangsscheine sind erhältlich an der Trek Garage, 10th Street, Walvis Bay sowie beim Touristikbüro Swakopmund. Nur Fahrzeuge mit 4-Rad-Antrieb werden zugelassen.
50 km südlich von Walvisbaai liegt die natürliche Lagune, die früher von Walfängern benutzt wurde. Ehemalige Gebäude sind von Sanddünen zugeweht, die Bucht versandet. Durch die Dünen sickert Süßwasser Richtung Meer und bildet kleine Teiche. Gemeinsam mit dem See-Wasser gibt es hier ein einmaliges Lebensgebiet für Vögel. Übrigens ist vor über 100 Jahren hier ein Schiff mit Gold und Elfenbein auf dem Wege von Indien nach England gestrandet. Wahrscheinlich haben Sandmassen den Schatz begraben.

Unterwegs im Naukluft-Gebirge

3.3.10 MALTAHÖHE - (GAMSBERG PASS) - KUISEB CANYON - NAMIB NAUKLUFT PARK - WALVISBAY - SWAKOPMUND

Tageskilometer:
ca. 425 km (direkt) oder 511 km (über Gamsberg Paß)

Tankstellen:
Maltahöhe, Walvis Bay

Übernachtung:
Möglichkeiten in Swakopmund s. nächstes Kapitel

Streckenhinweise:

Drei Alternativen gibt es, um nach Swakopmund zu reisen:
* **Direkte Strecke:**
Von Maltahöhe auf Pad C 14 über Solitaire, Walvis Bay nach Swakopmund (425 km)   oder:
* Von der C 14 biegen Sie in die Pad 1998 ein und folgen später der Pad 1982 ostwärts (12 km) und biegen dann in die Pad 1985 ein. Diese Straße mündet in die C 28, die nach 129 km Swakopmund erreicht.
* **Strecke über den Gamsberg Paß** (Umweg):
Von Maltahöhe fahren Sie auf Pad C 14   86 km, dann rechts in Pad 47 der Sie 69 km (über Rietoog, Kobos) folgen; nun links in Pad 1261, von der Sie nach 30 km rechts in Pad 1265 abbiegen. Nach 30 km erreichen Sie Pad 26, in die Sie links einbiegen. Diese Straße führt über den Gamsberg Paß und später über C 14 nach Walvis Bay und Swakopmund (511 km).
Außer der Straße von Walvis Bay nach Swakopmund sind alle Wege nicht asphaltiert, aber in gutem Zustand.

Streckenbeschreibung:

Durch die malerischen Berge der Naukluft erreichen Sie heute den Gamsberg Paß, wo Sie einen phantastischen Rundblick auf die zerklüftete Bergwelt genießen können. Ebenso bildet das Kuiseb Canyon einen landschaftlichen Höhepunkt. Später geht es allmählich in die Namib über. Die Landschaft wird dann relativ monoton. Interessant ist dann später der Gegensatz zwischen Meer und Sanddünen auf der Straße von Walvis Bay nach Swakopmund.

Streckenkarte:
s. Karte zu Beginn des Kapitels 3.3.9

Gamsberg Paß

Der höchste Punkt, den wir heute erreichen, ist der Gamsberg Paß
(2 334 m!). Danach führt der Weg durch den Kuiseb Canyon.

Ein Postsack hängt an der Straße - der Briefkasten des Farmers.

Kuiseb Canyon

Der Kuiseb Canyon ist ein markanter Einschnitt in die Landschaft. Wie
der Fischfluß, so führte auch der Kuiseb in der Vergangenheit sehr viel

237

Wasser und konnte sich so durch das relativ weiche Gestein einschneiden.
Diese Landschaft war für die beiden Geologen Henno Martin und Hermann Korn Zuflucht im 2. Weltkrieg. Sie wollten am weltweiten Völkermord nicht teilhaben und zogen sich, um vor Verfolgung sicher zu sein, hierher zurück. In ihrem Buch "Wenn es Krieg gibt, gehen wir in die Wüste" beschreiben sie ihren zweijährigen "Ausstieg".

 Henno Martin, Wenn es Krieg gibt, gehen wir in die Wüste, Windhoek 1970;

Da die Namib eine der wichtigsten Zentrallandschaften Namibias ist, soll hier detaillierter auf sie eingegangen werden.

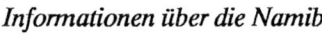

i   *Informationen über die Namib*

In der Sprache der Nama heißt die Namib so viel wie riesige, öde Fläche. Gewöhnlich wird die Namib in drei Abschnitte gegliedert: Süd-Namib, Mittel-Namib (Dünen-Namib), Nord-Namib (Kies- und Geröllwüste).
In detaillierten geographischen Beschreibungen, an die sich die folgenden Ausführungen halten werden, wird folgende weitere Differenzierung getroffen:
Skelettküste, Zentral-Namib, Dünen-Namib, Süd-Namib.
*(nach: **Richard F. Logan**, The Geographical Divisions of the Deserts of South West Africa, in: Impulse eines Landes extremer Bedingungen für die Wissenschaft, Basel 1972, S. 46 ff).*

Die Namib liegt zwar im subtropischen Klimabereich, doch trotzdem ist die Temperatur der küstennahen Teile aufgrund des kalten Benguela-Stroms niedrig. Die Wüste ist fast regenlos und bezieht die meiste Feuchtigkeit durch Regen und Tau. Verglichen werden kann die Namib mit den Küstenwüsten der Atacama (Chile/Peru) und der Wüste der Baja California (Mexiko).
Die Namib ist extrem lang und schmal: Sie erstreckt sich vom südlichen Angola (Kunene) bis nach Südafrika (Olifants River). Ihre breiteste Stelle beträgt knapp 200 km. Allgemein betrachtet nimmt sie das Gebiet zwischen der See und der großen westlichen Randstufe ein. In ihrer Ost-West-Ausdehnung kann die Namib in zwei Teile gegliedert werden:
** in die ca. 50 km breite **Küstenzone** und*
** in den **Inland-Teil**.*

*Die **Küstenzone** ist sehr durch das Meer beeinflußt. Der hier nordwärts fließende Benguela-Strom sorgt für Kühle in allen Jahreszeiten und für*

Nebel. Die Temperaturen betragen hier zwischen 9 - 15° C; die Luftfeuchtigkeit beträgt 80 %. An allen Küstenbereichen, besonders an den südlichen und nördlichen Teilen, wehen starke Südwest-Winde, die noch mehr Kühle bringen und große Massen an Sand transportieren. Zum Inland hin wird die Luft allmählich durch die Oberfläche erwärmt, dementsprechend sinkt die Luftfeuchtigkeit bis auf Werte zwischen 10 - 60 %; die Lufttemperatur schwankt zwischen 10 - 32° C. Lediglich auf der Leeseite von Oberflächenhindernissen (Dünen) sowie in den unteren Lagen der Canyons wird es sehr heiß.

*Im folgenden werden die **einzelnen Teile der Namib** näher betrachtet:*

* **Skelettküste**
  Damit wird ein schmaler Bereich bezeichnet, der sich entlang der Küste vom Ugab Fluß bis zum Kunene Fluß erstreckt. Hier ist es ganzjährig kühl, oft nebelig und - besonders in den nördlichen Teilen - stürmisch. Manchmal liegen in Küstennähe Salzpfannen und Lagunen. Die Strände sind oft steinig. Landeinwärts sind die Felsmassen durch Winde, die Sand mit sich führen, abgeschliffen. Die Sichtweite ist selten gut. Durch starke Winde ist die Sicht immer bewegt; man spricht ja auch in diesem Zusammenhang von den "roaring forties", aus denen die Stürme wehen. Natürlich ist diese Küste quasi unbewohnt. Nur in kurzlebigen Bergwerkssiedlungen oder an Stellen, wo Prospektoren tätig sind, leben zeitweise Menschen. Für viele Schiffe bedeutete diese Küste das Ende. Verschiedene Faktoren führten dazu, daß sie strandeten:
  *die Unterströmung des **Benguela-Stromes,***
  *die starken, landeinwärts wehenden **Südwest-Winde,***
  *die enorme Sichtbehinderung durch **Nebel.***
  Diejenigen Menschen, die die Strandung überlebten, kamen dann an Land um, wo es an Frischwasser fehlte. Die Küste wird auch heute noch von vielen alten Schiffswracks gesäumt. Im Sand und im Geröll liegen gebleichte Knochen und Menschenschädel.

* **Zentral-Namib**
  Dies ist der Abschnitt zwischen dem Ugab und Kuiseb Fluß. Von der menschlichen Besiedelung her und von seiner wirtschaftlichen Relevanz (Walvis Bay, Swakopmund) ist er der wichtigste Teil der Namib außer dem Diamantengebiet im Süden. Dieser Bereich ist vom Namib-Plateau bestimmt, das sich allmählich von der Küste zum Binnenland auf eine Höhe von 1 000 m erhebt, von wo ab die Randstufe beginnt. Manchmal erheben sich Restberge aus der sonst monoton-flachen Landschaft. So kann auch der maritime Einfluß weit ins Land hineinreichen. In diesen Gebieten wächst auch die Welwitschia mirabilis, auf die später noch eingegangen werden soll.

* **Dünen-Namib**
  Dieser Bereich erstreckt sich vom Kuiseb Fluß bis fast nach Lüde-
  ritz. Er dehnt sich nahezu 100 - 150 km von der Küste bis zur
  Großen Randstufe aus. Die riesigen Sandmeere hier stammen von
  der Erosion des Plateaus und der Großen Randstufe. In Zeiten der
  Hochwasserführung (also besonders in früheren Klimaperioden)
  haben Flüsse dieses Material hierhergebracht. Als die Flüsse
  austrockneten, blieb der Sand zurück und wurde vom Wind zu Dü-
  nen aufgeweht. Auch heute noch bringen die Flüsse Sand herab, al-
  lerdings nur sehr selten (episodisch/periodisch). Als Ergebnis der
  Interaktion von täglichen Seewinden und seltenen, aber heftigen
  Winden aus dem Landesinneren sind die Dünen anzusehen, die in
  NNW-SSO-Richtung liegen. Sie bewegen sich allmählich nordwärts,
  enden aber abrupt am Kuiseb Fluß, wo sie am Südufer in den Ein-
  schnitt des Flusses hineintransportiert werden. Alle paar Jahre,
  wenn der Kuiseb Wasser führt, werden sie weggespült. Doch die
  Wasserführung reicht bei weitem nicht aus, den Sand ins Meer zu
  transportieren. So versperren die dann abgelagerten Sandmassen
  dem Kuiseb den Eintritt ins Meer. Das Kuiseb-Wasser sickert des-
  halb allmählich tief durch die dicken Sandmassen hindurch und
  wird bei **Rooibank** *abgepumpt, um Trinkwasser zu gewinnen (s. Ab-*
  schnitt Walvis Bay).
  Die Dünen-Namib ist total unbesiedelt, und nur in den östlichen
  Randgebieten findet Karakulzucht statt.

* **Süd-Namib**
  Die Dünen-Namib endet abrupt am Koichab Fluß. Hier ist die Kü-
  ste bis zum Oranje überwiegend felsig, im Süden besonders kies-
  reich (maritime Terrassen). Einige kleine Sukkulenten wachsen
  hier. Besonders der Süden erhält gelegentlich Ausläufer der Winter-
  regen vom Kap. Die Gegend ist zumeist Diamantensperrgebiet, die
  einzige Ausnahme ist die Straße von Aus nach Lüderitz.

Weitere Wüsten- bzw. Halbwüstengebiete Namibias sind:

* **Nama-Wüste**
  Sie liegt zwischen Süd-Namib und Kalahari; hier herrscht kein
  maritimer Einfluß mehr. Es gibt harte Oberflächen, Plateaus und
  Tafelberge.

* **Kalahari**
  Hier gibt es Sanddünen. Der Niederschlag beträgt 125 - 200 mm im
  Jahr. Manche Flächen sind grasbedeckt und von Akazien be-
  wachsen; z.T. ist Karakulzucht möglich. Es gibt keine größeren
  Siedlungspunkte und Hauptstraßen.

Nachdem wir den Kuiseb Canyon erreicht haben, geht es in die Ebenen der Zentral-Namib. Erst kurz vor der Küste erscheinen hohe Dünen. Plötzlich wird aus der Kiespad eine gute Asphaltstraße: wir haben südafrikanisches Gebiet erreicht.

An der Landstufe vom Randgebirge in die Namib
suchen Touristen nach Granaten

Walvis Bay

Walvis Bay, der einzige Großhafen an der Küste Namibias, ist eine **südafrikanische Enklave**. Die Tatsache ist von Bedeutung für die Zukunft. Im Zuge der Unabhängigkeit Namibias wird Walvis Bay sicherlich zum Zankapfel werden. Südafrika könnte je nach Wohlwollen sein Hafen-Monopol ausspielen. Schon jetzt muß man bei der Ein- und Ausreise südafrikanische Grenzformalitäten erledigen.

Walvis Bay liegt in einem Teil des Kuiseb-Deltas. Sehr selten führt der Fluß Wasser bis zum Meer. Das meiste Wasser versickert in eine 61 m dicke Sandschicht, die ein natürliches Speicherbecken darstellt. Bis dieses Wasser das Meer erreicht, dürften zwischen dem Einsickern im Inland und dem Eindringen in die See etwa 70 Jahre vergangen sein.

Der Tiefseehafen ist vor der offenen See durch eine Landzunge geschützt, die im Norden mit dem **Pelican Point** endet. Dort, wo die Landzunge mit dem Festland verbunden ist und die Gewässer seicht sind, hat sich eine beachtenswerte Vogelwelt erhalten (Pelikane, Flamingos).

Das erste Schiff, das die Bucht erreichte, war das von Bartholomeu Diaz am 8.12.1487, als dieser die Südspitze Südafrikas finden wollte, um nach Osten zu segeln. Außer der Hafengunst fanden die Portugiesen diese Gegend äußerst unattraktiv, denn es fehlte vor allem an Trinkwasser. Aber schon damals bemerkte man den Fischreichtum des Meeres, das besonders reich an Sardinen war. So nannten die Portugiesen die Küste **Praia dos Sardinha** (Küste der Sardinen). 1489 wurde die Gegend auf der ersten Karte so benannt, aber bereits 100 Jahre später nannte man den Hafen **Bahia dos Bahleas** (Bucht der Wale).

Der hohe Stickstoffgehalt des Benguela-Stroms unterstützt den Plankton-Reichtum der Gewässer - eine gute Nahrungsgrundlage für Wale und Sardinen (Pilchards). Auch Robben finden hier gute Lebensbedingungen.

Kein Wunder, daß amerikanische und britische Segler ein besonderes Interesse für den Ort entwickelten (seit dem 17. Jahrhundert). Diese Schiffsaktivitäten und Gerüchte um mögliche Kupferlager sowie Viehherden im Landesinneren ließen die Holländer am Kap aufhorchen. Das Schiff Meermin unter Kapitän Duminy wurde 1793 ausgeschickt, um die Lage zu erkunden. Ergebnis: Walvis Bay wurde Holland einverleibt!

1795 besetzten die Briten das Kap; Captain Alexander wurde ausgesandt, um in der Walvis Bay die britische Flagge zu hissen.

Die Topnaar-Hottentotten, die die Gegend bewohnten, lebten vornehmlich von Walfleisch, Fisch und Nara-Melonen (s.a. nächsten Abschnitt: Nara-Melonen).

Die ersten europäischen Siedler kamen 1844 nach einer achtmonatigen Reise vom Kap hierher. Dixon und Morris fanden mit ihren Familien hier eine neue Heimat, eröffneten ein Geschäft, das sich besonders auf den Export von Vieh konzentrierte, welches gegen andere Güter bei den Eingeborenen eingetauscht wurde.

1845 kamen auch die ersten Missionare an. So auch Scheppmann von der Rheinischen Mission. Er gründete sogleich eine Station in **Rooibank** im Kuiseb-Tal, um die Topnaar-Hottentotten zu missionieren. Die Rheinische Mission war es, die 1880 auch die erste Kirche in Walvis Bay errichtete.

Der Ort blühte durch den Viehhandel und die Entwicklung der Kupferminen im Landesinneren auf. Die erste Straße des Territoriums wurde 1844 auf Initiative des Nama-Häuptlings Jan Jonker Afrikaaner erstellt: die "Bay Road" verband Walvis Bay mit der Matchless Mine und Jan Jonkers Hauptsitz Windhoek.

Doch im Landesinneren rumorte es. Es gab viele Stammesfehden, Banditen und Viehdiebe. Da es keine Kontrolle über diese Vorgänge gab, wurde die britische Regierung gebeten einzugreifen. Um die Lage zu sondieren, wurde der Kommissar Palgrave geschickt. Ein gewisses Engagement erschien nach seinem Bekunden ratsam, aber die Armut des

Binnenlandes riet davon ab, das Land dem britischen Empire zu unterstellen.

So wurde die frühere Annexion von Walvis Bay bekräftigt, eine formale Vertretung wurde eröffnet, die Importe, Exporte sowie Niederlassungen kontrollierte. Um diesem Anliegen Nachdruck zu verleihen, wurde ein Schiff ausgesandt. Die "Industry" erreichte die Bucht am 6.3.1878, und am 12.3. des gleichen Jahres wurde das Territorium vom Kommandeur Dyer markiert und formal annektiert.

1880 wurde unter Palgrave die britische Administration eröffnet, gerade in dem Jahr, als die Auseinandersetzungen zwischen Herero und Nama eskalierten.

1889 landete Hauptmann Curt von Francois (Gründer von Swakopmund und Windhoek) hier. Mit ihm kamen 21 Schutztruppler, die die Aufgabe hatten, die Unruhen im Inneren des Landes zu bekämpfen.

Bereits 1828 hatte der englische Kapitän Morrell die sehr reichen **Guano-Vorkommen** entdeckt. Guano dient als Dünger und ist nichts anderes als Vogelmist. In der ersten Zeit baute man ihn vor allem auf der Insel Ichaboe ab, heute zumeist auf künstlichen Inseln. Eine solche Guano-Insel kann der Besucher 10 km nördlich von Walvisbaai auf dem Wege nach Swakopmund sehen. Die Plattform, 1 500 qm groß, wurde 1932 - 1939 erbaut, und Tausende von Vögeln legen hier ca. 1 000 t Guano jährlich ab.

Wirtschaftlich spielt auch heute noch der Fischfang eine große Rolle, besonders der Fang von Anchovis (Sardellenart) und Pilchard (Sardinen). Leider ist in den letzten Jahren zu viel gefischt worden, vor allem durch fremde Nationen; und seit 1978 sind die Pilchard-Fänge fast gänzlich ausgeblieben. So ist man gezwungen, viel weiter hinauszufahren - bis zu 400 Meilen.

Ungefähr 6 000 Menschen sind direkt oder indirekt an der Fischindustrie beteiligt. Die Produktion konzentriert sich auf Fischmehl, Öl und Fischkonserven.

Ein großes Problem von Walvis Bay war in der Vergangenheit auch die **Trinkwasserversorgung.** 1899 wurde eine Kondensationsanlage gebaut, doch das Wasser war damals das teuerste der Welt: 1 000 Gal-lonen (4 546 l) kosteten 10,50 Rand! Das Wachstum der Stadt, der Wasserbedarf der Schiffe und der Lokomotiven überstiegen bald die Kapazität. In den nächsten Jahren wurden Bohrungen stromaufwärts des Kuiseb bei Rooibank unternommen. Fazit: von diesen Fundstellen bezieht Walvis Bay seit 1927 täglich 4,5 Millionen Liter Wasser. Damit sank der Preis für 1 000 Gallonen auf einen Rand. Heute werden von den Rooibank-Wassergewinnungsanlagen Walvis Bay, Swakopmund und die Rössing-Mine versorgt. Die Wasservorräte werden als groß eingeschätzt.

Gärtner haben in Swakopmund und Walvis Bay ein spezielles Problem: der Grundwasserspiegel liegt nur 3 m unter der Erdoberfläche, und dieses Wasser ist 4,5 mal salzhaltiger als das Meerwasser! So können nur relativ flachwurzelnde Pflanzen gedeihen. Es können hier salzresistente Pflanzen und Bäume wie Kasuarinen (auch in Australien beheimatet) wachsen.

Im Gegensatz zu Swakopmund leben hier nur sehr wenige Deutsche, die sich bevorzugt in Swakopmund auch versorgen. Insgesamt ist die Bevölkerungszahl schwankend, da der Fischfang saisonal ist. Die Hauptfangzeit liegt zwischen März und August. Von den 23 000 Einwohnern sind ca. 70 % Farbige und Schwarze. Viele Weiße wandern aus Walvis Bay ab, da die hier geltenden südafrikanischen Steuern höher sind als in Namibia.

Südlich der Stadt befinden sich sehenswerte **Salzgewinnungsanlagen.** In der Gegend von Walvis Bay, in den Dünen am Swakop und Kuiseb wachsen Nara-Melonen.

---

i *Informationen über Nara-Melonen*

Nara-Melonen gehören zu den Kürbisgewächsen und benötigen viel Wasser, das unter den Dünen vorhanden ist. Deshalb hat die Pflanze tiefe Wurzeln. Naras sind in der Sommerzeit (ab Dezember) erntereif. Ist die Frucht reif, so hat sie eine gelbe und harte Schale.

Nara-Melonen

244

Wie gehen die Topnaar-Hottentotten mit den Naras um?
"Zu Beginn jeden Jahres unternehmen viele Topnaar Ausflüge in die Dünen am Kuiseb Fluß nahe Walvis Bay, wo die Nara-Melonen wachsen. Jede Melone wird auf ihre Reife geprüft und dann mit einem Stock abgeschlagen. Dann entfernt man das süße, stark nach Kräutern duftende Fruchtfleisch und kocht es über dem offenen Feuer. Die Samenkörner werden durch ein Sieb von der "Suppe" getrennt, die man nun in den sauberen Sand gießt. Nach zwei bis drei Tagen wird der Kuchen gewendet, damit auch das Öl der anderen Seite wegsickern kann. Ist die Masse getrocknet, wird sie in Streifen geschnitten und als süßer Leckerbissen verzehrt. Dazu drückt man ein Stück an den Gaumen und leckt daran, denn wegen des anhaftenden Sandes kann man es kaum kauen."
aus: Bannister und Johnson, Afrikas herbes Paradies Namibia, Kapstadt/Johannesburg 1978, S. 43

Eine "Nara-Düne"

Jede Düne, auf der Nara wächst, gehört zu einer bestimmten Familie. Doch in den letzten Jahren ist hier das ökologische Gleichgewicht gestört: viele Nara wachsen nicht mehr, weil der Wasserspiegel stark gesunken ist. Grund: das Abpumpen des Wassers bei Rooibank.

34 km nördlich von Walvis Bay liegt Swakopmund. Kurz vor der Stadtgrenze überquert man auf einer 688 m langen Brücke das Rivier des Swakop. Diese längste Brücke des Landes weist Fundamente auf, die 30 m tief in den sandigen Untergrund eingelassen sind.

3.3.11 SWAKOPMUND

3.3.11.1 TOURISTISCHE INFORMATIONEN

Übernachtungen
In Swakopmund gibt es zahlreiche Unterkunftsmöglichkeiten in Hotels und Pensionen.

 Hotel Europa Hof**, Bismarck Str., P.O.Box 1333, Swakopmund 9000, Tel.: 0641 / 5061/2 und 5898, vor einigen Jahren von einem deutschen Hotelier übernommen und neugebaut, offeriert ausgezeichnete Langusten und andere Spezialitäten

Hansa Hotel***, Roon Str., P.O.Box 44, Swakopmund 9000, Tel.: 0641 / 311, ein besonders vornehmes Hotel

Strand Hotel**, The Mole, P.O.Box 20, Swakopmund 9000, Tel.: 0641 / 351, günstig gelegen

Burghotel Nonidas*, P.O.Box 6, Swakopmund 9000, Tel.: 0641 / 4544, ca. 12 km östlich von Swakopmund an der B 2 gelegenes gemütliches Haus mit Restaurant und Kneipe; Nonidas war ehemals ein deutsches Fort.

Dünen Villa, Dünen Road 7, P.O. Box 295, Swakopmund 9000, Tel.: 0641 / 4319, private Unterkunft (mit Innen-Schwimmbad) bei Familie Graap

 Preiswerte **Ferienhäuschen** vermietet der Naturschutz, allerdings gibt es in den Häuschen kein Küchengerät, Geschirr und Besteck. **Buchungsadresse**: Directorate: Nature Conservation and Recreation Resorts, Reservations, Private Bag 13267, Windhoek 9000, Tel.: 061 / 36975 oder direkt in Windhoek (Reservierungsbüro seitlich des Hauptpostamtes in der Kaiserstraße)

 Camping
Meile 4 (nördlich der Stadt) bietet als Campingplatz Raum für Camperfahrzeuge und Zelte. Es gibt allerdings keine Rasthäuschen.

Restaurants
 **Bayern Stübchen**, 13 Garnison Str., Tel.: 0641 / 4793, deutsche Küche

Burghotel Nonidas Restaurant, 12 km außerhalb von Swakopmund an der B 2 gelegen, Tel.: 0641 / 4544, traditionelle deutsche Küche

Café Anton, Ecke Bismarck/Post Str., Tel.: 0641 / 2419, bekannt für seine Schwarzwälderkirsch-Torte, abends geschlossen

Erich's Restaurant, 21 Post Str., Tel.: 0641 / 5141, Steaks und Fischgerichte

Europahof Hotel Restaurant, Bismarck Str, Tel.: 0641 / 5061, à la carte

Hotel Europa Hof

★★ TYYY

P.O. Box 1333 · Swakopmund 9000

Tel. 0641 / 5061 / 2

Das Hotel Europa Hof liegt nur 200 m vom Strand entfernt.

- Gemütliche Atmosphäre in Bar und Speiseraum
- Alle Zimmer mit Dusche oder Bad
- Neue Bar
- Abendessen in gepflegter Umgebung
- Unter der persönlichen Leitung und Aufsicht der Besitzer!

Swakopmund

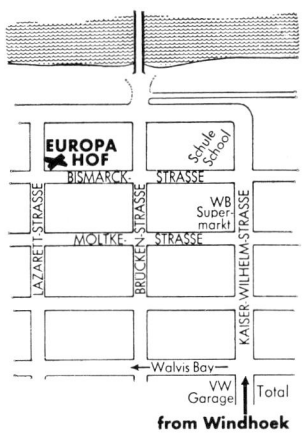

CHARLY'S DESERT TOURS

Telefon 06 41 / 43 41
Postfach 1400
Kaiser-Wilhelm-Street 11

Swakopmund 9000
Namibia

Als ältestes Safari- und Tagestourenunternehmen in Swakopmund bieten wir Ihnen die folgenden Touren per Landrover:

- Ganz- und Halbtagestouren in die Namib Wüste mit Schwerpunkten Sanddünen, Mondlandschaft, Welwitschia Mirabilis, Mineralienfundstellen, Oase Goanikontes.

- Ganztagestour nach Sandwich Harbour, der natürlichen Süßwasserlagune mit Vogelparadies.

- Halbtagestour nach Kreuz Kap mit Robbenkolonie

- Übernachtungssafaris in Zelten oder unter klarem Sternenhimmel nach Sossusvlei (höchste Dünen der Welt).

CHARLY'S OVERLAND SAFARIS

bietet Touren nach Damaraland, Kaokoland und Botswana mit mehr als 4 Übernachtungen.

Täglich geführte Touren per Landrover

GÄSTE-FARM AM ERONGO-GEBIRGE

☎   ✉

WINDHOEK 061-35742   **266**
USAKOS 062242-1111   **USAKOS**
TELEX 50908-830   **9000**
★ ★ ★
T YYY

AMEIB, kontrastreiches Touristenparadies, bietet einen Zufluchtsort für die Feinschmecker der Jagd- und Photosafaris. Die Farm AMEIB – der Ausdruck bedeutet in der Damarasprache „das grüne Gesicht" – besitzt einen einzigartigen Charakter.

Durch die Buschmannzeichnungen und die Phillipshöhle ist AMEIB weltbekannt. Die unter Denkmalschutz stehende Höhle bietet eine ganz besonders schöne Kollektion von Felsmalereien, darunter auch den „Weißen Elefanten".

Die gewaltigen Felsskulpturen sind stille Zeugen der unergründlichen Vergangenheit und ein unerschöpflicher Schatz von Motiven für Photographen.

Wenn der Sonnenuntergang die Felsen rot aufleuchten läßt, dann wird die Nachtstille unter dem sternenübersäten Himmelszelt nur noch durch den Ruf des Schakals und das Knistern des Lagerfeuers unterbrochen.

HERZLICH WILLKOMMEN AUF AMEIB

Für Ihre Entdeckungsfahrten steht Ihnen unser großer, moderner Fuhrpark, zu dem auch stabile Fahrzeuge mit Vierradantrieb gehören, zur Verfügung.
We have a large fleet of modern touring vehicles, including sturdy four-wheel drives, for exploring the territory.

See Africa Tours
Individuelle Safaris Heinz Rehaag
Swakopmund 9000   P. O. Box 127   SWA / Namibia

Individuelle Safaris
– besonders für kleine Gruppen –
per Geländewagen – per Flugzeug werden organisiert
– in kurzer Zeit viel sehen und erleben —

von Swakopmund aus:
z. B. Wüstenfahrten mit oder ohne Übernachtung

Halbtagesflug nach Sussusvlei
auch mit Zeltübernachtung, Braai und Landroverfahrt in die Dünen

Ganztagesflug zur Palmwag Lodge mit Pirschfahrt
(Wüstenelefanten und Nashörner) im Damaraland, zurück über die
einsame Skelettküste – auch mit Übernachtung möglich –

Flüge und Fahrten
nach Etosha, Lüderitzbucht, zum Kavango, nach Botswana und . . .

HEINZ REHAAG

✉ 127, 9000 Swakopmund,
SWA / Namibia, ☎ 5243

Booking: See Africa
Safari Shop,
Tel. 0641-5566

Hansa Hotel Restaurant, Roon Str., Tel.: 0641 / 311, à la carte
Kücki's Pub Restaurant, 22 Moltke Str., Tel.: 0641 / 2407, Steaks,
Fischgerichte und Pizzas
La Trattoria, Breite Str., Tel.: 0641 / 2826, italienische Küche
Strand Hotel Restaurant, The Mole, Tel.: 0641 / 315, à la carte

Die Firma **Charley's Desert Tours** (P.O.Box 1400, Swakopmund 9000, Kaiser-Wilhem-Str. 11, Tel.: 0641 / 4341) bietet besonders fachkundig geführte Touren in die umliegende Wüste, aber auch Touren bis zum Sossusvlei an.

Individuelle Flug- und Landsafaris offeriert **See Africa Tours**. Auskunft erteilt:
See Africa Tours, P.O.Box 127, Swakopmund 9000, Tel.: 0641 / 5566 bzw. der See Africa Safari Shop.

Kamel-Ritte bietet Frau Erb (Tel.: 0641 / 363) an. Die Kamel-Farm liegt zwischen dem Burghotel Nonidas und dem Rössing Country Club entlang der B 2. Um die Jahrhundertwende ritten die Schutztruppler auf Kamelen - und heutzutage Touristen. Ausflüge mit Übernachtungen in der Wüste sind möglich, Schlafsack und Essen müssen mitgebracht werden, auf Ihr Kamel müssen Sie nachts selber aufpassen.

Buch- und Kartentip:

Massmann Ursula, Swakopmund - eine kleine Chronik, Swakopmund 1982

In der **Swakopmunder Gerberei** (Tannery), Leutweinstr. 7, können Sie die unverwüstlichen, bequemen Kudulederschuhe preiswert einkaufen.
Die **Swakopmunder Buchhandlung Delius** in der Kaiser-Wilhelm-Straße bietet als breites Sortiment deutschsprachige Literatur über Namibia an.
Die freundliche Jenny Carvill bietet in ihrem **Karakulia Workshop** Karakulteppiche bester Qualität mit landestypischen Mustern an. Teppiche können auch problemlos nach Europa versendet werden.
African Art Jewellers, Moltkestr. 10, Tel.: 0641/5566, ist bekannt für ausgezeichneten handgefertigten Schmuck.

3.3.11.2 ÜBERBLICK

Swakopmund ist kulturell und architektonisch in besonderem Maße durch die deutsche Kolonie geprägt. Die Straßen tragen deutsche Na-

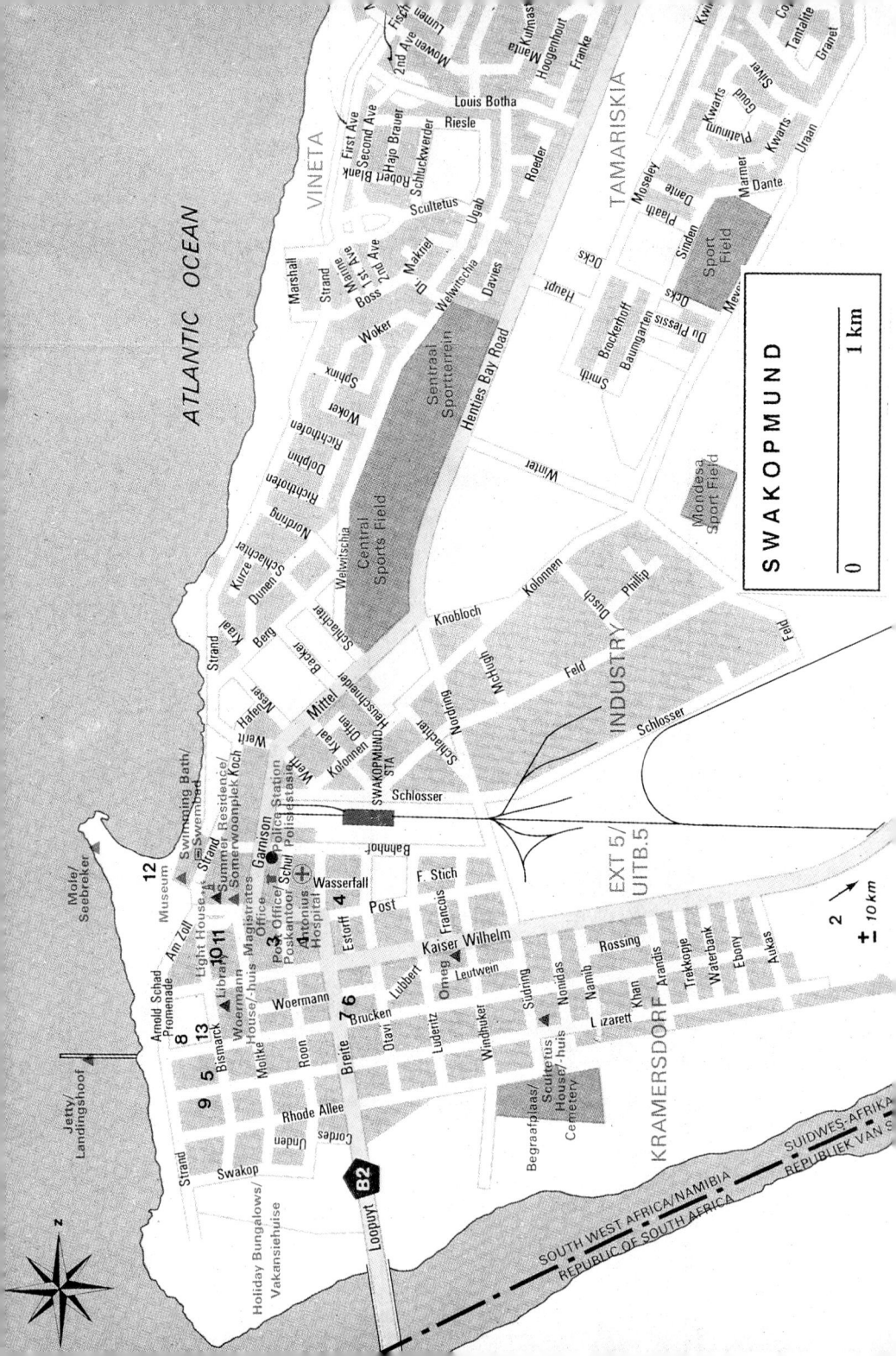

men, in den Geschäften wird deutsch gesprochen. Von den 17 000 Einwohnern sind 37 % weiß, davon wiederum 80 % deutscher Abstammung. Die drittgrößte Stadt des Landes (nach Windhoek und Rehoboth; National Atlas of South Africa, S.87) ist von einem gemäßigten Klima geprägt. Aufgrund des kalten Benguela-Stroms sind die Temperaturen hier angenehm und überhaupt nicht "afrikanisch", sondern eher dem Nordseebereich ähnlich. Morgens ist es oft nebelig, und selbst im Sommer steigt die Wassertemperatur nicht wesentlich über 20 - 22° C, während sie in den Wintermonaten auf 13° C absinkt. Das aber hält die "Südwester" nicht ab, in Scharen hierher zu kommen - besonders während der Weihnachtsferien. Denn allzu gerne entflieht man der unerträglichen Hitze im Landesinneren. So ist die gesamte Infrastruktur des Ortes sowie der weiter nördlich gelegenen Siedlungen auf Feriengäste abgestimmt. Viele verbringen in Swakopmund ihren Lebensabend.

Hauptstraße von Swakopmund

Der Name Swakopmund stammt vom Swakop ab, der südlich der Stadt in den Atlantik mündet, falls er, was sehr selten ist, Wasser führt. Swakop ist die lateinische Schreibweise des Nama-Wortes "Tsoaxoub". Dieses Wort bedeutet Exkremente. Die Nama bezeichnen diesen Fluß deshalb so, weil er in den Zeiten der Wasserführung mit sehr schmutzigen Schlammassen "abkommt".

Bislang schützte der Fluß den Ort vor Versandung, doch seit seinem Aufstau fließt nur noch sehr selten Wasser in seinem Flußbett. Völlig anders war das Bild, als holländische Seefahrer 1793 hier landeten und den Swakop landeinwärts verfolgten. Üppige Vegetation, Elefanten, Springböcke, ja gar Nashörner konnten gejagt werden. Seit einigen Jahren entnimmt auch die Uran-Mine bei Rössing große Wassermassen aus den Kiesschichten des Riviers.

3.3.11.3 GESCHICHTE

Am 7.8.1884 wurde Südwest zum deutschen Schutzgebiet deklariert. Damals übernahm das Deutsche Reich den Schutz über die von Adolf Lüderitz gekauften Gebiete (s.a. Kapitel 1.3). In der Folgezeit war man bemüht, das Schutzgebiet zu fördern. Der Kontakt zum Mutterland bedingte einen Hafen. Doch entlang der ca. 1 400 km langen Küste befand man nur zwei Buchten für die Anlage von Häfen geeignet: Angra Pequena (Lüderitz) und Walvis Bay. Doch bei beiden gab es Nachteile: das direkte Hinterland bildete einen Sanddünen-Gürtel. Und da seit 1878 Walvis Bay in britischem Besitz war und die geographische Lage von Lüderitz zum Landesinneren nicht gerade günstig war, forschte man weiter nach einem möglichen Hafenort. Damit waren vor allen Dingen die Schiffe der Kaiserlichen Marine betraut. Zwar stellte man nördlich und südlich eine Menge von Buchten fest (z.B. Sandwich Harbour, Kap Frio), doch gab es an diesen Stellen kein Wasser, und auch die Verbindungen ins Landesinnere waren sehr schlecht.

Am 4.8.1892 landete Hauptmann Curt von Francois mit dem Kanonenboot "Hyäne" etwas nördlich der Swakop-Mündung. Da hier auch Süßwasser gefunden wurde und der Weg ins Landesinnere verhältnismäßig günstig verlief, wurde der Grundstein der Stadt gelegt. In der Folgezeit kamen immer mehr Schutztruppler und Siedlerfamilien hier an. Swakopmund wurde für sie die erste Begegnung mit dem ihnen so fremden Land. Das erste größere Schiff landete am 23.8.1893. Es war die "Marie Woerman", die 120 Schutztruppler sowie Siedler brachte. Wie eine solche Landung vor sich ging, schildert der nachfolgende Bericht:
"Es ist interessant, sich heute einmal ins Gedächtnis zurückzurufen, wie solche Landungen damals nun eigentlich vor sich gingen. Die Dampfer lagen etwa einen Kilometer von der Küste entfernt auf Reede. Vom Strand ruderten, wenn es der Seegang zuließ, Brandungsboote mit Crewleuten bemannt, die die Schiffe geschickt durch den Brandungsgürtel bugsierten, zu den Schiffen. Dort wurde die Ladung mittels der Schiffskräne in die Boote befördert und zurückgerudert, wobei wieder der gefährliche Brandungsgürtel zu überwinden war. Dann wurden die Kisten und Kasten auf höhere, trockene Stellen getragen und gestapelt und später in Lagerschuppen untergebracht." (aus: Swakopmund, "Eine kleine Chronik", 1982, S.8)

Die erste Zeit mußten also Frachten und Passagiere von den weit draußen ankernden Schiffen mittels Booten abgeholt werden. Da die See hier sehr unruhig war, übernahmen z.T. Bootsfahrer aus Liberia, die an ein so brandendes Meer gewöhnt waren, die Überfahrt. So baute man ab 1904 eine Holzbrücke, die 1907 eine Gesamtlänge von 325 m erreichte. Doch Springfluten und sog. Bohrwürmer setzten diesem Bauwerk zu. Von dieser Brücke ist heute nichts mehr zu sehen, da die südafrikanische Besatzungsmacht sie 1916 abreißen ließ.

1912 begann man mit dem Bau einer Eisenbrücke, die 640 m lang werden sollte. Aber sie konnte nur auf 262 m Länge fertiggestellt werden, da dann der 1. Weltkrieg begann.

Swakopmund entwickelte sich zum Eingangstor des Landes. Zunächst stand aber ins Hinterland nur der sog. "Baaiweg" zur Verfügung (von Walvis Bay über die Namibfläche bis zum Swakoptal nach Otjimbingwe). Eine Ochsenwagenfahrt von Swakopmund nach Windhoek dauerte damals 2 - 3 Wochen; Reiter legten diese Strecke in 3 Tagen zurück. 1897 begann man mit dem Bau einer Schmalspurbahn nach Windhoek, die gesamte Strecke (382 km) war 1902 fertig. Etwa parallel zur Eisenbahnlinie entwickelte sich eine neue Straßenverbindung, die bis 1967 in der Gesamtlänge asphaltiert wurde.

3.3.11.4 SEHENSWÜRDIGKEITEN

Bahnhof
Er wurde 1901 erbaut und dient auch heute noch seinem ursprünglichen Zweck.

Eisenbrücke
(s. Text über die Geschichte Swakopmunds)
Seit 1985 ist die Brücke wieder freigegeben, nachdem sie mit neuen Betonpfeilern verstärkt wurde. Ein Großteil der Kosten wurde durch Spenden aufgebracht.

Evangelisch-lutherische Kirche
1909 wurde mit dem Bau begonnen, 1912 fand die Einweihung statt.

Gefängnis
Sie werden bei dem schönen Gebäude sicherlich nicht dessen ursprüngliche Funktion vermuten. Im Hauptgebäude waren Wohnungen der Polizeibeamten vorgesehen, im Seitentrakt befanden sich die Zellen. Übrigens lag das Gefängnis früher weit außerhalb der Stadt!

Kaserne
Sie ist im typisch deutschen Kolonialstil erbaut. Ursprünglich wurde sie für das deutsche Eisenbahnregiment errichtet, das 1905 die Holzbrücke baute. Von 1927 - 1975 diente sie als Schule, heute ist sie ein Jugendheim.

Marinedenkmal
Es erinnert an die Teilnehmer des Marine-Expeditionskorps, die während der Herero-Aufstände 1904/07 ihr Leben ließen. Das von der Marineinfanterie Kiel gestiftete Denkmal wurde 1909 enthüllt.

Martin Luther - die berühmte Dampflokomotive
In der Zeit vor dem Eisenbahnbau fand der gesamte Frachtverkehr ins Inland mit Ochsenwagen statt. Manchmal gab es entlang der Strecke keine ausreichende Weidemöglichkeit und nicht genug Wasser, so daß die Tiere verendeten. Diesem Mißstand wollte ein Oberleutnant der Kaiserlichen Schutztruppe, Edmund Troost, ein Ende setzen. An den Bau einer Eisenbahn dachte man noch nicht. In der deutschen Maschinenfabrik Dehne/Halberstadt entdeckte er eine Dampflokomotive, die er aus eigener Tasche bezahlte.

1896 wurde das 280 Zentner schwere Gefährt in Walvis Bay ausgeladen. Der aus Deutschland mitgereiste Lokomotivführer reiste nach Ablauf seines 5-Monatsvertrages unverrichteter Dinge wieder ab, da Troost seinen dienstlichen Pflichten in der Schutztruppe nachkommen mußte und keine Zeit fand, sich um sein Vorhaben zu kümmern. Schließlich schaffte es die Lokomotive doch, in drei (!) Monaten die 30 km lange Strecke von Walvis Bay nach Swakopmund zurückzulegen. Riesige Schwierigkeiten bereitete allein die Wasserversorgung des Gefährts, denn 1 000 l kosteten 30 Mark. Troost berichtete selbstironisch: "Um am Sonnabend arbeiten zu können, mußte man von Montag bis Freitag Wasser heranfahren".

Nachdem die Lokomotive mit drei Anhängern einige Transporte bis nach Nonidas sowie nach Heigamchab geschafft hatte, versackte sie eines Tages an der Stelle, wo sie heute festmontiert steht. Eine Anekdote berichtet von der "Namensverleihung":
Dr. Max Rhode soll in einer feucht-fröhlichen Runde im "Bismarck" wie folgt gewitzelt haben: "Wißt ihr schon, daß der Dampfochse jetzt Martin Luther heißt?" "???" "Weil er auch sagen kann: Hier steh' ich, ich kann nicht anders" (nach dem Wort des Reformators im April 1521 vor dem Reichstag zu Worms). Dieser Name hat sich bis zum heutigen Tag gehalten. (aus: Swakopmund, Eine Kleine Chronik, a.a.O., S. 39)

Omeghaus und Sam Cohen Bibliothek
Im typischen Kolonialstil erbaut, war dies ein Besitz der Otavi-Minen- und Eisenbahngesellschaft. Es gehört heute der Gesellschaft für Wissenschaftliche Entwicklung. Die Sam Cohen Bibliothek (nebenan) stellt eine bedeutende Africana-Sammlung dar.

Swakopmunder Museum
Den Besuch des Museums dürfen Sie keineswegs versäumen. Seine Entstehung ist dem langen Einsatz von Dr. Weber zu verdanken. Die naturwissenschaftliche Sammlung stellt den Gegensatz Namib und Meer didaktisch hervorragend heraus. Ebenso sind die historische und die völkerkundliche Sammlung sehenswert.

> **i** *Dr. Alfons Weber: Ein Zahnarzt wird Museumsgründer*
>
> *Wie so oft im menschlichen Leben, verlief auch der Lebensweg von Dr. Weber nicht ganz gradlinig. 1931 kam er aus München als junger Zahnarzt in das recht verschlafene Swakopmund. Bald mußte er einsehen, daß er nicht genügend Patienten in der Stadt fand, und so machte er sich per Bahn als fahrender Zahnarzt auf den Weg zu seinen Patienten im Norden. Die Menschen waren froh, fernab der Zivilisation zahnmedizinisch versorgt zu werden. So mancher wurde von wahrlich bohrenden Schmerzen befreit. Bei diesen Überlandfahrten lernte der kontaktfreudige Dr. Weber viele Menschen unterschiedlicher Gesellschaftsschichten kennen - und durch diese Begegnungen bekam er einen immer tieferen Einblick in die Geschichte*

des Landes. Ab und zu entdeckte er dabei alte Dinge -
Bücher, Karten, Haushaltsge-
genstände, Werkzeuge -, die
scheinbar keiner mehr brauchte. Diese Dinge stammten
meist aus der deutschen Kolonialzeit, aber er entdeckte auch
viele Arbeiten aus der Hand
von Eingeborenen. Schnell gab
man seinem Wunsche nach,
das eine oder andere mitzunehmen - man brauchte es ja
doch nicht. Und je fündiger
Dr. Weber wurde, desto mehr
steigerte sich seine Sammellei-
denschaft. Und das tat er auch
schon mit der festen Absicht,
die entstehende Sammlung für
die nachfolgende Generation
bereitzustellen, damit sie einen
Einblick in die Geschichte des
Landes anhand konkreter Relikte gewinnen kann. Im Jahre 1950/51
veranstaltete die Swakopmunder Stadtverwaltung einen Wettbewerb
mit dem Ziel, die kommende Saison publikumswirksam zu gestalten.
Das war Dr. Webers Stunde. Er reichte den Vorschlag zur Museums-
gründung ein. Und er gewann den Wettbewerb. Zunächst war die inzwischen angewachsene Sammlung in einem großen Holzschuppen
untergebracht. Aber Dr. Weber ruhte in seinen Bemühungen nicht.

Neun Jahre später entstand mit städtischer, staatlicher und privater
Unterstützung ein Museums-Neubau. Und das ist das Gebäude, das
heute der Besucher betritt und in dem er die historischen und naturwis-
senschaftlichen Sammlungen bewundern kann. Bei einem Interview
mit Lisa Kuntze antwortete Dr. Weber auf die Frage, was ihn im Lande
festgehalten habe: "Es war mir, als sei mir ein Auftrag erteilt worden,
dem ich zu folgen hatte. Vielleicht klingt Ihnen das zu religiös, aber ich
habe ihn so aufgefaßt. Von Anfang an war meine Arbeit für weiße und
schwarze Menschen gedacht - ich wollte eine Bildungsstätte für alle
schaffen - und ich sehe es auch weiterhin als verpflichtende Aufgabe
an, auf diese Art meinen Teil beizutragen zu einem gegenseitigen
Verstehen und zu einer friedlichen Lösung des Schwarz-Weiß-Pro-
blems, zum Segen aller."

(Lisa Kuntze, Was hält Euch denn hier fest?, Windhoek 1982, S.
182)

Woermann-Haus

1905 erbaut, diente es als Wohn- und Geschäftshaus der damals bedeutendsten Handelsfirma, der Damara & Namaqua Handelsgesellschaft, aus der sich 1909 die Firma Woermann, Brock & Co entwikkelte. Von 1924 - 1972 diente es als Schülerheim. Dem Haus drohte der Abriß, der durch Engagement der 'Swakopmunder' verhindert wurde. 1975 wurde es restauriert und beherbergt seitdem die öffentliche Bibliothek. In der oberen Etage ist eine Kunstgalerie untergebracht.

3.3.11.5   AUSFLÜGE VON SWAKOPMUND

* zu den Salzpfannen

Direkt nördlich von Swakopmund wird in großen Anlagen Salz gewonnen (160 000 t/Jahr). Es wird vor allem nach Südafrika geliefert, wo man es zur Herstellung von Plastik und anderem synthetischen Material benötigt. Schon in deutscher Zeit begann man mit der Salzproduktion. Wie geht die Produktion nun vor sich?
Zunächst einmal wird Seewasser in flache Pfannen geführt. Durch Verdunstung erhöht sich der Salzgehalt immer mehr, bis er 17 % erreicht und sich in Kalziumsulphat ablagert. Wenn der Salzgehalt 25 % erreicht, wird die Lösung in Verdunstungsbecken übergeführt, wo Natriumchlorid kristallisiert. Das Salz wird danach abgeschabt, gewaschen, gereinigt und getrocknet. Das aufbereitete Endprodukt hat dann einen Reinheitsgrad von 99,6 %.

* zu den Camping- und Badeplätzen

 Nördlich von Swakopmund gibt es eine große Anzahl direkt am Strand gelegener Campingplätze: eile 14, Meile 72, Meile 108, Jakkalsputz.

Weitere Übernachtungsmöglichkeiten gibt es im nördlich davon gelegenen Skelettküsten-Park:

 Torra Bay: Dieses Camp ist nur vom 01. Dezember bis 31. Januar geöffnet. Buchungen werden erst ab dem 1.11. entgegengenommen (Director of Tourism, Reservations, Private Bag 13267, Windhoek 9000, Tel.: 061 / 36975 oder direkt in Windhoek (Reservierungsbüro seitlich des Hauptpostamtes in der Independence Avenue). Das Permit zum Eintritt in den Skelettküsten-Park ist nur in Windhoek beim Naturschutz erhältlich. Zu beachten ist, daß der Ugab River (Kontrollposten) nur bis 15 Uhr überquert werden darf.

* **zum Robbenreservat Cape Cross**

 Das Robbenreservat ist nun täglich außer Freitag von 10.00 - 17.00 Uhr geöffnet. Es gibt hier keine Unterkünfte; Trinkwasser und Toiletten sind aber vorhanden.

 Streckenhinweise:

Auf guter Pad fahren Sie in nördliche Richtung 125 km entlang der Küste über Wlotzkasbaken und Hentiesbaai.

Am Kreuzkap errichtete Diego Cao 1486 zu Ehren König Johannes von Portugal ein padro (Kreuz). Er war wohl der erste Europäer, der südwestafrikanisches Gebiet betrat. Vorbeifahrende Schiffe sahen dieses Kreuz später von See aus auf ihrem Wege von der Kongomündung über Angola und Cape Cross weiter nach Lüderitz. Es war Brauch der Portugiesen, überall dort, wo sie landeten, ein Holz- oder Kalksandstein-Kreuz zu errichten. Die Kreuze hatten **verschiedene Funktionen:**

* Symbolträger für das **Christentum,**

* Dokumentierung des Rechtes der **Besitzergreifung,**

* **Landmarke** für vorbeifahrende Schiffe.

 Buchtip

Krynauw von D.W., Das Kreuzkap, Windhoek 1970

Als Deutsch - Südwest etabliert wurde, schickte man sich 1884 sofort an, einen besseren Hafen als Swakopmund zu suchen. Kapitän

Becker mit dem deutschen Kreuzer "Falke" sollte diese Aufgabe lösen. 1892 fiel ihm das Kreuzkap auf, er fuhr aber weiter nach Swakopmund, um zusammen mit von Francois dorthin zu fahren. Dieser war aber gerade in Windhoek; sein Assessor Köhler begleitete deshalb Becker. Man stellte fest, daß bei nicht zu stürmischer See Landemöglichkeiten für Schiffe hier bestehen würden. Doch dieser Ankerplatz hatte einen entscheidenden Nachteil: Man fand kein Wasser!

Auf der Suche nach Wasser stießen Leute von Becker auf das inzwischen halb umgestürzte Steinkreuz, das man nach Deutschland mitnahm. Es gelangte schließlich nach Berlin in ein Museum. Ersatzweise stellte Becker am Kreuzkap ein 5 m hohes Holzkreuz auf. 1895 wurde hier dann eine aus Deutschland gebrachte Nachbildung des Originalkreuzes aufgestellt. Bald darauf (1895) machte sich von Francois auf einen Fußmarsch zum Kreuzkap auf, der sieben Tage dauerte. Auch er fand keine geeignete Alternative.

Trotzdem sollte der verlassene Platz für einige Zeit ein wirtschaftlicher Mittelpunkt werden!
Am Kreuzkap tummelten sich Tausende von **Robben**, die seit dem 17. Jahrhundert wegen ihres Fleisches, des Öls und der Felle heiß begehrt waren. Auch **Guano-Lager** gab es in der Gegend, und zwar auf kleinen Erhebungen, die auf der Salzfläche lagen (einem Teil des früheren Meeres, das dann ausgetrocknet ist).

Der Engländer Matthews entdeckte 1894 die Robben und Guano-Lager im Auftrage der Deutschen Kolonialgesellschaft. Was er aber verschwieg, war das Auffinden der Guano-Lager. Einer seiner Verwandten stellte an die Gesellschaft den Antrag zur Robbenjagd und zum Guano-Abbau. Ohne Ahnung von den Guano-Lagern zu haben, vergab die Gesellschaft für jährlich 500 Pfund für 10 Jahre die Konzession.

So arbeiteten 1895 etwa 100 Menschen am Kreuzkap. Süßwasser kondensierte man. Allein in den ersten drei Monaten wurden 6 000 t Guano abgebaut, wofür die Deutschen 135 000 RM alleine an Zöllen kassierten. Im gleichen Zeitraum wurden 2 500 Robbenfelle ausgeführt.

1903 neigten sich die Guano-Lager dem Ende zu; auch die Robben waren sehr stark dezimiert, und die wirtschaftlichen Aktivitäten liefen aus.

Auch heute noch werden Robben in Namibia geschlachtet: ca. 50 000 Tiere pro Jahr, weil ihre Felle nach wie vor begehrt sind, aber auch weil sie zu viele Fische fressen.

Am Kreuzkap leben zwischen 80 000 und 100 000 Seebären (allg. Pelzrobbe, manchmal auch als Ohrenrobbe oder Seelöwe bezeichnet).

---

i   *Informationen über die Pelzrobben*

Die Pelzrobbe wird auch als Ohrenrobbe oder Seelöwe bezeichnet, und zwar in Abgrenzung zu der Robbenart, die keine Ohren hat. Die Zwergpelzrobbe ist eine der drei Robbenarten, die an der Küste zwischen Südangola und der Algoabucht heimisch sind. Normalerweise sind die Zwergpelzrobben standortgebunden, doch vereinzelt gehen Tiere auch auf Wanderschaft. Es soll schon Robben gegeben haben, die innerhalb von 20 Monaten 1 600 km bis zur Kapküste und wieder zum Kreuzkap zurück geschwommen sind. Das ganze Jahr über gibt es hier am Kreuzkap Robben.

Außerhalb der Paarungszeit sieht man kaum Bullen in der Kolonie; sie kommen erst im Oktober an Land, um ihren "Haremsbezirk" zu besetzen. Ausgewachsene Bullen können bis zu 190 kg schwer werden, doch zu Beginn der Brunftzeit sind sie so fettgefressen, daß sie es auf ein Gewicht bis zu 360 kg bringen können. Diese Fettreserven verbrauchen sie innerhalb der nächsten 6 Wochen, da sie mit viel Kraftaufwand ihre Territorien verteidigen müssen.

Die Kühe sind erheblich kleiner als die Bullen und wiegen nur bis zu 75 kg. Ein paar Wochen nach den Bullen kommen die trächtigen Kühe an Land, um hier ein einziges Junges zu gebären. Die Tragzeit dauert ca. 8 Monate. Etwa 5 bis 25 Kühe bilden den Harem eines Bullen, und bereits 7 Tage nach der Geburt beginnt wieder die Brunftzeit. Folglich ist eine Robbenkuh praktisch bis auf wenige Tage im Jahr trächtig.

Die meisten Robben werden gegen Ende November/Anfang Dezember geboren. Ihr Geburtsgewicht beträgt 4,5 - 7 kg, ihre Pelze sind pech-schwarz. Schon eine Stunde nach der Geburt beginnen die Jungen bei der Mutter zu saugen. Die Mutter entwickelt eine sehr starke Bindung zu ihrem Nachwuchs. Doch sie muß ihr Junges verlassen und wegen der Nahrungssuche aufs Meer hinausschwimmen. Durch gegenseitiges Rufen finden sich Mutter und "Kind" wieder. Fast ein Jahr säugt die Mutter ihr Junges. Im Alter von 4 - 5 Monaten beginnen die Kleinen, Schalentiere und kleine Fische zu fressen. Und im Alter von 7 Monaten können sie bereits bis zu 4 Tagen im Wasser bleiben.

*Die Sterblichkeitsrate der Kreuzkap-Robben beträgt ca. 27 % der Ge-burtenziffer. Vor allem in der 1. Lebenswoche sind die Kleinen stark gefährdet. Die häufigsten **Todesursachen sind:***
* ***Frühgeburten,***
* ***Verletzungen,*** *indem ein großes Tier im Gedränge ein kleines zer-malmt,*
* ***Ertrinken,***

> * **Verhungern**, *wenn die Mutter stirbt,*
> * *auch* **Schakale** *und* **Strandwölfe** *trachten erfolgreich nach dem Leben der jungen Robben; ca. 25 % der Todesfälle gehen auf ihr Konto.*
>
> *Der Robbenpelz fühlt sich sehr weich und geschmeidig an. Die Zwergpelzrobbe besitzt eine dichte Schicht kurzer Haare unter einer Deckschicht längerer und gröberer Schutzhaare. Die obere Haarschicht wird im Wasser naß, die unteren feinen Haare bleiben trocken und bilden eine Isolierschicht. Auch die Fettschicht sorgt für eine weitere Isolierung. Die Robben können auf diese Weise als Warmblüter mit einer Körpertemperatur von 37° C längere Zeit in den 10° - 15 ° kalten Fluten des Benguela - Stroms aushalten.*
>
> **Wovon ernähren sich Robben ?**
> *Zu 50 % leben sie von kleinen Fischen wie der Bastardmakrele und der Sardine, die in Schwärmen leben. Aber auch Krustentiere und Tintenfische werden nicht verschmäht. Bei alten Robben fand man in den Mägen sogar Kies und Steine, die vor allem verdauungsfördernd sind, aber auch dazu dienen, das Gleichgewicht besser zu halten.*
>
> *Robben fressen eine große Menge Fische, die ca. 8 % ihres Eigengewichtes entspricht. Kein Wunder, daß diese aktiven Tiere nicht zu den Freunden der Fischer zählen, denn neben ihrer Freßgier beschädigen sie oft auch die Netze der Fischer.*

Die Robbenkolonie bei Cape Cross ist deshalb so groß, weil hier der Plankton-Gehalt des Benguela-Stromes für **Fischreichtum** sorgt. Die felsige Landzunge und Kieselsteinstrände machen diesen Platz zusätzlich attraktiv.

Die Verarbeitung der geschlachteten Tiere geschieht ohne Rückstände. Man gewinnt u.a. Knochenmehl und verschiedene Öle, die der Parfumherstellung dienen.
Insgesamt gibt es an der Küste Namibias 23 Robbenkolonien, die zusammen ca. eine Million Tiere aufweisen.

* **zur Welwitschia mirabilis**

Es gibt u.a. zwei Möglichkeiten, diese Pflanzen zu sehen:

* Um zur Welwitschia-Fläche zu gelangen, müssen Sie sich zuerst im Touristen-Büro in Swakopmund eine Erlaubnis besorgen (Gebühr 1 Rand). Dort erhalten Sie auch einen Plan mit genauen Anfahrtshinweisen ausgehändigt.

* Ausgezeichnete Welwitschia - Pflanzen kann man entlang der Pad 2342 südlich des Brandbergs auf dem Weg nach Uis Myn bewundern. Meiner Meinung nach sieht man hier die schönsten Exemplare dieser Gattung. Sie fahren die Straße 2301 weitere 30 km von der Abzweigung nach Cape Cross nordwärts. Dann zweigt landeinwärts die Pad 2303 ein, die nach 65 km auf die 2342 stößt. Diese 2342 ist der "Welwitschia-Highway". Besonders der späte Nachmittag, wenn die Sonne das Brandberg-Massiv anstrahlt, ist die beste Fotografierzeit.

* Exkursion für Pflanzenliebhaber

 Für Pflanzenkundler gibt es einen hochinteressanten **Ausflug in die Umgebung von Swakopmund** (hin und zurück ca. 160 km). Die hier vorkommende Namib-Flora wird in dem von Patricia Craven und Christine Marais herausgegebenen Buch **"Namib Flora"** ausführlich beschrieben. Zeichnungen und eine Landkarte illustrieren das auch in deutscher Sprache erhältliche 126 Seiten starke Büchlein (zu kaufen u.a. in der Swakopmunder Buchhandlung Delius).

Informationen über die Welwitschia-Pflanze, Lithops und Euphorbien
Der Artname "mirabilis" stammt aus dem Lateinischen und heißt soviel wie "wunderbar". Der Gattungsname dieser Pflanze Welwitschia geht auf den Namen des Botanikers F.M.J. Welwitsch zurück, der 1806-1872 lebte. Bei einer Forschungsreise entdeckte dieser österreichische Wissenschaftler die nie zuvor in der Literatur erwähnte Pflanze. Als er am 3. September 1859 sie das erste Mal sah, soll er ausgerufen haben: "Ich bin überzeugt, das Schönste und Herrlichste gesehen zu haben, was die Tropenländer Südafrikas darbieten können!" (aus: Bannister & Johnson, a.a.O., S. 34)

Die Welwitschia mirabilis gehört zur Gruppe der Sukkulenten (s.a. Ausführungen Köcherbaumwald). Ihr Hauptverbreitungsgebiet ist ein relativ schmaler Streifen, der sich von Namibias Namib-Wüste bis nach Südangola hinzieht. Während in der Namib bei Swakopmund die Pflanzen sehr alt sind, findet man jüngere Pflanzen erst ab Khorixas und dann weiter nach Südangola. Die Ursache ist der von Süden nach Norden zunehmende Niederschlag, der jungen Pflanzen die Chance zum Leben gibt.
Ich selbst habe junge Welwitschia mirabilis 1986 gesehen, und zwar bei einer Durchquerung der Namib von der Skelettküste ins Damaraland (auf der Pad von Torra Baai nach Khorixas). Natürlich stehen alle diese Pflanzen unter Naturschutz, wie übrigens alle Sukkulenten.

Die Verbreitung der Welwitschia mirabilis scheint durch den Wind verursacht worden zu sein. Es wird vermutet, daß die nun trockene Schwemmlandebene in der Umgebung von Swakopmund die Urheimat der Pflanze ist und die vorherrschenden südwestlichen Winde für die Verbreitung nach Nordosten gesorgt haben.

Wie ist die Welwitschia mirabilis aufgebaut?

Der rübenförmige Stamm kann bis zu 3 m tief in der Erde stecken. Die Welwitschia mirabilis hat Pfahlwurzeln, die viele Verzweigungen haben. Außer den beiden Keimblättern entwickelt die Pflanze nur zwei sehr lange, lederartige Blätter mit Zellulosefasern, die am Stamm beginnen und zum Ende hin zerschlissen sind. Diese Blätter liegen auf dem Boden auf und werden daher durch den Wind zerzaust. Wenn die Blätter mit dem heißen Wüstensand in Berührung kommen, verdorren sie. Es sieht dann so aus, als ob sie verbrannt seien. Wenn allerdings die Blätter absterben, stirbt die ganze Pflanze.

Die beiden Keimblätter haben eine olivgrüne Farbe. Die getrennt geschlechtlichen Blüten stehen in rispigen Blütenständen. Die weibliche Blüte sieht Kiefernzapfen ähnlich. In der Mitte befindet sich die Samenanlage. Hier suchen Tiere (z.B. Bienen, Fliegen, Hummeln) in der Blütezeit Nektar. Manchmal fressen bzw. knabbern auch Zebras, Gazellen und Oryxantilopen an der Pflanze. Auch anderen Tieren bietet die Welwitschia mirabilis Schatten, Schutz und Nahrung: z.B. Schlangen, Spinnen, Echsen, Skorpionen.

*Über die **Wasserversorgung der Welwitschia mirabilis** gibt es viele Vermutungen. Man nahm an, daß sehr tiefreichende Pfahlwurzeln Grundwasserreservoire anzapfen würden. Doch mittlerweile weiß man, daß keine noch so lange Pfahlwurzel den tiefen Grundwasserspiegel erreichen könnte. Bei freigelegten Pflanzen fand man heraus, daß die rübenförmige Wurzel eine Länge von nur 50 - 100 cm hat. Von ihr gehen weit verzweigte, feine Haarwurzeln aus. An den Blättern der Welwitschia mirabilis kondensiert der Nebel, die Tropfen fallen auf den Boden und führen zu einer leichten Durchfeuchtung (nach: Giess, Dinteria 3/1969, S. 6).*

"Geschichtliches" zur Welwitschia mirabilis

Ihr Name geht auf den Botaniker Dr. Welwitsch zurück, der 1805 in Kärnten geboren wurde. Zuerst sollte er Rechtswissenschaften studieren, um das berufliche Erbe seines Vaters anzutreten. Doch er bevorzugte das Studium der Medizin und der Naturwissenschaften. Der Vater nahm ihm dies übel und entzog ihm jede weitere Unterstützung. Dr. Welwitsch unternahm zunächst Wanderungen in der Umgebung von Wien und im Alpenland, wobei er botanische Studien betrieb. Einige Jahre später wurde er Direktor des Botanischen Gartens in Lissabon und erhielt hier eine Professur. 1853 berief ihn die portugiesische Regierung zur Erforschung der Tier- und Pflanzenwelt in die Kolonie Angola. Dr. Welwitsch wagte sich bis an die Skelettküste vor und entdeckte hier die typischen Formen der Trockenvegetation, u.a. auch die nach ihm benannte Welwitschia mirabilis.

In den südwestafrikanischen-namibischen Wüsten- und Halbwüstengebieten findet man noch andere Sukkulenten, wie z.B. Arten der Gattung Euphorbien und Lithops ("Lebende Steine").

Euphorbia

Auf Ihrer Fahrt werden Sie sicherlich auch einige Arten der Gattung Euphorbia kennenlernen. Sie gehören zur Familie der Wolfsmilchgewächse (Euphorbiaceae). Diese Pflanzen sind ein Musterbeispiel für eine konsequente Nutzung und Speicherungsmöglichkeit von Wasser und gehören zu den **adaptionsfähigsten Sukkulenten**:
* ihr Stamm ist in die Erde verlegt,
* ihre Außenteile haben wachsartigen Verdunstungsschutz,
* die Transpiration wird durch viele, feine Härchen eingeschränkt,
* Stamm und Äste sind rauh und riffelig, was weiteren Verdunstungsschutz bietet,
* Stacheln und Dornen, giftige bzw. brennende Säfte dienen dem Schutz vor Tierfraß.

Es gibt eine Vielzahl von Euphorbien, so daß es zur genauen Unterscheidung der Arten einer eingehenden Bestimmung bedarf.

Lithops

Sie werden wegen ihrer Ähnlichkeit auch "Hottentottenpopos" genannt. Diese genügsamen Pflanzen haben ihren Stammplatz im Sand oder im Gesteinsschutt. In der feuchten Jahreszeit sind die beiden dickfleischigen Blätter voll Wasser gefüllt, zwischen denen die Blüte erscheint. Lithops-Arten können lange Dürreperioden überleben. Und wie meistens im botanischen Bereich gibt es auch bei dieser Pflanzengattung zahlreiche Arten und Unterarten.

264

3.3.12 ALTERNATIVSTRECKE VON SWAKOPMUND ZUR SKELETTKÜSTE

Tageskilometer:
ca. 347 (Swakopmund - Terrace Bay)

Tankstellen:
Swakopmund, Hentiesbaai, Terrace Bay

Übernachtung:

Im Camp Terrace Bay darf man nur in kleinen Häuschen inklusive Vollpension übernachten. Die Tarife schließen Unterkunft und drei Mahlzeiten ein (Einzelzimmer 60 Rand/Tag, Doppelzimmer 105 Rand/Tag). **Buchung:** Directorate: Nature Conservation and Recreation Resorts, Reservations, Private Bag 13267, Windhoek 9000, Tel.: 061 / 36975 oder direkt in Windhoek (Reservierungsbüro seitlich des Hauptpostamtes in der Kaiserstraße).

Alle Touristen müssen am Ugab River oder beim Kontrollpunkt Springbokwasser ein Permit vorweisen, das nur beim Naturschutz in Windhoek erhältlich ist. Den Ugab-Kontrollposten muß man spätestens bis 15.00 h, den von Springbokwasser bis 17.00 h erreichen.

Streckenhinweise:

Wenn Sie von Swakopmund aus nach Terrace Bay reisen, fahren Sie auf einer guten Salzpad am Kreuzkap (Robbenkolonie, s. vorhergehendes Kapitel) vorbei und erreichen am Ugab River den Kontrollposten des **Skeleton Coast Parks**. Sie sind nach 153 km in Terrace Bay.

Streckenbeschreibung:

Eine Naturpad zwischen Strand und Namib führt Sie entlang der Küste nach Norden nach Terrace Bay. Die Landschaft ist wild, stets weht ein Wind, nur flache Dünen begleiten den Weg.

Skelettküste

Der sicherlich sehr abweisend klingende Name dieses nördlichen Küstenabschnitts verrät die wahrlich rauhe Natur einer der urtümlichsten Landschaften der Welt.
Die sturmgezauste See des Südatlantik und die dichten Nebel über dem kalten Benguela-Meeresstrom ließen schon viele Schiffe hier stranden.

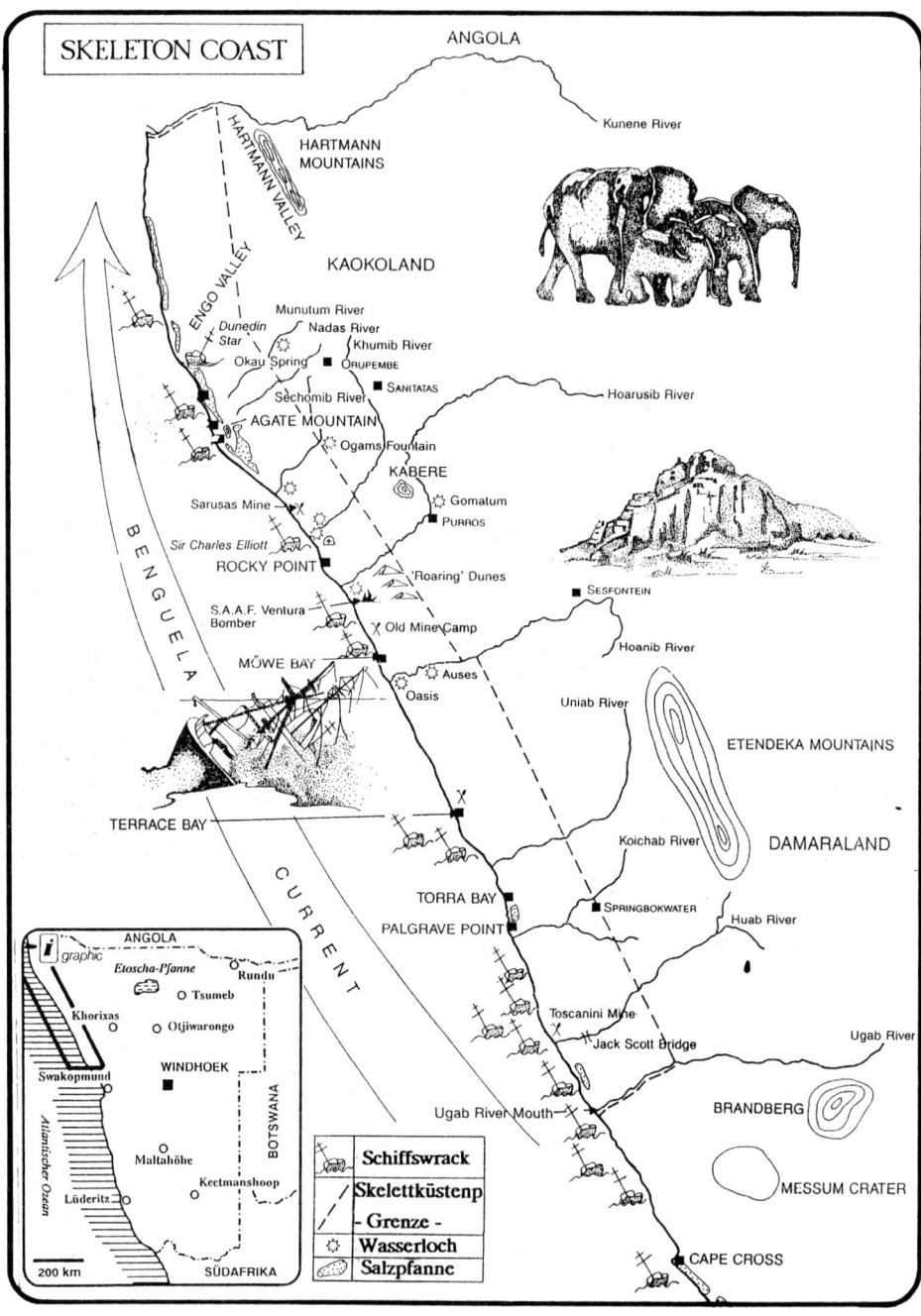

SKELETON COAST

ANGOLA

Kunene River

HARTMANN MOUNTAINS

HARTMANN VALLEY

ENGO VALLEY

KAOKOLAND

Munutum River
Nadas River
Khumib River
Dunedin Star
Okau Spring
ORUPEMBE
SANITATAS
Sechomib River
Hoarusib River

AGATE MOUNTAIN

Ogams Fountain

KABERE

Sarusas Mine
Gomatum
PURROS

Sir Charles Elliott

ROCKY POINT

'Roaring' Dunes

SESFONTEIN

S.A.A.F. Ventura Bomber
Old Mine Camp

MÖWE BAY

Auses
Oasis
Hoanib River

Uniab River

ETENDEKA MOUNTAINS

TERRACE BAY

Koichab River

DAMARALAND

CURRENT

TORRA BAY
PALGRAVE POINT
SPRINGBOKWATER
Huab River

Toscanini Mine
Jack Scott Bridge
Ugab River

Ugab River Mouth

BRANDBERG

MESSUM CRATER

CAPE CROSS

BENGUELA

— Inset map —

ANGOLA
graphic
Etoscha-Pfanne
Rundu
Tsumeb
Khorixas
Otjiwarongo
Swakopmund
WINDHOEK
BOTSWANA
Maltahöhe
Keetmanshoop
Lüderitz
Atlantischer Ozean
200 km
SÜDAFRIKA

Schiffswrack
Skelettküstenp
- Grenze -
Wasserloch
Salzpfanne

Alte, verrostete Schiffswracks säumen die Küste und legen Zeugnis ab von so manchem unausweichbaren Schicksal: Selbst wenn es einem Schiffbrüchigen gelungen war, das rettende Ufer zu erreichen, so verschlug es ihn an den Rand der Namib, die ihn menschenlos und ohne Nahrung und Wasser empfing. Glaubte man, nur die Küstendünen überwinden zu müssen, um in fruchtbare Gebiete zu gelangen, war man nach einigen Kilometern des Wanderns Richtung Landesinnere eines besseren belehrt: auch hier gab es keine Chance des Überlebens.

Wenn man die Tagebücher der frühesten Händler oder Berichte der ersten kolonialen Küstenexpeditionen der neunziger Jahre des vergangenen Jahrhunderts liest, wird deutlich, wie zutreffend der Name Skelettküste ist. Hier befindet sich nach Meinung von Experten der **größte Schiffsfriedhof der Welt.** In diesen alten Dokumenten erfährt man von Wrackteilen, die von portugiesischen, holländischen, britischen, hauptsächlich jedoch von amerikanischen Walfangbooten stammen. Überall fanden sich Schiffszubehör, Harpunen, Ketten, Tranfässer, Anker, Planken, die Gebeine von Glücksrittern und Seeleuten, die dem Atlantik zwar getrotzt und sich an Land gerettet hatten, um dann elendig zugrunde zu gehen.

Die Skelettküste reicht vom **Ugab Fluß** bis zum **Kunene Fluß** an der angolanischen Grenze. Heute gehört sie zum Naturschutzgebiet des **Skelettküsten Parks.** Dieser unterteilt sich in zwei Gebiete:

* **nördliches Gebiet** zwischen den Flüssen Hoanib und Kunene.
* **südliches Gebiet** zwischen Uniab und Hoanib.

Das Permit, um dieses Gebiet zu befahren, erhält man nur in Windhoek (s.o.). Eine gute Schotter- und Salzpad führt vom Ugab hinauf über Torra Baai (nur während der Sommermonate Dezember/Januar geöffnet) nach Terrace Bay. Beide Stellen sind insbesondere für Angler interessant. Terrace Bay ist nur für Übernachtungsbesucher zugelassen (s.o.).

Ugab-Wanderroute (ca. 50 km)

Jeden zweiten und vierten Dienstag im Monat wird eine Wandertour in Begleitung eines Naturschutzwarts angeboten, die bis Donnerstag dauert. Die Tour beginnt um 9 Uhr am Eingangstor am Ugab - Rivier (ca. 200 km nördlich von Swakopmund). Schlafsack und Proviant müssen selber mitgebracht werden. Bevor man die Wanderung beginnt, kann man ca. 40 km südlich des Ugab-Riviers bei Mile 108 übernachten. Die Kosten für die Wanderung betragen 75 Rand / Person.
Achtung: Sie benötigen für die Wanderung ein ärztliches Attest wie für die Wanderung durch den Fish River Canyon, das bei Antritt der Wan-

derung nicht älter als 40 Tage sein darf und dem Beamten bei Beginn der Wanderung vorgezeigt werden muß.

 Anmeldung für diese Wanderung bei: Directorate: Nature Conservation and Recreation Resorts, Reservations, Private Bag 13267, Windhoek 9000, Tel.: 061 / 36975 oder direkt in Windhoek (Reservierungsbüro seitlich des Hauptpostamtes in der Kaiserstraße).

Nördlich von Terrace Bay darf man nicht fahren. Dieses Gebiet soll unbedingt in seinem ursprünglichen Zustand erhalten bleiben. Trotzdem gibt es für Touristen die Möglichkeit, hierhin eine spezielle, geführte Exkursion zu unternehmen. Die Lizenz hierfür besitzt: Skeleton Coast Safaris, P.O.Box 2195, Windhoek 9000, Namibia, Tel.: 37567/8/9.

Ca. 600 km nördlich von Swakopmund liegt das Basislager für diese Safaris bei **Sarusas**. Von hier aus wird mit vierradangetriebenen Fahrzeugen nach **Rocky Point**, **Kap Frio** und dem **Hoarusib Canyon** gefahren. Natürlich ist dieses Abenteuer nicht ganz billig, denn man fliegt nur in kleinen Gruppen hierher, und alle lebensnotwendigen Dinge müssen von weitem herbeigeschafft werden.

 Informationen und Buchung:

Karawane Afrika Spezial, Raiffeisenstr. 21, D 4047 Dormagen 1, Tel.: 02106 / 61919, Fax: 02106 / 63130

Auch während der Sommermonate, aber besonders in der winterlichen Trockenzeit ist es an dieser Küste sehr kühl und aufgrund der Feuchtigkeit sehr ungemütlich, so daß Sie entsprechende "unafrikanische" Kleidung mitnehmen sollten.

 Buchtip

Schoeman Amy, Skeleton Coast, Windhoek 1984

3.3.13 SWAKOPMUND - AMEIB

Tageskilometer:
ca. 180

Tankstellen:
z.B. in Usakos

Übernachtung (in **Omaruru**):
Hotel Staebe*, Eien S. Wagner Monumentweg, P.O.Box 92, Tel.: 062232 / 35
Central Hotel*, Main Str., P.O.Box 29, Tel.: 062232 / 30

Camping:
Omaruru, Campingplatz der Stadtverwaltung, Postfach 14, Tel.: 062232/28

Ameib Ranch, P.O.Box 266, Usakos 9000, Tel.: 062242/1111
Etemba Place, P.O.Box 174, Omaruru 9000, Tel.:062232/1720

Streckenhinweise:

Sie fahren von Swakopmund die Pad B 2 nach Usakos, biegen dann hier nach Norden auf die Pad 1935 ab - von hier zweigen Sie auf die Farm Ameib ab.

Streckenbeschreibung:

Die Strecke durchquert zunächst die Namib und führt dann ins herrliche **Erongo-Gebirge**. Von der Straße Swakopmund - Usakos sehen Sie auch die **Spitzkoppe**, bekannt als das Matterhorn von Namibia (1 759 m). Außer der vorgenannten Strecke sind alle Strecken Naturstraßen; die Farmzufahrten sind z.T. schmal.

Auf dem Weg zum Tagesziel passieren Sie auch Rössing, die größte Uranmine des Landes.

Rössing

Die **größte Uranmine der Welt** erhielt ihren Namen nach Nonus von Rössing, der Leiter der Eisenbahngesellschaft in Berlin war. Beim Bau der Schmalspurbahn von Swakopmund ins Landesinnere wurde diese Station errichtet. Verschiedene gefundene Mineralien legten die Vermutung nahe, daß diese Gegend auch an anderen Mineralien reich sein

269

könnte. So wurde auch das seltene Heliodor (Sonnengold) gefunden. Heliodor ist ein Topas, der durch Uranspuren eine goldene Farbe aufweist.

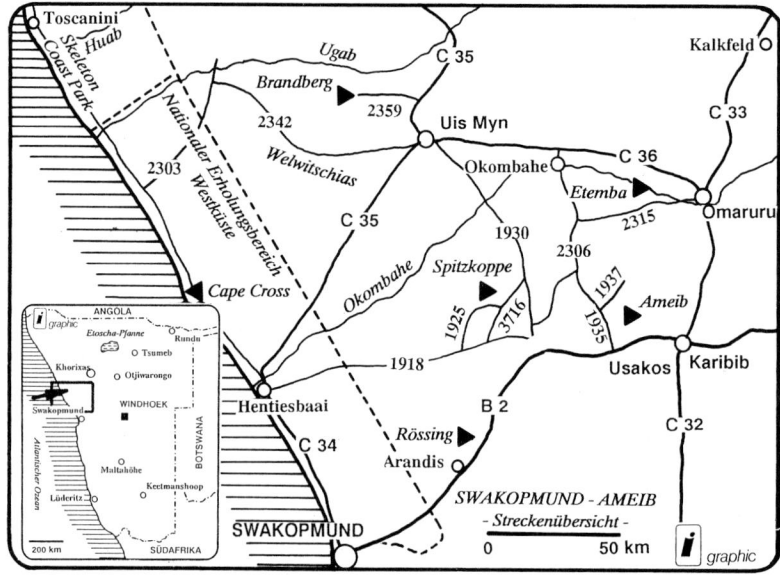

1928 kam Peter Louw mit seiner Frau nach Südwestafrika. Am Rössingberg sammelte er schwarzes Gestein auf, das sich nach näherer Untersuchung als uranhaltig erwies. Doch niemand bekundete an dem damaligen Fund Interesse. In den 50er Jahren erwarb Louw zusammen mit vier Partnern die Schürfrechte am Rössingberg. In den 60er Jahren gelang es ihnen, die südafrikanische Tochtergesellschaft der britischen Bergbaugesellschaft Rio Tinto Zinc für ein Engagement am Rössingberg zu interessieren. 1970 erfolgte die Gründung der Rössing Uranium Ltd.; im Zuge der in den 70er Jahren eingetretenen Energieversorgungskrise und steigenden Energiekosten wurden ab 1973 die Minenanlagen gebaut.

Die geologische Geschichte der Uranvorkommen reicht bis zu 1,7 Milliarden Jahre zurück. Die Namib war damals ein Teil des Meeres. Im flachen Wasser setzten sich allmählich Gesteine ab. Der Meeresboden senkte sich ab, und viele Ablagerungen folgten. Die immer mächtiger werdende Sedimentschicht sank in die Erdkruste ein. Durch den in der Tiefe herrschenden hohen Druck und die hohen Temperaturen wurden die Sedimente in ihrer ursprünglichen Lagerung gestört und gefaltet. Gleichzeitig drang uranhaltiger Granit in diese Gesteine ein.

Das primäre Uranmineral der Lagerstätte ist Uranit, das mikroskopisch kleine Kristalle bildet. Durch Verwitterung entstehen die klar zu sehenden gelben Kristalle des Beta-Uranophans.

Im Verlauf einer 7-Tage-Woche werden über eine Million Tonnen Gestein bewegt. Nachdem das Gestein aufgesprengt wurde, werden in zwei großen Kesselbrechern täglich 40 000 t Erz zerkleinert, nachdem es vom Abraum getrennt wurde. Zum Schluß wird das Erz unter Zugabe von Wasser gemahlen. Um das Uran aus der Erzbrühe zu lösen, werden Schwefelsäure und andere Chemikalien als Laugenmittel hinzugefügt.

Die später entstehende uranhaltige Lösung muß angereichert werden:

* Die **erste Stufe** besteht aus einem **Ionen-Austauscher-Prozeß**. Durch Millionen von Harzperlen wird das Uran aus der Lösung absorbiert und anschließend in einem geringeren Flüssigkeitsvolumen wieder gelöst.

* Als **zweite Stufe** folgt ein **Lösungsmittel-Extraktions-Prozeß**.

Die so konzentrierte uranhaltige Flüssigkeit wird mit Ammoniak versetzt. Es entsteht ein gelber Niederschlag aus Ammoniumdivranat, der "Yellowcake" genannt wird. Dieser Niederschlag wird entwässert und anschließend bei 600° C getrocknet. Als Endprodukt wird Uranoxid gewonnen, welches für den Versand in Stahlfässer abgefüllt wird.

Der Tagebau, der im Endausbau eine Fläche von 5 qkm ausmachen wird, liefert ca. 3 500 t Uranoxid pro Jahr. Während der Hochkonjunktur hatte die Mine rund 2 800 Beschäftigte, die vor allem in **Arandis** und **Swakopmund** (in Tamariska und Vineta) leben.

Das größte Problem für die Mine ist die **Wasserversorgung**. Man pumpt das Wasser aus dem Kuiseb-, Khan- und Omaruru-Fluß.

 Führung durch Rössing: jeden Freitag, Dauer: ca. 5 ½ Stunden Reservierung und Kartenverkauf im Museum von Swakopmund. Der Rössing-Bus fährt um 8.00 h ab Swakopmund vor dem Café Anton/Hotel Schweizerhaus ab.

Dann geht es weiter **zur Farm Ameib über Usakos**.

Spitzkoppe

Auf dem weiteren Weg fährt man in einiger Entfernung an der Spitzkoppe, dem "Matterhorn von Namibia", vorbei. Wenn Sie Zeit haben, sollten Sie sich unbedingt diese imposanten "Insel"-Berge anschauen. Wie das Erongogebirge und das Brandberg-Massiv sind hier während der Kontinental-Verschiebung (vor ca. 70 Millionen Jahren) Magmamassen in den alten afrikanischen Gesteinssockel eingedrungen. Im Zuge der Erosion wurden diese Granit-Intrusionen später zu dem heutigen Gebirge freigelegt.

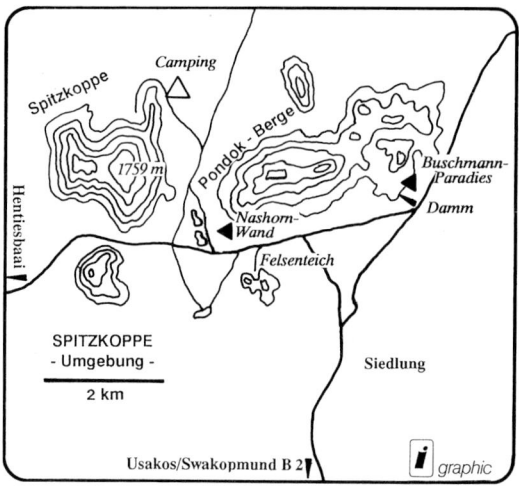

Die Spitzkoppe (1 759 m) wurde erstmals 1949 bestiegen. Als Berg-Barriere bildet die Spitzkoppe einen Regenfänger inmitten eines sonst sehr trockenen Umlandes. Ebenso wie beim Brandbergmassiv reizte diese Naturgunst schon vor langer Zeit Buschmänner, sich hier in Höhlen niederzulassen. Felszeichnungen des "Buschmann Paradieses" sowie der Nashorn-Wand zeugen von früher Besiedlung.

Die Spitzkoppe, "das Matterhorn von Namibia",
sieht man von der Straße Swakopmund - Usakos.

 Es gibt keinen offiziellen Zeltplatz. Nordwestlich der Spitzkoppe allerdings eignet sich das Gelände gut zum Campieren. Die Naturschutzbehörde plant für 1990 die Anlage eines Campingplatzes. Dann dürfte eventuell ein Permit nötig sein - also bitte erkundigen!

Usakos ist ein kleines Städtchen mit 2 000 Einwohnern und liegt am Khan-Fluß. Auch dieser Ort ist entstanden, als hier 1900 die Eisenbahnlinie gebaut und eine Station errichtet wurde. Einige Gebäude aus der deutschen Zeit stehen heute noch.

Etwas weiter nördlich beginnt das **Erongo-Gebirge**. Bald erreicht man die Farm Ameib, die Scherz als ein "Bilderbuch von Malereien" bezeichnet (Scherz in: Südwestafrika, Karawane-Verlag, Ludwigsburg, Heft 2/3, 1977, S. 89)

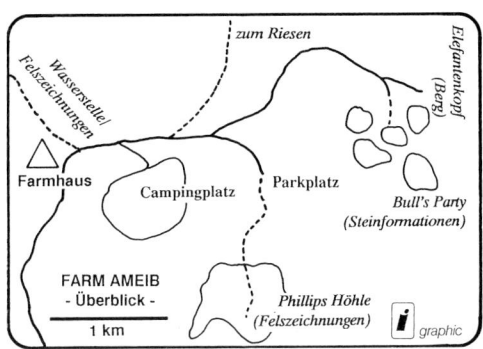

Ameib

Die Farm Ameib eignet sich hervorragend als Zwischenstop auf dem Wege nach Norden. Die Ameib Ranch ist seit einigen Jahren als 3-Sterne Gästefarm eingerichtet. Man übernachtet in gut ausgestatteten Zimmern. In dem stilvoll eingerichteten Haupthaus gibt es den Speiseraum sowie eine kleine Bar. Ebenso steht ein Campingplatz zur Verfügung, der allerdings nur für Zeltgäste reserviert ist (teuer!). Wohnwagen und Camper sind nicht zugelassen.

Die Landschaft, in der das Farmgelände liegt, gehört zum Erongo - Gebirge. Die wild-romantische Szenerie lädt zu Wanderungen ein. Besonders berühmt ist die **Phillips - Höhle**. Dieser auf der Höhe eines Berges gelegene Felsvorsprung ist ca. 50 m lang und 10 m tief.

Phillips - Höhle

273

Blick aus der Phillips - Höhle

Von dieser Höhle hat man einen phantastischen Ausblick auf die umliegenden Berge. Der berühmte Forscher Abbé Breuil besuchte diese Höhle (die übrigens nach Emil Phillip benannt ist, dem einst die Farm gehörte) und schrieb einen ganzen Band über die hier gefundenen Felszeichnungen.

Sehr eindrucksvoll ist die Zentralfigur des Weißen Elefanten, in dessen Leib ein roter Bock eingemalt ist, der wahrscheinlich jüngeren Datums ist. Diese Höhle steht unter Denkmalschutz.

Die Phillips-Höhle erreicht man auf einem markierten Fußweg, der ca. 30 Minuten in Anspruch nimmt. In der Sommerzeit allerdings ist diese Wanderung recht anstrengend, da es im zu durchwandernden Talkessel sehr heiß ist. Ebenso ist der Anstieg auf die Höhe recht mühsam, so daß man auch im Südwester Winter leicht ins Schwitzen gerät. Deshalb sollte man auf jeden Fall etwas zum Trinken mitnehmen und sich an den vorgegebenen Weg halten.

Eine weitere Sehenswürdigkeit ist die auf dem Farmgelände liegende **Bull's Party**. Hier liegen riesige, runde Stein"kugeln" herum, überdimensionale Produkte der Erosion. Aufgrund der hohen Temperaturunterschiede heizt sich der Gesteinskörper an der Außenseite stark auf, während das Innere stets kälter bleibt. Allmählich lockert sich deshalb das Gestein, die Außen"haut" blättert ab.

Dieser Platz eignet sich besonders für ein Picknick, da es hier genügend Schatten gibt. Im Sommer fließt nach ergiebigen Regenfällen hier ein Bächlein, das eine paradiesische Erfrischung bietet.

Etemba

 Die Gästefarm Etemba (P.O.Box 174, Omaruru 9000, Tel.: 062232 / 1720) ist wieder geöffnet, nachdem sie einige Jahre wegen Wassermangels geschlossen war. Von Ameib fahren Sie auf Pad 2306 nach Norden, dann rechts in die Pad 2315 Richtung Omaruru abbiegen. Auf der linken Seite folgt ein großes Schild "Etemba". Ab diesem Schild/Abzweigung sind es dann noch ca. 14 km bis Etemba. Fahren Sie besonders an den teils sandigen und ausgefahrenen Rivieren - insgesamt vier - vorsichtig und langsam: Löcher!

Ein Hinweis:
Sollten Sie auf Etemba übernachten und Ausflüge unternehmen, so vereinbaren Sie **v o r** der Fahrt einen festen Preis mit den Pächtern. Uns liegen Klagen einiger Reisender wegen überzogener Preise vor!

Auf dem Farmgelände von Etemba befinden sich interessante Mineralienvorkommen, wunderschöne Felsformationen (insbesondere der bekannte "Steinpilzfelsen") und hervorragende Felszeichnungen.

Zur **Etemba-Höhle** (mühevoller Aufstieg, schwierig zu findender Weg) muß man mit dem Wagen fahren. Der Weg ist nur für Geländefahrzeuge geeignet. In der Höhle sieht man gemalte Giraffen, Menschen und diverse Tiere. Herr Khan, der Besitzer von Etemba, hat ein Buch über die Felsmalereien geschrieben. Man hat von hier oben eine wunderbare Aussicht auf das Rivier des Omaruru. Am Berghang steht in der Nähe der Höhle ein imposanter Moringa-Baum.

Die Farm wurde vor ca. 80 Jahren gegründet. Durch das Gebiet fließt der Omaruru, und auch in der trockensten Zeit findet man in seinem

Giraffenzeichnung in der Etemba-Höhle

Sandbett Wasser. Schon lange vor der Farmgründung war deshalb diese Stelle ein beliebter Platz, um die Tiere zu versorgen, wozu man sie ausspannte. "Etemba" heißt in der Hererosprache "ausspannen". Allerdings ist dies kein Hererogebiet, vielmehr lebten hier ursprünglich Bergdamara. Im Ort **Okombahe**, durch den auch der Omaruru fließt, leben sie heute noch. Dieses Reservat wurde ihnen schon zu deutscher Zeit zugesprochen.

Vor einigen Jahren sind wir auf der Durchreise von unserem "richtigen" Weg abgekommen und sind dann in Okombahe gelandet. Mit unserem Fahrzeug mußten wir durch den Omaruru fahren und hatten dann Schwierigkeiten, unseren richtigen Weg wiederzufinden. Nur Schwarze lebten hier - ob sie uns wohl verstehen würden? Aber wie erstaunt waren wir, als einige sogar deutsch sprachen!

277

3.3.14 AMEIB - OMARURU - UIS MYN - BRAND-BERG - KHORIXAS

Tageskilometer:
ca. 360

Tankstellen:
Uis Myn, Khorixas

Übernachtung:

Khorixas-Camp (Bungalows), P.O.Box 2, Khorixas, Tel.: 0020/1502
Bambatsi Holiday Ranch, PPS 2607, Outjo 9000, Tel.: 06542/1104

Streckenhinweise:

Von Ameib aus kehren Sie zurück auf Pad 1935, biegen nun rechts ein. Diese Straße geht dann in die Pad 2306 und 2305 über. Hinter Okombahe treffen Sie auf Pad C 36, in die Sie nach links Richtung Uis Myn abbiegen (im Minenkasino gibt es Getränke, Essen und ein großes Schwimmbad). Danach fahren Sie die Pad C 35 Richtung Khorixas. 14 km nördlich von Uis Myn führt die Pad 2359 zum Brandberg-Massiv (Weiße Dame). Danach fahren Sie den Weg wieder bis zur Pad C 35 zurück und erreichen Khorixas.

Streckenbeschreibung:

Sie fahren heute von den Ausläufern des Erongo-Gebirges zum Brandberg, dem höchsten Massiv in Namibia. Alle Straßen sind gut zu befahrende Naturpads.

Omaruru (Abstecher von Ameib aus über Karibib)

Es ist ein kleiner Ort mit heute 3 700 Einwohnern. In der Sprache der Herero bedeutet der Name "Bitterkeit", womit das bitter schmeckende Wasser dieser Gegend gemeint ist. Dieses Wasser beeinflußte auch den Geschmack der Milch der Stammesherden.

Der Ort liegt an den Ufern des Omaruru-Flusses, der die meiste Zeit im Jahr trocken ist. Die Hauptstraße verläuft parallel zum Fluß. Omaruru ist für das umgebende Farmland ein zentraler Ort. In der südwester Geschichte spielte Omaruru eine Rolle, die im folgenden beschrieben werden soll.

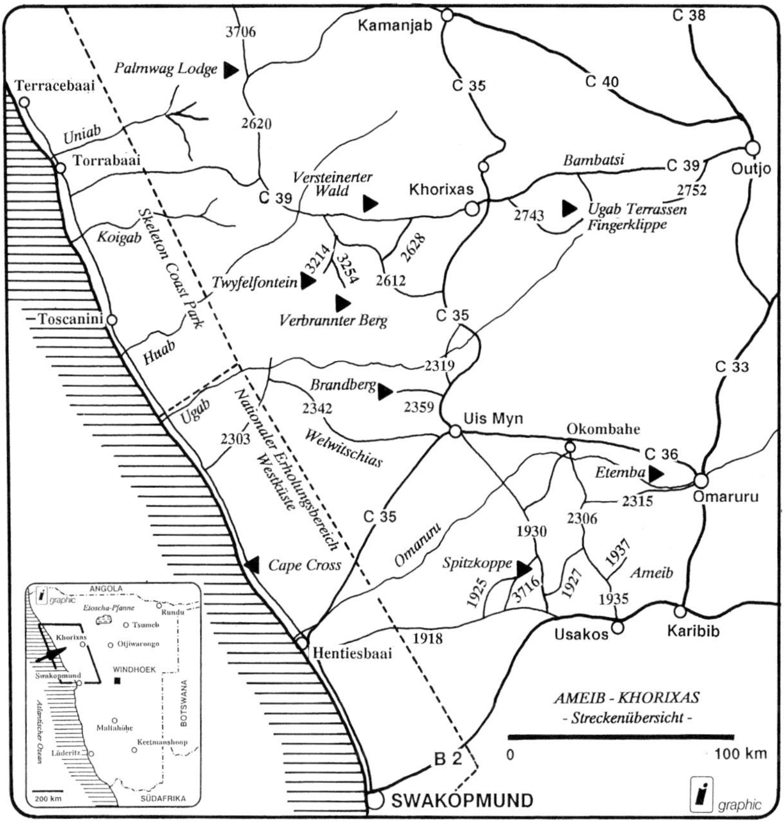

Am 17. Januar 1904 erhoben auch hier sich die Herero. Die militärische Vertretung am Ort war aber sehr schwach besetzt, da der größte Teil der Garnison unter der Führung von Hauptmann **Franke** zur Bekämpfung eines Aufstandes im Süden engagiert war. Der Aufstand der Herero war von langer Hand geplant gewesen, doch es drang davon kein Wort nach außen. Umso überraschter waren die Bewohner von Omaruru und der Umgebung, als der Angriff begann. Wer konnte, flüchtete sich in die Kaserne; Häuser und Farmen wurden verlassen, die dann der Plünderung durch die Herero anheimfielen.

In den folgenden Tagen wurde die Kaserne immer wieder angegriffen; die Bedrängnis der Verschanzten wurde von Tag zu Tag größer, da die Nahrungsmittel, Wasser etc. zur Neige gingen.

Als Franke bei Gibeon von den heimatlichen Verhältnissen erfuhr, gelang es ihm, die rebellierenden Bondelswarts aus ihren Stellungen zu vertreiben, bevor er zum sofortigen Marsch nach Omaruru blies. Seine Truppe schaffte den 380 km langen Weg in nur fünf Tagen. Bei Okahandja, wo die Herero auch angriffen, mußte man erneute Verluste hinnehmen. Mit etwa nur noch 50 % der ursprünglichen Truppenstärke traf er am 3. Februar vor Omaruru ein. Selbst nach stundenlangem Gefecht gelang es ihm nicht, den Belagerungsring zu brechen - die Durchhaltefähigkeit der Belagerten war am Ende.

Die Truppe war natürlich durch die jüngsten Verluste demoralisiert und durch die Strapazen geschwächt, so daß sie sich dem Wunsche Frankes widersetzte, die zehnfache Herero-Übermacht zu durchbrechen. Daraufhin ging Franke heldenhaft voran: Er begann, alleine gegen die Übermacht zu galoppieren. Das war für seine Mannen so mitreißend, daß sie sich ihm anschlossen. Der Erfolg belohnte sie: Die Herero ergriffen die Flucht, und Omaruru war befreit. Leider ging dieser Kampf auf beiden Seiten mit Verlusten einher. Unter den Opfern befanden sich zehn Schutztruppler und ein Schwarzer, deren Gräber heute noch gepflegt werden.

Brandberg

Er stellt ein gewaltiges Massiv dar, dessen Gesteinsmassen z.T. den Eindruck vermitteln, als ob es hier gebrannt habe. Doch es sind manganhaltige Ablagerungen, die diesen Eindruck entstehen lassen. Die Schlucht,

in die man hineingehen muß und der man folgt, heißt **Tsisabschlucht**. In diesem Gebirgsmassiv liegt auch der höchste Berg von Namibia, der 2 580 m hohe **Königstein**. Als erster Besteiger wird Reinhard **Maack** genannt, der den Berggipfel am 2. Januar 1918 erreichte.

Buchtip:
Über die Besteigung des Königsteins gibt es ein kleines Heft von **Wolfgang Amadeus Haus** mit dem Titel "Königstein - Berg der Angst", o.J.

Die "weiße" Dame (White Lady)

Der Fußmarsch zur White Lady dauert ca. 1 Stunde (und 1 Stunde wieder zurück). Nehmen Sie unbedingt genügend zu trinken mit! Sie ist wohl die berühmteste Felsmalerei in Namibia. Auf dem Weg ist es fast das ganze Jahr über sehr heiß, so daß man die Mittagszeit auf jeden Fall meiden sollte. Man muß über Felsen und Steine klettern; also ein nicht leichter, aber markierter Weg.

Die Weiße Dame ist seit Jahren zum Schutz vor Vandalen vergittert. Diese haben in der Vergangenheit z.B. Cola über die Malereien geschüttet, um bessere Kontraste für ihre Fotoaufnahmen zu erzielen. Dadurch hat die Qualität der Felsmalereien stark gelitten.

Scherz führte **Abbé Breuil** im Jahre 1947 das erste Mal hierher. Er fertigte Kopien des Gemäldefrieses.

Vorweg: Bislang ist eine genaue Zeitbestimmung nicht erfolgt. Die Weiße Dame selbst ist ca. 45 cm groß dargestellt. Sie ähnelt sehr dem Figurenschmuck griechischer Vasen. Breuil kam zu der Überzeugung, daß die Darstellung griechischen Ursprungs sein müsse. Er belegte seine Vermutung damit, daß Figuren im Palast von Knossos auf Kreta ähnlich aussähen. So müsse die Herkunft der Künstler Griechenland gewesen sein. Die Figuren auf Kreta haben ein Alter von ca. 3 000 Jahren. Wie konnten Menschen aus dem fernen Europa hierher gelangt sein?

Man kann sicher davon ausgehen, daß nach Abklang der europäischen Eiszeiten (vor ca. 10 000 Jahren) die Wüstengebiete Nordafrikas noch durchaus fruchtbar waren, denn während der Eiszeiten gab es hier sog. Pluvialzeiten (Regenzeiten). So mußte es für Menschen aus dem europäischen und nordafrikanischen Raum möglich gewesen sein, den Kontinent bis zum südlichen Ende zu durchstreifen. Später war dies nicht mehr möglich: Nordafrika wurde immer trockener und entwickelte sich zur Wüste, die Islamisierung bildete eine religiöse Barriere zwischen Christentum und den afrikanischen Naturreligionen.

Doch es gibt noch andere Interpretationen, so auch die von **Credo Mutwa**, einem Medizinmann der Zulu. Die Zulu sind die Eingeborenen Südafrikas, die heute in Natal leben. Der Medizinmann berichtet: *"Doch unterlief dem Abbé ein Fehler, indem er die Figur als Frau identifizierte. Es ist keine Frau, sondern ein besonders hübscher junger weißer Mann, einer der fünf großen Herrscher, die das afrikanische Reich der Ma-Iti fast 200 Jahre lang regiert haben... Ich bin überzeugt, daß es sich um Karesu den Zweiten handelt... Aus unseren Legenden (ist er) durch seine Begeisterung für die Jagd bekannt..."*
aus: Credo **Mutwa**, Indaba, München 1983, S. 139

Endgültig ist diese Frage jedoch bis heute nicht geklärt.

Übrigens: Der erste, der die Weiße Dame entdeckt hat, war der deutsche Landmesser Dr. Reinhard Maack, der am 3. Januar 1918 kurz nach seiner Erstbesteigung des Königsteins hier übernachtete und die Malerei entdeckte. Die Höhle geriet in Vergessenheit, und erst 1936 setzte sich Dr. Scherz mit Maack in Verbindung, der ihm dann die Fundstelle zeigte.
Dr. E.R. Scherz schreibt:
"Ich selbst habe seit 40 Jahren in all meiner freien Zeit nach Felsbildern gesucht und genaue Angaben über jeden Fundort zusammengetragen. Die Zusammenarbeit mit Abbé Breuil gab meinen Amateurarbeiten erst die wissenschaftliche Grundlage."
E.R.Scherz, Felszeichnungen in Südwestafrika, Karawane, Heft 2/3, 1977, S. 79).

Scherz begann seine wissenschaftliche Laufbahn (er ist seit 1963 wissenschaftlicher Mitarbeiter des Instituts für Urgeschichte an der Universität zu Köln) als Amateur. Von 1946 bis 1963 war er Geschäftsführer des Karakul-Zucht-Vereins für Namibia. In seinem Buch "Afrikanische Felskunst", DuMont Verlag, Köln 1974, beschreibt er u.a. auch die Malereien in Namibia (S. 17ff).

---

i | *Informationen über Felsmalereien in Namibia*

*Fast überall im Lande trifft man Zeugnisse prähistorischer Kunst an. Die folgende Darstellung orientiert sich insbesondere an den Ausführungen von **Ernst und Anneliese Scherz**, die u.a. auch den berühmten Kunsthistoriker Abbé Breuil in Namibia in den Jahren 1947-1950 geführt haben.*

Die bevorzugte Farbe war Rot, aber auch Schwarz und Weiß sowie Nuancierungen zwischen Rot und Gelb wurden angewandt. Gemalt wurde an allen möglichen Stellen: Felsüberhängen, Grotten und nicht geschützten Wänden. Felsmalereien und Gravuren werden oft am gleichen Ort gefunden, während dies in Südafrika nie der Fall ist. Dort findet man Gravuren und Felsmalereien stets an verschiedenen Orten.

Während die Gravuren kaum Menschen darstellen, ist bei den Malereien der Mensch das Hauptmotiv. Tiermotive waren ebenso beliebt: Strauße, Zebras, die unterschiedlichen Antilopenarten, Elefanten und Giraffen sind gemalt worden. Manche Gestalten sind verzerrt, teilweise sogar unwirklich. Den alten Künstlern ist es gelungen, sehr dynamische Abläufe wie die des Laufens oder des Bogenschießens darzustellen. Auf der anderen Seite erscheinen Figuren, die halb Mensch halb Tier sind.
Farbschattierungen innerhalb eines Körpers sind kaum anzutreffen, man malte vielmehr die Fläche mit einer Farbe aus. Eine andere Möglichkeit: oft ist eine Malerei eines Menschen oder eines Tieres in verschiedene Farbflächen aufgeteilt.

Insgesamt überwiegen in Namibia die Malereien - die Gravuren sind seltener anzutreffen.

Die benutzten Farben

Die Farbsubstanzen stammen aus kalkhaltigen Gesteinen, die oxydierte Metalle enthalten. Damit diese Steine besser pulverisiert werden konnten, wurden sie wahrscheinlich oft im Lagerfeuer gebrannt. Dabei wurde der Kalk aktiviert, die pulverisierte Masse schließlich mit Blut angerührt. Das darin enthaltene Bluteiweiß band den aktiven Kalk zu sog. aminosaurem Kalk, der ein sehr gutes Farb-Bindemittel ist. Entstand durch Zufall eine ideale Zusammensetzung, konnten sich die

---

Farben auch über viele Jahrhunderte halten. War die Zusammensetzung schlecht, vergingen die Farben. So muß man schlußfolgern, daß wohl viele Malereien, die ursprünglich existierten, heute nicht mehr identifizierbar sind.

In der Nähe der Wohngrotten fand man in der Asche immer wieder Farbsteinreste oder angemachte Farben vor. Nach der C-14-Methode (Nachweis des Gehaltes an radioaktivem Kohlenstoff) konnte man das Alter der Holzreste feststellen und somit auch Rückschlüsse auf das Alter der Farben ziehen. Die Erkenntnis, ob die Farben zur Felsmalerei oder zum Bemalen der Körper dienten, gelang erst mit Hilfe moderner Mikroskopie. Ergebnis: Die Malereifarben waren immer mit Eiweiß angerührte Farbpulver, die Körperfarben dagegen immer mit Fett vermengt.

Aus den Darstellungen geht hervor, daß man aus dem heutigen Zustand der Farben nicht auf das Alter der Bilder schließen kann. Folgende Faktoren sind qualitätsbestimmend: ideale **Zusammensetzung der Farbe***, Art und Festigkeit der* **Gesteinsunterlage, Position** *(wettergeschützt - nicht wettergeschützt).*

Das geschätzte Alter der Malereien

Die C-14-Methode (Nachweis des Gehaltes an radioaktivem Kohlenstoff) ist bei den prähistorischen Malereien nicht anwendbar. Dafür brauchte man einige Gramm der Farbe, die man abkratzen müßte; somit würde aber auch das Bild zerstört.

Eine andere Entdeckung half weiter. Man fand heraus, daß die aminosauren Kalke, die die Farbstoffe binden, nach einiger Zeit zerfallen. Bei den elf nachweisbaren Malfarben stellte man fest, daß die erste bereits nach ca. 50 Jahren, die letzte nach 2 000 Jahren verblichen ist. Doch diese Methode ist noch zu ungenau, wenn es um die Datierung besonders alter Darstellungen geht.

Anfang der 70er Jahre hat der deutsche Archäologe Dr. Wendt in den Ascheschichten einer Wohngrotte bemalte Steinplatten gefunden. Die Analyse der verkohlten Reste der Feuerstelle ergab ein Alter von 14 000 Jahren.

Motivation zum Malen

Dr. Scherz gibt hierfür eine einfache, aber einleuchtende Antwort: "Weil sie (die damaligen Bewohner der Landschaften) Maler waren!" (Scherz, a.a.O., S. 23).

> *Interpretationen zu den Motiven, die die Maler oder Felsgraveure zum Gestalten anregten, sind gefährlich. Mögliche, aber **zu verwerfende Erklärungen** sind: Die Malereien dienten der Verschönerung der Wohngrotte oder sind Ausdruck eines Spieltriebs; es handelt sich um Grenzmarkierungen, Wegzeichen.*
>
> *Scherz (a.a.O., S. 24) meint, daß "so vollendete Werke... nur ein starker innerer Zwang, eine verpflichtende Notwendigkeit" entstehen läßt. Als **wahrscheinliche Beweggründe** könnten angesehen werden:*
>
> ***Jagdglück** für die Horde,*
> ***Gesundheit** und Vermehrung der Horde,*
> ***Schutz** vor menschlichen Feinden und übersinnlichen Wesen.*

Weiter führt die Fahrt nach **Khorixas**, dem heutigen Verwaltungszentrum des Damaralandes. Der Ort hieß früher "Welwitschia" und eignet sich insbesondere für Ausflüge nach Twyfelfontein und zum Versteinerten Wald.

Damaraland

Gemäß dem Odendaal-Plan wurden Heimatländer errichtet, in denen die eingeborenen Völker und Stämme einer "ungestörten" Entwicklung nachgehen sollten. Auch das Damaraland ist ein solches Homeland mit einer **Größe von ca. 48 000 qkm**. Auf diesem Gebiet leben ungefähr **12 000 Damara** (von einer Gesamtzahl von ungefähr 90 000), deren Herkunft bis heute nicht geklärt ist. Man nimmt an, daß sie vielleicht Nachkommen verschiedener afrikanischer Völker aus dem Inneren des Kontinents sind. Die Hottentotten haben sie von dorther als Sklaven in die südlichen Teile gebracht.

Eine andere Theorie: Vielleicht sind die Damara neben den Buschmännern die eigentlichen Ureinwohner Namibias?
Jedenfalls steht fest, daß die Damara oft in den Diensten der Herero und Hottentotten standen. Sie konnten **Eisen und Kupfer schmelzen und schmieden**. Vielleicht ist das ein Relikt aus der sudanesischen Ur-Heimat? So stellten sie für die Herero und Hottentotten Speerspitzen und Äxte her.

Doch wegen ihrer Unterdrückung zogen sie sich in die wilden Bergketten zurück, die direkt hinter der Skelettküste und der Namib beginnen. Ursprünglich lebten sie als Jäger und Sammler; die Ziegenzucht war besonders verbreitet. Schon zu deutscher Zeit erhielten sie Gebiete von den Deutschen zugesprochen, weil sie loyal auf deren Seite gegen die Herero standen.

In der Nähe von Okombahe sitzen Damara beim Frühstück.
Die Männer im arbeitsfähigem Alter gehen oft einer Tätigkeit
außerhalb des Damaralandes nach.

Nach dem 2. Weltkrieg und nach Inkrafttreten des Odendaal-Planes wurde ihr Gebiet auf die heutige Größe erweitert. Dazu kaufte die Administration weißes Farmland samt Häusern und Farmeinrichtungen auf. Professor S.H. Wellington von der Universität Witwatersrand hatte die beabsichtigten Heimatländer (in der Sprache der Südafrikaner auch als "Bantustans" bezeichnet) in ihrer geographischen Substanz bereits 1967 analysiert. Sein Buch trägt den Titel "South West Africa And His Human Issues". Er führt hierzu auf den Seiten 383/384 folgendes aus:
"Der Vorschlag der Kommission sieht ein Gebiet von einer Größe von 4 800 000 ha als Heimatland der Damara vor, das sich von der Grenze des Kaokoveldes im Norden bis zur Bahnlinie Swakopmund - Usakos im Süden erstreckt. Die westliche Grenze verläuft im Abstand von 25 Meilen parallel zur Namib-Wüste, so daß das Heimatland einen Teil des Namib-Vorlandes einschließt. Der größte Teil des Heimatlandes umfaßt jedoch ein sehr regenarmes Gebiet; der Regenfall vermindert sich von Ost (300 mm) nach West (50 mm), so daß ein Durchschnittsniederschlag für das Ge-samtgebiet von 125 mm errechnet werden kann. Das Heimatland hat nur auf einem Drittel seines Gebietes von 4 800 000 ha ertragreiche Weide, der Rest ist ausschließlich Wüste...
Wenn man die verfügbare Fläche, die von der Kommission mit 108 ha pro Kopf errechnet wurde, auf die Hälfte oder selbst auf ein Drittel vermindert,

Damara-Mädchen auf dem Weg zur Schule

würde das weitaus korrekter den wirklichen Nutzwert des Gebietes wiedergeben."
zitiert nach: B. O'Linn, Die Zukunft Südwestafrikas in realistischer Sicht, Windhoek 1974, S. 91

Fährt man heute durch das Damaraland, so macht es unter agrarwirtschaftlichem Gesichtspunkt einen sehr vernachlässigten Eindruck. Wieso wurde hier "alles heruntergewirtschaftet", wie viele Weiße meinen? Einige Gründe dafür sind:

* Das Land bzw. die ursprünglichen Farmen wurden neu parzelliert und zu **Mini-Betrieben** von ca. 2 500 ha je Familie(im Durch-(schnitt fünf Personen) zerstückelt.
* **Es mangelt an Kapital.**
* Es **fehlt das Know-how**, oder es ist nur unzureichend vorhanden.
* Die **Motivation** zur Übernahme der "weißen" Methoden ist **nicht vorhanden.**
* Die Möglichkeit - wie früher - zur Wanderwirtschaft besteht nicht mehr, dafür aber eine **Fixierung auf ein begrenztes Gebiet.**
* Durch die Mini-Parzellierung ist eine Unterteilung des Farmlandes in viele Camps nicht mehr möglich, so daß **Überweidung** mit allen Folgeschäden eintritt (Bodenerosion, Absinken des Grundwasserspiegels, weitere Verkleinerung der Nutzfläche).

Das große Problem der Damara ist die **Wasserarmut.** Regenfeldanbau ist wegen der ungenügenden Bodengüte und zu geringem Niederschlag nirgends möglich. Für Bewässerungsanbau fehlen Grundwasserreservoirs.

Verwaltungszentrum soll **Okombahe** werden; Uis Myn (Zinn-Mine) und Khorixas, das früher einmal Welwitschia hieß, sind die Hauptorte.

3.3.15 KHORIXAS - VERSTEINERTER WALD - TWYFELFONTEIN - KHORIXAS

Tageskilometer:
ca. 230

Tankstellen:
Khorixas

Übernachtungsalternativen:

Khorixas Camp, Reservierung über Directorate: Nature Conservation and Recreation Resorts, Reservations, Private Bag 13267, Windhoek 9000, Tel.: 061 / 36975 oder direkt in Windhoek (Reservierungsbüro seitlich des Hauptpostamtes in der Kaiserstraße)
Bambatsi Holiday Ranch, Private Bag 2566, Outjo 9000, Tel.: 06542 / 1104, östlich von Khorixas gelegen.

Streckenhinweise:

Ab Khorixas fahren Sie die Pad C 39 in Richtung Torrabaai; nach ca. 50 km kommen Sie am Versteinerten Wald vorbei. Später biegen Sie in die Pad 3254 nach Twyfelfontein ein. 21 km hinter dieser Abbiegung zweigt die Pad 3254 zum Verbrannten Berg ab, Pad 3214 führt nach Twyfelfontein.

Streckenbeschreibung:

Die Fahrt führt uns heute durch eine grandiose Gebirgslandschaft. Die gesamte Strecke ist Naturpad, die z.T. in schlechtem Zustand ist.

Versteinerter Wald (Petrified Forest)

Ob diese uralten, baumähnlichen Reste versteinerte Relikte eines Waldes sind, der einmal vor ca. 200 Millionen Jahren gewachsen ist, oder ob es sich um Material handelt, das hier her angeschwemmt worden ist, wurde bislang nicht geklärt. Die größten Exemplare sind bis zu 30 m lang. Beste Besuchszeit sind der frühe Morgen oder der späte Nachmittag.

Wie geht eine solche Versteinerung vor sich?

Man muß sich vorstellen, daß die organischen Basismaterialien wie das Baumholz durch geologische Vorgänge (eventuelle Meerestransgressio-

288

Versteinertes Holz

nen, Zuschüttungen) **relativ luftdicht abgeschlossen** wurden. Ganz allmählich erfolgte ein **Austausch von Holzsubstanz gegen Kieselsäure**. Diese nahm die Feinstruktur des Holzes an, wobei die Färbungen folgendermaßen zustande kommen: Durch die Versickerung des Regenwassers und die Lösung der Kieselsäure (beispielsweise aus vulkanischen Aschen) wurden auch andere ("verunreinigende") Substanzen mitgelöst. So kommen z.B. folgende **unterschiedlichen Farben** zustande:

* Reine Kieselsäure ergibt die Farben weiß, grau oder gelbbraun;
* Eisenoxyde ergeben gelb, orange, rot;
* Manganoxyde ergeben schwarz, blau, purpurrot.

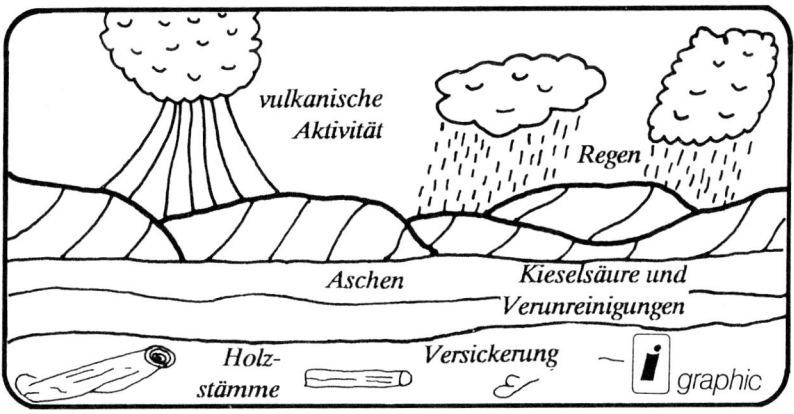

Spätere Erosionsprozesse (Wegschwemmen der Oberfläche, Wegblasen von Lockerbestandteilchen durch den Wind) haben die versteinerten

Bäume wieder freigelegt. Strenggenommen stimmt der Ausdruck "versteinerte Bäume" nicht, da es sich ja um Kieselsäure handelt und nicht mehr um eine organische Substanz.

Ein besonders berühmtes Gebiet versteinerter Bäume liegt in Arizona/USA, wo es den Petrified Forest National Park gibt.

Twyfelfontein

1947 bekam der Farmer **Levin** die Erlaubnis, hier eine Farm aufzubauen. Den Namen erhielt die Farm nach ihrer spärlichen Quelle, die Levin wegen ihrer befürchteten Zweifelhaftigkeit "Twyfelfontein" nannte. Wenn es gut regnet, ist das Tal von Twyfelfontein prächtig grün. Doch das kommt selten vor. So war Levin gezwungen, auf Wanderschaft mit seinem Vieh zu gehen. 1964 mußte er seine Farm an den Staat verkaufen, damit die Entwicklung des Homelands Damara ermöglicht werden konnte. Seitdem ist das Farmhaus verlassen.

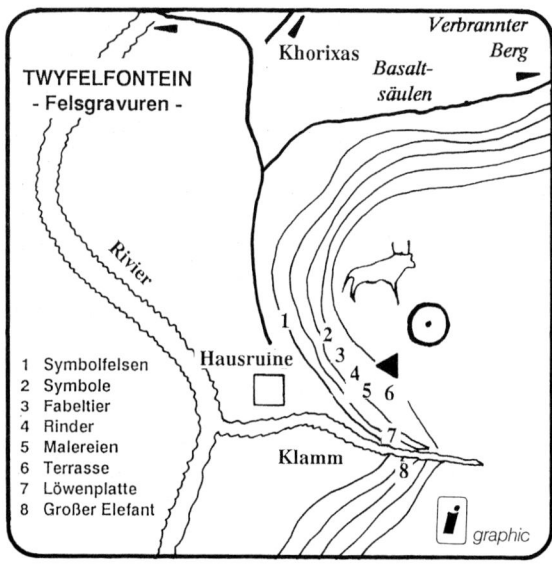

Seit ein paar Jahren leben nun wieder einige Damaras hier. Der sehr nette Aufseher führt die ortsunkundigen Gäste gerne zu den Gravuren.

Twyfelfontein ist der **reichste Fundort von Felsgravuren in Namibia**. Die Gravuren wurden hier schon zu deutscher Zeit bzw. kurz danach gefunden. Krynauw schreibt, daß der deutsche Landmesser Volkmann von ihnen bereits wußte, während Wöhe (a.a.O., S. 92) angibt, es sei Reinhard Maack gewesen, der sie 1917 entdeckt habe. Genau scheint das Entdeckungsdatum nicht bekannt zu sein, denn Krynauw vermerkt: "Über die Entdeckung der Felsgravuren von Twyfelfontein ist wenig bekannt" (D.W.Krynauw, Twyfelfontein, Windhoek 1968, S. 10).

Erst als Twyfelfontein als Farm eingerichtet war, gingen Albert Viereck und J. Rudner hierhin. Das war im Jahr 1953. Die ersten Veröffentlichungen über die Felsgravuren erschienen im Juli 1953 in der "Allgemeinen Zeitung".

Auch Dr. Scherz hat sich intensiv mit den Felsgravuren beschäftigt. Er beantwortet auch die Frage, weshalb man die vielen Felsgravuren und Malereien so dicht am Rande der Wüste findet. Er sagt, daß in dem Übergangsgebiet zwischen Namib und dem inneren Hochland Grasweiden schon in sehr früher Zeit bestanden haben müssen. Die großen Tierherden, die hier gelebt haben, mußten sich an den wenigen Wasserstellen sammeln, um ihren Durst zu löschen. Ein leichtes für den Jäger der Frühzeit, hier Beute zu machen. Deshalb waren die Randgebiete, die sich unmittelbar an die Wüste anschlossen, ziemlich dicht besiedelt (so das Erongo-Gebirge, das Khomas-Hochland, die Spitzkoppe, die Naukluft, der Brandberg und Twyfelfontein). In der Nähe dieser Wasserstellen finden wir auch die von Jägern geschaffenen Felsbilder. Von dieser Terrasse hatten die Jäger einen guten Überblick über das Tal.

Auf der Terrasse liegen behauene Quarzsteine,
die wahrscheinlich zum Gravieren dienten.

Wie ging der prähistorische Künstler vor?

Er benutzte wahrscheinlich einen Quarzmeißel. Die Gravuren finden wir auf meist sehr ebenen Platten, die heruntergestürzt sind. Da das Gestein ausgehärtet ist, wäre es heute unmöglich, mit einem Meißel Figuren in diese Platten einzugravieren. Mit den Primitivwerkzeugen der Frühzeit konnte man nur relativ frisch heruntergestürzte Felsplatten bearbeiten. Die Schlußfolgerung liegt nahe: Die Felsen, auf denen die tiefsten Gravuren zu finden sind, mußten kurz vor der Bearbeitung hinabgestürzt sein.

Die Tiefe der Gravuren beträgt in der Regel 1 - 3 mm, sehr selten 5 - 8 mm. Die Gravuren lassen sich allgemein nach **drei Motivgruppen** einteilen:

* Darstellungen von **Tieren,**
* Darstellungen von **Fährten** dieser Tiere,
* Darstellungen **abstrakter Natur.**

Tierfährten - eine alte "Schultafel" für den Nachwuchs ?

Die Darstellungen von Tieren sind meist sehr gut gelungen. Bestimmte Eigenschaften werden absichtlich besonders betont und in der Darstellung übertrieben, so z.B. die Leichtfüßigkeit eines Springbocks oder der lange Hals der Giraffe.

Interessant sind die abstrakten Gravuren! Was mögen sie darstellen? So findet man z.B. Kreise mit einem tiefen Loch oder einem Strich in der Mitte. Bei den Buschmännern gilt der Kreis mit einem Punkt als Kennzeichnung für eine Wasserstelle. Manche Kreise haben Striche und Linien außerhalb. Wurden so die Zuflüsse stilisiert, während einfache Kreise mit Innenpunkt das stillstehende Wasser andeuteten? Die australischen Ureinwohner, die Aboriginals, haben ähnliche Darstellungsformen entwickelt. In Twyfelfontein finden wir insbesondere Symbolzeichen und Tiermotive.

Wie alt sind die Gravuren?

Ein grober Aufschluß über das Alter ergibt sich aus der sog. Patina, womit man die Oxidation der äußeren Gesteinsschicht bezeichnet.

Abstrakte Gravuren in Twyfelfontein

Diese Oxidation geht anfangs schnell vor sich, läßt aber mit zunehmender Gesteinstiefe nach und dringt dann nur noch langsam vor. Alte Gravuren erkennt man daran, daß sie farblich mit dem nicht bearbeiteten Teil der Steinplatte übereinstimmen. Doch ist die Patinierung nur ein schlechter Maßstab für exakte Altersbestimmungen, denn man weiß bislang nicht, wie schnell sie in Namibia erfolgt. Die Patinierung ist auf jeden Fall abhängig von:

* der Möglichkeit, wie sich Wasser am Felsen sammeln kann,
* der Gesteinsart,
* der salzhaltigen Luft, die vom nahen Meer weht.

Man schätzt, daß die ca. 2 000 Gravuren ein Alter von 500 bis 10 000 Jahren aufweisen. Der größte Teil dürfte allerdings aus der Mittleren Steinzeit stammen (also vor ca. 2 500 Jahren).

Die **Terrasse**, wo man die meisten Gravuren findet, weist insbesondere **zwei hochinteressante Gravuren** auf:

Das Fabeltier ("Tanzender Kudu")
Hier ist auf Hochglanz poliert ein seltsames Tier gestaltet, das eine Mischung aus einem Fabelwesen und einem Tier ist. Vor dem Fabeltier befindet sich eine auf Hochglanz polierte Scheibe mit einem Durchmesser von 15 cm, in der Mitte mit einem tiefen Punkt. Es handelt sich bei diesen Darstellungen um die einzig polierten Felsbilder überhaupt. Die Frage taucht hier natürlich auf, was eigentlich dargestellt werden sollte. Vielleicht handelt es sich dabei um ein ganz besonders verehrungswürdiges Symbol.

"Tanzender Kudu"

Die Löwenplatte
Hier sind verschiedene Tiere eingeritzt, doch markant ist der Löwe mit dem rechtwinkligen Schwanz und seinen großen Tatzen.

Sie sollten auch den **Symbolfelsen** sehen:
Hier gibt es Kreise mit tiefen Löchern in der Mitte, wobei, wie schon erwähnt, das Loch wahrscheinlich eine Wasserstelle und der Kreis den Vegetationsgürtel um diese Stelle kennzeichnet. Diese Gravuren sind die ältesten und stammen vielleicht aus einer Zeit, in der noch kein Buschmann im Kaokoveld lebte, sondern frühe Steinzeitmenschen. Hier sieht man auch Felsen mit Löchern. Vielleicht wurde auf diese Weise die Anzahl der erlegten Tiere festgehalten?

Auf der Terrasse werden Sie auch einzelne **Malereien** entdecken. Hier in Twyfelfontein überlagern sich nämlich zwei kulturelle Darstellungsformen: Gravuren und Malereien. Gravuren sind dabei naturgemäß wesentlich haltbarer als Malereien. Überall liegen noch vor den gravierten Felsen Steinspitzen aus Quarzit herum, als ob die Darsteller der Frühzeit den Ort gerade verlassen hätten.

Die Löwenplatte

Lassen Sie sich mindestens 2 ½ Stunden Zeit, die verschiedenen Darstellungen zu entdecken. Beginnen Sie am besten am Symbolfelsen an der Straße, gehen Sie dann auf halbe Höhe auf die Terrasse und folgen Sie dann dem Verlauf des Berghangs Richtung Talschluß (s.a. vorhergehende Karte).

 Viereck Albert, Die Felsbilder von Twyfelfontein, Windhoek 1973

von Krynauw D.W., Twyfelfontein, Windhoek 1968

Wenn Sie die Straße wieder zurückfahren und links in die Pad 3254 einbiegen, kommen Sie zu den **Basaltsäulen und zum Verbrannten Berg**, der schwarze, graue und rötliche Farbtöne aufweist.

3.3.16 ALTERNATIVROUTE: KHORIXAS - TWYFEL-FONTEIN - PALMWAG LODGE - HOBATERE GAME PARK - ETOSHA NATIONAL PARK

Tageskilometer:
Gesamtstrecke mit Abstecher nach Twyfelfontein über Palmwag und Hobatere nach Etosha (Camp Okaukuejo): etwa 740 km

Tankstellen:

Palmwag, Kamanjab, Outjo, Okaukuejo (Etosha N. P.)

Camps

Wenn Sie von Khorixas nach Norden reisen möchten, können Sie unterwegs den Versteinerten Wald sowie die Felsgravuren von Twyfelfontein besichtigen und anschließend weiter zur Palmwag Lodge fahren, einer Palmenoase, von der aus Sie Ausflüge z.B. nach Sesfontein unternehmen können. **Palmwag Lodge**, zu buchen über Desert Adventure Safaris, P.O.Box 339, Swakopmund 9000, Tel.: 0641 / 4072;
Hobatere Game Park, zu buchen über Mount Etjo Lodge, P.O.Box 81, Kalkfeld 9000, Tel.: 06532 / 1602
Gästefarm Otjitambi, Private Bag 2607, Outjo 9000, Tel.: 06542 / 4602. Die Gästefarm liegt 54 km von Kamanjab entfernt. Sie folgen 47 km von Kamanjab südostwärts der C 40 und biegen dann in die Pad 3246 ein. Otjitambi, 11 650 ha groß, ist seit 1903 in Besitz der Familie Schlettwein. Eine Thermalquelle, ein Schwimmbad sowie Jagdmöglichkeiten stehen den Gästen zur Verfügung.

Hotels

Hotel Onduri, Etoshaweg, P.O.Box 14, Outjo, Tel.: 06542/14; ordentliches Landhotel auf dem Wege nach Etosha.

Streckenhinweise

Von Khorixas folgen Sie nach Westen der C 39. Sie fahren am Versteinerten Wald vorbei, bevor Sie nach 73 km in die Pad 3254 einbiegen, um nach 26 km Twyfelfontein zu erreichen. Auf dem Rückweg biegen Sie in die Pad 3254 ab, wo Sie zu den Basaltsäulen und zum Verbrannten Berg gelangen (Beschreibungen aller genannten Sehenswürdigkeiten im Vorkapitel). Wieder auf der C 39 zurück, gelangen Sie nach 84 km auf die Kreuzung der Pad 3706, wo Sie nach 2 km die Palmwag Lodge erreichen. Von hier sind es etwa 115 km nach Sesfontein.
Von Palmwag aus fahren Sie Richtung Kamanjab auf der Pad 2620. Wenn Sie nach Hobatere reisen wollen, zweigen Sie auf die Pad C 35

Richtung Ruacana ab - den Hobatere Game Park erreichen Sie nach 80 km. Von Kamanjab erreichen Sie über die C 40 (nun Asphalt) und die C 38 den Etosha National Park.

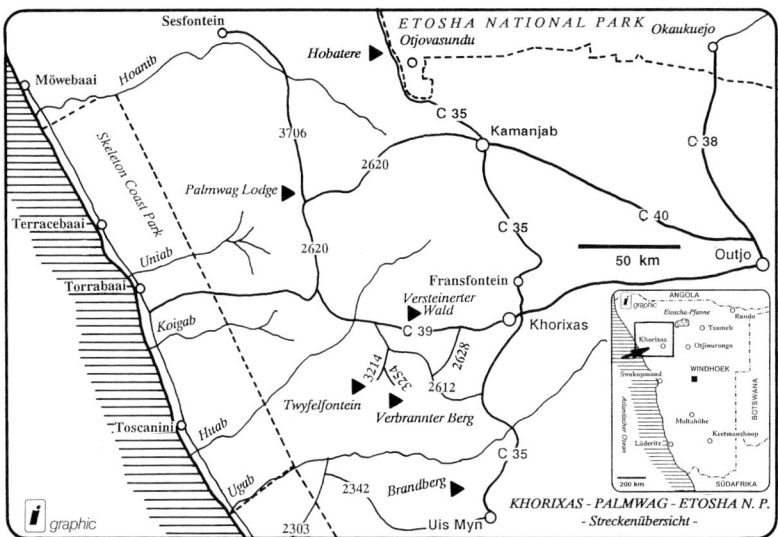

Die **Palmwag Lodge** ist eine malerische Palmenoase, direkt am Uniab River gelegen. Es gibt hier kleine Hütten, aber auch Campingmöglichkeiten. Ein Restaurant sowie ein Swimmingpool stehen ebenfalls für die Gäste zur Verfügung. Palmwag kann man mit einem normalen PKW erreichen. Zur Erkundung der Umgebung allerdings benötigt man ein Allradfahrzeug. Die Lodge veranstaltet auf Wunsch Rundfahrt mit erfahrenem Führer. Unterwegs kann man Giraffen, Springböcke, Zebras, Oryx-Antilopen, Kudus und Steinböcke beobachten, seltener Elefanten. Besonders sehenswert ist Van Zylsgat, ein tiefer Pool im Uniab River. Selbst Monate nach der Regenzeit ist das Wasser hier bis zu 6 m tief.

Mit dem eigenen Wagen kan man auf der auch für PKWs zu befahrenden Pad 3706 nach **Sesfontein**, einem alten Militärposten während der Schutztruppenzeit, gelangen. Kurz vor Sesfontein liegt Warmquelle, benannt nach den hier sprudelnden warmen Quellen.
In der Nähe von Sesfontein gibt es einen malerischen Wasserfall mit natürlichem "Swimmingpool" - erkundigen Sie sich nach dem genauen Weg in der Palmwag Lodge.

Am westlichen Ende des Etosha National Parks liegt der private Park **Hobatere Game Park**, durch den man nicht alleine reisen darf. An Wild gibt es Elefanten, Oryx-Antilopen, Giraffen, Kudus, Springböcke, Zebras, Löwen. 30 Gäste können in riedgedeckten Hütten übernachten.

3.3.17 KHORIXAS - UGAB TERRASSEN - OUTJO - ETOSHA NATIONAL PARK

Tageskilometer:
ca. 270 (bis zum Parkeingang), 282 (bis Camp Okaukuejo)

Tankstellen:
Khorixas, Outjo, in den Camps Okaukuejo, Halali, Namutoni

Übernachtung:

Camps in **Okaukuejo, Halali, Namutoni**
Buchung: Directorate: Nature Conservation and Recreation Resorts, Reservations, Private Bag 13267, Windhoek 9000, Tel.: 061 / 36975

Streckenhinweise:

Von Khorixas aus fahren Sie in östliche Richtung die Pad C 39 in Richtung Outjo. Nach ca. 54 km biegen Sie rechts in die Pad 2743 ein, von der es dann zur Fingerklippe geht. Sie fahren danach weiter in südliche Richtung, bis die Pad 2351 links abzweigt und später in die Pad 2752 übergeht, die zurück auf die Pad C 39 nach Outjo führt. Von hier nehmen Sie die Pad C 38 nach Etosha.

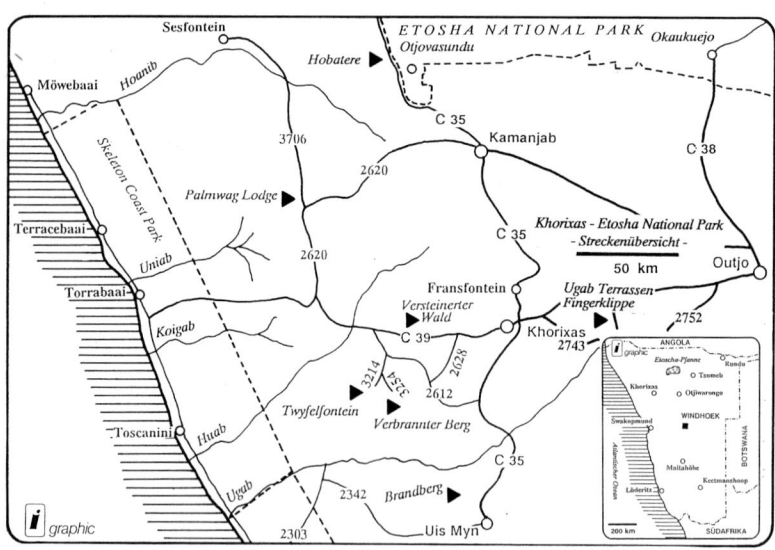

Streckenbeschreibung:

Den landschaftlichen Höhepunkt bilden die Ugab-Terrassen, die an Landschaften in Arizona erinnern. Der Weg von Outjo zum Etosha National Park führt über eine Hochebene, die mit Dornbuschsavanne bedeckt ist. Die Straßen sind Naturpads.

Fingerklippe / Ugab Terrassen

Auf dem Gelände der Farm Bertram steht ein markanter, hoher Felsen, den man z.T. besteigen kann. Man hat von hier eine herrliche Aussicht auf die Tafelberge, die im Ugab-Tal stehen, das früher mit viel Wasser gefüllt war.

Blick von der Fingerklippe auf die Ugab Terrassen

Outjo

Outjo ist ein kleiner Ort mit 4 500 Einwohnern. Outjo heißt in der Herero-Sprache soviel wie "kleiner Hügel". Von hier gibt es auch eine Eisenbahnverbindung nach Otjiwarongo, die schon in deutscher Zeit in Angriff genommen wurde.

Hier in der Gegend von Outjo ist der Rinderanteil (25 %) zugunsten des Schafanteils (75 %) relativ gering, obwohl hier die gleiche Niederschlagsmenge fällt wie z.B. in Otjiwarongo. Die Ursache dafür ist der Untergrund, der aus Kalksteinen besteht, die extrem schnell das Wasser durchsickern lassen.

3.3.17.1 ETOSHA NATIONAL PARK

Die Fingerklippe (Ugab Terrassen)

Allgemeine Hinweise

Camps:

 Die Camps sind zu buchen über: Directorate: Nature Conservation and Recreation Resorts, Reservations, Private Bag 13267, Windhoek 9000, Tel.: 061 / 36975 oder direkt in Windhoek (Reservierungsbüro seitlich des Hauptpostamtes in der Kaiserstraße). Alle Camps verfügen über schöne Rasthäuser und Schwimmbäder, ebenso sind Restaurants, Läden und Tankstellen vorhanden. **Halali** hat ein besonders großes Schwimmbad. Seit 1984 ist das **Fort Namutoni** restauriert (modernes Restaurant, Ladenkomplex); es stehen 24 Wohnungen sowie die modernisierten alten Unterkünfte zur Verfügung. 1986 wurden auch die Camps **Okaukuejo** und Halali erneuert. Das Camp Okaukuejo verfügt über eine angestrahlte Wasserstelle.

 Die Camps Okaukuejo und Namutoni sind ganzjährig geöffnet. Das Camp Halali ist vom 01.11. bis zum 2. Donnerstag im März geschlossen, da es hier noch keine Klimaanlagen gibt. Das Geschäft, das Restaurant sowie die Tankstelle sind ganzjährig für vorbeifahrende Touristen geöffnet.

In Zukunft soll ein neues Camp eröffnet werden: Otjovasandu im Westteil des Parks. Dieses Camp wird dann über Kamanjab zu erreichen sein. Wie in allen Einrichtungen der Naturschutzbehörde sind die Preise mäßig.

Neu eröffnet wurde 1989 die **Mokuti Lodge**, 500 m vom von-Lindequist-Tor, der Einfahrt nach Namutoni, entfernt. Die komfortabel eingerichteten Chalets und Mini-Appartements sowie zwei Restaurants stehen anspruchsvollen Gästen zur Verfügung. Die Lodge gehört zur Namib-Sun-Kette (Zentral-Reservierung in Windhoek, Tel.: 061 / 34512).

Aufenthaltsdauer:

 Empfehlenswert sind mindestens 3 Tage, wobei man die Übernachtungen in verschiedenen Camps planen sollte, um das den Touristen zugängliche Parkgebiet intensiv erleben zu können. Die meisten Tiere sieht man erfahrungsgemäß an den Wasserlöchern um Namutoni.

 Einlaß:

Die Touristenlager müssen vor Sonnenuntergang erreicht sein und können erst nach Sonnenaufgang verlassen werden.

Restaurants:

 In allen drei Camps gibt es Restaurants mit folgenden Öffnungszeiten:

Frühstück:	07.00 - 08.30 h
Mittag:	12.00 - 13.30 h
Abend:	18.00 - 20.30 h

Eingang in den Etosha National Park

Verbote:

* Das Fahrzeug darf im Parkgebiet **nicht** verlassen werden (sehr gefährlich).
* Jegliches Stören der Tiere ist untersagt.
* Die Mitnahme von Schußwaffen ist nicht erlaubt.

Gesundheit:

Z. Zt. ist ganzjährig eine Malaria-Prophylaxe empfehlenswert.

* Lassen Sie sich **Zeit**, und rasen Sie nicht von Wasserloch zu Wasserloch.
* Verhalten Sie sich **leise** an den Wasserlöchern, flüstern Sie nur. Schalten Sie frühzeitig den Motor ab und lassen Sie den Wagen ausrollen.

* Fragen Sie **vorbeikommende Reisende**, ob und wo sie Wild gesehen haben.
* **Teilen Sie** Ihre Beobachtungen bereitwillig **mit**.
* Vergessen Sie nicht Ihr **Fernglas**.
* **Vorsicht (!) bei Elefanten und Nashörnern**, die den Weg kreuzen. Lassen Sie den Motor an und seien Sie jederzeit bereit zum Rückzug.

Denken Sie daran, daß gute Tieraufnahmen praktisch nur mit einem **Teleobjektiv** möglich sind. Ab 200 mm aufwärts sollte die Brennweite betragen. Benutzen Sie **lichtempfindliche Filme**, damit Sie die Aufnahmen bei kurzer Belichtungszeit machen können.

Buchtips:

Tierbestimmungsbücher (für Säugetiere und Vögel) leisten gute Hilfe; in Namibia gibt es hierzu eine gute Auswahl.
Weitere interessante Bücher sind:
Berry Cornelia, Bäume und Sträucher des Etosha Nationalparks, o. Ort und Jahr
Hagen Horst, Etoscha-Pfanne, Greven 1979
Jensen R.A.C. / Clinning C.F., Die Vögel des Etosha-Nationalparks, Windhoek 1983
Reardon, M. u. M., Etoscha - Kampf auf Leben und Tod, Kapstadt o.J.
Shell Führer, Die Tiere in Etoscha, Windhoek o. J.
Weck, Uwe, Etosha, der Ort des trockenen Wassers, Satour-Broschüre, Frankfurt o.J.

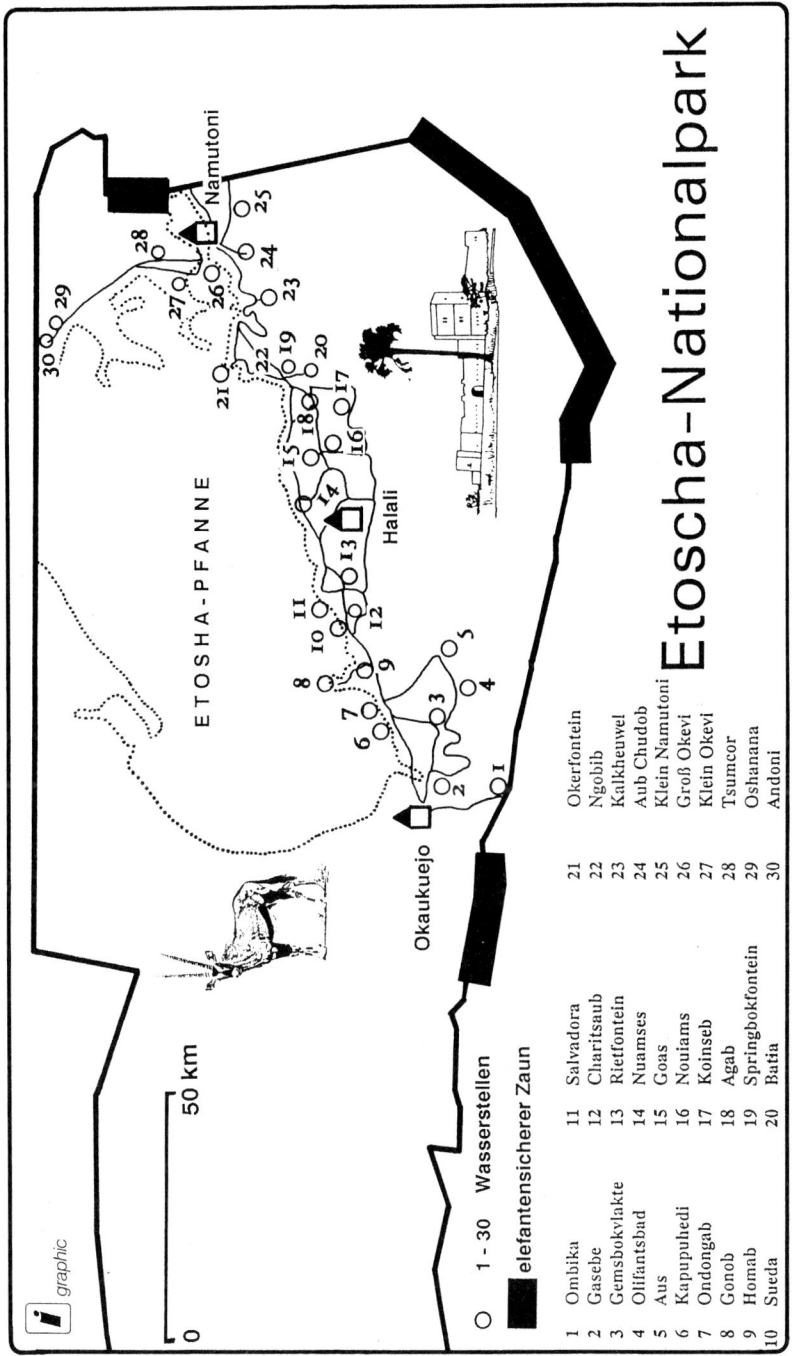

Etoscha-Nationalpark

Namutoni

ETOSHA-PFANNE

Halali

Okaukuejo

50 km

i graphic

0

○ 1 - 30 Wasserstellen

■ elefantensicherer Zaun

1	Ombika	11	Salvadora	21	Okerfontein
2	Gasebe	12	Charitsaub	22	Ngobib
3	Gemsbokvlakte	13	Rietfontein	23	Kalkheuwel
4	Olifantsbad	14	Nuamses	24	Aub Chudob
5	Aus	15	Goas	25	Klein Namutoni
6	Kapupuhedi	16	Nouiams	26	Groß Okevi
7	Ondongab	17	Koinseb	27	Klein Okevi
8	Gonob	18	Agab	28	Tsumcor
9	Homab	19	Springbokfontein	29	Oshanana
10	Sueda	20	Batia	30	Andoni

3.3.17.2 ALLGEMEINE FAKTEN ZUM ETOSHA NATIONAL PARK

Namensherleitung

Es gibt viele Deutungen, woher sich der Name "Etosha" herleitet. Meistens liest man, daß in der Ovambo-Sprache Etosha soviel bedeutet wie "großer weißer Platz".

Bei Bannister & Johnson (a.a.O.) liest man, daß dieser Ort auch manchmal von den Ovambo als "Ort des trockenen Wassers" interpretiert wird, womit die irreführenden Luftspiegelungen gemeint sind.

Geologie

Die heutige Etosha-Pfanne war in der geologischen Vergangenheit der Boden eines großen Binnensees, der inzwischen ausgetrocknet ist. Im Pliozän - vor etwa 12 Millionen Jahren - soll der Kunene östlich der heutigen Ruacana-Fälle (wo er sich später durch Hindernisse einen Weg nach Westen geschaffen hatte) in südöstliche Richtung in eine natürliche Senke geflossen sein und einen See gebildet haben. Als er seinen Flußlauf änderte, wurde er von seinem Zufluß abgeschnitten. Die Restwasser verdunsteten in dem ariden Klimabereich, denn die Verdunstung beträgt 2 700 mm pro Jahr bei ca. 400 - 500 mm effektivem Niederschlag.

Am Rande der Etosha - Pfanne

Da das Wasser nur durch Verdunstung, nicht aber durch Abfluß entweichen kann, bleiben die eingespülten Mineralien und Salze zurück. Die lockeren Bestandteile des ehemaligen Seebodens wurden durch Kräfte des Windes weggeweht, und so wurde die Pfanne vertieft.

Der Untergrund der Pfanne besteht aus Kalken und Tonen, darüber befinden sich die Salzablagerungen.

Größe

Die Etosha-Pfanne selbst nimmt einen Raum von 129 x 72 km in ihrer größten Ausdehnung ein. Insgesamt bedeckt die Pfanne eine Fläche von etwas über 6 000 qkm. Der gesamte Nationalpark erstreckt sich über 22 270 qkm. Ursprünglich war der Park 100 000 qkm groß, doch man brauchte Land für Siedlungen. Die Ausdehnungen betragen:

* von Osten nach Westen: maximal 295 km,
* von Norden nach Süden: maximal 110 km.

Die höchste Erhebung beträgt 1 500 m über NN. Zwischen den Camps von Okaukuejo und Halali, die auf einem Niveau von etwa 1 000 m über NN liegen, beträgt die Höhendifferenz nur 13 m.

Heutige Klima- und Wasserverhältnisse

Die Sommer sind in der Etosha-Pfanne sehr heiß, aber auch die Wintertemperaturen sind angenehm warm: Im Durchschnitt beträgt die Juni-/Juli-Temperatur 15°C, im Januar über 25°C. Natürlich kann es auch am Tage wesentlich wärmer sein, nachts dagegen kühler, obwohl die Differenzen zwischen Tages- und Nachttemperaturen lange nicht so krass sind wie in anderen Teilen des Landes.

Die Regenzeit dauert von November bis April, im westlichen Teil des Nationalparks werden Niederschlagshöhen von ca. 400 mm, in östlichen von 500 mm erreicht.

In der Regenzeit fließt noch immer Wasser aus dem Norden und dem Osten in die Pfanne, vor allem aus dem Ekuma-Revier und dem Omaramba Ovambo. Große Teile der Pfanne stehen dann unter Wasser. Doch nur in besonders starken Regenzeiten ist die Pfanne vollständig mit Wasser gefüllt.

Es gibt starke **Niederschlagsschwankungen**. Die Verteilung sieht folgendermaßen aus:
* 20 % des Regens fallen im Januar,
* 25 % des Regens fallen im Februar,
* 18 % des Regens fallen im März.

Im Jahr gibt es 42 Regentage, doch ist eine ganztägige Wolkendecke nur sehr selten.

An der Südseite der Pfanne gibt es viele Wasserlöcher, die die Tiere während der Trockenzeit anlocken. Sie entstehen dadurch, daß das in der Regenzeit in der porösen Kalkformation angesammelte Wasser auf den undurchlässigen Tonboden ausfließt.

Im Nationalpark gibt es **drei Arten von Quellen:**

Artesische Quellen
Sie entspringen auf kleinen Kalkhügeln, die etwas höher als die Umgebung liegen. In einer Mulde brechen sie dann durch die Oberfläche. Meistens befindet sich auf der Wasseroberfläche dann ein Ried-Dickicht. Unter dem Ried kann das Wasser sehr tief sein.
Beispiele sind: Namutoni, Klein-Namutoni, Koinachas, Chudop, Aus

Grundwasserquellen
Sie kommen an jenen Stellen vor, an denen Grundwasser die Oberfläche erreicht. Im Nationalpark finden wir diesen Quellentypus besonders in Kalksenken vor, die tiefer als der Grundwasserspiegel liegen. Hier befindet sich das Grundwasser der Umgebung in einer Tiefe von 1,5 - 9 m. In Trockenzeiten geben diese Quellen nicht viel Wasser her; wenn der Grundwasserspiegel absinkt, können sie gar völlig austrocknen.
Beispiele sind: Groß Okevi, Klein Okevi, Numeros, Ngobib.

Schichtquellen
Sie entstehen, wenn zwei Schichten mit unterschiedlicher Wasserdurchlässigkeit zusammentreffen und die obere Schicht aufhört. Man trifft diese Quellen zumeist am Rande der Pfanne an, dicht unterhalb der Oberflächenkalke. Das Wasser sammelt sich in diesem Gestein und fließt in der Grenzschicht, die wasserundurchlässig ist (Tone), am Rande der Pfanne aus. Diese Quellen sind nicht sehr ergiebig. Einige liegen verhältnismäßig hoch über der Pfanne, andere sickern fast auf ihre Oberfläche.
Beispiele sind: Okerfontein (die stärkste unter ihnen) und andere kleinere Quellen am Rande der Pfanne.

Landschaftsform und Vegetation

Das Gebiet des Etosha Nationalparks gliedert sich in verschiedene Vegetationszonen. Frau Cornelia Berry hat in ihrem Buch "Sträucher und Bäume des Etosha Nationalparks" sehr ausführlich die für einzelne Landschaftsabschnitte charakteristische Pflanzenwelt beschrieben. Für den botanisch interessierten Leser ist diese fundierte Zusammenfassung sehr empfehlenswert. Auch die folgenden Ausführungen orientieren sich daran.

Die Landschaft des gesamten Parkgebiets ist **flach**. Nur im äußersten Westen (für Touristen gesperrt) beginnt eine hügelige Region, die allmählich in das Kaokoveld übergeht. Ebenso gibt es Erhebungen bei Namutoni. Ungefähr 50 Wasserlöcher sind ganzjährig gefüllt und versorgen die Tiere auch während der Trockenzeit mit dem lebensnotwendigen Naß.

Frau Cornelia Berry untergliedert den Etosha Nationalpark in **neun Vegetationszonen**:

Salzwüste

Die Salzpfanne füllt sich teilweise in den Regenmonaten Dezember bis April mit Wasser, das jedoch sehr salzhaltig ist, so daß es für Menschen und Tiere ungenießbar ist. Nur Algen wachsen in diesem alkalischen Wasser. In niederschlagsreichen Jahren kann man hier Flamingos antreffen. Der größte Teil der Fläche bleibt nach der Verdunstung des Wassers vegetationslos. An einigen Stellen wächst eine salzliebende Grassorte, die in der Trockenzeit mit ihrem Proteingehalt von Gnus, Zebras und Springböcken bevorzugt wird.

Kurzstrauch-Savanne

Sie befindet sich am Rande der Pfanne. Hier wachsen auf kalkigen und z.T. brackigen Böden kleine Sträucher, so z.B. in der Umgebung von Salvadora.

Ein Gelbschnabeltoko

Grasflächen

Auch sie befinden sich in der Nähe der Pfanne. Die baumlose Andoni-Fläche nördlich des Camps Namutoni ist exemplarisch dafür. Das Gras, das hier wächst, ist sehr nahrhaft, und insbesondere im Sommer kommen Zebras, Gnus und Springböcke hierher.

Allgegenwärtig sind die putzigen Erdmänn-chen. Ihr Schwanz spendet ihnen Schatten.

Dornbusch-Savanne

Diesen Vegetations-typ finden wir in der Nähe der Pfanne, und zwar überall dort, wo der Boden kalkhaltig und brackig ist; so z.B. bei Gemsbok-vlakte und Oker-fontein.

Mopane-Savanne

Mopane-Bäume sind besonders typisch für Etosha, da sie 3/4 des Baumbestandes aus-machen. Diese Bäume haben schmetterlings-artige Blätter. Die schönsten und höchsten Exemplare gibt es bei Halali (bis über 6 m).

Senken und Lehmpfannen

Kleine Lehmtümpel gibt es z. B. in der Nähe von Ombika. Während der Regen-zeit sind sie wahre Schlammlöcher. Hier wächst die Kirks-Akazie, die einen oliv-grünen Stamm hat.

Gemischter Trockenwald

Diesen Vegetationstyp finden wir im Nordosten des Parkgebiets, wo mehr Niederschlag fällt und die Böden sandig sind. So wachsen nördlich von Namutoni die typischen südwester Kameldornbäume, ebenso der hohe Blutfruchtbaum, der bei Giraffen und Elefanten beliebt ist. Beim Fort Namutoni wachsen attraktive Malakani-Palmen.

Dolomit Hügel

Dazu gehören der Hügel im Halali-Lager sowie die in der Nähe liegenden Twee Koppies. Hier wachsen die malerischen Moninga-Bäume. Außerdem gedeihen auch Blutfruchtbäume sowie verschiedene Akazienarten.

Tambuti- und Terminalia-Trockenwald

Diese Zone befindet sich südlich von Springbokfontein und zieht sich bis in die Nähe von Namutoni. Hier wachsen die dunkelstämmigen Tambutis.

Geschichte

Charles John Anderson

Die ersten Europäer waren Charles **Anderson** und Sir Francis **Galton** (1851). Dorslandtrekker lebten 1876 vorübergehend an der Quelle von Rietfontein. Reste ihrer Häuser sind heute noch zu sehen.

Man muß sich vor Augen führen, daß Namibia in früherer Zeit - vor Ankunft der Weißen - ein äußerst wildreiches Land war. So berichtete der englische Forschungsreisende Sir James Alexander 1837, daß die Gebiete am Fisch Fluß und am Swakop die besten Elefantenreviere der Welt seien. Er sah am Oranje Unmengen von Flußpferden und im Kuiseb - Tal viele Nashörner.

Die Nachrichten vom Wildreichtum lockten Freibeuter an. Was war begehrt?

Elfenbein brauchte man für Klaviertasten und Billardbälle, **Straußenfedern** für die Hüte der Damen und das **Horn der Nashörner** wurde von reichen Chinesen gekauft, da es angeblich Jugendfrische erhalten sollte (zwecks Einnahme wurde es pulverisiert).

Eine Kuhantilope

Die Eingeborenen wie die Herero, Damara, Buschmänner und Ovambo hatten nichts gegen die Wilderer, denn sie brauchten diesen ja nur zu folgen, um genügend Fleisch zu haben. So endete die Massenjagd auf Elefanten mit ihrer **völligen Ausrottung**. Selbst in der Etosha-Pfanne war um 1880 kein Elefant mehr vorhanden. Und als in der deutschen Kolonialzeit Schutztruppler hierherkamen, reichte selbst das Antilopenfleisch nicht mehr aus, um die wenigen Menschen zu ernähren. So führte bereits der erste deutsche Gouverneur Curt von Francois Jagdgesetze ein sowie den Zwang, einen Jagdschein zu erwerben.

1907 erklärte der Gouverneur **von Lindequist** ca. 1/4 von Namibia zum Naturschutzgebiet. Die Etosha-Pfanne mit ihrer Umgebung gehörte auch dazu. Schnell konnte sich die Tierwelt wieder regenerieren.

Neuere Zählungen per Hubschrauber (1982) haben folgende Zahlen erbracht:

Springbock	30 000	Strauß	2 000
Steppenzebra	8 800	Impala	900
Gemsbock	5 600	Eland	760
Kudu	5 200	Löwe	500
Bergzebra	2 900	Südafrikanische	
Elefant	2 400	Kuhantilope	440
Giraffe	2 400	Schwarzes	
Streifengnu	2 200	Nashorn	300

Bald muß man aufpassen, daß einige Tierarten nicht überhand nehmen und so das ökologische Gleichgewicht stören.

1897 wurde in **Namutoni,** was in der Ovambo-Sprache soviel heißt wie "hochgelegener Ort", ein Polizeiposten gegründet; 1903 war schließlich ein aus Lehmziegeln bestehendes Fort errichtet. 1904 wurden von hier 150 Mann, darunter alle Offiziere, abgezogen. Sie zogen nach Süden, um den von den Herero bedrängten Farmern Schützenhilfe zu leisten. Die Ovambo wurden in dieser Gegend als sehr friedlich eingestuft, so daß man glaubte, dieses Unternehmen ohne jedes Risiko starten zu können. Mit den Herero hatten die Ovambos ohnehin nichts im Sinn, denn diese überfielen sie manchmal. Trotzdem gingen die Ovambos zum Angriff auf das deutsche Fort über, denn sie bekamen das Gerücht zu Ohren, daß die Schutztruppe ihr Vieh beschlagnahmen und jedes Tier erschießen wollte. Tatsächlich war dieser Verdacht gar nicht einmal so unangebracht, denn es herrschte Rinderpest, und die deutschen Veterinäre empfahlen die Erschießung der kranken Rinder.

Namutoni

Überraschend kam also der Ovambo-Angriff; 500 Mann waren daran beteiligt. Sie waren zum Erstaunen der deutschen Schutztruppler teilweise mit Gewehren ausgerüstet und brachten sogar Leitern mit. Im Fort verschanzt, bekämpften vier Soldaten und drei vor den Herero geflüchtete Farmer die Angreifer. Sie konnten sich gut wehren und den Angriff zunächst zurückschlagen. Als sich die Ovambo zurückzogen, setzten sich die Deutschen zum nächsten Stützpunkt der Schutztruppe, nach Tsumeb, ab. Direkt am nächsten Tag zerstörten die Ovambo Namutoni, das dann 1905 - 1907 neu erbaut wurde. Im 1. Weltkrieg diente das Lager zunächst zur Unterbringung britischer Gefangener, bis es 1915 an die Südafrikaner übergeben werden mußte.

1957 wurde das Fort restauriert und dient seitdem als Rastlager und Museum der Kolonialzeit.

Ökologische Gefahren

Wir erfahren sehr oft, daß das Gleichgewicht der Natur sehr schnell durch unbedachte Handlungen des Menschen zerstört werden kann und daß diese Zerstörungen sich dann auch gegen die Verursacher richten können. Dazu ein Beispiel aus dem Etosha Nationalpark:

Unter einer dünnen Schicht von Lehm und Sand gibt es in der Etosha-Pfanne Kies, den man dringend zur Befestigung der Park Pads braucht. Es entsteht beim Abbau von Kies dann eine Mulde mit kalkhaltigem Boden, in der sich in der Regenzeit Wasser ansammelt. Man könnte geneigt sein zu glauben, damit wären zwei Fliegen mit einer Klappe geschlagen: einerseits könnte man eine neue Pad bauen, andererseits hätte man in ihrer Nähe ein neues Wasserloch, das den Tieren Wasser und den Touristen die Möglichkeit bietet, Tiere zu beobachten.

Doch was passiert in Wirklichkeit?

Diese Tümpel enthalten alkalisches Wasser, in dem sich besonders gut **Milzbrandbakterien** (bacillus anthracis) vermehren. Gelangen diese Bakterien in den Körper, so können sie Tier und Mensch töten. Ein kleiner Kratzer, eine winzige Wunde reicht aus, damit der Krankheitserreger in die Blutbahn gelangt. Im Körper vermehrt er sich rasant und scheidet Gifte aus, so daß das befallene Lebewesen innerhalb kurzer Zeit stirbt.

In den toten Körpern befinden sich dann Billionen von Milzbrandbakterien. Seltsamerweise sind Aasfresser und Löwen dagegen immun, aber sie tragen den Bazillus weiter, so z.B. an Wasserstellen, an denen sie ihren Durst löschen. Folge: Andere Tiere, die keine Immunität entwickelt haben, können infiziert werden.

Wird ein von Milzbrand infiziertes Tier von Aasfressern zerrissen, so fließt das bakteriologisch verseuchte, nicht mehr gerinnungsfähige Blut auf den Boden. Unter Sauerstoffeinfluß umgeben sich die Bakterien mit einer Schutzkapsel, um der Austrocknung zu entgehen. So können Milzbrandbakterien 10 Jahre überdauern. Sogar der Staub in der Nähe eines längst an Milzbrand verstorbenen Tieres ist lebensgefährlich: Die Staubteilchen können beim Einatmen in der Lunge Infektionen durch Wiederbelebung der Milzbrandbakterien verursachen. Inzwischen ist aber die gesamte Milzbrandproblematik keine Gefahr mehr.

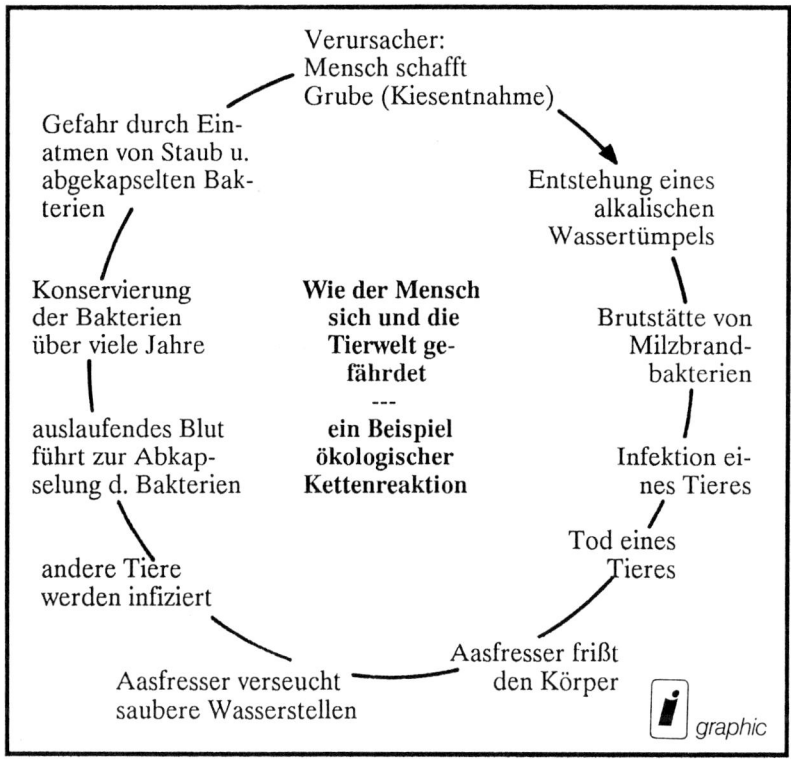

Verursacher:
Mensch schafft
Grube (Kiesentnahme)

Gefahr durch Ein-
atmen von Staub u.
abgekapselten Bak-
terien

Entstehung eines
alkalischen
Wassertümpels

Konservierung
der Bakterien
über viele Jahre

**Wie der Mensch
sich und die
Tierwelt ge-
fährdet**

Brutstätte von
Milzbrand-
bakterien

---

auslaufendes Blut
führt zur Abkap-
selung d. Bakterien

**ein Beispiel
ökologischer
Kettenreaktion**

Infektion ei-
nes Tieres

Tod eines
Tieres

andere Tiere
werden infiziert

Aasfresser frißt
den Körper

Aasfresser verseucht
saubere Wasserstellen

graphic

Weitere Probleme

* **Einzäunung des Parks / Saisonbedingte Wanderungen von Tieren**
  Der Park ist vollständig eingezäunt (1 640 km). Der Zaun ist 2,6 m
  hoch, 17 starke Drähte durchziehen ihn; die untersten sind mit Ma-
  schendraht abgesichert, der z.T. 70 cm im Boden eingegraben ist.
  Gründe für die Einzäunung sind:

* Verhinderung der Abwanderung des Wildes,
* Schutz der Tierwelt vor Wilddieben,
* Schutz benachbarter Farmen vor Raubtieren, die Rinder, Schafe
  und Ziegen reißen.

An mehreren Stellen hat man elefantensichere Zäune gebaut, wobei
man Stahlseile und Eisenbahnschienen benutzten mußte. Elefanten
haben nämlich den Drang, alte, gewohnte Zuwege zu bewandern,
wobei ihnen der Zaun ein Hindernis ist. 1977 war der Zaun an
1 800 Stellen niedergebrochen. Manchmal schreitet die Zerstörung
schneller voran als die Instandsetzung, und fast immer haben Ele-

313

fantenbullen die Schuld daran. 1977 mußten über 100 Elefanten wieder eingefangen werden, wobei man neun auf Farmen erschießen mußte. Im gleichen Jahr entwichen 300 Gnus ins Ovamboland, 56 Löwen wurden auf angrenzenden Farmen erschossen.

Den größten **ökologischen Nachteil** und damit auch Folge des menschlichen Eingriffs in die Natur bildet die Tatsache, daß die angestammten und natürlichen Wanderrouten der Tiere unterbrochen wurden. Das Wild konzentriert sich damit auf einen künstlichen Lebensraum, der in dieser Umzäunung kein in sich geschlossenes ökologisches System repräsentiert. Früher konnten die Tiere von der Westküste bis zum Okavango wandern. Gemäß den Jahreszeiten und dem Stand der Vegetation fand so eine schonende und raumverteilte Nutzung der Naturgegebenheiten statt.

* **Seuchen** (s.a. weiter oben)
Insbesondere geht eine Bedrohung aus von: Milzbrand (Knochen und verendete Tiere werden deshalb sorgfältig verbrannt), Tollwut, Maul- und Klauenseuche

* **Wasserbedarf des Elefanten**
Im Park gibt es ca. 2 400 Elefanten. Das ist an sich nicht viel, schafft aber trotzdem Probleme. Da insbesondere in der Trockenzeit die Wasserstellen begrenzt sind, wird den anderen Tieren viel Wasser weggenommen. Elefanten sind große Wasserverschwender, denn sie trinken es nicht nur, sondern sie baden und suhlen sich intensiv. Schnell ist dann ein Wasserloch von seiner Kapazität her überstrapaziert.

Kleinere Probleme

* **Flächenbrände** entstehen in Etosha meistens durch Blitzeinschlag.

* **Wilderei** spielt faktisch keine Rolle.

* Die im Park herumfahrenden **Touristen** verhalten sich angemessen. 1977 gab es lediglich 81 Fälle von regelwidrigem Verhalten.

3.3.17.3   DIE TIERE IM ETOSHA NATIONALPARK

Besorgen Sie sich bei der Parkverwaltung eine detaillierte Karte des Parkgebiets, in der alle Wasserlöcher namentlich eingetragen sind. Sie werden sehen, es macht sehr viel Spaß, mit Ruhe und Geduld auf die Tiere zu warten.

Im folgenden werden kurz die Eigenarten der häufigsten Tiere im Etosha-Gebiet beschrieben. Die meisten Informationen wurden aus folgenden Büchern entnommen, die jedem, der sich intensiver mit der afrikanischen Tierwelt auseinandersetzen will, zu empfehlen sind.

Th. **Haltenorth** / H. **Diller**, BLV Bestimmungsbuch: Säugetiere Afrikas, München 1977
C. **König** / R. **Ertel**, Vögel Afrikas, Band 1 und 2, Stuttgart/Zürich 1979

Die Reihenfolge der im folgenden angeführten Tiere ist alphabetisch nach den deutschen Namen gewählt. Als zweiter Name folgt die Bezeichnung in Afrikaans, als dritter Name die Bezeichnung in Englisch. Sollten Sie einen fremdsprachigen Wildwart bei Ihrer Safari haben, so wird Ihnen diese Systematik helfen.

Blau-Gnu / Blouwildebees / Blue Wildbeest

Blau-Gnus leben in offener Gras- und Buschsteppe in Ebene und Hügelland, zuweilen auch auf lichten Plätzen dichterer Buschwälder. Bei genügend Futter und Wasser beschränken sie sich auf ein Territorium,

das dann oft über Jahre gehalten und durch Harnen, Koten, Liegen und auch durch Wache-Stehen markiert wird. Die Territoriums-Besitzer bedrohen, bekämpfen und verjagen Nebenbuhler. Benachbarte Territoriums-Besitzer üben regelmäßig ein Herausforderungs-Zeremoniell zur Grenzbestätigung aus. Das Äsen findet zumeist morgens und nachmittags statt; in der Mittagszeit wird geruht, wenn möglich im Schatten. Sie fressen Kurzgräser bis 10 cm; das Trinken wird morgens und abends erledigt; Wasser kann bis zu fünf Tagen entbehrt werden. Die Streifengnus bilden - besonders in der Regenzeit - Rudel bis zu 1 000 Tieren. Zu ihren Feinden zählen Löwe, Gepard, Leopard und Fleckenhyäne.

Die Tragezeit beträgt ca. achteinhalb Monate, ein Laufjunges wird geboren. Die erste Festnahrung kann schon nach zehn Tagen aufgenommen werden; gesäugt wird bis zum Alter von einem Jahr. In freier Natur können Blau-Gnus bis zu 18 Jahre alt werden.

Elefant / Olifant / Elephant

Er ist das größte Landtier. Es gibt zwei Arten: den afrikanischen und den indischen Elefanten. Beim afrikanischen Elefanten sind Ohren und Rüssel größer und die Stirn niedriger als beim indischen Elefanten.

Der afrikanische Elefant wird bis zu 4 m hoch und 6 000 kg schwer. Alleine seine Haut wiegt 10 Zentner, das Hirn 5 bis 6 kg, das Herz 25 kg. Pro Tag säuft er ca. 350 l Wasser und frißt 500 kg "Grünzeug". Mit dem Rüssel führt der Elefant Nahrung und Wasser ins Maul, beim Baden verspritzt er Wasser über den Körper oder beim Staubbad auch Staub. Er besitzt nur zwei Zähne, auf jeder Seite einen.

Der afrikanische Elefant kommt in den meisten Gebieten südlich der Sahara vor. Er lebt in Herden aus Kühen und Jungtieren. Die Bullen leben einzeln, nur zur Paarung kommen sie mit den Kühen zusammen.

Elefanten treiben intensive Hautpflege. Sie tauchen beim Bad fast völlig unter und bespritzen sich mit Hilfe des Rüssels mit Wasser.
Sie lieben auch Staubbäder, und bei Wassermangel suhlen sie sich im Schlamm. Auch in Trockenzeiten beherrscht der Elefant die Kunst, Wasser zu finden: er bohrt Löcher, indem er seinen Rüssel als Ahle benutzt.

In der Mittagszeit sucht der afrikanische Elefant Schatten auf. Er sorgt für Abkühlung, indem er mit seinen Ohren fächert. Aufgrund der riesigen Oberfläche seiner Ohren verliert er so viel an Körperwärme.
Auch Elefanten brauchen natürlich Schlaf. Sie können sowohl im Stehen als auch im Liegen schlafen. Beim stehenden Schlaf atmet er in der normalen Atemfrequenz, beim Liegen nur 1/2 mal so oft. Gewöhnlich schläft ein Elefant fünf Stunden, die meiste Zeit im Liegen.

Dort, wo Elefanten geschützt aufwachsen, kommt es oft zur Überbevölkerung (z. B. im Kruger National Park). Da ein Elefant aber viel frißt, gefährdet er beim zu starken Anwachsen seiner Population das ökologische Gleichgewicht und muß in seinem Bestand dezimiert werden. Bei natürlichen Voraussetzungen ziehen Elefanten von einem Gebiet zum anderen und können so dem Reifestand der Vegetation folgen, die sich während ihrer Abwesenheit wieder erholen kann. Dabei legen sie oft große Entfernungen zurück.

Die Backenzähne des Elefanten weisen breite Mahlflächen auf, die dem Zerkauen von Pflanzenfasern dienen. Der Verschleiß an Zähnen ist beträchtlich. Der Elefant (der bis zu 70 Jahre alt werden kann) verbraucht in seinem Leben auf jeder Seite im Ober- und Unterkiefer je 7 Zähne, insgesamt also 28. Wenn ein Zahn abgenutzt ist, wächst ein anderer nach. Sind die letzten Zähne verbraucht, muß der Elefant verhungern.

Die Tragezeit beträgt bei Elefanten ca. 22 Monate. Das Junge ist etwa 90 cm hoch und wiegt 90 kg. Es kann bald nach der Geburt (nach zwei Tagen) in der Herde mitlaufen.

In ihrem Gesamtverhalten sind Elefanten furchtlos: sie kennen keine Feinde und brauchen beim Anzug auf ein Wasserloch keine Vorsichtsmaßnahmen zu treffen. Bei Gefahr für die Herde "trompeten" Elefanten. Das Sozialverhalten in der Herde ist stark ausgeprägt. Gefährlich werden Elefantenkühe, wenn ihr Junges versehrt wird.

Fleckenhyäne / Gevlekte Hiena / Spotted Hyena

Hyänen leben meist in Halbwüsten bis Trockensavannen, nicht in dichten Wäldern. Sie sind im allgemeinen ortstreu und leben in einem mehrere qkm großen Territorium. Dieses wird markiert, und zwar durch Harnen, Koten, Absetzen von Afterdrüsensekreten an Grashalmen und durch Bodenkratzen mit den Vorderpfoten. Diese Gebiete sind festgelegt, werden regelmäßig patrouilliert, und Rudelfremde werden verjagt. Rudelangehörige erkennen sich am Geruch. Hyänen jagen vorwiegend in der Dämmerung und bei Nacht; ihr Seh-, Hör- und Riechvermögen ist sehr gut ausgeprägt. Tagsüber ruhen sie in Erdhöhlen, in hohem Gras oder dichtem Busch.

Löwen und Hyänenhunde gefährden Jung- und Einzeltiere. Jungwelpen werden durch rudelfremde Artgenossen gefährdet, daher rührt ein starker Schutztrieb des Weibchens. Selten sind Fleckenhyänen einzeln anzutreffen, häufiger paarweise oder in Trupps. Im Rudel haben die Weibchen die Vormachtstellung.

Die Hauptnahrung der Hyänen ist Aas, oft in Form von Löwenbeuteresten. Kadaver werden mit Haut und Haaren, ja selbst mit großen Röhrenknochen, die zerbissen werden, gefressen. Auch im Kampf getötete Artgenossen werden nicht verschmäht.

Manchmal werden im Rudel Gazellen, Zebras und Antilopen gejagt. Die Opfer werden bei lebendigem Leibe zerrissen. Es werden auch durch das Opfer motivierte andere Tiere wie Löwe, Leopard, Gepard und Hyänenhund vom Rudel vertrieben. Auch einzelne Menschen sind durch Rudel nachts gefährdet.

Die Tragezeit beträgt bei Hyänen 99 bis 130 Tage,meistens werden ein bis zwei Welpen geworfen. Schon eine Woche nach der Geburt können die Welpen gut laufen; ihre Säugezeit beträgt ein bis eineinhalb Jahre. Die Geschlechtsreife ist bei Weibchen mit zwei, bei Männchen mit drei Jahren erreicht. In Gefangenschaft können Hyänen bis zu 40 Jahre alt werden.

Gepard / Jagdluiperd / Cheetah

Er lebt hauptsächlich in offenen Landschaften von der Wüste bis zur Trockensavanne, kommt aber auch im offenen Buschland, bis zum Rande der Feuchtsavanne und bis zu Höhen von 2 000 m vor. Sein Revier markiert das Männchen mit Harnspritzern, diese Markierung hält 24 Stunden an. Andere Tiere erkennen dann daraus die Wanderrichtung und meiden die Gegend. Auch bei Sichtbegegnung mit anderen Geparden kommt es nicht zum Kampf, sondern lediglich zum Ausweichen. Der Gepard ist Sichtjäger; d.h., daß er besonders morgens und am späten Nachmittag jagt, manchmal aber auch in mondhellen Nächten. Er ernährt sich von Hasen, Schakalen, Stachelschweinen, verschiedenen Antilopenarten, Warzenschweinen, Trappen, Frankolinen und jungen Straußen. Zuerst schleicht sich der Gepard an die Beute heran. Erst die letzten 100 m werden in Höchstgeschwindigkeit gerannt. Bei der Verfolgung seiner Opfer kann er bis zu 500 m mit einer Geschwindigkeit von 80 km pro Stunde rennen und macht dabei 7 m lange Sprünge! Manche Geparde rennen bis zu 110 km pro Stunde! Mehrere erwachsene Geparde greifen auch manchmal Großantilopen und Zebras an. Vor der Jagd bezieht der Gepard oft als Aussichtspunkt einen Termitenhügel oder einen Baum. Er kehrt zum Riß nicht zurück, da er kein Aasfresser ist. Sein Wasserbedarf ist gering; oft trinkt er den Harn der Beutetiere oder frißt Wüstenmelonen.

Seine Hauptfeinde sind Löwen, Leoparden und Fleckenhyänen; aber meistens werden Geparde in jungem Alter von ihren Feinden erlegt. Der Gepard ist von Natur aus friedlich, kein Kämpfertyp und daher leicht zähmbar.

Die Tragezeit bei Geparden beträgt 91 bis 95 Tage. Die Geschlechtsreife tritt bei Männchen nach 9 bis 10 Monaten ein, bei Weibchen erst nach 14 Monaten. Die Jungen werden lange Zeit geführt, um die Jagdweise zu erlernen; so wird die Mutter nach ca. eineinhalb Jahren verlassen. Das Gewicht eines ausgewachsenen Geparden beträgt 40 bis 60 kg. In Gefangenschaft können sie bis zu 16 Jahre alt werden.

Giraffe / Giraf / Giraffe

Die Giraffe ist das höchste Tier der Erde. Sie kann bis zu 5.40 m hoch werden, wobei die Kühe kleiner sind. Die Giraffe ist in den trockenen

Buschsteppen und Savannen südlich der Sahara verbreitet, besonders im Sudan, Ost- und Südafrika. Früher war sie wesentlich stärker verbreitet, wurde jedoch in vielen Gebieten wegen ihres Felles ausgerottet.

Giraffen leben in Herden mit relativ lockerer Sozialstruktur. Die Bullen bilden Gruppen und leben offenbar lieber in bewaldeten Gebieten, ältere Bullen sind Einzelgänger. Kühe und Kälber halten sich mehr in Savannen auf. Die Bullen besuchen diese Rudel zur Paarung. Giraffen sind gemütliche Tiere und bewegen sich nur langsam. Durch ihre Höhe fressen sie das Blattwerk oben an den Bäumen. Ihr langer Hals ermöglicht ihnen eine gute Rundumsicht. Um die Rangordnung festzusetzen, stehen zwei Bullen nebeneinander und bekämpfen sich gegenseitig mit ihren Köpfen.

Giraffen fressen an Bäumen und Sträuchern, wobei die Akazie ihre Lieblingsspeise ist. Wenn Wasser verfügbar ist, trinken Giraffen regelmäßig; sie können aber auch lange ohne zu trinken auskommen. Beim Trinken spreizen sie die Vorderbeine kräftig, um mit dem Kopf herunterzukommen, oder aber sie beugen die Knie und spreizen die Beine nur leicht.

Lange hat man am Kopfblutdruck der Giraffe herumgerätselt. Einige Zoologen haben behauptet, daß die Giraffe den Kopf langsam heben und senken müsse, damit das Blut nicht plötzlich in den Kopf strömt. Die Blutgefäße haben jedoch Klappen. Im Kopf befinden sich zusätzliche Gefäße, dadurch gibt es beim Heben und Senken des Kopfes, ganz gleich, wie schnell dies geschieht, keinen Blutandrang.

Giraffen paaren sich anscheinend das ganze Jahr über. Dabei dürfte es je nach Wohngebiet Unterschiede geben. Die Tragezeit beträgt 420 bis 468 Tage. Es wird nur ein Kalb geboren, das 1,80 m hoch ist und 55 kg wiegt. Schon eine Stunde nach der Geburt kann es laufen. Giraffenmilch ist sehr fettreich; die Jungen wachsen schnell. Sicher ist, daß zwischen Mutter und Kind nur lockere Beziehungen bestehen. Giraffen können bis zu 20 Jahre alt werden.

Giraffen haben nur wenige Feinde. Ein Löwe kann ein Kalb nehmen, oder mehrere Löwen können ein erwachsenes Tier reißen. Das kommt jedoch nur selten vor, denn die Schläge mit den langen Beinen und schweren Hufen können tödlich wirken.

Impala / Rooibok / Impala

Die Impalas gehören zu den anmutigsten Antilopen. Sie haben 75 bis 100 cm Rückenhöhe, wiegen 65 bis 75 kg und sind kastanienbraun. Der Bock hat 50 bis75 cm lange Hörner, das Weibchen ist nicht gehörnt.

Die Impalas bewohnen große Gebiete Ost- und Südafrikas. Sie lieben die Nähe des Wassers und meiden offene Landschaften. Sie sind vor allem in Busch- und Dornbuschsteppen anzutreffen, weniger in Gebieten mit geschlossener Vegetationsdecke. Je nach den Verhältnissen kann die Bevölkerungsdichte einige wenige bis 80 Exemplare pro qkm betragen. In der Trockenzeit leben sie zumeist in der Nähe der Wasserstellen, in feuchteren Jahreszeiten mehr verstreut - bis zu 25 km vom Wasserloch entfernt.

Impalaböcke werden in der Brunft recht aggressiv, besonders, wenn sie ihre Territorien abstecken. Sie liefern sich dann Kämpfe und jagen sich. Wenn sie ihre Territorien begründet haben, begeben sie sich an die Wasserlöcher, die als Niemandsland gelten. Das Auffälligste an den Impalas ist ihr Verhalten bei Gefahr. Die ganze Gruppe vollführt dann so etwas wie ein Schauspringen:
Sie springen geradeaus oder plötzlich zur Seite, bis zu 3 m hoch, rund herum und in alle Richtungen. Sinn dieses Verhaltens ist es, den Angreifer, z. B. eine Großkatze, zu verwirren, der versucht, aus der Herde ein bestimmtes Tier zu reißen. Die durcheinander springenden Impalas haben damit anscheinend Erfolg, der Angreifer hat Schwierigkeiten, ein bestimmtes Tier zu fixieren. Auch eine Anzahl anderer Tiere verhält sich ähnlich: anstatt den Abstand zum Angreifer zu vergrößern, schlagen sie Haken, um ihn irre zu machen. Hauptfeind der Impalas ist der Leopard.

Paarungszeit ist der Beginn der Trockenheit. Nach 180 bis 210 Tagen wird das Junge geboren, und zwar zum Zeitpunkt der Regenzeit, wenn es am meisten zu fressen gibt. Die Jungen wachsen schnell auf, so daß sie vor der nächsten Brunftzeit entwöhnt sind. In der Brunft sind rund 97 % der Weibchen trächtig. Die Weibchen leben das ganze Jahr in Herden zusammen; gegen Ende der Geburtszeit der Jungen haben die Herden eine Größe von 100 Tieren. Die Herden sind meist gemischt, nur während der Geburtszeit setzen sich die Weibchen ab.

Kudu / Koedoe / Kudu

Die Hörner sind beim Männchen locker geschraubt (zweieinhalb Windungen um die Längsachse). Das Fell ist kurz und glatt, die Fellfarbe braungrau. Jungtiere sind mehr rötlich grau bis hellbraun. Das Kudu bevorzugt steiniges, locker mit Buschwald bedecktes Hügel- und Bergland, doch auch Flachland mit gleichem Bewuchs, dort vor allem Akazienbäume (z. B. Kameldornbäume). Wasserstellen sind nicht lebenswichtig, dagegen aber größere Dickichte für den ruhigen Tageseinstand. Das Kudu äst am späten Nachmittag. Es ist in hohem Maße standorttreu, solange die Lebensbedingungen günstig sind. Zu über 80 % ernährt sich das Kudu von Baum- und Strauchlaub, nebenher auch von Gräsern und Kräutern. Hauptfutterpflanze ist vor allem die Akazie (Kameldornbaum). Sein Geruch und Gehör sind sehr gut ausgebildet, dagegen ist die Sehstärke eher schwach.

Tagsüber steht das Kudu bevorzugt im dichten Gebüsch, spätnachmittags zieht es aus zum Äsen. Es äst manchmal auch vor- und nachmittags, außer in der heißen Mittagszeit. Bei Bejagung entwickelt es sich zum heimlichen Nachttier.
Man findet das Kudu vor allem in kleinen Trupps aus mehreren Weibchen mit ihren Jungen, denen sich zeitweise ältere Bullen zugesellen.

Meistens sind 6 bis 12 Tiere zusammen, seltener bis zu 30. Nur während der Trockenzeit kann die Truppstärke durch Ansammlung an günstigen Futterplätzen steigen (bis zu 100 Tiere). Männchen bilden z. T. eigene Trupps. Im Erwachsenenalter beträgt das Verhältnis Männchen zu Weibchen 1 : 5.

Die Hauptfeinde sind vor allem der Leopard, die Hyäne, der Gepard und der Löwe. Die Rettung vor Feinden geschieht durch Flucht. Auch Altmännchen verteidigen sich nur selten, selbst wenn sie in die Enge getrieben wurden. Bis 2,50 m hohe Zäune können übersprungen werden.

Die Tragezeit beträgt beim Kudu ca. 7 Monate, die Geburtszeit liegt zwischen Februar und März. Das Neugeborene wiegt ca. 15 kg (ein ausgewachsenes Kudu wiegt 200 bis 250 kg). Die Säugezeit erstreckt sich über ein halbes Jahr, die erste feste Nahrung erhält das Junge nach einem Monat. Bei Männchen tritt die Geschlechtsreife nach eindreiviertel bis zwei Jahren ein, bei Weibchen mit eineinviertel bis eindreiviertel Jahren. Die erste Hornwindung sieht man bei Männchen im Alter von zwei Jahren, die volle Ausbildung bis zweieinhalb Windungen nach etwas mehr als sechs Jahren. In Freiheit wird das Kudu etwa sieben bis acht Jahre alt.

Leopard / Liuperd / Leopard

Der Leopard lebt in allen Landschaften von der Wüste bis zum Urwald. Wo er ungestört ist, ist er tags und nachts unterwegs. Wo er verfolgt wird, entwickelt er sich zum heimlichen Nachttier. Er sonnt sich gerne auf Bäumen oder Felsen. Seine Kletter- und Schwimmfähigkeiten sind gut. Meistens schlafen Leoparden auf Bäumen, in einem Erdbau, in Felsspalten, im Gebüschhorst etc.; sein Hörvermögen ist außerordentlich gut (15.000 bis 45.000 Hertz); er verfügt aber auch über ein sehr gutes Seh- und ein gutes Riechvermögen.

Seine Feinde sind gelegentlich Löwe, Hyänenhund und Fleckenhyäne. Löwe und Fleckenhyäne vertreiben den Leoparden manchmal von seiner Beute.

Als Nahrung dienen dem Leoparden alle Säugetiere (auch Raubtiere), manchmal sogar Großantilopen, Löwenjunge und Menschenaffen, Schlangen etc., auch Haustiere. Aas wird auch gefressen. Gelegentlich wird eine größere Beute nach und nach verzehrt und dabei gern als Schutz vor Mitfressern auf Bäume geschleppt. Manchmal können Leoparden monatelang ohne Wasser auskommen, aber wenn sie die Möglichkeit haben, trinken sie regelmäßig. Leoparden sind Einzelgänger.

Die Tragezeit beträgt 90 bis 112 Tage; es werden zwischen ein bis sechs Jungtiere geworfen. Nach einer Woche können die Jungen die Augen öffnen. Die Säugezeit beläuft sich auf drei Monate; mit eineinhalb bis zwei Jahren wird die Mutter verlassen. Die Geschlechtsreife wird mit zweieinhalb bis drei Jahren erreicht. In Gefangenschaft ist ein Alter bis 21 Jahre nachgewiesen.

Löwe / Leen / Lion

Löwen waren früher im südlichen Europa, im südlichen Asien und in ganz Afrika verbreitet. Bereits seit 80 bis 100 n. Chr. ist der Löwe in Europa ausgestorben. In Südafrika sind Löwen bis auf das Vorkommen im Kruger National Park ausgerottet. Seine Körperlänge beträgt ca. 2,80 m, seine Höhe ca. 1,10 m, sein Gewicht bis zu 250 kg. Löwen sind in offener Landschaft mit Buschwerk und Baumgruppen anzutreffen. Als einzige Katzen bilden sie Rudel bis zu 20 bis 30 Mitgliedern. Diese Gruppen bestehen aus einem oder mehreren älteren Männchen und einer Anzahl von Löwinnen mit Jungtieren. Die Angehörigen eines Rudels arbeiten beim Auflauern und Beschleichen der Beute zusammen, sie verteidigen sich auch gemeinsam. Jagende Löwen brüllen in der Regel nicht, um nicht entdeckt zu werden. Sie können Geschwindigkeiten bis 60 km in der Stunde erreichen, jedoch nur kurz aufrecht erhalten. Aus dem Stand können Löwen gut springen: bis zu 3,50 m hoch und 12 m weit. Selten klettern Löwen auf Bäume; sie tun es z. B. dann, um die in einer Astgabel vor einem Leoparden versteckte Beute zu erreichen.

Obwohl Löwen in erster Linie Fleischfresser sind, nehmen sie auch hin und wieder Früchte zu sich. Normalerweise beziehen Löwen neben Eiweiß, Fett, Kohlehydraten und Mineralsalzen die notwendigen Vitamine aus den Eingeweiden ihrer pflanzenfressenden Beutetiere. Es ist deshalb typisch, daß Löwen zuerst die Eingeweide fressen und sich vom Hinterteil her in Richtung Kopf des Opfers vorarbeiten.

Die Löwin schlägt zwar oft die Beute, aber der Löwe beginnt die Mahlzeit und nimmt sich den größten Teil ("Löwenanteil"). Erst dann folgt die Löwin, zuletzt die Jungen. Antilopen und Zebras sind die bevorzugten Beutetiere. Ein Überblick aus dem Kruger National Park zeigt, daß sich die Beute wie folgt zusammensetzt: Gnu, Impala, Zebra, Wasserbock, Kudu, Giraffe, Büffel. Ältere oder verletzte Löwen wenden sich kleineren Beutetieren zu, z. B. Stachelschwein, Schaf und Ziege. Sie können sogar zum Menschenfresser ausarten, greifen dann aber bevorzugt Frauen und Kinder an.

Löwen jagen ganz leise, und zwar ist es meist das Weibchen, das die Beutetiere erlegt. Dieses wird gewöhnlich angesprungen, sein Genick wird mit den Vorderpranken gebrochen; oder der Löwe packt es mit seinen Zähnen an der Kehle oder erdrosselt es mit den Vorderpranken. Eine andere Methode ist, das Opfer von hinten anzuspringen und niederzureißen. Löwen töten Flußpferde, indem sie ihnen das Fleisch mit den Klauen zerfetzen. Sie töten und fressen auch Krokodile.

Löwen haben kaum natürliche Feinde. Von Unfällen können besonders junge, unerfahrene Tiere getroffen werden. Dabei können ihnen Zähne ausgeschlagen werden, so daß sie sich mit Kleintieren begnügen müssen. Büffelherden können Löwen zu Tode trampeln; Antilopen können sie unter Umständen mit ihren Hörnern aufspießen.

Die Fortpflanzung ist bei Löwen ab dem zweiten Lebensjahr möglich. Die Tragezeit beträgt 105 bis 112 Tage; ein Wurf besteht aus zwei bis fünf Jungen. Die Zahl der Jungen hängt stark vom Ernährungszustand der Mutter ab. Je schlechter er ist, desto weniger Junge werden geboren (Sicherung der Nahrungsgrundlagen!). Bei ihrer Geburt sind die Jungen blind, ihre Augen öffnen sich erst nach zwei bis drei Wochen. Sie werden nach drei Monaten entwöhnt, dann lernen sie jagen und können mit einem Jahr selbständig Beute fangen.

Nashorn / Renoster / Rhinoceros

Es gibt zwei Arten von Nashörnern:

* das **Spitzmaulnashorn** / Swartrenoster / Black rhinoceros und
* das **Breitmaulnashorn** / Witrenoster / White rhinoceros

Das **Spitzmaulnashorn** bevorzugt meist trockenes, mit Büschen bestandenes Grasland, ebenso trifft man es aber auch auf offenen Savannenflächen mit wenig Deckung an. Es ist hauptsächlich morgens und abends unterwegs und gönnt sich sechs bis sieben Stunden täglich Ruhe. Während der Tageshitze ruht oder schläft es im Schatten. Eine Lieblingstätigkeit ist das oft stundenlange Schlammsuhlen. In Trockenzeiten wälzt es sich im Sand. Ein Nashorn riecht über viele Kilometer hinweg, auch das Hörvermögen ist sehr gut ausgeprägt, während dagegen das Sehen schlecht ist. Kaum ein anderes Tier kann dem Spitzmaulnashorn gefährlich werden. Löwen und Fleckenhyänen machen sich schon manchmal an ein Kalb heran, doch die Nashorn-Mütter haben keine Angst vor Löwen, Hyänen, ja gar Elefanten. Im Galopp bringen sie es auf 50 km in der Stunde. Vor dem Angriff senken sie den Kopf, schnauben und brausen oft vor dem Ziel plötzlich ab, wobei es vorkommt, daß sie dann umdrehen und flüchten.

Spitzmaulnashörner fressen vorwiegend Blätter und Zweigenden von Büschen und Bäumen. Sie verdauen auch schadlos Pflanzen, die für Menschen hochgiftig sind. Gerne fressen sie salzhaltige Erde und trinken täglich. Spitzmaulnashörner sind typische Einzelgänger, nur durch Mutter-Kind-Beziehungen bilden sie kleine Gruppen. Diese "Urtiere" können bis zu 40 Jahre alt werden.

Breitmaulnashörner bevorzugen Buschland mit Dickichten zur Deckung, Bäume als Schattenspender, Grasflächen zum Äsen und Wasserstellen zum Saufen. Sie äsen und ruhen im Abstand von wenigen Stunden nachts, morgens, spätnachmittags und abends. Der Tageshitze weichen sie unter schattenspendenden Bäumen aus. Außer den Menschen haben sie keine Feinde. Sie fressen nur Gras und trinken täglich (in Trockenzeiten alle zwei bis drei Tage). Sie leben z. T. in kleinen Trupps zusammen.

Oryx / Gemsbok / Oryx

Sie leben in offenen Landschaften in Ebene und Hügelland außerhalb geschlossenen Waldes und großer Sümpfe. Die Oryx gazella (auch Gemsbock genannt) lebt auch in Halbwüsten und Wüsten. Sie markieren kein Territorium, sind aber als Steppen- und Savannenbewohner ziemlich standorttreu. Halbwüsten- und Wüstenbewohner ziehen den Regenfällen nach.

Sie äsen am frühen oder späten Nachmittag und sind auch in hellen Mondnächten rege. Sie ernähren sich von Gräsern und Kräutern, auch von Blättern und Knospen von Büschen und Bäumen. Ist Wasser vorhanden, trinken sie täglich, notfalls ergraben sie es. Ihr Seh-, Geruchs- und Hörsinn sind gut entwickelt.

Löwe, Leopard und Hyänenhund gehören zu ihren Feinden. Angegriffene und erwachsene Tiere wehren sich gegen Großraubtiere, Hunde und Menschen forkeln sie evtl. zu Tode. Zäune werden nicht übersprungen, sondern unterkrochen.

Sie leben paarweise oder in kleineren Trupps, die aus einem halben bis drei Dutzend Tieren bestehen; in Halbwüsten kommen Herden mit bis zu 300 Tieren vor. Die Tragezeit beträgt 8 1/2 bis 10 Monate; meistens wird nur ein Laufjunges geboren. Die Säugezeit dauert bis zu vier Monaten. Die Geschlechtsreife tritt nach 1 ½ bis 2 Jahren ein. In Gefangenschaft sind Lebensalter von 18 - 22 Jahren nachgewiesen.

Perlhuhn / Tarentaal / Guinea-fowl

Es handelt sich hier um ein vorwiegend schwarzes Huhn, das über den ganzen Körper gepunktet ist. Es lebt außerhalb der Wälder, bewohnt busch- und baumbestandene Savannenlandschaften, Steppen und Halbwüsten sowie Grasland.

Perlhühner leben paarweise, in größeren Familientrupps oder in noch größeren Scharen zusammen. Es flüchtet meistens ohne aufzufliegen und übernachtet in Bäumen.

Perlhühner sind Allesfresser, Samen, Getreide, Wurzeln und Insekten sind bevorzugt.

Siedelweber / Familievoel / Sociable Weaver

Sie sind sperlingsähnlich, oberhalb dunkelbraun, die Kehle schwarz, Wangen und Unterseite bis auf wenige schwarze Flecken auf dem Unterbauch hellgrau, die Länge beträgt ca. 15 cm. Diese Vögel sind auf Namibia und Südafrika beschränkt. Hier leben sie in Trockenzonen, auch am Rande der Namib-Wüste. Sie ernähren sich von Samen, insbesondere von Grassamen und Insekten.

Die Siedelweber brüten in Gemeinschaftsnestern, deren Dächer zuerst von mehreren Vögeln gemeinsam in einem Baum errichtet werden. Darunter bauen dann die einzelnen Paare ihre Einzelnester, deren Eingänge von unten sichtbar sind. Diese Gemeinschaftsnester werden oft über Jahrzehnte hinweg benutzt. Teilweise brüten auch kleine Papageien hier oder andere Vögel, falls die Nestkammern unbesetzt bleiben.

Springbock / Springbok / Springbuck

Sie leben in Gebieten mit offenen, trockenen und steinigen Böden mit leichtem Bewuchs (spärliche Sträucher). Hohes Gras und reine Wüste werden gleichermaßen gemieden. Hauptsächlich frühmorgens und spätnachmittags bis abends wird geäst, bei Mondschein auch nachts.

Seh-, Hör- und Riechvermögen sind sehr hoch entwickelt. Springböcke fressen Gräser und Kräuter oder Strauchlaub, Wurzeln und Knollen. Sie trinken regelmäßig Wasser, können es aber auch längere Zeit entbehren; sie trinken auch Salzwasser und fressen mineralhaltige Erde. Diese Tiere leben in Großherden, oft zusammen mit Antilopen, Spießböcken und Straußen.

Die Feinde der Springböcke sind Löwe, Leopard und Gepard. Bei ihrer Flucht können sie bis zu 90 km in der Stunde laufen und bis zu 15 m weite Sprünge machen!

Die Tragezeit dauert 167 bis 171 Tage. Meist wird ein Laufjunges geboren, zwei Geburten pro Jahr sind möglich. Weibchen sind mit sechs bis sieben Monaten geschlechtsreif, die Männchen mit einem Jahr. Die Lebensdauer beträgt etwa zehn Jahre.

Steppenzebra / Bontkwagga oder Zebra / Burchell's Zebra

Von Pferden und Eseln unterscheiden sich Zebras durch ihre Streifenzeichnung, den Schädelbau und die Zähne. Es gibt drei Zebraarten. Das verbreitetste ist das Steppenzebra. Es kommt vom Zulu-Land im Südosten und der Etoscha-Pfanne in Südwestafrika/Namibia bis zum südlichen Somali-Land und südlichen Sudan vor. Die Steppenzebras sind sehr gesellig, sie leben in Herden. Gruppen von ein bis sechs Stuten mit ihren Fohlen bilden eine Gemeinschaft unter der Führerschaft eines Hengstes, der sie beschützt und andere Hengste abwehrt. Manchmal verschwindet das männliche Tier einfach, und ein anderes nimmt seine Stelle ein. Die überzähligen Hengste leben in größeren Junggesellenrudeln. Steppenzebras sind ziemlich zahm. Sie leben oft in Gemeinschaft mit Gnus. Gemeinsam mit ihnen sind sie auch bevorzugtes Beutetier der Löwen. Da das Zebra gefährlich werden kann, muß das Löwenrudel die Beute schlagartig töten. Es kann durchaus vorkommen, daß ein Zebrahengst einen Löwen im Kampf tötet.

Die Tragezeit beträgt ca. 370 Tage. Das Neugeborene wiegt 30 bis 34 kg und ist etwa 90 cm hoch. Normalerweise bekommt eine Stute alle drei Jahre ein Junges.

Junge männliche Tiere verlassen die Gruppe nach ein bis drei Jahren und schließen sich dem Junggesellenrudel an. Mit fünf bis sechs Jahren versuchen sie, junge weibliche Tiere zu treiben. Wenn es ihnen gelingt, dann bilden sie eine neue Gruppe.

Strauß / Volstruis / Ostrich

Der Strauß ist der größte heute lebende Vogel. Aufgrund seiner außergewöhnlichen, auffälligen Erscheinung ist er zugleich einer der bekanntesten. Große Männchen können bis zu 2,60 m hoch werden, wobei der Hals fast die Hälfte der Körpergröße ausmacht. Das Gefieder des Männchen ist schwarz, ausgenommen die weißen Schmuckfedern an den Flügeln und am Schwanz. Wegen dieser Schmuckfedern ist der Bestand an Straußen zunächst stark vermindert worden, erst später wurden Straußenfarmen gegründet.

Das Gefieder des Weibchen ist braun, die Federn werden zur Spitze hin heller. Der Kopf, der größte Teil des Halses und die Beine sind nackt, aber die Augenlider haben lange, schwarze Wimpern. Jeder Fuß hat zwei starke Zehen, die längere ist mit einer stärkeren Klaue versehen.

Strauße sind außerordentlich wachsam. Ihr langer Hals gestattet ihnen, schon in großer Entfernung Feinde festzustellen. Deshalb ist es ziemlich schwierig, Strauße in der Wildnis zu beobachten.
Sie leben in sehr trockenen Gebieten und durchstreifen auf der Nahrungssuche das offene Land oftmals in starken Trupps. Während feuchter Perioden teilt sich die Gruppe in Familien, bestehend aus einem Paar mit Küken und Jungtieren. Ein Hahn oder eine Henne führt den Trupp und entscheidet, ob das Revier gewechselt wird. Wenn die Gruppe vertrautes Gebiet verläßt oder an eine Wasserstelle kommt, wo keine anderen Tiere trinken, treibt das Leittier die Jungtiere vor sich her, um einen eventuellen Angreifer aus der Deckung zu locken. Etwas Erstaunliches: Strauße können zur Not auch schwimmen.

Strauße fressen nahezu alles. Vorgezogen werden Pflanzen, Früchte, Samen und Blätter. Sie fressen auch kleine Tiere, manchmal sogar Eidechsen und Schildkröten. Sie stehen in dem Ruf, wirklich Allesfresser zu sein. Selbst Metallstücke werden geschluckt. Sie fressen auch beträchtliche Mengen an Sand und Steinen, um ihre Verdauung zu fördern. Durch die Aufnahme so harter Materialien zerkleinern sie die Nahrung im Magen. Man sagt, aus der Art der Sandkörner und Kiesel könne man bei einer Obduktion genau die vom Strauß zurückgelegte Strecke verfolgen.

Noch bis vor kurzer Zeit rätselte man, ob Strauße polygam oder monogam veranlagt seien. Man weiß heute, daß Strauße monogam sein können, aber in der Regel polygam sind. Die gesellschaftliche Ordnung der Strauße ist recht anpassungsfähig, und es kann sein, daß ein Männchen, das ein Weibchen mit Küken begleitet, durchaus nicht der Vater der Küken zu sein braucht.
Jede Henne legt 6 bis 8, etwa 15 cm lange und bis zu 1,5 kg schwere Eier. Die Hennen eines Harems legen alle in das gleiche Nest, das aus einer Bodenvertiefung von etwa 3 m Durchmesser besteht. Es kann drei Wochen dauern, bis alle Eier gelegt sind, dann treibt die Haupthenne die anderen weg, und das Nest wird von ihr und dem Hahn behütet. Das Brüten besteht mehr darin, das Nest zu beschatten als es warm zu halten. Interessant ist, daß die Männchen bei Nacht über den Eiern brüten, die Weibchen bei Tage. Gegen Ende der sechswöchigen Brutzeit werden die am meisten entwickelten Eier am Rand des Nestes zusammengebracht. Die Küken können kurz nach dem Schlüpfen laufen und einen Monat später schon eine Geschwindigkeit von 50 km pro Stunde erreichen. Im Alter von vier bis fünf Jahren werden sie fortpflanzungsfähig. Strauße können bis zu 40 Jahre alt werden.

Erwachsene Strauße fürchten sich kaum vor Feinden. Sie sind sehr wachsam und können bis zu 65 km pro Stunde laufen. Eier und Küken können jedoch Schakalen und sonstigen Räubern zum Opfer fallen. Die Erwachsenen führen ihre Küken aus den Gefahrenzonen hinaus.

Termite / Termiet / Termite

Termiten sind wärmeliebende, lichtscheue Tiere, die zumeist in tropischen und subtropischen Ländern vorkommen. Sie sind soziale Insekten, die in einem Staat mit Kastengliederung leben. Man unterscheidet: Geschlechtstiere (Männchen oder König, Weibchen oder Königin) sowie nicht fortpflanzungsfähige Arbeiter und Soldaten. Termiten sind weiß oder farblos; ihre Flügel haben 14 - 34 Glieder; die Mundteile sind kauend. Flügel haben nur die Geschlechtstiere. Die verschiedenen Termiten-Arten sind zwischen 2 - 20 mm groß, doch werden die Weibchen einiger Arten wesentlich größer.

Sobald in einem älteren Termitenbau viele Geschlechtstiere reif sind, verlassen diese das Nest. Da der Vorgang bei vielen Bauten eines Gebiets gleichzeitig vor sich geht, bilden die aufsteigenden Termiten-Schwärme rauchsäulenähnliche Wolken. Nach kurzem Hochzeitsflug suchen die einzelnen Paare einen geeigneten Platz zur Anlage des Nestes. Dort wird eine Hochzeitskammer angelegt, erst danach findet die Paarung statt. König und Königin leben vielfach bis zu zehn Jahren in Dauerehe. In ihrem Leben legt die Königin viele Millionen Eier. Die erste Brut wird von dem Paar aufgezogen, später übernehmen die älteren Larven sowie Arbeiter die Aufzucht und den Nestbau, die Soldaten den Schutz gegen Feinde.

Das Nestgebäude ist oft sehr kompliziert angelegt. Luftschächte und Isolationsschichten bewirken ein gleichmäßiges Klima und stets eine hohe Luftfeuchtigkeit, so daß immer geeignete Kammern für Eier und Junglarven sowie für die weniger anspruchsvollen älteren Tiere vorhanden sind. In der Mitte des Baus liegt die Königszelle.
Für den Nestbau werden Erde, Holz und zerkautes pflanzliches Material verwendet, als Bindemittel dienen Kot und Speichel. Deshalb kön-

nen Termitenhügel betonartig fest sein. Bis zu 4 m Basisdurchmesser und 7 m Höhe sind anzutreffen.
Feinde der Termiten sind Reptilien, Vögel und Erdferkel.

Termiten greifen durch ihre Ernährungsweise eingebautes Holz aller Art an, Eisenbahnschwellen, Papier und Verpackungsmaterial, ja sogar lebende Bäume sind vor ihnen nicht sicher. Schützen kann man sich nur durch das Bauen ohne die Nutzung von Holz, durch Verwendung imprägnierter Hölzer sowie Bodenbehandlung mit Insektiziden.
Natürlich können Termiten auch nützlich sein. Sie lockern den Boden auf, so daß eine gute Durchlüftung erreicht wird. Humusbildend wirkt die Umsetzung pflanzlicher Substanz und ihr Kot. Es überwiegt allerdings der Schaden, den sie im allgemeinen anrichten.

Warzenschwein / Vlakvark / Wart Hog

Warzenschweine bevorzugen baum- und straucharme Grasflächen, während Wälder gemieden werden. Nachts und mittags ruhen sie in einer Wohnhöhle, vor- und nachmittags suhlen sie sich und weiden oder trinken. Als Feinde gelten Löwen und Leoparde, aber auch Geparde reißen manchmal Frischlinge. Das Hauptfutter besteht aus Gras und frischer Rinde, bei Wassermangel graben sie nach Zwiebeln, Knollen und Wurzeln. Sie leben in Familiengruppen zusammen und erreichen ein Alter bis zu 18 Jahren.

Zebra
s. Steppenzebra

3.3.18   NAMUTONI - TSUMEB

 Tageskilometer:
117 km

 Tankstellen:
Namutoni, Tsumeb

Übernachtung:

 Hotel Eckleben*, Hauptstr., P.O.Box 27, Tsumeb, Tel.: 0671 / 3051
Minen Hotel**, Poststr. P.O.Box 244, Tsumeb, Tel.: 0671 / 3071-72

 Camping:

Campingplatz der Stadtverwaltung, P.O.Box 275, Tsumeb, Tel.: 0671/3056

Streckenhinweise:

 Von Namutoni fahren Sie aus dem Etosha Nationalpark über die Pad C 38 heraus. Nach 35 km stoßen Sie auf Pad B 1, in die Sie nach rechts Richtung Tsumeb abbiegen.

Streckenbeschreibung:

 Von der Etosha-Pfanne fahren Sie in südliche Richtung durch die Savannen-Hochebene. In der Nähe von Tsumeb werden Berge sichtbar.

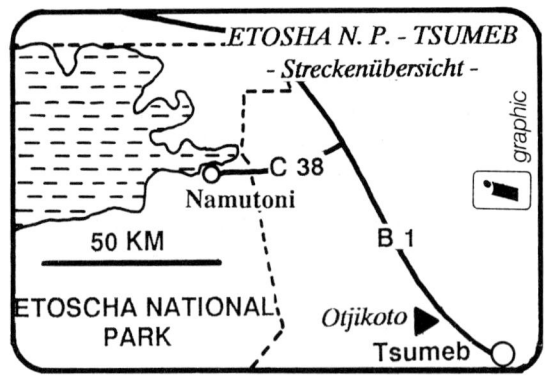

Auf der Straße vom Etosha Nationalpark nach Tsumeb passiert man eine baumbestandene Ebene, wo die Tsumeb Corporation eine beachtliche Aktivität an den Tag legt. Um die Minenarbeiter und die Bewohner von Tsumeb zu versorgen, werden hier Zitrusfrüchte, Gemüse

und Nutzbäume angebaut. Ebenso werden hier Kühe gehalten, um die Versorgung mit Milchprodukten sicherzustellen. Allein 7 000 Rinder werden zur Fleischversorgung gehalten.
Woher erhält man genügend Wasser für den Anbau? Vor Tsumeb kommen Sie am Otjikoto-See vorbei, wo Sie unbedingt aussteigen sollten.

Otjikoto-See

20 km nördlich der Stadt Tsumeb liegt der Otjikoto-See. Er ist entstanden, als eine riesige Höhle im hier anzutreffenden Dolomitgestein einstürzte.
Als der See in seiner Tiefe durch die ersten europäischen Reisenden Francis Galton und Charles Anderson (1851) ausgemessen wurde, kam man auf eine Wassertiefe von 55 m! Durch Abpumpen ist der Wasserspiegel gesunken und beträgt an der tiefsten Stelle nun 36 m. In dem sehr klaren Wasser tummelt sich ein Riesenschwarm von Fischen (zu den Talapia guinasana gehörend). Diese Fischart wurde in den 30er Jahren hier ausgesetzt; man brachte sie vom 15 km entfernten **Lake Guinas** hierher. Die Herkunft der Fische in jenem See ist nicht bekannt, jedoch vermutet man, daß sie evtl. durch eine lange zurückliegende Landüberflutung hierher kamen. Während diese Fischart oberflächennah lebt, existieren in der Tiefe Zwergbrassen. 1915 versenkten deutsche Truppen am Ende des Südafrika-Feldzuges hier militärisches Gerät, das später von der südafrikanischen Armee geborgen wurde.

Zum Schwimmen scheint der See sich nicht zu eignen! 1927 ertrank hier Johannes Cook, der Postmeister von Tsumeb. Nie wieder sollte man etwas von ihm entdecken. Man vermutet daher, daß es hier starke Strudel gibt.

Tsumeb

Die beste Kennerin der Gegend und Leiterin des Museums in Tsumeb, Frau Ilse Schatz, weist den Besucher darauf hin, daß die Ureinwohner Tsumebs die Hain//omn-Buschleute sind, die dem wasserarmen Ort den Namen "Tsomsoub" gaben, was bedeutet "einen Brunnen graben, der immer wieder einstürzt". Später wurde daraus Tsumeb. Die Buschmänner trieben mit dem Kupfer, das sie am 12 m hohen Malachit-Hügel abbauten, einen regen Handel mit den Ovambos.

Tsumeb hat heute knapp 17 000 Einwohner und wird oft als Gartenstadt bezeichnet. Jacarandas, die im Frühjahr violett blühen, und andere attraktive Baumarten sorgen für eine prächtige Vegetation.

Das Wirtschaftsleben ist auf die Minentätigkeit zentriert. Hier werden große Mengen an Kupfer, Zink und Blei gewonnen. Daneben aber werden noch viele andere Mineralien gefunden: über 217, davon ca. 40, die erstmals auf der Welt hier entdeckt wurden.

Diese **Vielfalt an Mineralien** befindet sich in einem vulkanischen Gang, in dem von unten bis oben außerordentlich vielfältiges Material gefunden wird. Diese Vulkanröhre wurde schon in historischer Zeit von verschiedenen ethnischen Gruppen genutzt. Europäische Forscher und Prospektoren bekamen Kenntnis von den verwirrenden Lagerstätten. 1893 erreichte Mathew Rogers, der für die South West African Company arbeitete, die Lagerstätte. Er verhandelte mit den lokalen Stämmen, um die Rechte für die Nutzung der Lagerstätte zu erlangen. Er begann eine genaue Studie über die Menge der Erze zu erstellen. Ebenso überprüfte er die Lebensfähigkeit einer möglichen Mine in einer so abgelegenen Gegend. Die Planung und Finanzierung des Bergwerkes nahm einige Jahre in Anspruch. 1900 begann dann unter der Otavi Mining and Railroad Company der Ausbau, zunächst mit 33 Bergleuten unter der Führung von Christopher James. Nicht nur Kupfer wurde gewonnen, sondern auch seltene, schöne Mineralien. Ende Dezember 1900 wurde die erste Ladung Erze per Ochsenwagen nach Swakopmund gebracht. Die Verkehrsprobleme waren erst gelöst, als 1906 die Schmalspurbahn bis Swakopmund fertiggestellt war. Innerhalb des ersten Jahres der Inbetriebnahme transportierten hier die Züge 25 700 t Erze.

Über die Jahre operierte die Mine gut, natürlich aber mit Einbrüchen während des 1. Weltkrieges und der Weltwirtschaftskrise. 1946 wurde die Tsumeb Corporation gegründet, die aus folgenden Beteiligungen bestand: American Metal Co., British South African Co., Newmont Mining Co., O'Kiep Copper Co., Selection Trust, South West African Co. Union Co.. Der Kaufpreis betrug damals etwas mehr als eine Million Pfund. Das neue Management baute die Mine zur gegenwärtigen Produktivität aus, mit Schächten bis über 1 000 m Tiefe. Die Produktion kann in der gegenwärtigen Höhe mindestens bis 1987 weiterlaufen, das Ende der Lagerstätte ist noch nicht erreicht.

Die Mine hat bereits über 700 Millionen Rand in den vergangenen Jahren erwirtschaftet, vor allem waren daran Kupfer, Blei, Zink, Cadmium, Silber und Germanium beteiligt. Insgesamt werden in den Erzgängen bis zu 217 verschiedene Mineralien gefunden, und damit dürfte Tsumeb zu den Naturwundern der Erde gerechnet werden. Im Museum des Ortes sind Gesteins- und Mineralienstücke ausgestellt. Die vollkommenste Sammlung befindet sich jedoch im naturkundlichen Museum des Smithsonian Institute in Washington.

Unbedingt sollten Sie das kleine, aber mit viel Engagement von Frau Ilse Schatz aufgebaute **Tsumeb - Museum** (Tel.: 0671 / 2447) besuchen. Es wurde 1975 eröffnet und zeigt Exponate aus der Umgebung. Vor allem kann man hier die wunderbaren Mineralien besichtigen, die aus der Mine stammen. Seit neuestem kann man hier in dem neu eingerichteten Khorab - Raum die Kanonen besichtigen, die die Schutztruppe 1915 im Otjikoto - See versenkte. Diese Kanonen wurden nach 70 Jahren aus einer Tiefe von 70 m geborgen.

 Öffnungszeiten:

Mo - Fr   09.00 - 12.00
           15.00 - 18.00 h

 Buchtip:
Bartelke Wolfgang,   Die Erzlagerstätte von Tsumeb/Südwestafrika und ihre Mineralien, Sonderdruck aus: "Der Aufschluß", Heft 12, Heidelberg 1976

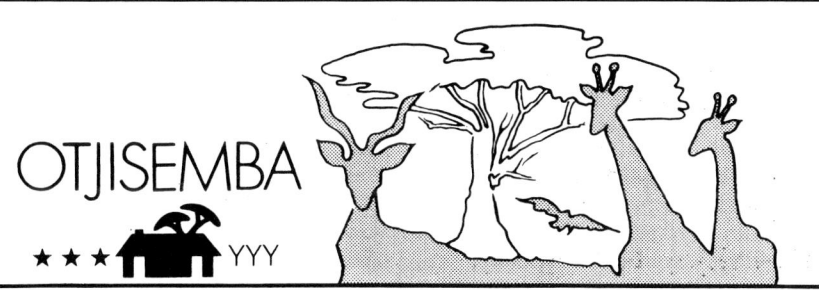

3.3.19   TSUMEB - HOBA METEORIT - WATERBERG - GROSS BARMEN

Tageskilometer:
480 km

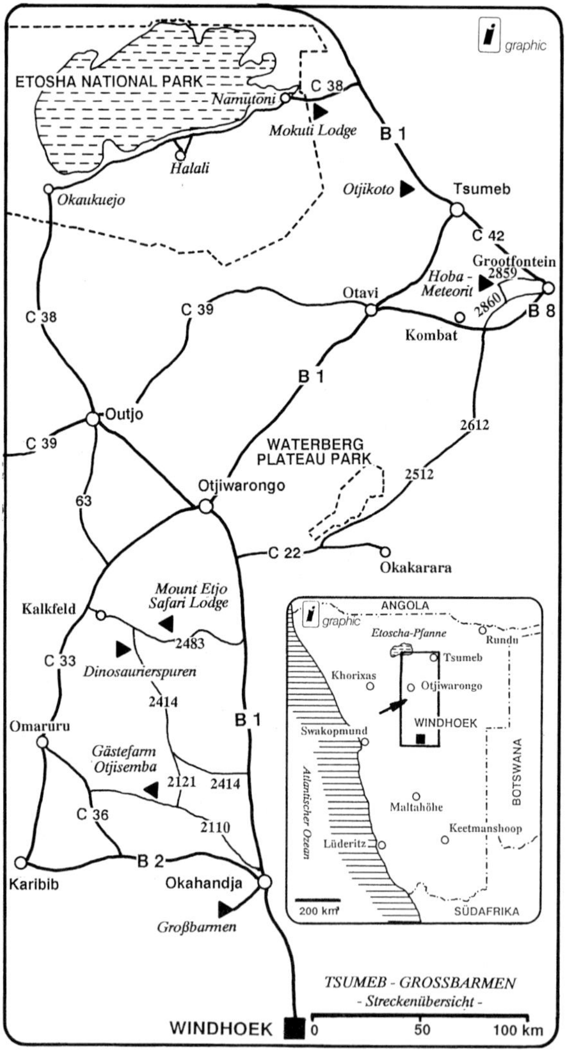

Tankstellen: u.a. Tsumeb, Otjiwarongo, Okahandja

Übernachtung: Camp Groß Barmen, zu buchen über: Directorate: Nature Conservation and Recreation Resorts, Reservations, Private Bag 13267, Windhoek 9000, Tel.: 061 / 36975 oder direkt in Windhoek (Reservierungsbüro seitlich des Hauptpostamtes in der Kaiserstraße).

Eine besondere Übernachtungs - Alternative bietet die **Gästefarm Otjisemba**, P.O. Box 756, Okahandja 9000, Tel.: 06228 / 82103 (Otjisemba bedeutet in der Hererosprache "schöner Platz").

338

Kurz vor Okahandja zweigt von der B 1 die Pad 2110 ab. Den Gästen werden geschmackvoll eingerichtete Unterkünfte sowie hervorragendes Essen geboten. Der Reichtum an Wild, die Vogel- und Pflanzenwelt sowie gute Felsmalereien lohnen einen Aufenthalt. Ein Swimminpool ist ebenfalls vorhanden.

Streckenhinweise:

Von Tsumeb aus fahren Sie die Pad C 42 bis kurz vor Grootfontein. Hier fahren Sie in die Pad 2859 zum Hoba Meteoriten. Danach nehmen Sie die Pad 2860, bis Sie die große Teerpad B 8 Grootfontein - Otavi kreuzen. Diese überqueren Sie und fahren die Pad 2612 bis zur Abzweigung nach rechts in die Pad 2512. Sie kommen dann am Waterberg vorbei. Danach stoßen Sie auf die Teerpad C 22 (rechts abbiegen), später auf die große Teerpad B 1 Otjiwarongo - Okahandja. Sie biegen hier nach links ab. In Okahandja fahren Sie dann (Ortsausgang) die Pad 87 nach Groß Barmen.

Streckenbeschreibung:

Sie fahren heute zum größten Teil durch Farmgelände. Landschaftlicher Höhepunkt ist das weit sichtbare Waterberg-Massiv.

Hoba-Meteorit

Ungefähr 20 km westlich von Grootfontein wurde in den 20er Jahren auf der Farm Hoba-West der wahrscheinlich zweitgrößte Meteorit der Welt gefunden. Der Brocken wiegt 55 t. Mittlerweile wurde das Erdreich um den Meteoriten ausgegraben, so daß man ihn gut sehen kann.

Auf der Erklärungstafel können wir lesen:*"Größter bekannter Metall-Meteorit der Welt. Zusammensetzung: 93 % Eisen, 7 % Nickel mit Spuren von Kobalt, Kupfer und Chrom. Gefunden in den frühen 20er Jahren durch Herrn J.H.Brits, dem ehemaligen Eigentümer der Farm Hoba. 1955 als Nationales Denkmal erklärt."*

ℹ ### Informationen über Meteoriten

Meteoriten sind Gesteinskörper oder große Nickeleisenklumpen, die bei ihrem Flug durch die dichte Atmosphäre nicht verglüht sind (so wie beispielsweise Sternschnuppen oder Meteore). Sehr selten passiert es, daß Meteoriten als große Stücke die Erde erreichen. Meistens werden sie in viele kleine tausend Stücke gesprengt. Jährlich prasseln auf die Erde ca. 11 000 Meteorite herab, allerdings meistens sehr kleine. Nur sieben davon gelangen zur wissenschaftlichen Prüfung. Die Erde erhält durch meteoritischen Staub täglich einen Massenzuwachs von etwas mehr als 6 000 t. Würde man diese Menge gleichmäßig verteilen, ergäbe das bei einem Erdalter von drei Milliarden Jahren eine Schicht von 5 m Dicke. Wenn Meteorite zur Erde fallen, hinterlassen sie eine hellleuchtende Spur, die etwa in der Höhe von 100 km beginnt. Je dichter die Atmosphäre wird, desto mehr wird der Meteorit gebremst ("Hemmungspunkte liegen zwischen 42 und 4 km Höhe). Hier zerspringen die meisten Meteorite explosionsartig.

Waterberg Plateau Park

Das Waterberg Plateau ist eher von landschaftlichem Reiz, die Tiere sind scheu und flüchten schnell. Sehr empfehlenswert ist der Aloe-Wanderweg.

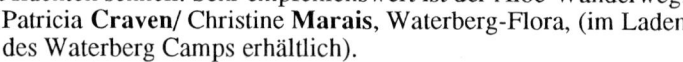 Patricia **Craven**/ Christine **Marais**, Waterberg-Flora, (im Laden des Waterberg Camps erhältlich).

 Das **Bernabé-de-la-Bat Rastlager** bietet Rasthäuser und Campingplätze und verfügt über ein Restaurant, Swimmingpool sowie eine Tankstelle. Reservierung über: Director of Tourism, Reservations, Private Bag 13267, Windhoek 9000, Tel.: 061 / 36975 oder direkt in Windhoek (Reservierungsbüro seitlich des Hauptpostamtes in der Independence Avenue).

 Die Naturschutz - Behörde will die Flora und Fauna des Waterberg Plateau Parks so gut es geht schützen. Deshalb kann man hier nicht "auf eigene Faust" herumfahren, sondern muß sich mehrmals täglich stattfindenden Touren in Allradfahrzeugen, von erfahrenen Rangern begleitet, anschließen.

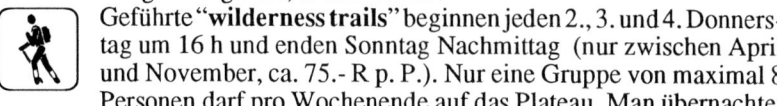 Geführte **"wilderness trails"** beginnen jeden 2., 3. und 4. Donnerstag um 16 h und enden Sonntag Nachmittag (nur zwischen April und November, ca. 75.- R p. P.). Nur eine Gruppe von maximal 8 Personen darf pro Wochenende auf das Plateau. Man übernachtet in Hütten, muß aber seinen eigenen Schlafsack sowie Proviant mitbringen.

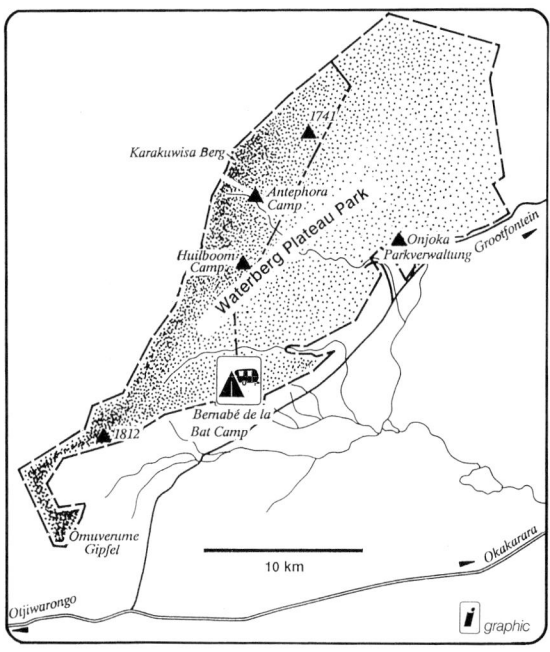

Waterberg heißt soviel wie "Wasserberg". Dieser freistehende Berg fängt in der Regenzeit die Niederschläge ab. Deshalb ist er vegetationsreicher als die Umgebung. Auch hier gibt es Felsgravuren und Malereien zu sehen. Seltene Tierarten (Pferde- und Rappenantilopen sowie das Weiße Nashorn) können ungestört leben.

Hier am Waterberg fand die größte Schlacht zwischen den Herero und der deutschen Schutztruppe statt (11. August 1904), in der die Herero eine vernichtende Niederlage erlitten.

Jährlich findet am Waterberg eine gemeinsame Gedenkfeier von Hereros und Deutschen statt. Der Führer der Herero, **Kuaima Riruako**, hielt während des Treffens am 18.8.1981 eine Rede, in der er u.a. sagte: "Es ist der Lauf der Geschichte, daß aus früheren Feinden Freunde werden, Freunde, auf die Verlaß ist. Die Hereros tragen keinen Haß mehr in ihrem Herzen und tragen auch nichts nach. Wir strecken die Hand über die Gräber zur Freundschaft aus und sind zur Zusammenarbeit bereit."

---

i   *Hintergründe zum Herero-Aufstand*

Seit jeher galten die Hereros als ein stolzes Volk. Ihr Selbstbewußtsein wurde durch die Machtansprüche der deutschen Kolonialmacht stark gefährdet. Der 1904 im Januar ausgebrochene Hereroaufstand gilt als ein historisches Zeichen des Widerstandes. Damals fanden 123 deutsche Zivilisten (von ca. 1500 in dem Gebiet lebenden Deutschen) den Tod. Farmen wurden niedergebrannt, Häuser geplündert, Vieh gestohlen, die Bahnlinie von Swakopmund nach Windhoek unterbrochen, Telegraphenmaste niedergerissen. Das Selbstbewußtsein und der Behauptungswillen der Deutschen Schutztruppe waren nun ihrerseits stark bedroht.

Die Hereros kamen im Verlauf des 18. Jahrhunderts von Norden über den Kunene in den mittleren Teil von Südwestafrika. Ab 1840 siedelten sie im Gebiet zwischen Grootfontein sowie der Linie Swakopmund - Windhoek - Gobabis. Als nomadisierendes Bantuvolk trieben sie eine extensive Viehwirtschaft.Und sie vertrieben, versklavten oder töteten die Damaras, die dieses Gebiet schon vorher bewohnten. Doch nach Süden vermochten sie sich nicht weiter auszubreiten, da die Nama ihnen großen Widerstand entgegensetzten. 1840 kam es zu blutigen Auseinandersetzungen zwischen Nama und Herero, wobei den Nama der Sieg dank der Feuerwaffen gelang, die die befreundeten Nama-Orlam - Stämme südlich des Oranje ihnen mit eigenen Hilfstruppen zur Verfügung stellten. Die Hereros unterlagen, wurden von den Nama unterdrückt, und erst nach einer weiteren Generation konnten sich die Herero in den Jahren 1863/64 von der Knechtschaft befreien. Doch schon bald darauf holten die Nama zum Gegenschlag aus, nahmen viele Hereros gefangen und stahlen große Teile ihres Viehs.

Wie schon im geschichtlichen Teil dargestellt, kaufte 1883 der Bremer Kaufmann Adolf Lüderitz den Hafen Angra Pequena: 1884 stellte Bismarck diese Besitzungen unter den Schutz des Deutschen Reiches.

Bekanntermaßen war Bismarck kein besonderer Freund von Kolonialpolitik, und er betrieb sie schließlich vorwiegend aus handelspolitischen Erwägungen heraus. Doch nicht nur die Kaufleute waren über die Proklamation als Schutzgebiet froh, sondern auch der Inspektor der Rheinischen Missionsgesellschaft Fabri, der schon lange zuvor permanent Hilfe beim Schutz der Missionare sowie bei der Lösung des Nama - Herero - Konflikts erbat. Doch Bismarck war nicht bereit, sich hier besonders zu engagieren und Geld dafür auszugeben. Die schwache deutsche Verwaltung sowie die zahlenmäßig sehr kleine Deutsche Schutztruppe, die ab 1888/89 ins Land kam, konnten den Konflikten zwischen Nama und Hereros nur tatenlos zusehen.

Sowohl mit den Nama im Süden als auch den Hereros im Norden schloß das deutsche Reich einen Schutz- und Freundschaftsvertrag. Der Vertrag sollte deutsche Staatsbürger und ihr Eigentum schützen. Der Vertrag schützte aber auch die Hereros, da sie sich unter ein deutsches Protektorat gaben. Die Hereros fühlten sich von nun an sicherer, bot ihnen doch der Vertrag Schutz gegen die sie immer bedrängenden Nama. Der Landeshauptmann der Schutztruppe, Major Theodor Leut-

wein, verfolgte eine Befriedungspolitik, die ihren Ausdruck in folgender Aussage findet: "nicht mit Blut und Eisen... sollte Kolonialpolitik betrieben werden, sondern mit Verständnis für die gewordene Eigenart der vorgefundenen Bevölkerung." Leutwein versuchte bei allen Stämmen des Gebietes um Sympathien und Anerkennung der deutschen Kolonialmacht zu werben. Leutweins Charakter wird als warmherzig, offen, freundlich und ritterlich beschrieben. Stets habe er sich bemüht, fair zu sein. Die Schwarzen nannten ihn bald "Majora".

Auf der Seite der Hereros stand Leutwein Samuel Maharero gegenüber. Gemeinsam kämpfte man 1894 und 1897 gegen die Hottentotten, und dafür wurde Maharero gar mit einer kaiserlichen Kriegsauszeichnung belohnt. Maharero war als Herrscher der Hereros nicht unumstritten. Leutwein stand Maharero zur Seite, als dieser um Schutz seiner Residenz in Okahandja bat. So ließ Leutwein hier und in anderen Teilen des Herero - Landes militärische Stationen aufbauen.

Samuel Maharero bewunderte die Lebensweise der Weißen. Das verführte ihn zum Konsumrausch. Er umgab sich mit europäischen und amerikanischen Luxusgütern, die er mit Land und Vieh bezahlte. Doch von Landausverkauf kann nicht die Rede sein: 1903 waren nur 4 % des Herero - Landes in den Händen der Weißen.

*Samuels Volk splitterte sich in **zwei große Gruppen** auf:*
* *die mehr nomadisierenden **Veldhereros**, die der Weide und den Regenfällen folgend umherzogen,*
* *die **an festen Orten lebenden Hereros**, die in der Minderzahl waren.*

*Betrachtet man bis hier die Geschichte, so ist man sich über die Gründe für den Herero - Aufstand nicht schlüssig. Doch Historiker führen vor allem folgende **verursachende Aspekte** an:*

* *Betrügerische Händler übervorteilten Hereros und trieben Teile des Volkes in große **Schulden**, in Not und in Abhängigkeit. Diese Menschen verarmten, da sie ihre Schulden mit Land oder Vieh bezahlen mußten.*
* *Es gab **ungesühnte Tötungsdelikte** von Weißen an Hereros.*
* *Es wurde von **ungeklärten Todesfällen in Gefängnissen** gemunkelt.*
* *Von Jahr zu Jahr mehr wurde den stolzen, freiheitsliebenden Hereros bewußt, in welche **Abhängigkeiten** sie geraten waren. Trotzdem glaubten die Hereros, stärker als die Deutschen zu sein.*
* *Die verheerende **Rinderpest** von 1897 vernichtete 50 % des Rinderbestandes und somit **verloren die Hereros Reichtum und Stolz**.*
* *Mit großem Argwohn verfolgten die Hereros ebenfalls die **Befreiung der durch sie versklavten Damaras** durch die deutsche Schutzmacht*

343

und die Zuweisung von Reservatsland an die Damaras bei Okombahe. Der kleine Hererostamm von Otjimbingwe wurde 1903 in einem Reservat von ca. 132 000 ha zusammengeschlossen.

* Der **Erwerb von Feuerwaffen** und von Munition sowie das **Stempeln
von Gewehren durch das Gouvernement** verärgerten die an eine
freie Kriegsführung gewohnten Hereros.

* Auch **religiöse Motive** waren für den Ausbruch des Aufstandes mit-
entscheidend. Ein Teil der ahnengläubigen Hereros erinnerte sich,
daß ihre Ahnen vor 40 Jahren den Befreiungskampf gegen die
Nama gebilligt hatten und leiteten hieraus ab, daß auch nun im
Sommer 1903 der Segen der Ahnen sicher sei und man mit Kriegs-
vorbereitungen gegen die Deutschen beginnen sollte.

So wurde schließlich von allen Hereros der Beschluß zum Aufstand
gefaßt. Die Vorbereitungen zum großen Schlag wurden im Geheimen
getroffen. Allerdings gelang es nicht, sich mit anderen Völkern gegen
die Deutschen zu verbünden. Die Ovambos zogen ihre Zusage zur Kooperation zurück, nachdem von ihnen 500 von nur 7 Deutschen am
Fort Namutoni zurückgewiesen wurden. Die Rehobother Baster waren
auch keine verläßlichen Kumpanen, da ihr Häuptling Informationen
an die Deutschen weiterleitete.

Man wartete den idealen Zeitpunkt zum Losschlagen ab. Dieser schien
gekommen zu sein, als im Winter 1903 ein Stamm der Hottentotten, die
Bondelswarts, in ihrem Reservat Unruhen stifteten. Leutwein sah sich
gezwungen, Truppen in den Süden zu schicken. Samuel Maharero bestimmte, daß Engländer, Bastards, Buren, Namas und Bergdamaras
geschont werden sollten. Ebenso ordnete er an, daß auch die Missionare von diesem Plan nichts erfahren sollten. Um die Kriegslust zu
schüren, verbreitete man das Gerücht, daß die Deutschen im Süden geschlagen worden seien und dabei Leutwein getötet wurde. Die Hereros
gingen nun siegessicher zum Angriff über, aber die einzelnen Stämme
taten dies zu unterschiedlichen Zeitpunkten. Im Vorfeld kam es zu
Widerständen gegen weiße Farmer, bei denen Hereros arbeiteten, zu
Viehdiebstählen und Hamsterkäufen. Am 10. Januar 1904 schließlich
sammelten sich in Okahandja 1 000 nicht ortsansässige Hereros. In
den folgenden Tagen begannen kriegerische Auseinandersetzungen:
Morde, Brandstiftungen und Diebstähle charakterisierten das Chaos.
Die Eisenbahnverbindung nach Windhoek wurde zerstört. Die wenigen
Truppen, die am Waterberg, Wilhelmstal, Okasise und Witvley ihren
Dienst versahen, wurden getötet. Die Hereros drangen weiter nach
Omaruru, Otjimbingwe, Gobabis, Karibib, Outjo, Grootfontein, ja gar
nach Windhoek. Doch die Deutschen organisierten schnell Gegen-
maßnahmen, und zwar von Swakopmund aus. Hauptmann Franke
kam von Süden herangeeilt: in nur 4 ½ Tagen schaffte er mit seinen

Mannen die 336 km, vertrieb bei Windhoek die Hereros und befreite Okahandja sowie Omaruru. Die Hereros flohen nach Norden, wollten aber im Februar wieder nach Süden ziehen, denen allerdings nun Leutwein entgegentrat. Es gelang, die Hereros in isolierten Einzelgefechten zu binden und zu zerstreuen. Später jedoch sammelten sie sich in großer Zahl im Khomashochland sowie am Waterberg. Trotzdem mußte Leutwein Niederlagen einstecken. Kaiser Wilhelm II. war darüber sehr zornig und löste Leutwein durch General von Trotha ab. Dies war sicherlich ein Mißgriff, denn Trotha war kein Landeskenner, eine umstrittene Führerfigur und wurde im allgemeinen menschlich nicht geachtet. Trotha plante einen Generalangriff, und zwar im Gebiet des Waterberges, wohin sich die Hereros zurückgezogen hatten. Er wollte sie hier umzingeln und vernichtend schlagen. Die überlebenden Hereros flohen nach Osten Richtung Betschuanaland in das große "Sandfeld", wo viele von ihnen aufgrund von Durst und Hunger umkamen. Ebenso verloren sie bei diesem Rückzug ihr Vieh. Über die Zahl der Toten gibt es keine genauen Angaben. Amtlich festgestellt wurde, daß rund 800 deutsche Soldaten getötet bzw. verwundet wurden. Wieviele Hereros getötet wurden, steht nicht genau fest. Die Angaben schwanken zwischen 30 000 - 100 000. Historiker gehen mittlerweile davon aus, daß weniger als 30 000 Hereros getötet wurden; die hohen Schwankungen erklären sie mit Übertreibungen und Zwei- und Dreifachzählungen.

 Buchtip:

Mossolow N. Dr., Waterberg, Windhoek o. J.

Abstecher zu Dinosaurier-Spuren

Auf der Farm Otjihaenamaparero südöstlich von Kalkfeld kann man Dinosaurier-Spuren entdecken. Die Fundstelle liegt 29 km südöstlich von Kalkfeld an der Pad 2414 und wurde bereits 1951 zum National Monument deklariert.

Die besten Abdrücke sind die eines drei-zehigen Dinosauriers, welche sich über 25 m verfolgen lassen. Das Alter dieser im roten Sandstein liegenden Spuren wird auf 150 - 185 Mill. Jahre geschätzt.

Okahandja

Der Ort liegt an einem Nebenfluß des Swakop. Wegen seines sehr sandigen Flußbettes heißt er "okahandja", was soviel meint wie "große sandige Ebene". Daher stammt auch der Ortsname.

Für die Herero war der Ort ein **Stammeszentrum**. Hier findet man deshalb auch die **Gräber der früheren Herero-Führer**, wie z.B. Tjamuaha, Maharero, Samuel Maharero und Friedrich Maharero. Seit 1978 ist hier auch der ermordete Herero-Führer Kapuuo begraben. Zum Gedenken an die verstorbenen Herero-Häuptlinge und an die verheerende Schlacht am Waterberg findet auch heute noch jedes Jahr **am ersten Sonntag nach dem 23. August** hier ein großes Herero-Treffen statt.

1872 gründete die Rheinische Missionsgesellschaft hier eine Station; die damals erbaute Kirche steht heute noch. 1894 errichteten die Deutschen einen militärischen Stützpunkt, indem sie ein Fort bauten. Mit diesem Jahr dürfte auch die eigentliche Ortsgründung zusammenfallen.
1901 erreichte die von der Küste kommende Schmalspurbahn aus Swakopmund den Ort. Das Original-Bahnhofsgebäude wird immer noch benutzt.
Im Januar 1904 brach der Krieg mit den Herero aus, und die Bewohner von Okahandja suchten Schutz im Fort, während ihre Geschäfte und Häuser geplündert und zerstört wurden. Sie wurden bis Ende Januar belagert, bis sie von der Schutztruppe befreit wurden.

Heute leben in Okahandja über 7 000 Menschen. Eine große Molkerei und eine Fleischfabrik geben der Bevölkerung Arbeit. Hier wird besonders **Biltong** hergestellt (luftgetrocknetes, gewürztes Wildfleisch).

---

i   *Dr. Heinrich Vedder - der große Missionar aus Okahandja*

Oft wird die missionarische Arbeit sehr skeptisch gesehen. Doch daß gerade die Missionare in Namibia Hervorragendes für das Land und seine Menschen bewirkt haben, mag die Lebensleistung von Dr. Heinrich Vedder, dem Missionar aus Okahandja, belegen. Sie waren nicht nur Seelsorger, sondern Mittler zwischen den so verschiedenen Kulturen. Ihr Glaube gab ihnen Kraft, die Spannungen, die Skepsis und das harte Leben im Busch zu ertragen.

Dr. Vedder wurde 1877 geboren, in Westerenge im Ravensburger Land. Es wuchs in sehr bescheidenen Verhältnissen auf. Sein Vater war Häusler, er selbst wurde Seidenweber. Der Vater sträubte sich gegen die schulische Ausbildung seines Jungen. Er war, wie man so sagt, Häusler, und auch die Lehrer, die die besondere sprachliche Begabung des kleinen Heinrich entdeckten, konnten zunächst nichts ausrichten. Nur die Mutter brachte für seine sprachliche Begabung Verständnis auf und unterstützte ihn, wenn er heimlich lernte. Und sie hatte nur einen Wunsch: ihr Sohn sollte eines Tages als Missionar nach Afrika gehen.

Der spätere Lebensweg Dr. Vedders war immer mehr mit Südwestafrika verknüpft. Vedder wollte Brücken zwischen den Menschen bauen,

und als eine der tragfähigsten sah er die Sprachbrücke. Und sofort, als er 1903 ins Land kam, machte er sich an das Studium der unterschiedlichen Sprachen der schwarzen wie farbigen Völker. Er analysierte die Sprachstrukturen, legte Wörterbücher an, verfaßte erste Grammatiken, ja, später gar schrieb er in diesen Sprachen Schulbücher und Erzählungen. Damit legte er einen Grundstein, der bis in die heutigen Tage den jungen Menschen der verschiedenen Stämme hilft, ihre Kultur und ihre Überlieferungen auch schriftsprachlich begreifen zu lernen. Neben unzähligen Veröffentlichungen ist es vor allem ein Buch, das als Standardwerk der Landesgeschichte gilt. Es trägt den Titel "Das alte Südwestafrika" und beschreibt die Historie von der Entdeckung der südwestafrikanischen Küste bis zum Tode Mahareros im Jahre 1890. Ein Buch, das sich Vedder aus seinem eigenen Erleben und seinen eigenen Forschungen herausarbeitete.

Das Faszinierende am Leben Vedders war die Übereinstimmung von Lehre und Tat. Gerne zitierte er aus dem Lukas - Evangelium: "Ich bin gekommen, daß ich ein Feuer anzünde auf Erden. Was wollte ich lieber, denn es brennete schon!". Wie sehr er danach lebte, mag eine kleine Erzählung wiedergeben, die er niederschrieb.
"Ein Bergdamaknabe, bekleidet mit einem kleinen Lendenschurz, bat mich um Arbeit. Ich dachte, er wolle sich Geld verdienen, weil sein Vater gestorben war und seine Mutter kaum für ihn sorgen konnte. Deshalb riet ich ihm, sich in den Häusern Swakopmunds nach Arbeit umzusehen. Er aber entgegnete: 'Es geht mir nicht um Verdienen; ich möchte gerne lernen. Wenn ich in der Stadt Arbeit finde, wird man mir keine Zeit geben, die Schule zu besuchen. Wenn du mich aber aufnimmst, helfe ich Deiner Frau, und ich werde zur Schule gehen dürfen.'- Ich besprach die Sache mit meiner Frau. Sie war einverstanden, kleidete den kleinen Mann ein, und er wurde ihr allezeit williger Küchenjunge. Nachmittags ging er zur Schule und lernte gut. Nach einiger Zeit meldete er sich zum Taufunterricht und wurde nach einem Jahr getauft. Er erhielt den Namen Friedrich. Von nun an stieg er in seinem

Dienst auf. Ihm wurde die Kirchenglocke anvertraut. Täglich hatte er am Morgen und am Nachmittag die Kinder zur Schule zu rufen, und an den Sonntagen lud er mit der Glocke die Gemeinden zum Gottesdienst ein.- Eines Morgens, als kaum die Sonne aufgegangen war, klopfte es an der Türe meines Arbeitszimmers, und herein kam Friedrich. Er sagte: 'Ich habe in der vergangenen Nacht einen schrecklichen Traum gehabt. Er bedeutet sicher etwas, ich weiß aber nicht, was das sein mag.' Ich bat ihn, mir den Traum zu erzählen. Friedrich berichtete: 'Du weißt, daß ich oft in die Kirche gehe, um dort zu beten. Nun träumte ich, ich wäre in der Kirche am Altar und betete. Da kam aus dem Kirchturm am Glockenseil der Teufel herunter, er kam den Gang zwischen den Kirchbänken herab bis zu mir und wollte nicht zulassen, daß ich betete. Ich rief ihm in meiner Angst zu: 'Weiche von mir, Satan!' Da lief er zurück zum Glockenseil, kletterte daran hinauf bis zur Glocke und machte sich daran zu schaffen. Er brach die eiserne Glockenzunge heraus und wollte damit nach mir werfen. Das schwere Stück Eisen aber fiel auf den Boden. Von dem lauten Aufschlag wurde ich wach. Nun wußte ich, daß ich geträumt hatte. Aber dieser Traum bedeutet sicher etwas. Ich möchte wissen, was er bedeutet.' Ich sagte: 'Ich will darüber nachdenken; geh jetzt, zünde das Feuer an und hole Brennholz herbei.'- Nach dem Frühstück machte ich einige Hausbesuche, verrichtete meine Morgenarbeit und kehrte mittags heim. Friedrichs Traum und Frage hatten mich gar nicht beschäftigt. Als es ein Uhr war, rief ich ihm zu: 'Friedrich, es ist Zeit zum Läuten!', denn die Schüler der Nachmittagsklasse sollten kommen. Er lief zur Kirche und läutete zweimal, dreimal, dann schwieg die Glocke. Ich rief: 'Friedrich, du mußt länger läuten, sonst hören es die Kinder nicht!' Er: 'Ja, aber ich kann nicht; komm doch her und sieh!' Ich ging hinaus und erschrak. Die schwere Glockenzunge lag auf dem Boden. Sie lag genau da, wo Friedrich gewöhnlich stand, um zu läuten. In der feuchten Luft Swakopmunds war die Glockenzunge in ihrem Gehänge abgerostet und dann abgebrochen. Hätte Friedrich an seinem gewohnten Platz unter der Glocke gestanden, so wäre er erschlagen worden. Nun aber hatte er an seinen Traum gedacht, war zur Seite getreten und hatte von der Seite her am Glockenseil gezogen.

Ich brauchte Friedrich die Bedeutung seines Traumes nicht mehr zu erklären. Er ist später Lehrer geworden, dann Evangelist, schließlich besuchte er das Predigerseminar in Karibib, und heute ist er ordinierter Pastor der Bergdamagemeinde in Grootfontein.'

Buchtip:
Dr. Heinrich Vedder, Das alte Südwestafrika, 3. Neuauflage, Windhoek 1981
Lisa Kuntze, Was hält Euch denn hier fest? Windhoek 1982

Groß Barmen

Ursprünglich lag hier eine Missionsstation der Rheinischen Mission, die 1844 gegründet wurde. Nach Barmen wurde diese Stelle benannt, da sich dort der Hauptsitz befand. Die Station wurde 1904 aufgegeben. Carl Hugo Hahn war ihr Gründer, und in den 60er Jahren des vorigen Jahrhunderts kamen Missionare mit so bekannten Personen wie Jan Jonker Afrikaaner, Hendrik Witbooi und Maharero in Kontakt.

Die **Thermalquelle** hat ihren Ursprung in einer Tiefe von 2 500 m. Etwa 6 700 Liter pro Stunde sprudeln hoch - mit einer Temperatur von 65°C. Das Wasser enthält viel Fluorit und ein Gramm **Glaubersalz** je Liter. Auch andere Mineralien sind im gelösten Zustand enthalten:

Natrium	(363 mg/l)	Silikate	(100 mg/l)
Sulfate	(357 mg/l)	Kalium	(22 mg/l)
Chloride	(127 mg/l)	Fluorid	(9 mg/l)

Das Wasser ist sehr klar und riecht nach Schwefelwasserstoff. Die Wassertemperatur im Thermalbad wird auf ca. 41°C abgekühlt, damit man im Wasser baden kann. Für die Südwester/Namibier ist damit Groß Barmen zu einer wichtigen Heilquelle geworden. Die Quellen von Ai-Ais im Süden des Landes sind nicht so warm und nicht so reich an Fluoriden und Sulfaten.

3.3.20 GROSS BARMEN - WINDHOEK

Tageskilometer:
100 km

Tankstellen:
Groß Barmen, Okahandja

Streckenhinweise:
Sie fahren den Weg wieder nach Okahandja zurück und biegen hier auf die Pad B 1 nach Windhoek ein.

Streckenbeschreibung:
Die Teerpad führt über eine bergige Hochebene.

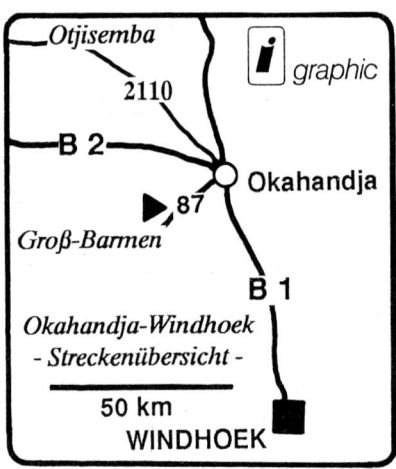

Nun schließt sich der Kreis unserer großen Rundfahrt durch Namibia. Sicherlich haben Sie unterwegs viele kleine Dinge sehen und erleben können, auf die bei der Beschreibung der Strecke nicht eingegangen wurde.

Wenn Sie wieder zurück in Windhoek sind, empfiehlt sich zum Abschluß vielleicht ein kleiner Ausflug zum **Daan Viljoen Park** (24 km). Hier können Sie ein letztes Mal Wild beobachten sowie einen sehr schönen Überblick über Windhoek genießen (s.a. Ausführungen Windhoek).

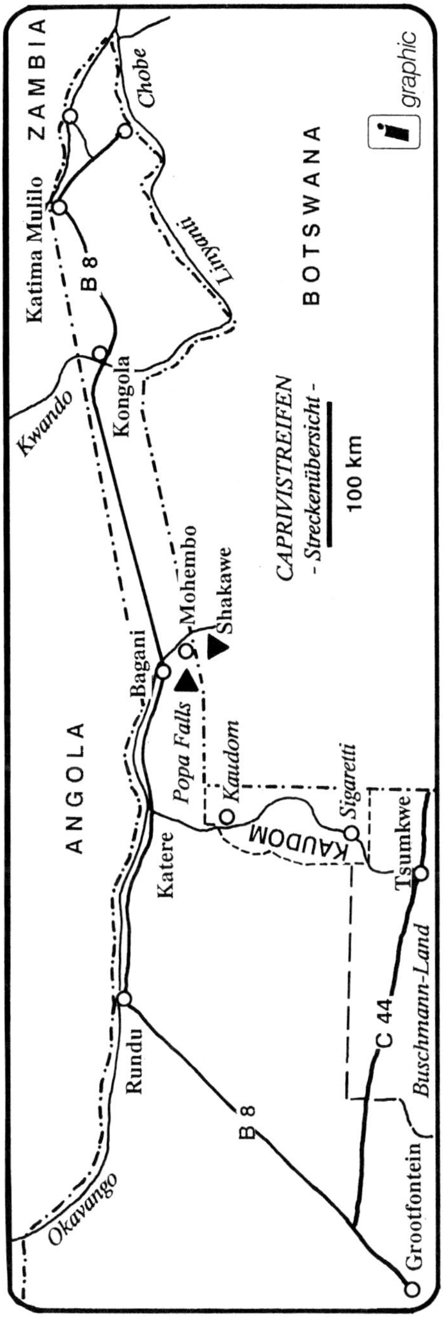

The map on the left shows the route with labels: ZAMBIA, BOTSWANA, ANGOLA, Chobe, Katima Mulilo, B 8, Linyanti, Kongola, Kwando, CAPRIVISTREIFEN - Streckenübersicht -, 100 km, Mohembo, Shakawe, Bagani, Popa Falls, Kaudom, Katere, KAUDOM, Sigaretti, Tsumkwe, Rundu, Okavango, B 8, C 44, Buschmann-Land, Grootfontein, *graphic*

3.4 BESONDERE ZIELE

Die skizzierte und ausführlich dargestellte Rundreise umfaßt sicherlich die wesentlichen Sehenswürdigkeiten des Landes. Trotzdem soll noch auf einige lohnenswerte Abstecher aufmerksam gemacht werden, die sich je nach Zeit und Geldbeutel lohnen.

3.4.1 GROOTFON-TEIN - RUNDU - NYANGANA - ANDARA - BA-GANI - KONGO-LA - KATIMA MULILO

 Tageskilometer:
ca. 790 km

 Tankstellen:
Grootfontein, Rundu, Katima Mulilo

Übernachtung:
 Kaisosi Safari Lodge, Box 569, Rundu 9000, Tel.: 067372 / 1230

Unterwegs ist es möglich, auf Anfrage auf **Missionsstationen** zu übernachten (Sambiu, Nyangana, Andara).

Streckenhinweise:

 Von Grootfontein fahren Sie auf der B 8 nach Rundu (Teerpad). Von Rundu fahren Sie ostwärts die B 8 bis Bagani und weiter bis Katima Mulilo.

Streckenbeschreibung:

 Von Grootfontein bis Rundu fahren Sie auf ausgezeichneter Teerpad über die flache Buschsavannenlandschaft. Die Strecke von Rundu nach Katima Mulilo verläuft in der Nähe des Okavango-Flusses und ist z.t. schlechte Naturpad.

Wichtiger Hinweis:

 Man brauchte in der Vergangenheit für Fahrten in den **Caprivi-Streifen** ein **Permit des Militärs**, um über die Brükken des Okavango und des Kwandu zu kommen. Dieses Permit wurde im Hauptquartier des Militärs in Rundu ausgestellt.

Wenn Sie einen Abstecher von Bagani aus den Okavango entlang zum Fischerdorf **Shakawe** in Botswana planen, erkundigen Sie sich beim Polizeiposten in Bagani nach den Einreisemöglichkeiten. Wenn Sie in Shakawe ankommen, fahren Sie unverzüglich zur Polizei, wo Sie ein Einreisevisum erhalten. Ebenso melden Sie sich hier bei Ihrer Abfahrt aus Botswana nach Bagani wieder ab.

Wenn Sie von Osten nach Westen den Caprivi-Streifen befahren, dann erhalten Sie das entsprechende Permit beim Militär in Katima Mulilo. Jedoch sind z.Zt. (November 1989) überhaupt keine Permits nötig!

Buchtip:

 Michael Iwanowski, Reise-Handbuch Botswana, Dormagen 1987[2], direkt zu beziehen: Reisebuchverlag Iwanowski, Raiffeisenstraße 21, D 4047 Dormagen 1, Tel.: 02106 / 61919

Abstecher zum Kaudom Game Reserve

Das 3 842 km^2 Wildreservat ist nur mit mindestens zwei Geländewagen befahrbar. Hier kann man Giraffen (1987: 528), Elefanten (1987: 665), verschiedene Antilopenarten, Hyänen, Schakale und Löwen beobachten. Der Park wurde erst im März 1986 eröffnet und gilt in Namibia als der wildeste und am wenigsten besuchte. Das Gebiet erhält im Sommer zumeist soviel Regen, daß das Gras sehr hoch wächst und die Tierbeobachtungen erschwert werden.

Entwicklungsprojekte im Kavango-Gebiet

Buschkliniken im Kavango

Im Nordosten von Namibia liegt das Kavango-Gebiet, das von etwa 120 000 Menschen bewohnt wird. Dieses Gebiet war medizinisch völlig unterversorgt. Bisher mußten die Bewohner Fußmärsche von bis zu 5 Tagen in Kauf nehmen, wenn sie ärztliche Hilfe nötig hatten. Zur Verbesserung der medizinischen Versorgung hat sich die Deutsch/Namibische Entwicklungsgesellschaft entschlossen, sog. Buschkliniken zu errichten.

Die Buschkliniken im Kavango sind ihrer Ausstattung nach keine Krankenhäuser im herkömmlichen Sinne, sondern "Vorposten" und Auffangstation "weit draußen" im Busch. Die Kliniken sind von einem Sanitäter ganztags besetzt. Ein Krankenpfleger steht ihm zur Seite.

130 km südöstlich von Rundu, der Hauptstadt des Kavango, wurde die Buschklinik "Oldenburg" im Mai 1986 eingerichtet. Schwere Krankheitsfälle werden von hieraus entweder mit einem Hubschrauber der Kavango-Administration in das Krankenhaus von Rundu geflogen oder aber mit einem Landrover transportiert.

Bei einem Besuch des Kavango können sich Touristen von der Notwendigkeit und der Effizienz der Buschkliniken überzeugen. Der verantwortliche Arzt, Dr. Dries Burger, erzählt gerne - wenn es seine knappe Zeit zuläßt - über einmalige Fälle, die er in seiner langjährigen Praxis im Busch erlebt hat. Das Leben hier ist oft spannender als jeder Kriminalroman.

"Anthill" - Bildungszentren in namibischen Gemeinden

Ganz in der Nähe der Buschklinik "Oldenburg" wird jetzt das Gemeinschaftszentrum "Anthill" (Ameisenhügel) von der Deutsch/Namibischen Entwicklungsgesellschaft errichtet. Hier werden Jugendliche und Erwachsene geschult und mit der neuesten Technik vertraut gemacht, denn in den ländlichen Gebieten Namibias - und dazu gehört der Kavango - ist die Bevölkerung den Anforderungen der modernen Gesellschaft noch lange nicht gewachsen. Der Gebrauch von Radio, Fernsehen, Maschinen und Auto ist den Menschen zum großen Teil noch fremd.

Wie bei den Buschkliniken, wird das Gebäude von den Bürgern des Kavango aus Fertigteilen errichtet. Zur Ausstattung gehören Lehrmittel wie Radioempfänger, Fernseher und Videorekorder. Im Kommunikationszentrum können Erwachsene Lesen und Schreiben lernen und Informationen über die Wirtschaft, Ernährung und Hygiene erhalten. Besonderen Schwerpunkt legt man auf die Weiterbildung in der Landwirtschaft, denn die Kavangos sind traditionell Bauern, die sich aber bisher hauptsächlich nur selbst versorgten. An Versuchsprojekten werden moderne Anbaumethoden erläutert und vermittelt.

Dem Besucher zeigt sich im "Anthill" eindrucksvoll der Weg Namibias zwischen zwei Welten - der modernen und der traditionellen.

353

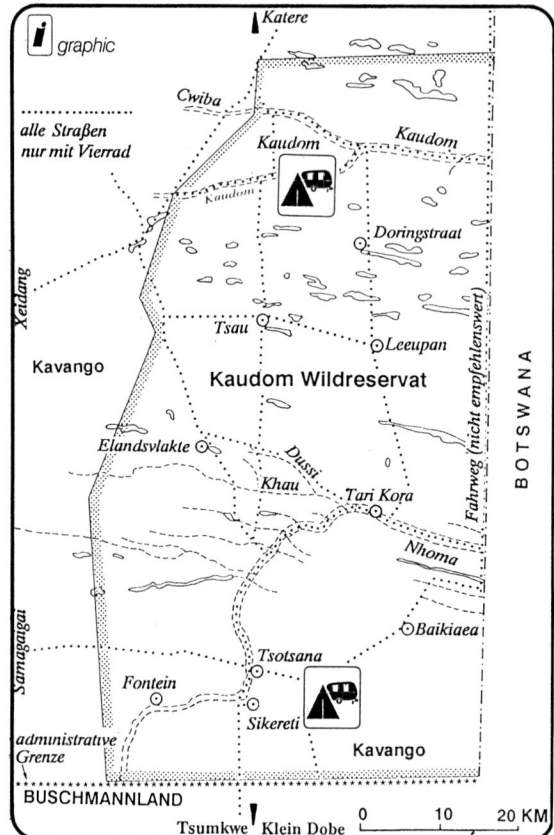

graphic

alle Straßen
nur mit Vierrad

Kavango

Kaudom Wildreservat

BUSCHMANNLAND

Tsumkwe Klein Dobe

0   10   20 KM

 Im Kaudom Game Reserve gibt es zwei Camps, und zwar in **Kaudom** und in **Sikereti**. Es stehen Hütten, Zeltplätze und gemeinschaftlich zu nutzende sanitäre Einrichtungen zur Verfügung. Die Unterkünfte müssen auf jeden Fall vorausgebucht werden: Directorate: Nature Conservation and Recreation Resorts, Reservations, Private Bag 13267, Windhoek 9000, Tel.: 061 / 36975 oder direkt in Windhoek (Reservierungsbüro seitlich des Hauptpostamtes in der Kaiserstraße).

Man muß ebenfalls Wasser und Essen für mindestens 3 Tage mitbringen. Das Camp ist ganzjährig geöffnet. Benzin gibt es lediglich in **Tsumkwe, Bagani, Mukwe** und **Rundu**.

Abstecher zu den Popa Fällen

Die Popa Fälle sind ein idealer Zwischenstop bei einer Durchquerung des Caprivi Streifens. Es handelt sich hierbei weniger um einen Wasserfall als vielmehr um Stromschnellen. Der Okavango "stürzt" hier über felsigen Untergrund etwa 2,5 m tief.

 Südlich der Popafälle liegt das **Mahango Game Reserve** (244 km^2, 1986 eröffnet). Das Gebiet ist nur mit einem allradangetriebenen Fahrzeug zu befahren. Da es am Okavango liegt, kann man hier Flußpferde, Krokodile und Litschiantilo-

354

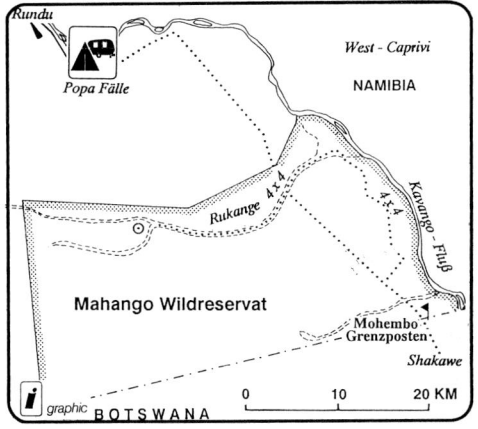

pen beobachten. Vor allem für Ornithologen ist das Gebiet sehr interessant.

An den Popafällen gibt Hütten und Zeltplätze. Das Camp ist ganzjährig geöffnet.

Abstecher nach Shakawe und Tsodilo Hills/Botswana

Wenn Sie den Oberlauf des Okavangos sehen und einen Eindruck der Schönheit der Okavango-Sümpfe erhalten möchten, sollten Sie unbedingt **Shakawe** besuchen. Shakawe ist als größte Siedlung des oberen Ngami-Landes die "Hauptstadt" des Nordens Botswanas. Hier trifft man Hunderte riedgedeckter Hütten an. Frauen schöpfen in alter Tradition noch Fische mit Körben aus dem Fluß. An den Ufern des Okavango grasen Rinder. Herrliche Ausflüge auf dem Okavango ermöglichen die Beobachtung einer außerordentlich reichhaltigen Vogelwelt sowie der vielen Flußpferde und Krokodile.

Lohnenswert ist ein Ausflug zu den nur etwa 30 km weit entfernten **Tsodilo Hills** (unbedingt notwendig ist ein Allradfahrzeug). Hier liegt eines der letzten Rückzugsgebiete der Buschmänner. Seit vielen Jahrtausenden durchstreifen sie die Weiten der Kalahari. In einem Lebensraum existierend, in dem die Natur lebensfeindlich erscheint, ist das Überleben der Buschmänner umso erstaunlicher. Im Gebiet der Tsodilo Hills leben sie seit Jahrhunderten, da es hier Quellen gibt. Interessant sind die Tsodilo Hills wegen ihrer bald 2 000 Felsmalereien. Die heute hier lebenden Buschmänner nomadisieren nicht mehr und sind mittlerweile an Touristen gewöhnt. Als Führer zu den Felsmalereien verdienen sie sich etwas Taschengeld.

Südlich von Shakawe gibt es zwei Camps mit Hütten und Zeltmöglichkeiten:
* **Shakawe Fishing Camp** von Berry Price und das
* **Drotsky's Camp.**
In beiden Camps werden die Gäste voll versorgt. Boote für Ausflüge werden ebenso vermietet wie Ausflüge zu den Tsodilo Hills angeboten. Das Drotsky Camp erhält von den Gästen besonders gute Kommentare und kann insbesondere für Tierfreunde sehr empfohlen werden.

Preise:
* Das **Fishing Camp** nimmt inkl. Unterkunft, Bootsausflügen und Essen 250 Pula pro Tag pro Person.
* Das **Drotsky Camp** berechnet für die gleiche Leistung 100 Pula.

Caprivi-Streifen

Der **Caprivi-Streifen** ist sicherlich ein topographisches Unikum auf der Landkarte des südlichen Afrika. Er ist ungefähr 450 km lang und bis zu 50 km breit. Interessant ist seine **Entstehungsgeschichte.**

Im **Helgoland-Sansibar-Vertrag** vom 1. Juli 1890 regelte Deutschland mit England seine kolonialen Verhältnisse in Ost-, Südwest- und Westafrika (Togo). Das Deutsche Reich erhielt Helgoland, was für die Verteidigung der Nordseeküste wichtig war. Im Gegenzug trat es dann in Ostafrika die Herrschaft über Witu ab und erhielt dafür den Zugang zum Sambesi in Deutsch-Südwestafrika. Benannt wurde das Gebiet nach dem Reichskanzler Graf von Caprivi. Gleichzeitig erkannte das Deutsche Reich die englische Schutzherrschaft über Sansibar an.

Zwei große majestätisch wirkende Flüsse durchqueren dieses Gebiet von Norden nach Süden: der **Okavango** und der **Kwandu.**

Wenn man über Grootfontein nach Norden zum westlichen Eingang des Caprivi-Streifens reist, gelangt man zunächst ins **Kavango-Land**, gemäß der Aufteilung des Landes in "Heimatländer" nach dem Odendaal-Plan. Nach der jüngsten Zählung (1981) gibt es 98 000 **Kavangos.** Man vermutet, daß dieser Volksstamm ursprünglich aus dem Seengebiet Mittel- und Ostafrikas kam. Viele Kavangos leben auf der anderen Seite des Okavangos in Angola. Durch die unterschiedliche politische Entwicklung auf beiden Seiten der Grenze wurden sie voneinander getrennt.

Die meisten Menschen leben unmittelbar am Fluß. Für den Reisenden offenbart sich eine wunderschöne Landschaftsszenerie: fruchtbares Uferland, malerische Eingeborenensiedlungen und eine für Landesverhältnisse üppige Vegetation. Etwa 500 - 600 mm Niederschlag fallen hier jährlich. Weiter südlich des Okavangos nehmen die Niederschläge ab. In Ufernähe findet man Getreidefelder. Obst- und Gemüseanbau sind dank Bewässerung möglich. Aufgrund der dichten Bevölkerung in Flußnähe sind dort die Weiden stark strapaziert. Trotz gängiger Wechsel-Weidewirtschaft (in der winterlichen Trockenzeit befindet sich viel Vieh am Okavango, in der sommerlichen Regenzeit im Hinterland), gibt es große Weideschäden.
Der Okavango ist reich an Süßwasserfischen. Oft sieht man am Fluß Frauen mit Körben, die als Reusen dienen. Fisch trägt wesentlich zur Volksernährung bei.

Interessant sind die **typischen Beförderungsmittel**:

* **Holzschlitten**, die von Ochsen gezogen werden,
* **Baumstamm-Boote**, sog. "watus".

An **Souvenirs** empfiehlt sich die Mitnahme von Holzschnitzarbeiten aus dem rötlichen Dolf-Holz. Die Holzschnitzer aus dem Kavango-Gebiet haben einen guten Ruf als Masken- und Figurenkünstler.

Hauptstadt des Stammesgebietes ist **Rundu**, ein zentraler Ort mit allen nötigen Versorgungseinrichtungen.

Fährt man weiter ostwärts, so überquert man den Okavango und den Kwandu: das Gebiet **Ost-Caprivi** ist erreicht. Dazwischen liegen nur kleine Orte oder Missionsstationen, die man sich ansehen sollte (z.B. Andara).

Erst seit einigen Jahren kann man das **Gebiet Caprivi** auf dem Landwege von Namibia erreichen. Hier gelangen wir in ein besonders fruchtbares und niederschlagsreiches Gebiet. Die Nord- und Südgrenze verlaufen auf langer Strecke parallel; das Land ist nur 32 km breit.
Nach der Volkszählung von 1981 gibt es 39 500 **Caprivianer**. Wie beim Kavango-Land, aber noch in viel stärkerem Maße bei diesem Gebiet hier, muß die strategische Wichtigkeit hervorgehoben werden: Sambia, Zimbabwe und Botswana sind Nachbarn.

In **West-Caprivi** gibt es noch **Buschmänner**, die als Nomaden in diesem trockenen, sandigen Gebiet leben. **Ost-Caprivi**, jenseits des Kwandu liegend, ist dagegen wesentlich fruchtbarer. Am Chobe-Fluß sowie am Linyanti findet man gute Ackerbaugebiete vor, die in der Regenzeit regelmäßig überflutet werden. Getreide, Gemüse und Früchte werden hier angebaut. Ebenso ist die Flußfischerei bedeutsam. Seit Jahren sind landwirtschaftliche Entwicklungsprogramme in Angriff genommen worden. Insbesondere geht es hierbei um die Erhöhung der Getreideproduktion; evtl. könnte hier einmal die Vorratskammer Namibias entstehen. Versuche mit dem Anbau von Zuckerrohr, Tabak, Tee, Baumwolle und Reis zeigen erste Erfolge. Behindert wird eine rasche Entwicklung insbesondere durch mangelndes Kapital und schlechte Verkehrsmöglichkeiten zu den Verbrauchern. Die Caprivianer selbst waren schon in der Vergangenheit als gute Ackerbauern bekannt. Sie düngten ihre Äcker mit Kraalmist; und wenn die Erträge geringer wurden, ließen sie das Land einige Zeit brach liegen.

Katima Mulilo

Katima Mulilo ist die Hauptstadt von Caprivi sowie Militärsitz und Verwaltungszentrum. Die Stadt liegt direkt am Sambesi und ist wahrscheinlich einer der wenigen Orte Namibias, die regelmäßig von Elefanten besucht werden.

1978 wurde Katinma Mulilo von der sambesischen Seite angegriffen. Aus dieser Zeit stammen noch die Sandwälle und Schutzvorrichtungen. Heute ist jede Angst unbegründet, denn seit Jahren ist es wieder friedlich.

Im Sambesi leben viele Flußpferde und Krokodile, also Vorsicht an den Ufern. 1987 wurde der Postmeister der Stadt von einem Krokodil getötet.

 Die **Zambezi Lodge** bietet Unterkünfte. Im nahegelegenen Clubhaus gibt es ein empfehlenswertes Restaurant sowie ein Schwimmbad.

 In Katima Mulilo gibt es Tankstellen und verschiedene Geschäfte. Im **Caprivi Art Centre** kann man authentische Souvenirs aus Seifenstein und Holz kaufen.

Von Katima Mulilo zum Chobe National Park (Botswana) und zu den Victoria Fällen (Zimbabwe)

Wenn man schon den Ostteil des Caprivistreifens erreicht hat, sollte man vielleicht an einen Abstecher in den für seine riesigen Elefantenherden berühmten **Chobe National Park** denken. Ebenso ist ein Abstecher zu den **Victoria Wasserfällen** lohnenswert. Ob Sie diesen Ausflug allerdings mit einem Mietwagen, der in Namibia zugelassen ist, machen dürfen, hängt vom Vermieter ab. Bedenken Sie, daß die meisten Wege im Chobe National Park nur mit vierradangetriebenen Fahrzeugen befahrbar sind.

 Im **Chobe National Park** gibt es Zeltmöglichkeiten (z.B. in Serondela) sowie die luxuriöse Chobe Game Lodge.

 In **Victoria Falls** gibt es ebenso Zeltplätze sowie eine Reihe von guten Hotels (Victoria Falls Hotel, Makasa Sun, A'Zambezi River Lodge).

3.4.2 KEETMANSHOOP - KALAHARI GEMSBOK PARK

Tageskilometer:
Keetmanshoop - Twee Rivieren: 754 km

Tankstellen:
Keetmanshoop, Grünau, Karasburg, Twee Rivieren, Mata Mata, Nossob

Übernachtung:

Die Camps im Kalahari Gemsbok Park (**Mata Mata, Nossob, Twee Rivieren**) sind sauber und ähnlich wie im Etosha Park organisiert; in Twee Rivieren gibt es ein Restaurant. Der Kalahari Gemsbok Park wird von der Republik Südafrika verwaltet. Bei Übernachtungs-Reservierungen wenden Sie sich bitte an: National Parks Board, P.O.Box 787, Pretoria 0001, Republik Südafrika, Tel.: 012 / 441191 oder 441100

Streckenhinweise:

Leider ist ab Januar 1990 die Fahrt von Namibia über Mata Mata in den Kalahari Gemsbok Park nicht mehr möglich. Trotzdem ist für Tier- und Landschaftsbegeisterte dieser Abstecher zu empfehlen.
Von Keetmanshoop erreicht man über Grünau auf der B 3 bei Nakop Südafrika. Etwa 132 km hinter der Grenze zweigt eine Straße zum Kalahari Gemsbok Park ab.

Kalahari Gemsbok Park

Praktische Hinweise

Es gibt **drei Camps** (in Twee Rivieren, Nossob und Mata Mata). Hier stehen Camping-Plätze sowie Übernachtungshütten zur Verfügung. Die meisten Besucher kommen zwischen März und Oktober, da die Sommer sehr heiß sind.
Nur in Twee Rivieren kann man sich mit Fleisch, Margarine und Eiern versorgen.

Benzin
In jedem Rastlager ist Benzin erhältlich.

Öffnungszeiten
Der Park ist ganzjährig geöffnet. Man darf die Parkwege nur zu folgenden Zeiten befahren:

Januar	6.00 bis 19.30 Uhr	Juli	7.30 bis 18.00 Uhr
Februar	6.30 bis 19.30 Uhr	August	7.00 bis 18.30 Uhr
März	6.30 bis 19.00 Uhr	September	6.30 bis 18.30 Uhr
April	7.00 bis 18.30 Uhr	Oktober	6.00 bis 19.00 Uhr
Mai	7.00 bis 18.00 Uhr	November	5.30 bis 19.30 Uhr
Juni	7.30 bis 18.00 Uhr	Dezember	5.30 bis 19.30 Uhr

Buchungsmöglichkeit

Die Campingplätze müssen nur während der südafrikanischen Schulferien oder an langen Wochenenden vorausgebucht werden: Chief Director, National Parks Board, P.O.Box 787, Pretoria 0001

Beschreibung des Parks

Dieser auf südafrikanischem und botswanischem Staatsgebiet liegende Wildpark ist auf der Seite Südafrikas ca. 9 700 qkm und auf Botswanas Seite 10 870 qkm groß. Die Grenze zwischen Südafrika und Botswana verläuft entlang dem Nossob-Fluß. Damit das Wild bei seinen Wanderungen nicht behindert wird, ist die Grenze offen: lediglich Grenzsteine im Nossob Rivier weisen den Reisenden darauf hin, ob er sich gerade auf südafrikanischem oder botswanischem Gebiet befindet.

Die Wege, entlang denen man das Wild beobachtet, folgen den beiden Flüssen Auob und Nossob. Doch nur selten fließt hier Wasser. Beide Flußtäler unterscheiden sich landschaftlich. Während der Auob Rivier (Rivier = Bezeichnung für Flußtäler) enger, grasreich und mit vielen

Bäumen bestanden ist (vor allem mit Kameldorn-Bäu-men, einer Akazienart), liegt das Nossob Rivier breit und weit vor dem Besucher.

Im Gebiet des Nationalparks tummeln sich große Herden von Springböcken, Oryxantilopen, Blaugnus und Straußen. Oft kann man auch Löwen und Geparden beobachten.

Der Nationalpark wurde 1931 errichtet. Vorher diente das Gebiet als Farmland für weiße, später für farbige Siedler. Da es jedoch sehr mühsam war, lohnend Landwirtschaft zu betreiben, gab man die Region als Wirtschaftsland auf.

Insbesondere in der sommerlichen Regenzeit erwarten den Besucher unbeschreiblich schöne Farbenspiele: rötliche Dünen, grüne Akazien, ein tiefblauer Himmel und zum

Greifen nahe Haufenwolken sichern ein grandioses Naturerlebnis. Ganz sicherlich ist der Kalahari Gemsbok Park landschaftlich reizvoller als die doch ziemlich monoton wirkenden weiten und ebenen Flächen

Typische Dünenlandschaft

des Etosha Parks. Leider gibt es hier aber nicht den Artenreichtum, den wir im Etosha Park vorfinden. Vergeblich wird man auf Giraffen, Zebras oder Elefanten warten, um nur einige typisch afrikanische Großtiere zu nennen.

Gepard auf "seiner" Düne

3.4.3   KAOKOVELD

Allgemeines

Das Kaokoveld zählt zu den besonders **unberührten Landstrichen** in Namibia. Im Nordwesten des Landes gelegen und an den Kunene grenzend, ist dies das Gebiet der hererosprechenden Himba. Im Westen schließt sich die unwirtliche Skelettküste an, seit jeher eine natürliche Barriere. Die Buchtenarmut und die sturmgepeitschte See hielten Eroberer fern, die zerklüftete Gebirgswelt tat ihr übriges: kein Land für Eindringlinge! In dieser Abgeschiedenheit konnte sich das Volk der Himba zum großen Teil seine ethnische Eigenart und Kultur bewahren. Von Touristen ist dieses Gebiet bislang verschont geblieben. Man kann es nicht alleine, auf eigene Faust bereisen. Dazu sind die Wege zu schlecht, die Orientierung zu schwierig. Nur mit erfahrenen Expeditionsleitern kann man dieses herbe Land erfahren und seine Menschen kennenlernen.

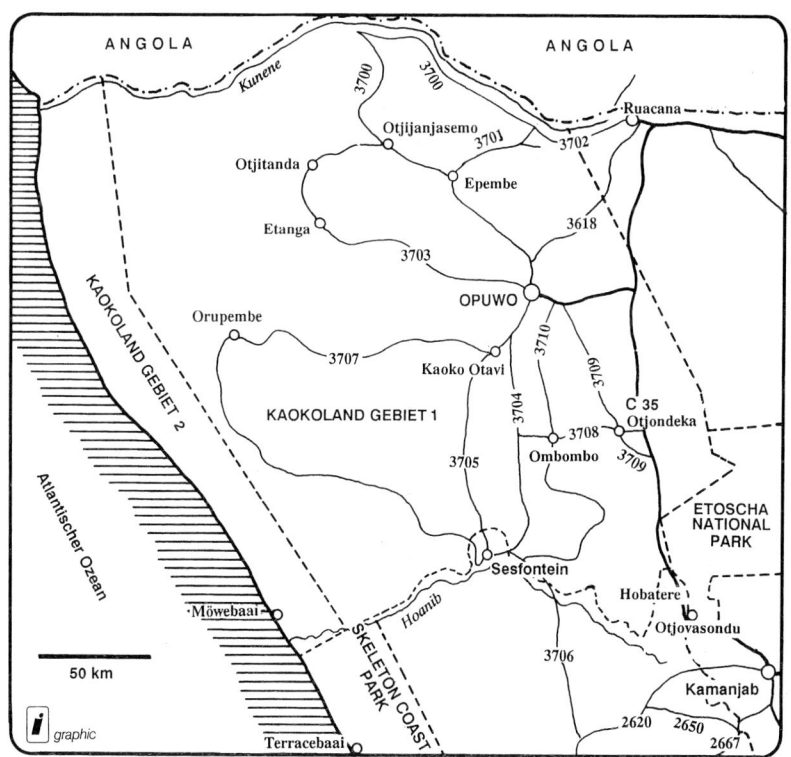

363

Geographischer Überblick

Die Nordgrenze des Kaokovelds bildet der Kunene, die Westgrenze der Atlantik. Die Südgrenze war nie so eindeutig definiert, doch könnte man dafür in etwa den Ugab bestimmen. Im Osten ist eine Abgrenzung noch schwieriger, denn ganz allmählich fällt das Kaoko-Kalk-Plateau zur Hochfläche des Ovambo - Landes ab.

Im Zuge des Odendaal - Planes, dem Ergebnis der räumlichen Apartheids-Politik Südafrikas, wurde als Kaokoveld ein Gebiet der **Größe von ca. 50 000 qkm** definiert. Kein sehr großes Gebiet im Vergleich zum ehemaligen Lebensraum der Himba. Dies ist die Folge der sich immer weiter von Südosten nach Nordwesten verschiebenden Farmgrenze. Schon in der deutschen Kolonialzeit wurden Farmen weit ins Kaokoveld hinein etabliert, aber später wieder aufgegeben (so z. B. Khairos oder Groß-Omaruru). Das Gebiet um Kamanjab allerdings wurde fester Bestandteil der Farmzone. Nordwestlich dieses Ortes verläuft die Farmgrenze, die "rote" Linie, wie man sie auf den offiziellen Farmkarten antrifft. Zwischen dieser Farmgrenzlinie und der Reservatsgrenze liegt eine Quarantänezone, die das Übergreifen von Tierseuchen verhindern sollte. Diese Zone durfte weder von den Himba noch von den Farmern landwirtschaftlich genutzt werden. Zu befürchten ist, daß irgendwann einmal eben diese Zone auch dem Farmland einverleibt werden könnte. Zum Schutz vor dem Übergriff von Tierkrankheiten soll ein hoher, wildsicherer Zaun installiert werden.

Insgesamt betrachtet ist das Kaokoveld sehr bergig. **Drei Gebirgszüge** erheben sich: der **Ehombo**, die **Zebraberge** und das große **Baynes - Gebirge**. Der Name stammt vom Engländer Baynes, der um die Jahrhundertwende das Gebiet bereiste.

Neben dem Oranje ist der einzig ganzjährig Wasser führende Fluß der **Kunene**. Doch alle anderen Flüsse des Kaokoveldes sind nur periodisch-episodisch fließende Flüsse. Nur in starken Regenzeiten führen sie Wasser. Ihre Mündungen sind stark versandet, ja, manchmal kann sie nur das geübte Auge identifizieren. Den meisten Regenfall erhalten die nördlichen und nordöstlichen Teile, während die südlichen und westlichen Teile extrem niederschlagsarm sind. Entlang der Kaokoveld - Küste bestimmt der kalte Benguela - Strom das Wetter.

Zu Beginn dieses Jahrhunderts war das Kaokoveld noch ein wildreiches Gebiet. Neben den kleineren Antilopenarten wie Springböcken, Stein- und Gemsböcken gab es auch Kudus, Löwen, Nashörner, ja gar Elefanten. Dieser Wildreichtum lockte Jäger an, die leider den Tierbestand stark dezimierten. Heute gibt es nur noch im Huabrevier kleine Elefantenherden.

Geologie

Die geologische Grund - Erforschung des Kaokoveldes erfolgte bereits um 1910. In einem zusammenfassenden Bericht werden von Krause **vier Grundformationen** genannt:

* die Primär - Formation,
* die Otavi - Formation,
* die Kaoko - Formation,
* rezente Ablagerungen.

* Zur **Primär - Formation** gehören die Gesteine des Grundgebirges, vor allem metamorphe Gesteine wie Gneise, Glimmerschiefer, Phylite, Granite.

* Zur **Otavi - Formation** zählen quarzitische Sandsteine, Quarzite und dolomitischer Kalkstein, der z. T. durch Eisenbeimengungen eine rötliche Farbe besitzt.

* Die eigentliche **Kaoko - Formation** finden wir vor allem in den westlichen Gebietsteilen vor, die aus Sandsteinen bestehen. In diesen Gebieten schuf die Erosion vor allem die typischen Tafelberge.

* Die **rezenten Sedimente** sind vor allem Sand- und Kalksteinablagerungen (von Kap Frio aus nordwärts anzutreffen).

Bevölkerung

Bereits im ethnologischen Teil des Buches finden Sie einige grundsätzliche Ausführungen zu den Himba. Ergänzt werden sollten diese Ausführungen durch einen Bericht des Karawane - Reiseleiters Schreckenbach:
"Wer das Glück hat, auf eine Gruppe Himba zu stoßen wie wir im Mai 1986, der kann allerlei Studien betreiben. In der Nähe von Kaoko Otavi trafen wir eine Sippe von ca. 60 Himba. Wir bekamen vom Häuptling die Erlaubnis, das Dorf zu betreten und zu fotographieren. Als wir ihnen zum Abschluß Geld anboten, wußten sie nichts damit anzufangen und warfen fragende Blicke auf ihr 'Oberhaupt'. Gegen 16.00 h machten sie uns allen einen Gegenbesuch im Camp. Sie mußten uns sehr in ihr Herz geschlossen haben, denn von nachmittags bis Mitternacht führten sie uns ihre Stammestänze vor. Gudrun kaufte im Nachbarort einen Hammel, den wir ihnen als Gastgeschenk überreichten (von der eigenen Herde wird nichts abgegeben). Die Zeremonie des Schlachtens war schon die Reise wert. Der Medizinmann hatte die Aufgabe, den Hammel zu töten und auszuweiden. Er benutzte dazu ein rostiges Taschenmesser, sicher das modernste Requisit des ganzen Stammes. Das getötete Tier wurde auf einen Stapel Mopane-

Zweige gelegt, die Helfer herbeigeholt hatten. Die Innereien wurden in einem Stück herausgenommen, aber fachmännisch und mit geradezu nachtwandlerischer Sicherheit.

Natürlich mußte auch ein bißchen Zauberei dabei sein. Anhand der Herzlinie sagte uns der Medizinmann eine störungsfreie Reise am nächsten Tag voraus. Neu für uns war, daß das Fleisch nicht gebraten, sondern gekocht wurde. Nach dem Garen wurde es von der ältesten Frau verteilt. Zuerst wurden die Männer, dann die Frauen und Kinder bedient."

Touristische Möglichkeiten

Das Kaokoveld kann man **nur mit erfahrenen Führern** besuchen. Zu unwegsam ist das Gelände, zu groß die Gefahr des Verirrens. Gerade für den ethnologisch interessierten Reisenden oder für denjenigen, der die übrigen Landesteile von Namibia bereits kennt, ist das Kaokoveld eine lohnende Alternative.

 Informationen und Buchungen von Kaokoveldexkursionen: Karawane Spezial, Raiffeisenstr. 21, D 4047 Dormagen 1, Tel. 02106 / 61919, Telex 8517396 vsd d..

3.4.4 VON NAMIBIA NACH BOTSWANA UND ZIMBABWE

Sie können von Namibia über den Caprivi-Streifen nach Botswana (über **Ngoma Bridge**) und dann weiter über **Kasane** und den Grenzübergang **Kazungula** nach Zimbabwe einreisen, um hier z.b. die **Viktoria-Fälle** zu besuchen. Die Straßen sind zum größten Teil unbefestigt, doch für normale PKWs und Camper befahrbar (Permit vom Vermieter notwendig!). Die Wildschutzreservate im **Okavango-Delta** (Moremi) sind allerdings nur mit einem vierradangetriebenen Fahrzeug erreichbar.

Die direkte Strecke von Windhoek nach Botswana führt über **Gobabis** und den Grenzübergang **Buitepos** nach **Maun**. Da die "Straße" auf botswanischem Gebiet schwer passierbar ist (z.T. tiefer Sand), ist ebenfalls ein vierradangetriebenes Fahrzeug notwendig. Alle weiteren Detail-Informationen finden Sie in:

Michael Iwanowski, Reise-Handbuch Botswana, Dormagen 1987[2]
zu beziehen bei: Reisebuchverlag Iwanowski, Raiffeisenstr 21, D 4047 Dormagen 1, Tel. 02106 / 61919 (Preis 34,80 DM)

DAS SÜDWESTERLIED

Worte: Heinz-A. Klein-Werner
Weise: Vorgesang: Heinz-A. Klein-Werner
Nachgesang: einem Soldatenlied entlehnt

1. Hart wie Ka-mel-dorn-holz ist un - ser Land und trok - ken sind sei - ne Ri - vie - re. Die Klip - pen, sie sind von der Son - ne ver-brannt und scheu sind im Bu - sche die Tie - re. Und soll - te man uns fra - gen: was hält euch denn hier fest? Wir könn - ten nur sa - gen: wir lie - ben Süd - west! Und west!

2. Doch uns're Liebe ist teuer bezahlt
   trotz allem, wir lassen dich nicht,
   weil unsere Sorgen überstrahlt
   der Sonne helleuchtendes Licht.
   Und sollte man uns fragen: was hält euch denn hier fest?
   Wir könnten nur sagen: Wir lieben Südwest!
3. Und kommst du selber in unser Land
   und hast seine Weiten geseh'n,
   und hat uns're Sonne ins Herz dir gebrannt,
   dann kannst du nicht wieder gehen.
   Und sollte man dich fragen: was hält dich denn hier fest?
   Du könntest nur sagen: Ich liebe Südwest!

- 1937 zum ersten Mal in Tsumeb gesungen -
Nachstehend finden Sie den Abdruck des authentischen Südwesterlie-
des, also seine **u r s p r ü n g l i c h e** Fassung (Revision und Klaviersatz
von Gerhard Gellrich).

368

Das Südwesterlied
– ursprüngliche Fassung –

Text und Weise: Heinz A. Klein-Werner

Ruhige Halbe

1937 für die Pfadfinder in Tsumeb / Südwestafrika verfaßt.
Weise des Refrains nach einem älteren – 1913 zuerst belegten – deutschen Seefahrten- / Wanderlied ("Luiska-Lied").
Textlich und musikalisch nach authentischen Vorlagen revidiert und Klaviersatz von Gerhard Gelfrich.

LITERATURVERZEICHNIS

ADK-Schriftenreihe, Die Volksgruppen Südwestafrikas, 1. Teil Windhoek 1978, 2. Teil Windhoek 1980
ADK-Schriftenreihe, Was man von Südwestafrika wissen sollte, Windhoek 1978
Afrika Post, Wichtigstes deutsches Magazin über Probleme Afrikas, 5300 Bonn 1, Sträßchen Weg 3
AJL, Aktuelle Iro-Landkarte, 2/1979, N, 40-350, Namibia
Albrecht, Uli, Südwestafrika/Namibia, Ludwigsburg 1981
Antiques, Peter's (Hrsg.), Südwester Kochbuch, Walvis Bay 1986

Bannister, A. / Johnson, P., Afrikas herbes Paradies, Kapstadt/Johannesburg 1978
Bannister, A. / Johnson, P., Okavango, Kapstadt 1977
Bartelke, Wolfgang, Die Erzlagerstätte von Tsumeb/Südwestafrika und ihre Mineralien, aus: "Der Aufschluß", Heft 12, Heidelberg 1976
Basler Afrika Monographien, Impulse eines Landes extremer Bedingungen für die Wissenschaft, Heft 4/6, Basel 1972
Berger, Christiane, Afrikanischer Kalender 1983, Windhoek 1983
Berry, Cornelia, Bäume und Sträucher des Etoscha Nationalparks, ohne Orts- und Jahresangabe
Bley, H. / Tetzlaff, Afrika und Bonn, Hamburg 1978
Boller, W., Südafrika - Kennen und Lieben, Lübeck 1975
Breyer, Karl, Moskaus Faust in Afrika, Stuttgart 1981
Bulpin, T.V., Discovering Southern Africa, Kapstadt 1980
Burton M. und R., Das Königreich der Tiere, München 1977

Craven, Patricia/Marais Christine, Namib Flora, Von Swakopmund zur großen Welwitschia über Goanikontes, Gamsberg 1986
Cubitt, G. / Richter, J., Südwest, Kapstadt 1977

Dahle, W./Leyerer, W. (Hrsg.), Express Reisehandbuch Namibia, Leer 1992
Department of Finance and the SWA/Namibia Information Service, Statistical/Economical Review, Windhoek 1982
Deutsche Afrika Stiftung, Südwestafrika wird Namibia, Bonn 1979
Die Karawane, Vierteljahreshefte der Gesellschaft für Länder- und Völkerkunde, 18. Jahrgang 1977, Heft 2/3 Südwestafrika, Ludwigsburg 1977
Dinteria, Beiträge zur Flora von Südwestafrika, Windhoek: Nr. 3 (1969), Nr. 4 (1970), Nr. 5 (1971)

Fischer, E., Die Rehobother Baster, Graz 1961

Gaerdes, F., Tiere im Veld, Windhoek 1977

Gesellschaft für wissenschaftliche Entwicklung und Museum, Aus Swakopmunds Anfangszeit, Swakopmund 1981
Gesellschaft für wissenschaftliche Entwicklung und Museum, Namib und Meer, Swakopmund: Band 2 (1971), Band 3 (1972), Band 4 (1973)
Grimm, H., Das Deutsche Südwester-Buch, München 1929

Hagen, Horst, Nationalpark Etoscha-Pfanne, Greven 1979
Haltenorth, Th. / Diller, H., BLV Bestimmungsbuch: Säugetiere Afrikas, München 1977
Harms, Band Afrika, München 1973
Hecht, Hans, Kakteen und andere Sukkulenten, München 1980

Iwanowski, Michael, Reise-Handbuch Botswana, Dormagen 1992

Jaeger, F., Geographische Landschaften Südwestafrikas, (Wissenschaftliche Forschung in SWA, 2. Folge), Windhoek 1964
Jenny, Südwestafrika, Land zwischen den Extremen, Stuttgart / Berlin/ Köln 1968
Jensen, R.A.C./Clinning, C.F, Die Vögel des Etosha-Nationalparks, Windhoek 1983
Johann, A.E., Elefanten, Elefanten, München 1974

König, C. / Ertel, R., Vögel Afrikas, Band 1 und 2, Stuttgart/Zürich 1979
Krynauw von, D.W., Das Kreuzkap, Windhoek 1970
Krynauw von, D.W., Twyfelfontein, Windhoek 1968
Kuntze, Lisa, Was hält Euch denn hier fest?, Windhoek 1982

Lambrechts,Hugo A., Namibia, A Thirstland Wilderness, Kapstadt 1985
Leister, E. / Esterhuysen, P. / Malan, T., Namibia/SWA Prospectus, Pre-toria 1980
Leser, H., Namibia, Stuttgart 1982
Leser, H., Südwestafrika - eine geographische Landeskunde, Windhoek 1979
Leussen, H.E., Chronik von Deutsch-Südwestafrika 1883 - 1915, Windhoek 1966
Levy, Jaynee, Everyone's Guide to Trailing and Mountaineering in Southern Africa, Kapstadt 1983
Logan, Richard, The Geographical Divisions of the Deserts of South West Africa, in: Impulse eines Landes extremer Bedingungen für die Wissenschaft, Basel 1972

Manshard, W., Fischer Länderkunde: Afrika - südlich der Sahara, Frankfurt 1976
Martin, Henno, Wenn es Krieg gibt, gehen wir in die Wüste, Windhoek 1970
Massmann, U., Swakopmund - eine kleine Chronik, Swakopmund 1982

Mayhew, V., Illustrated Guide to Southern Africa, Readers Digest Association South Africa, Kapstadt 1978
McIntyre, Chris / Atkins, Simon, Guide to Namibia and Botswana, Bucks 1991
Meissner, H.-O., Traumland Südwest, Stuttgart 1979
Merian Heft (Heft 10), Südwestafrika, Hamburg o.J
Merwe van der, J.H. (Hrsg.), National Atlas of South West Africa, Goodwood 1983
Mossolow, N. Dr., Die Geschichte von Namutoni, Windhoek 1977
Mossolow, N. Dr., Otjikango oder Groß Barmen, Windhoek 1977
Mossolow, N. Dr., Waterberg, Windhoek o.J.
Mutwa, Credo, Indaba, München 1983

Nuhn Walter, Sturm über Südwest, Koblenz 1989

O'Linn, B., Die Zukunft Südwestafrikas in realistischer Sicht, Windhoek 1974
Olivier Willi/Sandra, Visitor's Guide to Namibia, Johannesburg 1989

Pehlemann, Christian, Namibia Touren Manual, München 1992
Pütz, Joachim, Südwester Stammbaum 1898-1915, Windhoek 1984

Reader's Digest, Illustrated Guide to Southern Africa, Kapstadt 1985
Reader's Digest, Illustrated Guide to the Game Parks and Nature Reserves of Southern Africa, Kapstadt 1983
Reardon, M. und M., Etoscha - Kampf auf Leben und Tod, Kapstadt o.J.
Ripken, P., Südliches Afrika, Berlin 1978

Sandelowsky, E., Anekdoten, Lieder mit Noten und die alten Geschichten von Südwestafrika, Windhoek 1977
Scherz, E.R., Felsbilder in Südwestafrika (2 Bände), Köln/Wien 1970
Scherz, E.R. und A., Afrikanische Felskunst, Köln 1974
Schmidt, Sigrid (Hrsg.), Märchen aus Namibia, Düsseldorf, Köln 1980
Schneider, Karl-Günther/Wiese Bernd, Namibia und Botswana, DuMont Landschaftsführer, Köln 1989
Schoeman, Amy, Skeleton Coast, Windhoek 1984
Schumann, W., Steine und Mineralien, München 1977
Shell, Road Atlas of Southern Africa, Windhoek 1978
Shell Führer, Die Tiere in Etoscha, Windhoek o.J.
Sitte, Fritz, Schicksalsfrage Namibia, Graz/Wien/Köln 1983
Söhnge, G., Tsumeb - a historical sketch, Windhoek 1976
Statistisches Bundesamt (Hrsg.), Länderbericht Namibia 1986, Wiesbaden 1986
Stengel, H.W., Wasserwirtschaft in SWA, Windhoek 1963
Stöhr, W., Lexikon der Völker und Kulturen, Band 1-3, Hamburg 1972
Sulzer, Peter, Preisgedichte und Verse aus Südwestafrika-Namibia, Basel 1981

Thomas, H.W., Economic Development in Namibia, München/ Mainz 1978

Tito, B., Auf Farmen in Südwest, Hannover 1980

Vedder, Dr. Heinrich, Das alte Südwestafrika, 3. Neuauflage, Windhoek 1981

Viereck, A., Die Felsbilder von Twyfelfontein, Windhoek 1973

Warning, J.F. Dr., Südwest-Liebe auf den ersten Blick, Windhoek 1985

Weber, Ingeborg / Wiebus Hans-Otto, Namibia, DuMont Taschenbuch, Köln 1992

Weber von, O., Geschichte des Schutzgebietes Deutsch-Südwest-Afrika, Windhoek 1982

Weck, Uwe, Etoscha, der Ort des trockenen Wassers, Satour Broschüre, Frankfurt o.J.

Weigand, Guido, Deutsche Siedlungsstrukturen in Namibia (zu beziehen über: Deutsch-Namibische Gesellschaft e.V.), Düsseldorf 1986

Wöhe, Gerti, Schwarz auf Weiß: SWA/Namibia, Hems-bach 1980

STICHWORT-, ORTS- UND NAMENSVERZEICHNIS

Persönliche Notizen

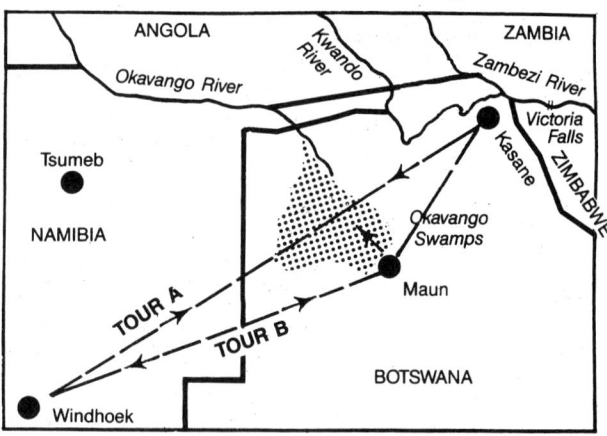

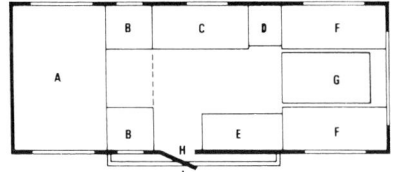

Namibia:

Erleben Sie das faszinierende Land bequem mit einem Budget-Wagen!

Budget rates best.

Budget rent a car

Budget Rent a Car
72 Tal Street / Talstraat 72 · PO Box · Posbus 1754 · Windhoek 9000
Telegrams / Telegramme BUDCAR · Telephone › Telefoon (061) 22-8720 · Fax / Faks (061) 227665

FRAUKE SCHIRMER-STROH
POSTFACH 11220
65741 ESCHBORN
TEL.: 0 61 96 – 4 15 86
FAX: 0 61 96 – 48 24 60

IMPALA TOURS

Ihr Partner
für eine ganz persönliche Afrikareise

Haben Sie Freude daran, beim Planen und Aus-
tüfteln Ihrer Reise mitzuwirken? Möchten Sie
ganz bestimmte Vorstellungen verwirklichen?
Legen Sie Wert darauf, Afrika abseits des
Massentourismus kennenzulernen? Halten Sie
wenig von starren Standardprogrammen und möchten Sie dennoch auf Nummer Sicher gehen? Dann
bin ich der richtige Partner für Ihr ganz per-
sönliches Erlebnis

Südafrika - Namibia - Botswana -
Zimbabwe - Malawi - Zambia

Mehrere Jahre lang war Afrika meine zweite
Heimat. Mein Wissen aus erster Hand stelle ich
gern in Ihren Dienst: Ich mache Ihnen Routen-
vorschläge, sage Ihnen was machbar ist und was
nicht und was es kostet. Und ich übernehme die
komplette Organisation von Anfang bis Ende,
inkl. Flug, Hotels, Tranfers, Safaris und
allem was dazu gehört. Direktverkauf ermöglicht
mir eine günstige Preiskalkulation.

Fordern Sie Reisevorschläge und Kundenreferenzen.
Rufen Sie mich an. Persönliche Beratung lasse
ich mir nicht nehmen.

Ihre
Frauke Schirmer-Stroh

ANDREAS & CHRISTINA WERNER

Gästefarm Elisenheim
**YYY

✉ *3016* ☎ *64429*
9000 WINDHOEK

Nur 15 km nördlich von Windhoek, in den Erosbergen, liegt unsere interessante Ferienfarm. Ein wunderbarer Hotelersatz.

Hier können Sie in gepflegter Atmosphäre wunderschöne Urlaubstage verbringen mit "Sundowner" und Grillabenden.
Übernachtung für Geschäftsleute und Reisende. Wir holen Sie auch gerne ab. Anruf genügt.

Für den anspruchsvollen Gast ist an alles gedacht:
Hervorragende Küche, Schwimmbad, Spaziergänge zur Wildbeobachtung an nahegelegenen Wasserstellen.
Konferenzmöglichkeiten. Alle 9 Doppelzimmer mit eigenem Bad.